Karl Franz Haas

Die hessischen Kirchengeschichte der alten und mittleren Zeiten

bis gegen den Anfang des sechszehnden Jahrhundert

Karl Franz Haas

Die hessischen Kirchengeschichte der alten und mittleren Zeiten
bis gegen den Anfang des sechszehnden Jahrhundert

ISBN/EAN: 9783743301849

Hergestellt in Europa, USA, Kanada, Australien, Japan

Cover: Foto ©Lupo / pixelio.de

Manufactured and distributed by brebook publishing software
(www.brebook.com)

Karl Franz Haas

Die hessischen Kirchengeschichte der alten und mittleren Zeiten

Versuch
einer
Hessischen
Kirchengeschichte
der
alten und mittleren Zeiten,
bis gegen den Anfang des sechszehnden Jahrhundert;
worinnen besonders
von den ehemaligen in Hessen gelegenen Stiftern und Klöstern
aus authentischen Nachrichten gehandelt wird
von

Carl Franz Lubert Haas,
der Philosophie und Kirchengeschichte ordentlichem Lehrer, und Bibliothekarius zu Marburg.

Nebst einem zweifachen Anhange.

Marburg, Frankfart und Leipzig,
bey Johannes Bayrhoffer
1782.

Dem

Durchlauchtigsten Fürsten und Herren

Herren

Friedrich dem Zweiten

regierenden Landgrafen zu Hessen, Fürsten zu Hersfeld, Grafen zu Catzenelnbogen, Dietz, Ziegenhain, Nidda, Schaumburg und Hanau,

des Königl. Großbritannischen Ordens vom blauen Hosenbande, und des Königl. Preussischen Ordens vom schwarzen Adler Ritter,

seinem Gnädigsten Herren

in tiefester Devotion,

und unterthänigster Dankbarkeit für alle bey mehreren Gelegenheiten erwiesene höchste Gnade zugeeignet

von dem Verfasser.

Vorrede.

Es wird heutiges Tages von Niemanden leicht geläugnet, daß eine Arbeit von der Art, wie die gegenwärtige ist, verschiedentlich ihren Nutzen habe: und wie in diesem Jahrhundert die Hessische Geschichte das Glück gehabt hat, von mehreren gelehrten und verdienten Männern, so wohl im Ganzen, als auch nach mancherley hauptsächlichen Theilen, genauer als vorher untersucht zu werden, so hat man hier und dar ein Verlangen geäussert, daß auch die Kirchengeschichte dieses Landes mehr, als ehedem geschehen ist, im Ganzen möchte untersucht und durch den Druck bekannt gemacht

wer=

werden. Der sel. Professor **Ayrmann** zu Giessen, dem Niemand seine Verdienste um die Geschichte unsers Vaterlandes mit Rechte wird streitig machen können, ist schon von langer Zeit auf ein Werk, welches den gröseſten Theil der in gegenwärtiger Schrift abgehandelten Sachen zum Gegenstande haben solte, bedacht gewesen. Wie er vielerley ungedruckten Vorrath von alten Hessischen Klostersachen besessen hat, wovon in der **Vorrede zu des Herrn Reichshofr. von Senkenberg** Tom. V. selectorum juris & historiarum p. 39. 40. 44 eine allgemeine Anzeige gegeben wird, so ließ er auch im Jahre 1728. eine dissertationem præliminarem de Notitia monasteriorum & ecclesiarum Hassiæ veterum, quam primum licuerit, evulganda, auf einigen Bogen drucken, worinnen er zugleich ein Register der vormaligen Klöster lieferte, welches der **Herr G. Rath Estor** seinen originibus juris publici Hassiaci p. 217-234. vermehrter eingerückt hat. Es hat mich auch ein um die Hessische Geschichte sehr verdienter guter Freund versichert, daß jener ein Titelblat habe drucken lassen,

sen, mit der Aufschrift: Monasteriorum quorundam & ecclesiarum Hassiæ veterum vestigia & fata ex monumentis maximam partem ineditis eruenda & illustranda præsenti specimine I. proponere, simulque omnes Hassiacarum antiquitatum fautores cultoresque ad symbolas conferendas invitare voluit C. F. Ayrmann: und daß ihm ein Exemplar davon zu Gesichte gekommen sey, worauf derselbe eigenhändig geschrieben habe, daß ihm **H. D. Liebknecht** unter einer gewissen daselbst genannten Bedingung seine Hülfe dazu versprochen; es habe sich aber das ganze Vorhaben zerschlagen. Indessen hat **Ayrmann** verschiedene Proben dieses Werks, so wohl in des **H. Rath Kuchenbeckers** Analecta Hassiaca, als in des **H. P. Retters Hessische Nachrichten** einrücken lassen, welche sämtlich Zeugen seines Fleises und seiner Geschicklichkeit sind; daher man so viel mehr zu bedauren hat, daß dieses Werk zurückgeblieben ist.

Mich hat hierauf die Lust, die Hessische Geschichte nach meinem geringen

Vermögen in ein mehreres Licht zu setzen, bewogen, an ein Werk von dieser Art die Hand anzulegen, und ich habe daher gegenwärtige Arbeit schon vor mehr als zwanzig Jahren aufgesetzt. Die Hofnung mit einigen ungedruckten Nachrichten und Urkunden versehen zu werden, hat damals die erste Ursache abgegeben, warum ich die Bekanntmachung davon aufgeschoben habe; und hernach haben die damaligen Kriegsunruhen, nebst vielen andern Ursachen, welche hier anzuführen unnöthig ist, dieselbe von Zeit zu Zeit verhindert. Indessen hat dieser Verzug mir den Vortheil verschaffet, daß ich so wohl viele vortrefliche hieher gehörige, und erst in dieser Zeit ans Licht getretene Urkunden zu meinem Vorhaben habe benutzen, als auch meine Schrift mit mehrerer Sorgfalt durchsehen, und viele mir dienliche Bücher brauchen, auch daher sehr häufige Zusätze und Verbesserungen anbringen, und einige Hauptstücke gänzlich umschmelzen können. Der sel. **H. G. R. Kopp**, mein hochgeneigtester Gönner, dessen Andenken mir allezeit theuer und unvergeßlich blei-

bleiben wird, rieth mir ehedem, diese Schrift dem Drucke nicht eher zu übergeben, bis von dem gelehrten Werke des **H. R. R. Würdtweins** diejenigen Theile wurden an das Licht gekommen seyn, worinnen Archidiaconaten vorkämen, unter welche das eigentliche Hessen ist eingetheilt gewesen: und es hat sich alles fügen müssen, daß die Vollendung dieser Schrift sich so lange verzogen hat, bis ich noch diese Theile habe einsehen, und daraus an verschiedenen Orten ansehnliche Zusätze machen können.

Daß ich alsdann, wenn eine Urkunde an mehreren Orten gedruckt ist, einen jeden angezeigt habe, wird, ausser dem Falle eines erheblichen Unterscheids in den Ausgaben, manchem als eine sehr überflüßige Bemühung vorkommen. Ich habe aber hierzu mehrere Ursachen gehabt. Dann erstlich hoffe ich, daß meine Bemühung mit der Zeit einen und andern Liebhaber der Hessischen Geschichte ermuntern werde, das Feld, wohin sie gehöret, noch fleißiger und genauer, als ich habe

 thun

thun können, zu bearbeiten; und alsdann wird selbigem allemahl die Mühe erleichtert werden, wann er nicht nöthig hat, alle und jede schon gedruckte Urkunden von neuem durchzulesen, sondern eine Anzeige findet, daß eine mit einer anderwärts gedruckten einerley sey. Hernach so kann auch der Fall kommen, da ein schärferes Auge, als das meinige ist, Ursache zu haben glaubt, eine oder andre einer genauern Prüfung zu unterwerfen, da man dann ohne vieles Suchen die verschiedenen Abdrücke davon wird finden können. Und endlich so kann jemand eine angeführte Urkunde selbst lesen wollen, der zwar nicht das eine Buch, wo sie sich findet, doch das andre einzusehen, Gelegenheit hat. Ich muß auch hierbey erinnern, daß, da viele der wichtigsten Urkunden in und bey solchen Schriften sich befinden, die in gewissen beträchtlichen Rechtshändeln an das Licht getreten sind, ich den Inhalt davon nur historisch angeführt habe, ohne mich in eine Beurtheilung des Streites selbst einzulassen, als welches zu meiner Absicht nicht gehörte: ingleichem, daß, indem ich

ich eine nach dem vornehmsten Inhalte schon lange fertig gewesene Schrift hernach von neuem durchgesehen, und vielfältig verändert habe, eben daher die Ordnung hier und dar nicht so ausgefallen sey, als es würde geschehen seyn, wenn ich die ganze Arbeit auf einmal gethan hätte: wie man dann auch daher einigen Unterschied in der Schreibart wahrnehmen wird. Ich bitte und verhoffe deswegen so viel mehr gütige Nachsicht, als ich glaube, daß in keinem hauptsächlichen Puncte einige Verwirrung dadurch werde entstanden seyn.

Da das Lesen einer solchen Schrift, als die gegenwärtige ist, eine Känntniß so wohl der bürgerlichen Geschichte von Hessen, als der allgemeinen Kirchengeschichte voraussetzt, so habe ich auch von beiderley nur so vieles mit einfliessen lassen, als ich glaubte, daß zur Deutlichkeit meiner Erzählungen unumgänglich nöthig sey. Nur an ein paar Orten habe ich diesen Weg verlassen müssen, nemlich in dem, was ich von dem Antoniterorden, und von den Kugelherren angeführt habe; indem ich in den allgemeinen Nachrichten, von diesen beiden Gesellschaften verschiedene Nachrichten neuerer Schriftsteller gegen einander halten mußte, um einige Schwierigkeiten heben zu können. Ob schon übrigens ein Werk von dieser Art vornemlich den Einwohnern eines gewissen Landes dienlich ist, so hoffe ich doch, daß in dem gegenwärtigen verschiedenes vorkommen werde, so in der allgemeinen Kirchengeschichte von einigem Nutzen seyn kann.

In dem Hauptstücke von der Einführung der christlichen Religion in Hessen, und in einigen andern habe ich verschiedene gelehrte Männer zu Vorgängern gehabt; in vielen andern aber mußte ich alle Materialien zuerst zusammen suchen. Hier war es nun nicht möglich, einen gewissen Plan festzusetzen, nach welchem ich von einem jeden Kloster hätte handeln können, sondern ich mußte mich nach dem mehreren oder wenigeren Vorrathe richten, den ich von einem jeden fand. Daher ist es eben gekommen, daß ich von manchem

Stifte

Stifte in wenigen Zeilen nur eine so wohl ganz mangelhafte, als auch in sich nicht zusammenhangende, sondern nach ihren Theilen ganz verschiedene Nachricht habe liefern können. Aber auch diese habe ich nicht weglassen wollen, weil eben dadurch eine Entdeckung mehrerer und gewisserer Nachrichten kann veranlasset werden. Eben deswegen habe ich auch manche Erzählungen neuerer Schriftsteller angeführt, ob sie mir schon nicht zuverlässig vorgekommen sind; und ich überlasse dem Leser allemal das Urtheil darüber.

Das Hauptstück von der ehemaligen Abtey zu Hersfeld ist, wie ich gerne selbst gestehe, eines der allermangelhaftesten; und ich habe wegen Mangels an gedruckten Urkunden es müssen gnug seyn lassen, nur eine allgemeine Nachricht von dessen Stiftung und Beschaffenheit zu geben. Jedoch eben deswegen, weil mein Vorhaben auf die Hessische Kirchengeschichte gerichtet ist; muß ich hier einen Gedanken vortragen, den ich gern andrer Beurtheilung unterwerfe. Mich deucht nemlich, daß wegen

gen der deutschen Erz= und Bisthümer, und Abteien, ein Unterschied zwischen der Bürgerlichen und Kirchengeschichte zu machen sey, obschon beide auf das genaueste zusammen stoßen, der sich auf die doppelte bekannte Beschaffenheit der unmittelbaren geistlichen Güter gründet. Was zu jeder Art gehört, wird keiner weitläuftigen allgemeinen Erklärung bedürfen. Nun wird aus einer solchen, die ich hier voraus setze, in der gegenwärtigen Rücksicht folgen, daß nach Beschaffenheit der mittleren Zeiten, in einer Geschichte eines ansehnlichen deutschen Stiftes, öfters mehr solche Dinge, die zu der erstern, als solche, die zu der andern Art gehören, wenigstens jener eben so viele, als dieser, vorkommen dürften, wie eine Einsicht in manche hieher gehörige Werke auch genugsam zeigen wird. Daher würde auch eine ausführliche Anzeige alles dessen, was unter einem jeden Hersfeldischen Abte vorgegangen, wenn ich auch selbiges hätte wissen können, nicht einmal zu meinem Vorhaben gedienet haben; ob ich schon gerne gestehe, daß die eigentliche Kirchengeschichte dieses Stifts,

Stifts, wann mehrere Nachrichten davon bekannt wären, durch dieselben sehr ansehnlich würde vermehrt werden können.

Ich sehe diese meine Schrift mit gutem Grunde nur als einen sehr unvollkommenen Versuch an. Dann ausser dem, daß vielleicht von allen darinnen beschriebenen Stiftern ein weit mehreres hätte können gesagt werden, so fehlt darinnen eine Nachricht von denen in der Grafschaft Ober- und Niederkatzenelnbogen, in dem Hessischen Antheil der Grafschaft Henneberg, und in der Grafschaft Schaumburg gelegenen Stiftern; desgleichen von besonders ansehnlichen in den jetzigen Hessischen Landen gelegen Pfarrkirchen und Capellen: nicht weniger eine Nachricht von dem ehemaligen inneren Religionszustande in Hessen, und von der geistlichen Regierung in diesem Lande, so wohl in Absicht auf die Eintheilung unter die geistlichen Personen, denen die damalige höchste geistliche Obrigkeit dieselbe anvertrauet hatte, als auf die von den Landesherren darinnen zur selbigen

bigen Zeit ausgeübte wichtige Rechte in geistlichen Dingen. Allein was die erstern Stücke betrift, so wußte ich von den Katzenelnbogischen Stiftern gar nichts anzugeben; und die Nachrichten von Pfarrkirchen und Capellen sind so geringe, daß es nicht der Mühe werth gewesen wäre, denselben eine besondere Abtheilung zu widmen. Von den Schaumburgischen Klöstern **Mollenbeck** und andern, hätte ich weiter gar nichts anführen können, als was ein Liebhaber der Hessischen Geschichte im **zehnden Theile der Kuchenbeckerischen** Analectorum, **Dollens Geschichte der Grafsch. Schaumburg S. 21 -- 31. dessen Beyträgen zur Schaumburg. Geschichte II. St. S.** 11 -- 23. und **Paulini** historia Collegii Visbecensis lesen kann. Von der Abtey **Herrenbreitungen**, und ein paar Stiftungen in der Stadt **Schmalkalden**, hat man schon alles gedruckte beisammen, wenn man nur mit **Weinrichs Hennebergischen Kirchen- und Schulen-Staate S.** 72-82. 90-108. dessen zwo kleine Abhandlungen, so im zwölften Theile der gedachten Analecto-

rum

rum wieder sind gedruckt worden, nebst der Vorrede zu denenselbigen, und dem beigedruckten codicillo diplomatum; auch das hieher gehörige in derjenigen Gottbergischen Abhandlung, so sich im dritten Theile von Kreysigs und Schötgens scriptor. histor. German. befindet, und die ich in dem dritten Hauptstücke angezogen habe, zusammen vergleichen will. Ich habe daher geglaubt, gute Ursachen zu haben, mich auf die Gegenden von dem eigentlichen Hessen, mit Innbegriffe des jetzigen Fürstenthums Hersfeld, und der Herrschaft Plesse, einzuschränken. Was die oben erwähnte letzten Stücke betrift, so hat die ehemalige innere Religionsbeschaffenheit in Hessen eben nichts von der allgemeinen der damaligen Zeit und anderer Länder verschiedenes gehabt, und was etwan hierinnen besonders anzumerken wäre, werde ich vielleicht Gelegenheit haben, künftig irgendwo anzuzeigen. So ist auch die Eintheilung Hessenlandes unter gewisse Archidiaconate, so viel die Hauptsache angeht, von dem Herrn Geheimden

Rath Kopp, in dem wichtigen Buche von der Verfassung der Geistlichen- und Civilgerichte in den Hessencasseuschen Landen; der Umfang der Rechte aber, so die Herren Landgrafen damals in geistlichen Sachen ausgeübt gehabt, nach andrer treflicher Männer Bemühung, sonderlich seit dem Jahre 1751. von den gelehrten Herren Verfassern der von den beiden Hochfürstlichen Häusern Hessencassel und Hessendarmstadt, gegen den teutschen Orden ans Licht gegebenen Deductionen; und die Landgräfliche Bemühungen, den Mißbräuchen der geistlichen Gerichte zu steuren, von H. G. R. Kopp am angef. O. S. 173-205. (wobey ich noch H. R. Gatzerts Beytr. zur Gesch. der ehemaligen Mainzischen Geistl. Gerichtsbarkeit in Hessen, Giessen 1771. 4. S. 5-11. anmerken muß) in eine solche Gewißheit gesetzt worden, daß es mir nicht möglich gewesen ist, ein mehreres davon zu schreiben. Was sich etwa sonst noch vor Materien finden, sind entweder so beschaffen, daß man ihnen keine be-

besondere Hauptstücke widmen kann, oder, z. B. der Lärmen, den der bekannte **Conrad** von Marburg in Hessen gemacht, von gelehrten Männern, so viel die wenigen Nachrichten haben erlauben wollen, schon so ausgeführt, daß ich nichts neues davon habe sagen können, zumal ich von ungedruckten Schriften keinen Gebrauch habe machen können.

Was dem zweifachen Anhang angeht, so war der erste vor mehreren Jahren vor eine ausländische Sammlung kleiner Aufsätze bestimt, hat aber durch eine gewisse Verhinderung daselbst nicht können eingerückt werden; und ich habe ihn seitdem verschiedentlich verbessert. Der andere, so durch einen gelehrten Gönner veranlaßt, und ehedem in den Marburgischen Anzeigen von 1763. gedruckt worden, erscheint, da diese Stücke nun längst vergriffen sind, hier viel verbessert und vermehrt: und ich habe geglaubt, daß beyde Aufsätze hier einen nicht unschicklichen Platz einnehmen dürften, indem der Frohnfasten auch in Hessischen Urkunden öftere Erwähnung geschieht.

Uebrigens weiß ich nichts beyzufügen, als daß ich wegen der etwa eingeschlichenen Fehler, die in einer Schrift, wie die gegenwärtige ist, bey aller angewandten Sorgfalt, fast unvermeidlich sind, um gütige Nachsicht bitte, und der Gunst des geehrtesten Lesers mich besonders empfehle. Geschrieben zu Marburg am dreisigsten Tage des Monats November im Jahre 1781.

C. F. L. Haas.

Verzeichniß der Hauptstücke.

Fünftes Hauptstück.

Sechstes Hauptstück.

Siebendes Hauptstück.

Achtes Hauptstück.

Neuntes Hauptstück.

Zehntes Hauptstück.

Eilftes Hauptstück.

Zwölftes Hauptstück.

Dreizehntes Hauptstück.

Vierzehntes Hauptstück.

Fünfzehntes Hauptstück.

Sechszehntes Hauptstück.

Siebenzehntes Hauptstück.

Erster

Erster Anhang.

Zweiter Anhang.

Erstes Hauptstück.

Vorläufige Anmerkungen von dem Zustande des Heydenthums in denen Gegenden vom jetzigen Hessen.

§. 1.

Das heutige Hessen ist ein Theil vom Lande der Catten.

Wie in allen historischen Untersuchungen vieles darauf ankomt, die Dinge, die man beschreiben will, von ihrem ersten Anfange herzuholen; so wird eine kurze Beschreibung des Zustandes der heydnischen Religion in denen Gegenden, welche heutiges Tages unter dem Namen Hessen bekannt sind, zu einiger Erläuterung dessen dienen, was hernach von Einführung der Christlichen Religion in denselbigen wird gesagt werden. Da nun bekannt ist, daß in den ältesten Zeiten, in welchen man von Teutschland Nachricht hat, der Name der Hessen unbekannt sey, und was von gedachtem Lande gesagt werden kan, in der Historie solcher Völker gesucht werden müsse, von denen erwiesen ist, daß sie das heutige Hessen bewohnet haben; so nehme ich hier als einen gewissen Satz an, daß was von den **Catten** in alten Schriftstellern vorkömt, auf diese Gegend, und verschiedene um selbige gelegene teutsche Provinzen zu deuten sey, als von welchem Volke **Tacitus** sagt, daß ihr Sitz von dem Hercynischen Walde anfange und mit selbigem sich endige. 1)

§. 2.

---

1) L. de Germ. cap. 30. Initium sedis ab Hercynio saltu inchoant — et Cattos suos saltus Hercynius prosequitur simul atque deponit. Man kan hiebey unter andern zu der älteren Beschaffenheit von Teutschland gehörigen Scribenten Speners Notitiam German. antiq. p. 196 - 200 und Eccard de origine German. p. 229. 230. zu Rathe ziehen, wo gezeigt wird, daß sich die Catten ausser dem heutigen Hessen weiter hin besonders gegen Mittag erstreckt haben. Ich lasse mich auch durch dasjenige, was in der Vorrede zum 2ten Theile von Kuchenbeckers Analectis Hassiacis S. 11. gemeldet wird, nicht irre machen. Dann ob ich schon gerne zugebe, daß der vom Tacitus gedachte Hercynische Wald sich im weitläuftigen Sinn weiter, als Spener und andere dessen Gränzen setzen, erstreckt habe; so zeigen doch die von ersterem denen Catten als Nachbaren beygefügte Völker genugsam, daß in den davor angenommenen Gegenden der Sitz derselben zu suchen sey.

§. 2.

Alte Nachrichten von den Gottheiten der Catten.

Tacitus giebt am angezogenen Orte keine genaue Nachricht, was die Catten vor besondere Gottheiten, Meinungen und Gewohnheiten im Gottesdienste gehabt haben. Man muß sich deswegen damit begnügen, daß man dasjenige auf sie zueignet, was er von der alten Teutschen Religion überhaupt gemeldet hat; wofern man nemlich zum Grunde setzt, daß er uns hievon richtige Nachrichten hinterlassen habe. Dann ich weiß wohl, daß nicht ohne Ursache gegen seine Zeugnisse in dieser Sache Zweifel erreget werden; wie dann auch im Verfolg einiges hierbey zu erinnern seyn wird. Indessen gebe ich im ganzen demjenigen Beyfall, was nach dem Vorgange anderer besonders **Arndt** gar wohl erinnert hat. 1) **Joachim** hat in Ansehung der Widersprüche, 2) die **Cäsar** und **Tacitus** in diesem Stücke gegen einander begehen, und die **Gebauer** 3) zusammen vorgestellt hat, sich mehr vor erste-

1) in der zu Leipzig 1775 gehaltenen dissert. Quatenus Taciti de Germania libello fides sit tribuenda? p. 13 — 26.

2) Vom Gottesdienste der alten Teutschen, in den Anmerkungen aus den Rechten und Geschichten, Th. III. S. 122.

3) in dem gleich anzuführenden Buch, S. 819 — 822.

ren als letzteren erklärt; indessen aber 4) gezeigt, daß man nicht wisse, von wem die Teutschen ihren Gottesdienst bekommen haben, weil unbekannt bleibe, von welchem Volke sie eigentlich abstammen. Von den Teutschen legt nun **Tacitus** das bekannte Zeugnis ab, sie schlössen die Götter nicht in Gebäude ein, und bildeten selbige, um der Erhabenheit der himmlischen Dinge willen, in keiner menschlichen Gestalt ab; jedoch widmeten sie ihnen Haine und Wälder, und benenneten mit den Namen der Götter das unsichtbare Wesen, so nur durch die Andacht gesehen würde. 5) Gebauer hat

4) S. 127. 128.

5) de Germ. Cap. 9. Deorum maxime Mercurium colunt, cui certis diebus humanis quoque hostiis litare fas habent. Herculem ac Martem concessis animalibus placant. — Ceterum nec cohibere parietibus deos, neque in ullam humani oris speciem adsimilare, ex magnitudine cœlestium arbitrantur. Lucos ac nemora consecrant, deorumque nominibus appellant secretum illud, quod sola reverentia vident. Dithmar Comment. in Tac. Germ. p. 60. erklärt diese letztern Worte nicht recht, wann er sie mit der Stelle des Seneca epist. 41. vergleicht, die so lautet: si tibi occurrit vetustis arboribus frequens lucus — & secretum loci & admiratio umbræ fidem Tibi numinis facit; und also die Worte des Tacitus von Heiligung der Wälder durch die gleich darauf folgende erklärt. Dann das Wort secretum komt ja an beyden Orten in unterschiedlicher Bedeutung vor. Ayrman urtheilt in der Erklärung eines alten Steins, der einen

hat 6) gar wohl gezeiget, daß **Tacitus** hier keinen Wiederspruch begehe, und nicht selbst die Teutschen der Vielgötterey beschuldige; wie er dann mit andern Stellen desselben ihre Entfernung von der Vielgötterey bestärkt, und die Worte: Deorum nominibus appellant secretum illud, &c. dahin erklärt, daß in einer andern Gegend der Gott der Marser wäre verehret worden, in einer andern der Gott der Frisier, u. s. w. nemlich ein und derselbe wahre Gott. **H. Fulda** 7) aber, der voraussetzt, daß die Römer die Namen **thruht, metod, God,** welche Namen der Gottheit bey den Teutschen gewesen, nicht gekannt, sagt, daß das Wort Dii uns dergestalt auf einen Irrthum verleitet habe, weil man nicht wahrgenommen, daß damit göttliche, natürliche, sittliche, personificirte Eigenschaften, in Him-

---

einen heidnischen Gott vorstellen soll, in Retters Heßischen Nachrichten *II.* Th S. 79. daß man aus den Worten: nec cohibere parietibus Deos &c. zwar so viel schliesen könne, daß die Fremden keine Götzenbilder und Tempel bey den Teutschen wahrgenommen; daß aber doch in der That grobe Abgötter nicht im Stande wären, sich ihre Gottheiten ohne ein Bild vorzustellen. Man kan aber fragen, woher es dann in diesem Falle gekommen, daß Fremde keine Bilder bey den Teutschen gefunden hätten?

6) Vestigiis juris german. antiquiss. in Taciti German. obviis, diss. 22. p. 826 — 834.

7) Von den Gottheiten der alten Teutschen in H. Meusels **Geschichtforscher**, Th. *I.* S. 79. 89. 94.

Himmel erhobene Helden, bezeichnet würden; und nachdem er eine ähnliche Stelle des **Tacitus** hist. L. V. von den Juden zur Erläuterung gebraucht, so zeigt er das undeutliche in dessen Stelle vom Mercurius: dann des andern ungeachtet schreibt **Tacitus** den Teutschen den Dienst des **Mercurius** zu, welchem sie an gewissen Tagen Menschen-Opfer brächten; wie sie dann auch den **Hercules** und den **Mars** durch Opferung gewisser Thiere versöhneten. **Julius Cäsar** 8) schreibt ihnen den Dienst der **Sonnen**, des **Mondes**, und des **Vulcans** zu, und fügt bey, sie hätten von keinen andern Göttern gehöret, auch ihren Göttern keine Opfer gebracht. Und freylich wann diejenige Götter, deren **Struve** 9) und so viele andere erwähnen, würklich von den teutschen Völkern wären angenommen worden, so müßte doch solches erst von den folgenden Zeiten zu verstehen seyn, da die Teutschen von den Römern verführet worden, mehrere Gottheiten zu verehren. **H. Möser** will des **Cäsars** und des **Tacitus** Angaben dadurch vereinigen, daß ersterer nach der Meinung des gemeinen Mannes, und nach Anleitung der in die Augen fallenden Denkmähler, letzter aber nach den Gedanken der Druiden, und anderer, die die geheime Lehren in der Religion der Teutschen innen hatten, geschrieben

8) de Bello Gall. l. VI. c. 21.

9) proleg. hist. German. p. 17. seq.

ben habe. 10) **H. Fulda** hingegen erklärt den **Cäsar** von einem Feuer bey ihren gottesdienstlichen Zusammenkünften, und von einer besonderen Achtsamkeit auf die Sonne und auf die Mondsveränderungen, und den Tempel, so dem oder der Tanfana, wie man sonst vielfältig glaubte, gewidmet war, bey dem **Tacitus**, nur von einem geweiheten Hain, ohne Wände.

§. 3.

Diese sind mit den Römischen nicht einerley.

Es komt aber hier die Frage vor, ob unter denen Göttern, welche die Teutschen überhaupt, und unter denselben die **Catten**, sollen verehret haben, eben dieselben zu verstehen seyen, welche von den Römern und andern älteren Völkern mit solchen Namen sind belegt worden? Es ist bekannt, daß ehedem viele Gelehrte sich bemühet haben zu zeigen, daß die nordische und abendländische Völker eben dieselben Götter, welche bey den Griechen und Römern bekannt waren, nur unter andern Namen verehret hätten: welchen aber viele andere wichtige Gründe entgegen gesetzt haben; daher ich kein Bedenken trage, der Meynung des **A. von Mosheim** beyzutretten, daß die Römer sich des gedachten

---

10) de veter. German. & Gallor. theologia mystica & populari, Osnabr. 1749. 4. p 7 — 10.

Vorgebens als einer List bedienet hätten, um die von ihnen überwundenen Völker desto eher in ihrem Gehorsam zu erhalten. 1) Indes-

1) Instit. histor. christ. major. sec. I. p. 57. 58. Die Stelle ist so wohl gefasset, daß ich nicht unterlassen kan, sie ganz einzurücken: Sagaciores erant Romani, quam ut ignorare possent, multo minus a populis, quos in ditionem redegerant, sibi fore metuendum, si religionum & Deorum, dissimilitudo, qua secreti erant ab illis, tolleretur. Itaque hoc ut obtinerent, nulli parcebant industriæ. Sciunt vero, quibus humani generis natura perspecta est, verissime dictum esse illud, quod Dionysius Halicarn. Antiq. Roman. L. VII. cap. LXX. f. scriptum reliquit: *Deos & religionem diutissime custodiunt, tum Græci, tum Barbari, & nihil in his immutare audent, ira divinæ metu retenti.* Ergo consilio & astutia opus erat, ut quod volebant consequerentur Romani. Neque certior meliorque via poterat excogitari, præter ipsam illam, quam ingressi temere jam dudum erant. Pergebant nimirum Romani vocabulis latinis peregrinos Deos nuncupare, populisque persuadebant, nihil interesse, si a nominibus discesseris, inter sua & reliquorum populorum Numina, eundem Jovem, Martem, Mercurium, quem Romani colerent, Gallos etiam, Afros, Syros, Cattos venerari: cæremonias quidem & ritus, quibus Dii utrinque honestarentur, nonnihil discrepare inter se, verum hanc disciplinae externae differentiam religionum ipsarum discrimen haud significare. Plebs victoribus fidem habere nil dubitabat: Sacerdotibus, qui dolum fortassis animadvertebant, metus, munera & honores silentium imperabant. Quocirca populi sensim, maxime post introductam Latinam linguam, con-

dessen ist die Frage, ob nicht die vom Tacitus und Cäsar bemerkte teutsche Götter von gewissen bekannten Dingen zu erklären wären, damit man doch einigen Grund angeben könne, warum diese Scribenten solche unter eben den vorhin genannten römischen Namen beschrieben haben, wodurch oben gedächtes Vorgeben

' Romanorum Deorum nominibus sua Numina compellabant, veteres quasdam cærimonias abrogari, novas introduci patiebantur, denique ita Dominorum suorum religionem & Deos adoptabant, ut majorum tamen sacra & Deos sibi viderentur nullo modo repudiasse. Atque fraus hæc tanto facilius latere poterat, quod nec vetusta Deorum nomina rejiciebantur, nec externa religionis & cultus forma tota tollebatur, nec postremo ritus ipsi, quos in veterum institutorum locum suffectos volebant Romani, a populorum ingeniis & humanis propensionibus multum abhorrebant. Und nachdem er solches mit dem Exempel der Arduenna erläutert, setzt er hinzu: Minus, credo, modestiæ doctissimis viris objiceretur, qui antiquorum monumentorum sententiam explorant, si hujus rei semper essent memores. Gleiche Gedanken hat bereits Keyßler gehabt, Antiquitat. septentrion. & Celtic. p. 186. 187. wie dann auch Joachim am ang. O. S. 123. 124. mehrere Schriftsteller, denen er selbst S. 143. u f. beyfält, anführet, die den Unterschied der griechischen und römischen Götter von der Teutschen ihren erkannt haben. Mich wundert daher, daß der scharfsichtige Spener hist. Germ. T. I. p. 87. auch der eben so einsehende Theodor Hase (wie ich wenigstens seine Worte verstehe) observ. de Ostera Saxonum idolo, Bibl Brem. Class. VIII. p. 487. anderst gedacht haben.

den einigen Schein bekommen. Der **H. von Mosheim** urtheilet gar recht, daß die Religion fast aller nordischen Völker so wäre beschaffen gewesen, als es ihre zum Kriege eingerichtete Verfassung habe zulassen können, und ihre Götter guten Theils berühmte Personen gewesen wären, obschon auch die mehresten den Gestirnen, besonders der Sonne, göttliche Ehre erzeigt hätten. Ich muß, ehe ich hier weiter gehe, die Anmerkung des **H. Gebauers** 2) anbringen, der den Einwurf, so man machen könnte, daß unter den Namen der Götter, womit die Teutschen das verborgene Wesen benenneten, eben die vorhin gedachten des **Mercurius**, des **Mars**, u. s. w. zu verstehen wären, so beantwortet, daß hier nicht die Rede von dem Götzendienst sey, der vielleicht kurz vor des **Cäsars** und **Tacitus** Zeiten in Teutschland entstanden, sondern von dem ältesten Gegenstande der Verehrung des höchsten Wesens, und sey es ungereimt zu sagen, daß die Teutschen damals mehrere Götter verehret hätten, die jedoch keine besondere Namen gehabt, bis sie selbige von den Römern empfangen hätten. Es könnte zwar dagegen der Zweifel entstehen, **Tacitus** rede von seiner Zeit, da eben die Teutschen fremde Götzen angenommen hätten; ich glaube aber, daß man nur auf vorgedachtes antworten könne, wann auch schon dieser Scribent, wie ich selbst ur-

2) S. 835.

urtheile, von seiner Zeit rede, so reime sich doch diese Erklärung nicht damit, daß er von dem verborgenen Wesen, in der einfachen Zahl redet: wozu also hier die Namen ganz verschiedener römischer Götter? womit dasjenige zu vergleichen ist, was **Gebauer** 3) weiter gegen den Dienst der römischen Götter bey den Teutschen erinnert, nebst seiner im **vorigen** §. angezeigten Erklärung der Worte: Deorum nominibus &c.

§. 4.

Woher selbige mit einander vermischt worden.

Wann es nun aber auf die Frage ankomt, aus welchem Grunde die Römer geglaubt hätten, den Dienst dieses oder jenes von ihren Göttern besonders bey den Teutschen gefunden zu haben, so leitet **Gebauer** 1) die Nachricht von dem Mercurius daher, daß **Cäsar** dessen Verehrung den Galliern beylegt, woraus man auf die Teutschen als ein mit jenen verwandtes Volk möchte geschlossen haben. Was den Mars betrift, so urtheilt er, die Teutschen würden nach ihrer kriegerischen Gesinnung selbigen, wann sie hätten Götzen annehmen wollen, vor allen andern gewählt haben: wie es aber eine andere Frage sey,

3) S. 836. u. f.

1) S. 838.

sey, was sie würklich gethan? so könne man, wann man sich auf den Tacitus berufen wolle, eine Erklärung fordern, warum unsere Vorfahren nicht demselben, sondern dem Mercurius die erste Stelle unter ihren Göttern eingeräumt hatten? Seine Gedanken, woher es gekommen, daß man den Teutschen den Dienst dieser Götter beygelegt, sind diese: 2) daß Fremde ihr Wort Hermen oder Heremann, ein Kriegsmann, unrecht verstanden hätten, da sie einen berühmten Held gehabt, den sie hernach zwar nicht als Gott, jedoch als einen nach dem Tode bey Gott wohlgelittenen Mann verehrt. So erklärt er auch 3) den teutschen Hercules von einem berühmten Helden, da dann die Römer, und auf deren falschen Bericht Tacitus, gemeynet hätten, es müßten von allen Gattungen ihrer Götter wenigstens einige in Teutschland bekannt seyn, gegen welche Erklärung wohl nichts einzuwenden seyn wird; wie dann auch Joachim 4) die Ver-

2) S. 879 — 886.

3) S. 852.

4) am ang. O. S. 149. u. f. Einen andern Gedanken des H. von Eccard findet man in Leibnitzens collect. etymol. P. I. p. 81. und des H. Schulze seinen in der Abhandlung de Appellat. Cimbror. exercit. philol. fascic. I. p. 108. 109. womit übereinstimmet, was Schwabe in der Schrift: über ein teutsches Amulet, in gedachter Meusekischen Sammlung, S. 133. Anm. y) aus des H.

Verehrung eines fremden **Hercules** in Teutschland nicht zugiebt. Auch **Dithmar** 5) meynet, **Tacitus** habe vernommen, daß die Teutschen einen sogenannten **Heermann** anbeteten, welchen er dann nicht allein mit dem **Mars**, sondern auch in Ansehung des Namens selbst mit dem **Mercurius** verwechselt hätte: wiewohl, wie auch **Gebauer** 6) gar recht erinnert, eigentlich zuerst einige Römer die erste, hernach aber andre die letztere Vermischung begangen, und diese beyde Fehler in der Folge dem Schriftsteller beygebracht worden sind: **Joachim** 7) erklärt sich dahin; daß die Teutschen von den Römern sich hätten vorschwätzen lassen, wie sie selbst die Sonne als einen Gott anbeteten, aber nur unter dem Namen des **Mercurius**, und schienen erstere bey dem immer österen Umgange mit den letztern den Dienst des genannten Götzens angenommen zu haben; oder es hätte auch **Tacitus** vermuthlich nur selbst die Sonne mit erwähntem Namen belegt, welches so viel wird heisen sollen, daß er den Teutschen nur den Dienst der Sonnen, nicht aber

---

H. von **Westphalen** monim. rer Cimbr. T. IV. p. 218. præfat. anführt. H. Fulda S. 90. sieht auch den teutschen Hercules und Mars nur vor Helden an.

5) am ang. O. S. 55.

6) S. 880.

7) am angef. O. S. 160 u. f. w.

8) S. 133 — 141.

aber des römischen Götzens zugeschrieben habe. Es beruhet aber diese ganze Meinung auf einer andern 8) von ihm, aber aus schwachen Gründen, angenommenen, daß in Teutschland Sonne, Mond, und Feuer ein Gegenstand der höchsten Verehrung gewesen wären; wo **Cäsars** Zeugnis von keinem großen Gewichte ist; wann es nach den Worten, und nicht nach des **H. Fulda** Erklärung verstanden wird. **Schütz** erkläret 9) den **Mercurius** von der Sonne, weil er die Wege zeige, welches vornehmlich der Sonne zukäme. Einige wollen die Worte des späteren Scribenten **Warnefrieds**, 10) daß alle teutsche Völker einen Gott, Namens **Wodan**, angebätet hätten, von dem römischen **Mercurius** verstehen, welche aber schon **Vossius** 11) wiederlegt hat, der vom **Joachim** 12) angezeigten anderen Schriftsteller zu geschweigen.

§. 5.

Fortsetzung des vorigen.

Cäsar meldet am angezogenen Ort, daß die Teutschen den **Vulcanus** verehrt hätten. We-

9) de cruentis German. vict. human p. 26.

10) de reb. gest. Longobard. L. I. cap. 9. p. 99. der Lindebrogischen Ausg.

11) de orig. & progr. idolol. L. I. cap. 37. p. 102. der Ausg. von 1700.

12) S. 165.

Weber 1) versteht hierunter den **Donner**, dessen Keile nach dem Vorgeben der heidnischen Dichter der **Vulcanus** schmiedete, und beruft sich zu dem Ende auf das alte teutsche Wort **Tor**, welches aus Donner zusammen gezogen sey. **Voßius** 2) aber verstehet darunter nur überhaupt das Feuer; und ohne Zweifel ist die vorige Meynung allzuweit hergeholt. Wann auch **Tacitus** 3) von einem Gott der Teutschen, **Tuisto**, redet, welcher aus der Erde sollte entstanden seyn, so verstehen einige darunter Gott den Schöpfer aller Dinge, andere einen Menschen von ungeheurer Gröse, andere einen berühmten Herrn, welche Meynungen **Dichmar** 4) gesamlet hat. **Gebauer** aber erklärt 5) diese Stelle durch eine weitläuftig von ihm ausgeführte, und nach meiner Meinung glückliche Vermuthung, daß man lesen müsse **Tuiscorem**, den Gott des Volks, und bringt 6) die

1) de Pustero, vet. German. ad Herciniam idolo p. 9.

2) am angef. O. S. 101.

3) de morib. Germ. cap. 2.

4) am angez. O. S. 13.

5) S. 916 — 937. Scheid in der Vorrede zu Eccards Buch de origine Germ. p. 23. liest anstatt Tuisto Thiudans, Regierer, und versteht darunter Gott den Herrn über alles, setzt auch gleich darauf das Wort et, und dann erst terra editum s. M. Eccards eigene Gedanken sind in erwähntem Buche S. 13 — 17. zu lesen.

6) S. 931.

die Worte, terra editum bey die folgenden, et oder ei filium Mannum; wie dann auch **Joachim**, der **Reimmanns** Einfall billig verwirft, 7) nach dem Vorgange des **H. von Ludewig** schon gelesen hat: Tuistonem Deum et terra editum filium.

§. 6.

Einige falsche Erzählungen in dieser Sache werden widerlegt.

Dieses wären dann diejenigen Götter, welche überhaupt in Teutschland, und also auch von den **Catten** sollen seyn verehret worden. Aus des **Tacitus** Erzählung in der bekannten Stelle von dem wegen einer Salzquelle zwischen den Catten und Hermunduren entstandenen Kriege sieht man, daß, nach dessen Meynung, in der Gegend des jetzigen Hessens besonders der **Mercurius** und **Mars** seyen verehret worden. 1) Wie fern aber dieses zu glauben, ist aus dem oben gesagten leicht einzusehen. Ich merke bey Gelegenheit der erwähnten Stelle an, daß **Gebauer** die Teut-

7) S. 130 — 132. vergl. Möser am angez. O. S. 13. 14.

1) Annal. L. XIII. cap. 57. Bellum Hermunduris prosperum, Cattis exitiosius fuit, quia victores diversam aciem Marti & Mercurio sacravere, quo voto equi, viri, cuncta victa occidioni dantur. H. Teuthorns Gründe vor diese Meynung sind am anzuführ. O. S. 81 — 85. zu lesen.

Teutschen gegen die Beschuldigung, daß sie Menschen geopfert, wie auch noch Joachim 2) geglaubt, gerettet habe. 3) Was in den folgenden Zeiten von dieser ihrem Götzendienst gesagt wird, ist viel ungewisser. Die Nachricht, 4) daß zu Frankenberg ein Abgott, Hammon, verehret worden, der mit Hörnern an der Stirne bezeichnet gewesen, und daß der böse Geist in diesem Bilde in einen Grund bey der Stadt gefahren sey, wo er sich oft habe sehen lassen, ist theils ungewiß, theils fabelhaft, und eben so beschaffen, als wann einige nach Winckelmanns Berichte 5) den Namen des Castorsbergs im Burgwalde bey Rauschenberg daher leiten wollen, weil daselbst der bey den Alten bekannte Castor sey verehrt wor-

2) am ang. O. S 157. Man kann vergleichen, was H. H. Teuthorn in der ausführlichen Gesch. der Hessen Th. 1 S 70. u f. w von dieser Meinung hat, der auch S 60 63 von den beyden Götzen Hesus und Hertha, und von des erstern Verehrung unter den Catten besonders S. 79-81 handelt, wo er die Eiche bey Geismar, davon §. 7 wird gehandelt werden, hiehin rechnet. Die Hertha ward nur von einigen besonderen Teutschen Völkern verehret, die Tacitus Cap. 40. nennet.

3) S. 967 997. vergl. H. Fulda am ange. O. S. 90. 93. 95 97.

4) In den Zusätzen zu Gerstenbergers Franckenberg. Chronick, in Ayrmanns *syll. I. Anecd.* p. 626

5) in der Beschreib. von Hessen S. 925.

worden; Wozu noch **Gerstenberger** 6) setzt, daß **Carl Martellus** vor das Schloß auf diesem Berge gezogen sey, solches eingenommen, und den Abgott zerstöhret habe. Von dem vorhingedachten Steine bezeuget **Ayrmann**, daß solcher vorher an der Kirche zu Allendorf an der Lomb, und daselbst eine Tradition solle gewesen seyn, daß die darauf befindliche Figur einen Teutschen Götzen bedeute. Sie ist vor dem zweiten Theile des **Katterischen** obgedachten Buchs in Kupfer gestochen, und stellt dem Ansehen nach einen Menschen vor, dessen Ohren oben aus dem Kopfe gehen, mit einigen herumgelegten Blättern. **Ayrmann** 7) redet anfangs zwar vieles davon, ob nicht der Stein von den Römern herkomme, oder ob nicht die Figur einen in einem Haine sitzenden Geisbock vorstellen solte, und eine gleiche aber grösere Figur unter einer Eiche in den lezteren Zeiten des Heidenthums sey angebetet, der Stein aber zum Andenken der Bekehrung an die Kirche gebauet worden. Doch hält er es endlich selbst vor den obersten Theil eines alten Wapens, oder

6) chron. hass. bey Ayrmann am angef. O. S. 106.

7) S. 71. u. s w. H. Prof. Hartmann hat in der 1743 gehaltenen Dissertation de stagno Crodonis prope Eschwegam zu zeigen gesucht, daß in selbiger Gegend der Niedersächsische Götze Crodo sey verehrt worden. Allein diese Sache komt mir so ungewiß vor, daß ich mich in keine Untersuchung davon einlaßen, sondern allenfalls nur auf die genannte Schrift verweisen will.

oder das Bild des Erbauers der oftgemeldeten Kirche; und ich trage kein Bedenken, ihm hierinnen beyzustimmen, oder wenigstens diesen Stein für kein Götzenbild zu halten.

§. 7.

Wälder die den Göttern gewidmet waren.

Oben ist angeführt, daß die Teutschen gewisse **Wälder** ihren Göttern gewidmet haben. **Tacitus** bezeugt es von einigen Teutschen Völkern besonders, und in den Schriftstellern der mitleren Zeiten kommen viele Zeugnisse von dieser Gewohnheit vor, welche unter andern **H. Schminke** 1) und **Hachenberg** 2) gesamlet haben. Besonders aber hielten die Teutschen die **Eich-Bäume** in Ehren, denen sie was besonders zuschrieben. **Maximus Tyrius** 3) gedenkt von den Celten,

---

1) diss. de cultu relig. arbor. Jovis, præs. in Hassia, §. 3.

2) German. med. p. 198.

3) dissertation. p. 374 der Ausg. zu Lion von 1630 κελτοὶ σέβουσι μὲν Δία, ἄγαλμα δὲ Διὸς κελτικὸν ὑψηλὴ δρῦς. Von dem Gebrauche der Eichen im Gottesdienste der Teutschen und Nordländer handelt auch der H. G. Dreyer vom Nutzen der Heidnischen Gottesgel. u. s. w in den Abhandlung. zur Erläuter. der Teutschen Rechte und Alterth. Th. II. S. 706-710 vergleiche H. Fulda am angef. O. S. 107.

daß sie den Jupiter angebetet, und dessen Bild eine hohe Eiche gewesen sey. Der Name der Celten komt zwar eigentlich den Galliern zu, wie H. R. **Schöpflin** 4) erwiesen hat: und, also kann zwar jenes Zeugnis nicht als gewis hieher gezogen werden, ob es schon von einigen geschehen ist; es sind aber doch andere Zeugniße vorhanden. Dergleichen Wälder waren mit Zäunen verwahrt; man durfte davon keine Aeste und Zweige abhauen, sondern ein solches Unternehmen wurde vor gefährlich gehalten. Man brachte darinnen Opfer, und zündete Lichter an; und sie waren also ein Ort des Gottesdienstes, wovon die Beweise bey H. **Schmincke** 5) und **Schütz** 6) zu finden sind. Zuweilen wurde aber auch ein **einzelner** außer dem Walde stehender Baum hiezu gewidmet.

§. 8.

Eichbaum bey Geismar.

Ein solcher war nun der **Eichbaum bey Geismar**, den der heilige **Bonifacius** abgehau-

---

4) in den Vindiciis Celticis, wo man S. 71. 79 seine Meinung in der Kürze nachsehen kann. Es haben zwar einige Griechen gedachten Namen den Teutschen beygelegt; sie kommen aber denen Schriftstellern, die die Gallier so nennen, weder an der Zahl, noch an Alter, noch an Werth gleich.

5) am angef. O. §. 6—12.

6) am angef. O. Cap. 4. §. 3.

hauen hat. Die Umstände von dieser That sollen unten bemerkt werden; hier ist nur anzuzeigen, an welchem Orte er gestanden habe. **Wilibald** nennet solchen **Gaesmere**, oder wie in einigen Exemplarien gelesen wird, **Gicesmere**. Die Lage dieses Ortes ist ehedem vielfältig unrecht angegeben worden. **Gerstenberger** 1) setzt zwar solchen an die Edder, versteht aber das bey Franckenberg gelegene Geismar, so nicht weit von der Edder liegt: die mehresten aber haben ehedem die an der Diemel gelegene Stadt **Hof-Geismar**, welche damahls nur noch ein Dorf gewesen sey, verstanden, wie unter andern **Basnage**, 2) **Serarius** 3) und **Vagedes** 4) thun, welche aber von **H. Schmincken** gründlich wiederlegt sind. Dann man kann aus tüchtigen Scribenten nicht erweisen, daß **Bonifacius** in diese Gegenden gekommen sey, oder daß diese Orte schon zu deßen Zeit gestanden haben. Es ist vielmehr ausser Zweifel, das bey Fritzlar gelegene Heßische Dorf Geismar zu verstehen, indem gedachter Mann sich in Fritzlar öfters aufgehalten, auch in Buraburg nicht weit davon ein Bißthum angelegt hat. Es gedenkt

B 3 auch

---

1) chron. hass. bey Ayrmann am ang. O. S. 107.

2) observat. in Wilibaldum, in *Canisii* lect. antiq. T. II. p. 241.

3) observ. in Othlonum, in rer. Mogunt. L. III. p. 472. der ersten Ausg.

4) pent. quæst. histor. p. 294. oper. academ.

auch **Lupus** 5), daß die Sachsen, als sie im Jahre 774, bey ihrem Einfalle in diese Gegend die Kirche des heiligen **Wigberts** anzünden wollen, solches aber nicht angegangen wäre, selbige geplündert, und der heiligen Gebeine mitgenommen hätten, die aber in dem nicht weit davon gelegenen Dorfe **Geismar** wären unversehrt gefunden worden: welcher Ort dann also vorher, und ohne Zweifel schon zu des **Bonifacius** Zeiten, ist erbauet gewesen, wie **H. Schmincke** 6) weiter ausführt; welchem ich auch darinnen beyfalle, daß die damahlige Scribenten diesem Baum den Namen robur Jovis nach Art der Römer gegeben hätten, welche nicht nur alle Eichen, als welche dem Jupiter gewidmet waren, sondern auch andere dauerhafte Bäume so benennet haben.

§. 9.

Solche Wälder sind noch nach Einführung des Christenthums gewesen.

Dergleichen Stücke des Gottesdienstes waren noch in denen Zeiten, da bereits die Christ-

5) Vit. Wigberti cap. 20.

6) am ang. O. §. 19—21. Es steht auch der hieher gehörige Theil dieser nun seltenen Schrift von §. 18. an in Johannis scriptor. rer. Mogunt. T. I. p. 1006. 1007. Ich wundre mich daher, daß noch der H. von Eckhart comment. de reb. Franc. orient. T. I. p. 344. der einen vorigen Meinung beygetretten ist.

Christliche Religion in Teutschland ihren Anfang genommen hatte, einigermasen im Gebrauche. Und wie solche überhaupt in dem fränkischen Reich verbotten wurden, so könnte es wohl seyn, daß auch solche in der Gegend des jetzigen Hessenlandes noch im Schwange gegangen sind, wie auch der H. **von Eckhart** urtheilet. 1) So wurde die Verehrung der Wälder und Bäume durch die Kirchenversammlung zu **Lestines** 743. cap. 6. 2) und durch K. Carls des grosen cap. de part. Saxoniae cap. 21. 3) verbotten. Daß der Gottesdienst bey den Brunnen oft sey angestellet worden, bezeuget **Wilibald** deutlich in der Stelle, welche unten wird angeführet werden; wobey aber **Hachenberg** 4) fehlet, wann er glaubt, daß die Brunnen und Flüße selbsten als Götter wären betrachtet worden, da sie doch nur zu einem Orte des Gottendienstes dienten, und in so fern vor heilig gehalten wurden. Daß Lichter in den Wäldern angezündet worden, beweiset das Gesetz Carls

B 4 des

---

1) am ang. O. S. 405.

2) in Harduins collect. concil. T. III. p. 1922. und in Harzheims Concil. German. T. I. p. 53.

3) in Baluzii capitular. Reg. Franc. T. I. p. 251.

4) Germ. med. p. 193. Ich bemerke hiebey, daß H. Fulda am ang. O. S. 110. schreibe: bey den Heßen waren vermuthlich schon (nemlich allem Ansehen nach zu des Agathias Zeiten) Götzen.

des grosen vom Jahre 789. 5) und daß auch die Heiden Christliche Knechte erkauft, um sie zu opfern, bezeuget der Brief, worinnen der Pabst **Gregorius** den heiligen **Bonifacius** nachdrücklich vermahnt, dieses abzuschaffen, 6) welches gegen dasjenige könnte eingewendet werden, was H. **Gebauer**, wie oben erinnert ist, gegen die Menschenopfer unserer Vorfahren beygebracht hat; wiewohl durch den Unterscheid der Zeit dieser Einwurf sich heben läst.

§. 10.

Wahrsagereien der Alten.

Die Wahrsagereien der alten Teutschen werden vom **Tacitus** beschrieben, und verschiedene Gattungen derselben dauerten noch eine Zeitlang, nachdem die Christliche Religion bereits eingeführet war. Ich will mich hierbey nicht aufhalten, sondern auf die Gelehrten Entdeckungen des oft genannten H. **Gebauers**, der auch von den Losen und dem Vogelfluge handelt, 2) und wegen des Beweises des lezteren von mir erwähnten Umstan-

---

5) Bey dem Baluzius am ang. O. S. 235. und bey Harzheim am ang O. S. 281.

6) Es ist der 122. unter des leztren Briefen, Biblioth. max. Patr. T. XIII. p. 121.

1) de mor. Germ. cap. 10.

2) S 939—953: 998—1012. H. Fulda handelt nur kurz davon am angez O. S. 104—107.

standes auf den **Dithmar** 3) mich berufen; und merke nur an, daß solche auch in Hessen nicht unbekannt gewesen. Dann sowohl in der unter K. Carlomann 742. gehaltenen Kirchenversammlung, welcher der **Buraburgische** Bischoff **Witta** beygewohnet; 4) als in einem Brief des Pabstes **Gregorius II.** an die Hessen und andere benachbarte Völker 5) werden alle Wahrsägereien und Beschwörungen verboten.

Zweytes Hauptstück.

Von der Einführung der Christlichen Religion in Hessen.

§. 1.

Anfang der Christlichen Religion in Teutschland.

Um desto besser zu zeigen, zu welcher Zeit **Hessen** zur Christlichen Religion sey be-

 keh-

3) am ang. O. S. 61 — 64.

4) in **Othlons** vita Bonifacii L. I. cap. 34. bey Mabillon Act. Sanct. O. Bened. l. c. p. 49. und in Harduins concil T. III p 1919. in welcher lezten Ausgabe zwar der Name Wintanus steht, doch die Leseart Wittanus ausdrücklich bemerckt wird.

5) Bey **Othlon** am angef. O. cap. 29. p. 45. Sortilegos vel Sacrificia mortuorum, seu lucorum vel fontium auguria vel phylacteria et incantatores et maleficos, et observationes varias, quae in vestris finibus fieri solebant, omnino respuentes, ad Deum convertimini.

kehret worden, wird eine kurze Nachricht nöthig seyn, was es mit der Bekehrung der Teutschen überhaupt vor eine Bewandniß habe. Es ist bekannt, daß nach dem Uebergang verschiedener Teutschen Völker über den Rhein in Gallien, die Römer einen Unterschied zwischen dem **jenseits** und dem **diesseits** gelegenen **Germanien** gemacht haben, deren letzteres sie in das **erste** und **andere** eintheilten. Nun finden sich in den ältesten Kirchen-Lehrern Zeugniße, daß schon im zweyten und dritten Jahrhundert die Christliche Religion in **Germanien** bekannt gewesen sey, welche Stellen unter andern **Fabricius** gesammlet hat. 1) Unter diesen ist besonders das Zeugniß des **Irenäus** wichtig, 2) welches von Kirchen in **den Germanien** in der mehrern Zahl redet, und daher von gar vielen neuern Schriftstellern von den vorher angeführten **beyden Stücken** des **diesseitigen Germaniens** erkläret wird. Einige, welche dieselbige ganz recht erklären, wollen doch aus andern Zeugnißen erweisen, daß schon in dem zweiten Jahrhundert das Evangelium auch in dem grossen oder **jenseitigen Germanien** müße seyn geprediget worden, und berufen sich sonderlich auf den **Tertullian**; 3) allein die Grün-

1) Luc. salut. Evang. cap. II. p. 26. 37.

2) Lib. I. adu. haereses, cap. 3. p. 53. der Pariser Ausgabe von 1675. Neque enim, quae in Germaniis sitae sunt ecclesiae, aliter crediderunt.

3) advers. Judaeos p. 212. der Pariser Ausgabe von 1641.

Gründe, die sie diesfalls vorbringen, sind nicht hinlänglich 4)

§. 2.
Fortsetzung des vorigen.

Daß in den folgenden Zeiten nicht nur in dem diesseitigen, sondern auch in dem jenseitigen großen Germanien Christen gewesen, ist gewiß, und man könte allenfalls die bekannte Worte des Hieronymus; 1) daß man in Germanien das Wort des H. Geistes untersuche, auf das letztere deuten. In dem sechsten und siebenten Jahrhundert wird von den Bekehrungen verschiedener Teutschen Völker vieles gemeldet, wobey aber, so viel das sechste betrift, viele Ungewißheit vorkomt, und ich will mich hierbey nicht länger aufhalten, sondern in der Kürze nur auf den Spanheim 2) und den H. von Mosheim 3) überhaupt aber von dem Zustand der Christlichen Religion in Teutschland von der Zeit des Fränkischen Königs Clodoväus an bis auf die Ankunft des Bonifacius auf den Hecht 4) verweisen.

§. 3.

---

4) Siehe die dieser Schrifft angefügte Anmerkung über gedachte beyde Stellen.

1) Epist. ad Suniam et Fretellam. Tom. III. Oper. p. 53. der Ausgabe von 1684.

2) Hist. Christ. p. 1061. 1174.

3) Instit. hist. christ. p. 258. 259.

4) Germ. sacr. p. 70-76.

§. 3.

Erste Spuren des Christenthums in Hessen.

Und so entstehet nun die Frage, zu welcher Zeit sich die erste Spuren des Christenthums in Hessen zeigen. **Hartmann** 1) ist der Meynung, daß der Christliche Name in diesem Lande schon im dritten Jahrhundert bekannt gewesen sey, und die Thüringische Historie giebt uns davon einige weitere, wiewohl unzulängliche Nachrichten. Es ist gewiß, daß wo nicht das ganze Hessen, doch wenigstens ein großer Theil davon zwischen der Fulde und Werre zu dem Thüringischen Königreiche gehöret habe, welches 527. ist zerstöhret, und zur einen Hälffte den Sachsen, zu der andern den Franken zu Theile worden. Nun glaubt **Sagittarius** 2) daß, da die Christliche Religion im vierten und fünften Jahrhundert in dem Maynzischen Bezirke sey bekannt gewesen, selbige auch leicht in die benachbarte Landschaften hätte kommen können; und nachdem sie in Thüringen lange danieder gelegen, so wäre

---

1) Hist. Hass. P. I. pag. 27. und p. 40. schliest er von dem Christenthum in dem Maynzischen und Thüringen auf dessen Erkänntnis in Hessen; wie dann schon *Marianus Scotus* Chronic. L. II. ad a. 719. in *Pistorii* Scriptor. R. G. T. I. p. 629. und die annales Hildeneshemenses in *Leibnitii* Script. Brunf. T. I. p. 771. den christlichen Glauben in Heßen vor des Bonifacii Zeiten sezt.

2) Antiq. Gentil. et Christ. Thur. p. 36.

wäre sie wieder empor gekommen, als der Thüringische König Hermanfried die Ostgothische Princeßin Amalaberg geheurathet habe, welches er mit verschiedenen Gründen bestärken will, worinnen ihm Serarius 3) und Winkelmann 4) beystimmen, wiewohl der Hr. von Falkenstein anderer Meynung ist. 5) Nachdem auch die Hälffte des Thüringischen Reichs, und mit solchem Hessen an die Franken gekommen, welche von Christlichen Königen beherrscht worden, so würde das Christenthum auch in diese Gegend gekommen seyn, und der Zustand desselbigen sich nach der Gesinnung der Könige und vornehmen Herren in der Religion gerichtet haben. So viel ist gewiß, daß nicht allein in Thüringen, wie die vom Sagittarius 6) gesammlete Zeugniße erweisen, sondern auch selbsten in Hessen bereits vor dem Bonifacius Christen gewesen sind, von welchem lezteren Puncte der Beweis sich bald finden wird.

§. 4.

Auf welche Art Bonifacius der Teutschen Apostel heißen könne, besonders der Heßen.

Und hieraus lässet sich nun beurtheilen, wie weit der heilige Bonifacius ein Apostel oder

3) Rerum Mogunt. p. 475. der ersten Ausgabe.
4) Beschreib. Heßenl. S. 401.
5) Thüring. Chronik *II.* B. S. 219.
6) am angef. O. S. 47. u. f.

oder Bekehrer der Teutschen, und besonders der Thüringer und Heßen, könne genennet werden. **Sagittarius** 1) hat die Stellen alter und neuer Scribenten gesamlet, worinnen ihm dieser Name beygelegt wird, unter welchen die bey dem **Adam von Bremen** 2) besonders auf **Hessen** geht. **Bonifacius** selbst 3) meldet von sich, daß er die Saamenkörner des Evangelii unter den Teutschen gepflanzet habe. Wann man nun das vorher angemerkte erwäget, so ist diese Frage richtig beantwortet, wann man dem **Bonifacius** die völlige Ausführung des von andern angefangenen Werks zuschreibet, wie auch vorgenannter **Adam** 4) selbst thut, daher **Serarius** 5) den

1) am angef. O. S. 32 – 34. daß das Christenthum vor dem Bonifacius noch nicht weit in den Gegenden von Hessen gekommen, hat nebst den Ursachen der spätern Bekehrung dieses Landes auch H. H. Teuthorn am angef. O. Th. 11. S. 218 - 226. gezeigt

2) Hist. Eccles. L. 1. cap. 8. p. 3. in Lindenbrogs script. septentr. edit. *Fabric*. Primus omnium, qui australes Germaniae, Idolorum cultui deditas, ad cognitionem diuinae ac christianae religionis adduxit, erat *Winifridus*. — Francos eis Khenum *Hessones* ac Thuringos primitiuo quodam laboris sui fructu Christo et ecclesiae copulauit.

3) epist. 150. ad Abb. Cuthbertum in Bibl. max. Patr. T. XIII. p. 140.

4) Et quamuis alii scriptorum vel *Gallum* in Alemania, vel — priores asserant verbum Dei praedicasse: hic tamen omnes alios, vti Paulus Apostolus, studio et labore praedicationis anteuenit.

5) Notat. 53. ad *Othlon* Rer. Mogunt. p. 572.

den **Bonifacius** nur in so weit einen Apostel der Teutschen nennet, weil er bey solchen das Christenthum weiter gebracht, und den Heydnischen Götzen-Dienst, nebst den Altären und Säulen, die auch in Thüringen und Hessen vor selbigem noch bestanden, abgeschafft habe.

§. 5.

Abbildung des Bonifacius.

Und so müssen dann die Umstände von der Einführung und Befestigung der christlichen Religion in Hessen durch den heiligen **Bonifacius**, so viel uns in den Nachrichten solcher Zeiten sind aufbehalten worden, angeführet werden. Es würde überflüßig seyn und nicht hierher gehören, wann ich dessen ganze Geschichte hier beschreiben wollte, davon die Scribenten vom **Fabricius** 1) und **Buder** 2) genennet werden. Jedoch kan ich nicht unterlassen, die Urtheile einiger Protestantischen Gelehrten über dessen Gemüths-Beschaffenheit, und über die Art seines Bekehrungs-Werks nur mit ein paar Worten an-

1) Luce salut. Evangel. p. 423. 424.

2) Biblioth. histor. T. I. p. 770. 771. Nun ist noch die unter dem Vorsitze des H. D. Semlers 1770. gehaltenen Dissertation de propagata per Bonifacium inter Germanos religione christiana beyzufügen. Ohne Zweifel hat auch Calles annal. eccles. German. T. II. neue Untersuchungen von ihm angestellt, welches Buch ich aber keine Gelegenheit bisher gehabt habe einzusehen.

anzubringen. **Gudenius** 3) hat eine sehr gute Meynung von ihm, wann er sagt: Sane doctrinam non modo cum prudentia, humanitate et virtutibus, quas vocant, homileticis, coniunxit, sed et a lucri turpis, immodicoque honorum studio animum cohibuit, ac temperantiam, castitatem illibatam, et quae reliquarum omnium virtutum caput est, veram pietatem, denique et charitatem sinceram, quae non sua, sed ea quae Christi sunt, quaereret, prae se tulit. Nachdem er auch S. 43. das Urtheil des Verfassers **der Einleitung der Historie von Sachsen** angeführt hat, welcher bey den Worten in einem Briefe des **Bonifacius**, da er sich vltimum und pessimum omnium legatorum apostolicae ecclesiae Romanae nennt, angemerkt hatte, daß dieser selbst hier gewißlich die Wahrheit von sich geschrieben hätte, so sezt er hinzu: non dubitandum vero est, diuina gratia ipsum, qui sibi pessimus videbatur, ita expolitum et emendatum fuisse, vt cum optimis quibusque seculi sui praesulibus comparari queat. Certe inde ab anno 719. (quo pessimum se legatum professus est) ad annum vsque 755. non exiguis diuinorum charismatum incrementis

---

3) In der unter **Böhmers** Vorsitze 1720. zu Helmstädt gehaltenen differt. histor. theol. de Bonifacio Germanorum Apost. p. 38. S. Teuthorn Gesch. der Hessen Th. II. S. 244.–246. hat ihn auch einigermasen vertheidigt.

tis auctus intelligitur. Man vergleiche aber hiermit die Urtheile des **Grafen von Bünau** 4) und des **R. von Mosheim** 5) welche unter andern anmerken, daß der Zulauf zum Bonifa-

4) In der umständlichen Reichshistorie Th. II. S. 251.

5) Institution. hist. christ. p. 284. der H. von Falkenstein denkt freylich ganz anders, Thüring. Chronik. II. B. S. 245 – 248. und die Verschiedenheit in einigen Grundsätzen der Protestanten und Catholiken macht gar begreiflich, daß diese manchmal ganz verschieden von jenen hier urtheilen. Damit indessen niemand denken möge, als wann Protestanten allein nicht gar vortheilhaft von obgedachtem Manne urtheileten, und daß man sehe, wie auch selbst Catholiken Fehler an ihm bemerken, so will ich die Worte der gelehrten Verfasser von der berühmten hist. liter. de la France T. IV. p. 106. welche der H. von Mosheim am ang. O S. anführt, hieher setzen: Il exprime son devouement pour le S. Siege quelquefois en des termes qui ne sont pas assés proportionnés a la dignité du Caractere Episcopal. Das Urtheil des gelehrten Dupin aber von ihm Nouv. biblioth. des auteurs ecclesiast. P. VI. p. 90 94. bestimt in dieser Rücksicht nichts. Daß indessen Bonifacius anfangs vor seiner Reise nach Rom viel anderst gelehrt habe, als nachgehends, hat schon Spangenberg in der Vorrede zu dessen Leben, Bl. 6. u. f. bemerkt. Vergl. Bl. 110 — 122. Man vergleiche auch von des Bonifacius Art zu bekehren die angeführte Schrift des H. Semlers §. 5 - 7. Daß Fritsch in der guten Sache der Heidenbekehrungen in den mitleren Zeiten S 486 - 494. ihn nur kurz vertheidigt hat, kam wohl von seiner eigentlichen Absicht her, nur von solchen Bekeh-

nifacius um so viel grösser gewesen, weil die Leute gesehen, daß sie durch ihre Bekehrung an dem Fränkischen Hofe angenehm würden.

§. 6.

Jahr der Bekehrung der Einwohner von Hessen.

Das Jahr, worinnen **Bonifacius** zu erst in Hessen das Evangelium geprediget hat, wird verschiedentlich angegeben, und um so viel gewisser es auszumachen, ist vorher eine Schwierigkeit weg zu räumen, welche auch **Brower** 1) anführet, aber sich nicht zu heben getrauet. Es erzählt nemlich **Ludgerus** 2) daß er nach Hessen und Thüringen in dieser Absicht gereiset sey, nachdem er sich in Friesland 13 Jahre nach einander aufgehalten habe. Nun ist gewiß, daß er sich zum erstenmal im Jahre 716. aus England nach Friesland begeben, um die Einwohner dieses Landes zu beseh-

---

rungen zu handeln, so die nächste Folgen von Kriegen waren. Ein nachdenkender Leser wird indessen allemal aus dem, was alda steht, gute Anmerkungen auf die folgende Zeiten machen können.

1) Antiq. Fuldens. L. 1. p. 9.

2) Vita S. *Gregorii* Abbat. Traject. in *Mabillon*. actis Sanct. ord. S. Bened. T. III. P. II. p. 321. Bonifacius post hos tredecim (peractae in Fresonia praedicationis) annos admonitus a Deo ad Hassos et Turingos, orientales regiones Francorum, iter agere coepit.

lehren, wie unter andern **Gudenius** 3) und Pagi 4) recht bemerken; ungeachtet andre, und unter solchen **Serarius** 5) vorgeben, daß diese erste Reise ins Jahr 704. falle, welcher auch von dar an, bis ins Jahr 716. die gedachte 13 Jahr rechnet; er mußte aber wegen des Widerstandes des Friesischen Königs Radbods, der sich der Einführung des Christenthums heftig widersetzte, bald wieder nach England zurück gehen. **Mabillon** 6) verwirft zwar die Rechnung des **Serarius**, aber an einem andern Orte 7) rechnet er ebenfalls unrecht, wann er die gedachte 13 Jahre von der ersten Friesischen Reise 716. an zählet. Dann von dieser Zeit an bis auf das Jahr 723. in welchem, wie sich bald zeigen wird, seine erste Reise nach **Hessen** geschehen ist, sind noch keine 13, und von dem ersteren Jahre bis auf 732. da er zum zweitenmal in Hessen gekommen ist, sind mehrere, nämlich 16 Jahre. Ja eben derselbe setzt anderwärts anstatt 13 nur 3 Jahre, und rech-

3) am angef. O. S. 61.

4) Critica in annal. Baronii T. III. ad an. 716. n. 16.

5) Notat. 54. ad *Othloni* vitam S. Bonifac. p. 579.

6) Notat. ad *Wilibaldi* vit. Bonifac. l. cit. p. 10. not. c.

7) Not. ad vit. S. Gregorii l. cit. p. 321. n. 6. In den annal. Bened T. II. p. 41. setzt er zwar die Friesische Reise auf 715. scheint sich aber p. 42. selbst zu wiedersprechen.

rechnet solche von 719. bis 723. 8) in welchem Jahre er nicht allein die Bekehrung der Thüringer ernstlicher getrieben, sondern auch in **Hessen** gekommen ist. Bey diesen Schwierigkeiten nun halte ich es, wann man 13 Jahre annimt, mit dem **Gudenius**, welcher 9) dieselben von 719. bis 732. verstehet, jedoch dabey erinnert, daß **Ludgerus** nur andeuten wolle, daß **Bonfacius** sich in solcher Zeit zuweilen hieher begeben, und von seinen beschwerlichen Reisen erholet habe; und die erste Heßische Reise sey von ihm deswegen verschwiegen worden, weil er nur dasjenige aus der Geschichte des **Bonifacius** beschreiben wollen, was mit dem Leben des Utrechtischen Abts **Gregorius** einige Verwandschaft habe: oder man müßte des **Mabillons** letzterer Rechnung beyfallen, wie sich dann freilich in gedachter Zahl ein Fehler hat einschleichen können, daß also keine andere als die hernach ange-

8) Not. ad *Wilibald.* pag. 14. not. a. der **H. von Eckhart** reb. Franc. Orient. T. I. p. 332. nimmt auch nur 3 Jahre an, die er zwischen 719. und 723. setzt, so daß er die Rückreise aus Friesland auf 722. bringt; mit welchem der H. von Falckenstein am ang. O. S. 265. in der Zahl der Jahre und deren Ende eins ist, aber die Friesische Reise auf den Anfang von 720. setzt. Eben dasselbe Jahr der Rückkehr nach Teutschland, nehmen auch Mascov in den Geschicht. der Teutschen, Th. II. S. 281. Pagi ad an. 722. n. 3. und Stangefol annal. circ. Westphal. L. II. p. 50. an.

9) am angef. O. S. 62.

angenommene Rechnung hier statt habe; und mit dieser Rechnung stimmt auch die ganze Ordnung der Zeit allerdings am besten zusammen. Dann im Jahre 718. zog er nach Rom, und kam im folgenden 719. von da zurück, welches **Mabillon** 10) aus dem ihm mitgegebenen Schreiben des Pabstes **Gregorius** des **zweyten** erweiset, worinnen letzterer dem **Bonifacius** das Bekehrungs-Werk aufträgt 11), als welches den 15. des Maymonats im dritten Jahr der Regierung des Griechischen Kaisers **Leo Isaurus** und also 719. gegeben ist; mit welchem auch **Pagi** übereinstimmet 12). Hierauf gieng er nach Thüringen; **in Hessen** aber hat er entweder damalen sich nicht lange aufgehalten, und nichts besonders gethan, oder er ist gar nicht dahin gekommen. Von da gieng er in Friesland, und hielt sich bey dem Bischoff **Wilibrord** drey Jahre auf, wie **Wilibald** 13) bezeuget.

10) Not. ad *Wilibald.* p. 13. not. a. Letzner histor. Bonif. Cap. 8. setzt irrig seine Ankunft und Abreise von Rom auf 716. welches selbst mit dem nicht zusammenhängt, was er im Anfange des 6. Cap. schreibt.

11) In *Othloni* vit. Bonif. L. I. cap. 9. p. 34. bey Mabillon am ang. O. welcher letztre auch annal. Bened. T. III. p. 53. diesen Brief als einen Beweiß ansieht, daß die Veränderung seines Namens damals geschehen sey.

12) am angef. O. ad an. 719. n. 2.

13) vit. S. Bonif. cap. 6. p. 14. edit. cit. Sanctus hic Dei

Sagittarius 14) rechnet solche von 718. bis 721. indem er voraus setzt, daß Bonifacius 718. nicht allein von Rom hinweg, sondern auch aus Thüringen wieder in Friesland gereiset sey. Allein wie das erstere eben vorher ist wiederlegt worden, so gesteht Sagittarius selbst, daß diese Reise nach des vorhin erwähnten Radbods todte geschehen sey, welcher außer Streit ins Jahr 719. fällt; daher auch Gudenius 15) die Ankunft in Friesland in das Ende des Jahrs 719. oder in das Jahr 720. setzt, und die drey Jahre des Aufenthalts des Bonifacius in Friesland von 720. bis 723. rechnet.

§. 7.

Fortsetzung des vorigen.

Und so ist dann ohne weitere Schwierigkeit die Zeit, worinnen Bonifacius angefangen hat die Hessen zu bekehren, in das Jahr 722. oder 723. zu setzen, wiewohl ich davor halte, daß das erstere die eigentliche Zeit dieser Veränderung sey, welches aus dem, was auf dessen erste Verrichtungen in Hessen erfolget ist, sich deutlicher zeigen wird. Es irren

Dei famulus cooperator factus etiam est per tres instanter annos Wilibrordi Archiepiscopi.

14) antiq. gentil. & christ. Turing. III. B. S. 139.

15) am ang. O. S. 59 61.

irren also Hermannus contractus 1) Marianus Scotus 2) und die Annales Fuldenses 3) davon ersterer das Jahr 717. die anderen 719. angeben, ja noch einen doppelten andren Fehler begehen, wann sie sagen, daß **Bonifacius** in diesem Jahre zum Erzbischoffe zu Mainz geweihet worden sey, indem er erst 723. zum Bischoff, und zwar, ohne anfangs an einen gewissen Ort gebunden zu seyn, ist gemacht worden: wiewohl auch von letzteren bey diesem Jahre die Bekehrung der Hessen nur vielleicht beyläufig, da sie eben vom **Bonifacius** handeln; erwähnt wird, oder wie auch schon oben bemerkt ist, dieser heilige in Hessen, wirklich jedoch ohne besonderen Erfolg und weitere angeführte Umstände, gepredigет hat. Noch mehr aber muß ich mich verwundern, daß der in Heßischen Sachen sonst wohl erfahrne **Liebknecht** 4) hier verschiedene Fehler begehet. Dann er sagt, **Bonifacius** sey in Hessen gekommen, als er dem Fränkischen Könige **Pipinus** bekannt worden, da doch solches unter dem **Carl Martellus**, der noch nicht König gewesen, geschehen ist. Ferner

1) chron. ad an. 717. in *Canisii* Lection. antiq. T. III. p. 239.

2) chron. L. II. ad an. 719. in *Pistorii* scriptor. R. G. T. I. p. 629.

3) in *Freheri* script. R. G. T. I. p. 3.

4) differt. 1. de evangel. verit. in Hassia confessor. §. 2. 3.

daß derselbe vorher 22 Jahre von 704. an, vom Friesischen Willibrord sey unterwiesen worden, da er dann erst 726. in Hessen müßte gekommen seyn. Ja ob er schon dieses in das Jahr 723. setzt, so führt er doch ohne Bedenken eine geschriebene Chronik an, welche das Jahr 716. angiebt, welchen Irrthum auch **Gerstenberger** 5) begehet. Und endlich setzet er die Errichtung der Stiffter zu Buraburg und Fritzlar, vor des **Bonifacius** Reise, die er 723. nach Thüringen gethan, von welcher letztren Sache die wahren Umstände bald vorkommen werden.

§. 8.

Erste Orte wo Bonifacius geprediget hat.

Bonifacius wurde vom **Willibrord** aufgemuntert, das Bißthum zu Utrecht anzunehmen, weil er selbst Alters halben solchem nicht mehr gehörig vorstehen konnte. Jener aber entschuldigte sich mit dem ihm vom Pabste aufgetragenen Amte, die Teutschen zu bekehren, worauf er vom **Willibrord** erlassen wurde, und in das jetzige **Oberhessen** reisete. Hier kam er nach Amanaburg, welcher Ort zween Brüdern **Dedtic** und **Dierolf** gehörte, bekehrte daselbst viele aus dem Heidenthum, wel-

5) chron. Thuring. hass. in Ayrmanns syll. anecdot. p. 104.

welches des christlichen Namens ungeachtet, noch überall sich zeigte; ja er soll schon damals daselbst ein Kloster angelegt haben 1), welches, nach

C 5

1) *Wilibaldus* vita S. Bonifacii cap. 6. edit. cit. p. 15. Cui (Bonifacio) protinus vir Dei (Willibrordus) audita tantæ professionis causa, data ei benedictione licentiam dedit abeundi. Qui etiam statim proficiscens pervenit ad locum cui nomen inscribitur *Amanaburch* & cap. 7. Supra dictum locum, cui gemini præerant Germani, Detdic scilicet & Dierolf, Domino auxiliante obtinuit, cosq a sacrilega idolorum censura, qua sub *quodam Christianitatis nomine* (ein Beweiß, daß schon das Christenthum, wiewohl in sehr übeler Gestalt, in dieser Gegend sey bekannt gewesen,) male abusi sunt, revocavit, ac plurimom populi turbam, recte patefacta intelligentiæ via, errorum deposito horrore, a malevola gentilitatis superstitione retraxit, & Monasterii collecta servorum Dei congregatione Cellam construxit. Hier scheint das Wort *Cella* nur eine Erklärung des Worts Monasterium zu seyn, da es sonst ein abgesondertes Gebäude bedeutet, wohin eine gewiße Anzahl von Mönnchen geschickt wurde, welche von dem Closter abhiengen, wie du Fresne Glossar. h. v. erweiset. Dann es kann, wann auch die Sache damals geschehen wäre, die Anzahl der Geistlichen von Anfang nicht so groß gewesen seyn, daß man zu ihrer Wohnung noch ein Nebengebäude hätte anlegen müssen, und von der ersteren Bedeutung giebt du Fresne selbst Exempel an. Similiter & juxta fines Saxonum, *Hessorum* populum paganicis adhuc ritibus oberrantem a Dæmoniorum, evangelica prædicando mandata, captivitate liberavit, multis millibus hominum expurgata paganica vetustate baptizatis. Eben dieses Zeugniß giebt Othlonvit.

nach des **Sagittarius** 2) Anmerkung, das erste gewesen, so er in Teutschland errichtet. Von da gieng er weiter hinunter an die Sächsische Grenzen, indem die Sachsen von der Seite des jetzigen Westphalens her, mit dem Gau, welchen die **Hessen** bewohnten, zusammen stießen 3), wo er ebenfalls viele bekehrte und taufte. So gewiß es ist, daß der eben gedachte Ort **Amanaburg** kein anderer als die heutige Churmainzische nicht weit von Marburg gelegene Stadt **Ameneburg** sey, so haben sich doch verschiedene große Gelehrte nicht entschliessen können, diesen Ort davor anzugeben. **Mabillon** 4) weiß nicht ob er **Ameneburg**, oder **Homburg** in Hessen nicht weit von Fritzlar verstehen solle. **Serarius** 5) bemerkt dergleichen Zweifel, erklärt sich doch aber vor den ersteren Ort, indem er sagt, daß solcher nach Mainz gehöre, und das Dorf

---

vit. S. Bonif. L. I. cap. 12. in *Mabillon.* Act. S. O. B. loc. cit. p. 35.

2) am ang. O. B. III. S. 143.

3) Wegen des Unterscheids des Fränkischen und des Sächsischen Gaues Hessen, will ich mich auf des H. G. R. Kops Nachricht von der Verfassung der Geistlichen und Civil-Gerichten, in den Hessen-Casselischen Landen, Th. *I.* S. 10 — 15. und auf H. G. R. Hombergk differt. prælim. de usufructu parentum in Hassia &c. p. 17 — 23. berufen.

4) Not. ad *Wilibald.* p. 18. not c.

5) Notat. 27. ad *Othlon.* p. 496.

Dorf **Seelheim** nicht weit davon liege. Ja wie H. **Schmincke** 6) bezeuget, so halten gar einige den vom **Wilibald** angegebenen Ort vor die Stadt **Hamelburg** in Franken, welche drey Meilen von Schweinfurt an der Fränkischen Saale liegt, und nach Fulda gehört. Allein erstlich ist **Seelheim** selbst nach Ausweisung der alten Nachrichten von einem der beiden gleich bey einander liegenden Heßischen Dörfer dieses Namens zu verstehen. Dann als der nachmalige Fuldische Abt **Sturm** den **Bonifacius** sprechen wollte, und zu Seelheim ihn zu finden vergebens gehoft hatte, so traf er des andern Tages, nachdem er abgegangen war, denselben zu Fritzlar an, nach dem Zeugniß des **Eigile** 7), von welchem Orte dann also **Seelheim** nur so weit muß gelegen haben, daß man diese Reise in einem Tage thun konnte; und ein anderer von den beyden vorgedachten verschiedener Ort, der hierher gezogen werden könnte, findet sich nicht. Hernach giebt eine Schenkung eines Heßischen Geistlichen **Adalger** 8), eines getreuen Gehülfen des **Bonifacius**, den völligen Ausschlag. Dann dieser widmete seine Güter in **Amanaburg**, **Brettenbrunnen** (einem nun ausgegangenen Orte

6) dissert. de episcop. Buraburg in Hassia, §. 2.

7) vit. S. Sturmii, cap. 6. in *Mabillon*. Act. Sanct. ord. Bened. l. c. p. 272.

8) in Othloni L. II. cap. 19. p. 83. l. c.

Orte in dieser Gegend) und Seelheim, welche Orte also beysammen liegen, dem H. Martinus, wobey **Mabillon** 9) einen offenbahren Fehler begehet, wann er diesen Ort nicht allein in die Gegend von **Amanaburg**, welches richtig ist, sondern auch von **Friƶlar** setzt, und damit anzeiget, daß er den ersteren Ort von **Homburg** in Hessen verstehe, bey welcher Stadt, die auch in dieser Rücksicht von Ameneburg zu weit entfernet ist, kein Ort liegt der Seelheim heist; ja so gar an die Grenze von Thüringen und Hessen. Es ist also nicht der geringste Zweifel, daß der vom **Wilibald** genannte Ort **Amanaburg** kein anderer als Ameneburg sey, in dessen Nähe die beyden Dörfer **Groß**- und **Kleinseelheim** liegen. Wann aber derselbe die Einrichtung des Stifts daselbst schon in diese Zeit setzt, so irret er, und wiederspricht sich selbst, wie bald wird gezeiget werden.

§. 9.

Bonifacii Reise nach Rom, Zurückkunft und weitere Verrichtungen.

Von diesem glücklichen Fortgange in Ausbreitung des Christenthums in dieser Gegend, wobey nach des **Pagi** Anmerkung 1) der nach-

9) Not. ad vit. S. Sturmii, l. c. p. 274. not. a. & ad *Othlon*. l. c. p. 83. not. a.

1) crit. in Baron. ad an. 722. n. 4.

nachmalige Bischoff zu **Utrecht Gregorius** um den **Bonifacius** vielleicht gewesen ist, ertheilte nun dieser dem Pabste **Gregorius** dem zweyten durch seinen Schüler **Binna** Nachricht, welchem er ein weitläuftiges Schreiben mit gab; und hierauf ist er nicht lange in Hessen verblieben. Dann der Pabst wollte ihn selbsten sprechen, und er begab sich deswegen im Jahre 723. nach Rom. 2) Ob er vorher, wie **Winkelmann** 3) berichtet, mit

2) Wilibald. l. c. p. 15. Othlon. l. c. p. 35-36. Mabillon annal. Bened. T. III. p. 68. Letzner am ang O. hat Cap. 8—10 Bonifacii erste Predigt bey den Hessen, die Abschickung des Binna, und seine zweyte Römische Reise zusammen irrig auf 719. gesetzt. Eben so irrt Spangenberg *Bonif.* Bl. 16. b) Daß auch des erstren Zeitrechnung von Bonifacius Bischöflicher Würde Cap. 10. falsch sey, zeigt der §. 7.

3) Beschreib. Hessenl. S. 402. Vielleicht hat ihn Spangenberg hist. Bonifac. Bl. 18. a) verführt: dieser hat aber offenbar Boineburg und Bamanaburg mit einander verwechselt, da doch unter letzterem Orte kein anderer als Ameneburg zu verstehen ist, wie der Zusammenhang bey ihm zeiget. Ich kann indessen gelten lassen, was eben das. Bl. 30. a) von seiner Verrichtung zu zu Wanfried erzählt wird, wenn es auch schon nicht mit Gewißheit zu dieser Zeit kann gebracht werden. Eben so ungewiß ist auch das vom Brower Antiq. Fuldens. L. I. p. 2. bemerkte Vorgeben, Bonifacius habe, ehe er nach Mainz gekommen, sich mehrentheils zu Wanfried aufgehalten; wie dann Nemeitz in den Vern. Gedanken

mit zwenen Männern an die Werre gereiset sey, auch daselbst eine Kirche zu Ehren des Heil. **Vitus**, und ein kleines Wohnhaus dabey aufgerichtet habe, lasse ich wegen Mangels gewisserer Nachrichten dahin gestellt seyn. Zu Rom wurde er nun vom Pabste **Gregorius** dem zweyten zum Bischoffe eingeweihet, jedoch noch kein gewisser Sitz ihm angewiesen; und er erhielt einige Schreiben an den Oberhofmeister **Carl Martellus**, und an die Geistliche und Weltliche Herren, worinnen solche ersucht wurden, dem **Bonifacius** bey der Bekehrung der Teutschen auf der Morgenseite des Rheins, auf alle Art behülflich zu seyn 4), desgleichen zwey andere an die Teutschen Völker, worauf ihm auch **Carl Martellus** einen Schutzbrief ertheilte. 5) Seine Ein-

---

ken über allerhand Materien Th. I. S. 138. ihn gar einen Bischoff zu Wanfried nennet.

4) Sie stehen in *Othloni* vit. Bonif. L. I. cap. 16–18. p. 37 — 39 und unter dessen Briefen 123. 124. S 121. der ang Ausgab.

5) in *Serarii* not. 18. ad Othlon. p. 469. und unter des Bonifacius Briefen 32. S. 82. der H. von Eckhart T. I. p. 343. erklärt in dem an alle Thüringer gerichteten Schreiben dieses Wort in weitläuftigem Verstande, so daß er darunter auch die Ost-Franken und Hessen begreift, als wegen welcher Bonifacius sich so viele Mühe gegeben; daher, wann diese weitläuftige Bedeutung nicht statt hätte, letztere beyde ausdrücklich würden seyn genennet worden. Vergl. eben dens. S. 345. wo er die Worte des Pabstes in dem Glückwünschungs-

Einweihung geschahe den 30. November, nachdem er vorher dem Pabste sich zu allem Gehorsam durch einen besonderen Eid verbindlich gemacht hatte 6), im siebenden Jahre des Kaisers **Leo**, welches **Mabillon** 7) ganz recht von dem Jahre 723. erklärt; daher ich in den Gedanken gestärkt werde, weil **Bonifacius** in diesem Jahre das Bekehrungswerk in Hessen getrieben, den **Binna** nach Rom geschickt, dessen Zurückkunft erwartet, selbst dahin gereiset, und vom Pabste eingeweihet worden, daß er bereits 722. oder längstens 723. gar früh im Jahre zuerst müsse in Hessen gekommen seyn. Nachdem er nun von Rom zum andernmal in dieses Land gekommen, welches dann 724. muß geschehen seyn, oder, wie **Pagi** glaubt, gegen das Ende des Jahrs 723. so bekehrte er abermals viele, fand aber auch, daß nicht wenige den Heidnischen Götzendienst beybehalten hatten, und an Flüßen und in Wäldern opferten, so nicht alle hievon abstehen wollten; wobey **Sagittarius** 8) glaubt, daß diese Christen, die das Hei-

schungs-Schreiben an den Bonifacius von 724. Hespericæ Germaniæ partes, auch von beyden gedachten Völkern versteht.

6) in *Othloni* L. I. cap. 14. p. 37. und unter gedachten Briefen S. 119.

7) Notat. ad *Wilibald* p. 16. not. a) und not. ad *Othlon*. p. 36. not. a) Sagittarius B. III. S. 151. irret, wann er aus dem gegebenen Merkmale das Jahr 722. annimt.

8) am ang. O. S. 164.

Heidenthum beybehalten hatten, solche gewesen, dio noch vor des **Bonifacius** erster Ankunst in Hessen, den christlichen Namen angenommen hätten, welches man aber nicht von solchen allen behaupten kann. Vornemlich machte er sich nun damals dadurch berühmt, daß er den bekannten, und schon oben beschriebenen **Eichbaum** bey Geismar verstöhrte, wobey die Heiden ihn gewaltig verfluchten, die Eiche aber nach geringer Bemühung über einen Haufen fiel; wiewohl **Wilibald** in Ansehung dieses letzteren ohne Grund und Gewißheit zu schreiben scheinet. **Bonifacius** ließ hierauf aus dem Holze dieses Baums eine Capelle erbauen, und widmete sie dem Apostel **Petrus**. 9)

§. 10.

---

9) *Wilibaldus* vit. S. Bonif. cap. 8. p. 17. ejus (Caroli Ducis) dominio ac patrocinio subditus ad obsessas antea Hessorum metas (womit auf den 721. vorgefallenen Sächsischen Krieg, in diesen Gegenden gezielet wird) cum consensu Karoli Ducis rediit. Tum vero Hessorum jam multi catholicæ fidei subditi, ac septiformis spiritus gratia confirmati, manus impositionem acceperunt. Et alii quidem necdum animo confortati, intemeratæ fidei documenta integre recipere renuerunt, alii etiam lignis & fontibus clanculo, alii autem aperte sacrificabant. Alii vero aruspicia & diuinationes, præstigia atque incantationes occulte, alii quidem manifeste exercebant, alii quidem auguria & auspicia intendebant, diversosque sacrificandi ritus incoluerunt, alii etiam, quibus mens sanior inerat, omni abjecta gentilitatis profanatione nihil horum commiserunt. Quorum consultu atque consilio arborem

§. 10.

Anlegung der Stifter zu Amanaburg und Fritzlar.

Nachdem nun der Pabst Gregorius der zweyte zu Rom 731. gestorben war, so unterließ

rem quamdam miræ magnitutinis, quæ prisco paganorum vocabulo appellatur *Robur-Jovis*, in loco, qui dicitur *Gicesmere*, servis Dei secum adstantibus, succidere tentavit. Cumque mentis constantia confortatus arborem succidisset, magna aderat copia paganorum, qui & inimicum Deorum suorum intra se diligentissime devotabant. Sed ad modicum quidem arbore præcisa, confestim immensa roboris moles divino desuper flatu exagitabatur, & palmitum confracto culmine corruit, & quasi superni nutus solatio in quatuor etiam partes dirupta est, & quatuor ingentis magnitudinis aequali longitudine trunci, absque fratrum labore adstantium, apparuerunt. Quo viso prius devotantes pagani & jam versa vice benedictionem Domino, pristina objecta maledictione, credentes reddiderunt. Tunc autem summæ sanctitatis antistes, consilio inito cum fratribus, ligneum ex supra dictæ arboris metallo (Othlon und die Legenda Bonifacii in Menckens script. R. G. T. II. p. 836. haben statt dieses Worts mole, welches sich besser schickt) oratorium construxit, illud que in honorem S. Petri Apostoli dedicavit. Serarius macht hiebey die Anmerkung S. 471. Excrevit procedente tempore sacra hæc ædicula in perampiam & perinsignem ædem, prout etiam hodie cernere est; wo er aber dieses von der Stadt Geismar an der Diemel versteht, wo jedoch, wie oben ist gezeiget worden, diese Eiche nicht gestanden.

ließ **Bonifacius** nicht, dessen Nachfolger **Gregorius** dem dritten, durch Abgeordnete zu dieser Würde Glück zu wünschen, ihn seines Gehorsams zu versichern, und sich dessen Freundschaft auszubitten. Der Pabst bezeigte sich deswegen gegen ihn sehr geneigt, ließ ihn seiner Gunst versichern, und machte ihn zu einem Erzbischoff, ohne jedoch noch zur Zeit ihm einen gewissen Sitz anzuweisen. 1) Dieses ist nach der Meynung des **Serarius** 2) und des **Gudenius** 3) 732. geschehen, weil **Bonifacius** nicht lange würde unterlassen haben, sich der Gunst des Pabstes zu versichern. Hierauf fuhr er fort, solche Anstalten zu machen, so auf die Befestigung des Christenthums abzielten. Er bauete also eine Kirche zu **Fritzlar**, zu Ehren der beyden Aposteln Petrus und Paulus, und eine zu **Ameneburg**, zu Ehren des Erzengels Michael; legte

den hat. Gedachte Umstände erzählt auch Othlon de vit. Bonif. L. I. cap. 22. p. 40. 41. Mabillon annal. Bened. T. II. p. 71. bringt das hier erzählte auch zum Jahre 724.

1) *Wilibald.* vit. Bonif. cap. 18. p. 18. *Othlon.* vit. Bonif. L. I. cap. 26. p. 42. Harzheims Concil. Germ. T. I. p. 38. wo des Pabsts Schreiben an ihn steht. Daß indessen ihm schon vorher zuweilen gedachter Titel wegen seiner Vorzüge sey beygelegt worden, bemerkt Mabillon annal. Benedict. T. II. p. 73. 81.

2) Notat. 54. ad Othlon. p. 575.

3) am angef. O. S. 71.

legte auch bey einer jeden ein Kloster an, welche er mit vielen Mönchen besetzte. 4) Hieraus ist also klar daß die Stiftung zu Amoeneburg vorher nicht sey angelegt gewesen, wie Wilibald und **Othlon** im vorhergehenden schon gedacht hatten; man müßte dann sagen, daß sie damals zwar angefangen, aber wieder unterlassen sey. Es fällt auch die Erinnerung des **Sagittarius** 5) weg, es sey, weil der

4) Wilibald. l. c. duas *ecclesias* Domino fabricavit, unam quippe in *Fridislar*, quam in honorem sanctorum Petri & Pauli Principis Apostolorum consecravit; & alteram in *Hamanaburch*, hanc etiam in honorem S. Michaelis Archangeli dedicavit. Duo quoque *Monasteriola* duabus injunxit ecclesiis, hisque non minimam servientium Deo multitudinem subrogavit. Eben so sagt Othlon am ang. O. S. 44. nur mit dem Unterscheid, daß er sagt, die Kirche zu Fritzlar sey allein dem Apostel Petrus gewidmet worden, wie dann freilich bey dem Wilibald die Worte einigermaßen versetzt sind. Stangefol am ang. O. L. II. p. 50. setzt irrig die Erbauung gedachter Kirche zu Ameneburg schon auf 722. Daß von dem Kloster daselbst noch im eilften und dreyzehenden Jahrhundert Spuren sich finden, zeigen die Stellen, so der H. R. Würdtwein dioeces. Mogunt. comment. IX. p. 253. 254. aus des H. von Gudenus cod. dipl. T. I. p. 395. und 487. bemerkt hat.

5) am angef. O. B. III. S. 207. Auch der H von Falkenstein am ang. O. S 280. vermuthet, daß hier die Anlegung der Kirche und des Klosters noch einmal erzählt werde, weil Bonifacius nun als Erzbischoff die Einweihung verrichtet habe. Von dem Kloster könnte man allenfalls des Sagittarius Erklärung gelten lassen.

Erbauung der **Kirchen** zu Ameneburg schon vorher gedacht worden, glaublich, daß solche erst damals eingeweihet worden; oder anstatt des weggenommenen kleinern Gebäudes ein neueres und größeres gesetzt sey. Dann es wird bey dem Jahr 723. von **Erbauung** einer **Kirchen** nichts gedacht, obschon wie kurz vorher ist bemerkt worden, die Anlegung des **Klosters** daselbsten von erstren Scribenten, doch ohne Zweifel fälschlich, auf diese Zeit gesetzt wird. Es haben daher die neueren, z. E. **Pagi** 6) und **H. Schminke** 7) kein Bedenken getragen, diese Begebenheiten zu dem Jahre 732. zu bringen; dahingegen **Gerstenberger** 8) und der Verfasser der Aufschrift in der Fritzlarischen Kirchen, bey dem **Winkelmann** 9) irren, wann ersterer das Jahr 738. angiebt, der andere dieser Erbauung insbesondere auf 740. ansetzt. **H. Schmin-**

---

6) ad an. 731. n. 3.

7) dissert. de antiq. Fritislar. §. 10. Eben so urtheilt auch der H. von Eckhart am angef. O. S. 366. und schon vorher Letzner hist. Bonif. Cap. 14. Mabillon irrt also in annal. Bened. T. II. p. 68. wann er das Jahr 723. angiebt. Doch hat er sich selbst verbessert, und S. 93. das Jahr 732. gesetzt.

8) chron. Thuring. hass. bey Ayrmann am angef. O. S. 124.

9) am angef. O. S. 405. wiewohl Winkelmann selbst das Jahr 732. setzt, die Aufschrift auch darinnen recht haben kann, daß der Bau 740. zu Stande gekommen sey.

Schminke 10) macht hierbey eine doppelte Anmerkung: erstlich, daß das Kloster den Namen Fritzlar zu erst gehabt zu haben, und eher als die Stadt gebauet zu seyn, und wie zu der Erbauung des Orts, also auch zu dessen Benennung Gelegenheit gegeben zu haben scheine; hernach, daß **Bonifacius** diesen Ort zu einer solchen Stiftung deswegen gewählt habe, weil die Gegend umher sehr angenehm war, die Stadt Buraburg nicht weit davon lag, er auch das Volk, welches, wegen des Andenkens der in der Nähe gestandenen heiligen Eiche, vielleicht daselbst öfters zusammen kam, desto leichter unterweisen konte. Was die Lage dieses Klosters betrift, so kann man nichts gewisses davon sagen. **Brower** 11) setzt solches in die Gegend, wo jetzo die

10) am angef. O. §. 7 — 9

11) Not. ad epigr. II. *Rhabani Mauri* bey Mabillon A. S. B. sec. III. P. I. p. 677. not. b) Diese Stelle, ob sie schon verschwiegen ist, hat vielleicht den H. von Eckhart verführt, der am ang. O. S. 366. sagt, daß Fritzlar, und zwar, wie man aus den folgenden Worten sieht, die Stadt selbsten, nicht am heutigen Orte, sondern in der Gegend, so Frauenmünster heist, gegen die Fulde und Weser gelegen habe, wo noch das Kloster, und nicht allein, wie Pagi sage, dessen Ruinen übrig wäre. Von allem diesen Vorgeben sehe ich keinen Grund. Er beruft sich zwar auf Lupi Leben des H. Wigberts Cap. 13 — 15. woraus aber weiter nichts erhellet, als daß Fritzlar und Buraburg nahe beysammen gelegen, ob sie wohl durch die

die Capelle Frauenmünster läge, etwa 300 Schritte von der Stadt. Hr. Schminke aber, schließt aus der angeführten Aufschrift in der Fritzlarischen Kirche, daß das Kloster an dem Orte gestanden habe, wo jetzo die Stifts-

---

die Edder von einander abgesondert gewesen, wie er mit dem Brower ganz recht glaubt; auch ohne Zweifel dadurch andeutet, daß er den Ort gegen vorgedachte beide Flüsse setzt, obschon selbige, zumal letzterer, noch weit von dieser Gegend liegen. Aber dann hat er mit jenen die Gegend Frauenmünster genannt (wiewohl sie ein Gebäude mit einer Gegend verwechselt) nicht recht gekannt, welche nicht diesseits, sondern jenseits der Edder liegt, wie man sieht, wenn man den H. Schminke am angef. O. mit dem zusammen hält, was er vorhin in not. ad *Eginharti* vitam Caroli M. p. 42. geschrieben, aber hernach verworfen hat, daß ehemals die Fritzlarische Kirche jenseits gedachten Flusses, nach der Lage von Fritzlar zu rechnen, gelegen habe, dann die in letzterer Stelle angegebene wird in ersterer durch Frauenmünster erklärt; und der H. von Eckhart muß geglaubt haben, daß das heutige Fritzlar jenseits liege. In seinen letztren Worten hat er vielleicht das Kloster und die Capelle mit einander verwechselt. Vor Eckhart hat schon Mabillon so gedacht, annal. Bened. T. II. p. 135. Ich bin bisher H. Schminkens Grundsätze gefolgt; wiewohl ich den Zweifel nicht verbergen kann, der mir daher entsteht, daß noch jetzo diejenige Kirche, so bey Ober-Mölrich, und also auf einer Seite mit Fritzlar liegt, Frauenmünster genannt werde, woraus sich einige Vermuthung machen läßt, daß Frauenmünster schon nach dem ehemaligen Begriffe auf solcher Seite zu suchen sey: wiewohl daher nicht eine veränderte Lage der Stadt Fritzlar folgt.

Stiftskirche stehe, als welche aus dem Kloster. scheine entstanden zu seyn; indem selbige zu erkennen gebe, daß man von langer Zeit her in Fritzlar dieser Meynung gewesen sey: wiewohl aus einer Meynung der Einwohner eines Orts, sich nicht auf die Wahrheit einer daselbst geschehenen Sache schliessen lässet. Ja ich sehe nicht, wie in der Aufschrift diese Meynung gezeiget werde, als worinnen nur der Erbauung der Kirche gedacht wird; oder wie die folgende Worte vom **Wigbert** können unwiedersprechlich auf das Kloster gezogen werden. Nach meinem Urtheile würde alsdann erst sich was genaueres bestimmen lassen, wann man von den verschiedenen Kirchen dieser Stadt ihrem Ursprunge mehrere Nachricht hätte. Der **H. R. Würdtwein** nimt indessen 12) die jetzige Stiftskirche als die nach Verwüßtung des Klosters, die schon vor Ende des eilften Jahrhunderts geschehen, überblieben, vor die vom **Bonifacius** gestiftete. Wenigstens ist die jetzige dem Apostel **Petrus** gewidmet, wie jene. Wann aber das jetzige Stift zu einem solchen sey gemacht worden, kann ich nicht mit Gewißheit angeben.

§. 11.

Beschaffenheit der Mönche des Klosters zu Fritzlar.

Die Mönche dieses Klosters zu **Fritzlar**, hatten die Regels des **H. Benedictus**, als wel-

12) diœces. Mogunt. comment. X. p. 378.

welche damals fast in allen Teutschen Klöstern angenommen wurde. 1) H. Schminke bemerkt Trithemii Worte 2) daß sie schon lange vor seiner Zeit das Mönchsleben aufgegeben hätten. Eben dieser Schriftsteller setzt die erwähnte Veränderung anderwärts 3) gegen das Jahr 900. und der Cöllnische Mönch Gottfried 4) gedenkt der Fritzlarischen Chorherren im 13 Jahrhundert. H. Schminke erzählt bey dieser Gelegenheit aus einer geschriebenen Heßischen Chronik 5), daß die Bene-

1) Man sehe die Vorschrift einer Teutschen Kirchenversammlung an einem ungenannten Ort von 742. in Harzheims Concil. German. T. I. p. 50. Um das, was ich sage, recht zu verstehen, lese man Lenfants Nachricht, so er von einem andern Gelehrten empfangen hat, hist. du Concile de Constance, p. 442-444. der erst. Ausg

2) am ang. O. §. 12. aus dem Buche de vir. illust. ord. S. Bened. wo sie S. 107. 109. der Ausg. in den operib. spiritual. fol. stehen.

3) ind. Monaster. Bened. quæ ab ordine sunt translata, præf. T. I. Annal. Hirsaug.

4) Ad an 1232. in *Frekeri* script. R. G. T. I. p. 399. Daß dieses Kloster von dem Königlichen Kriegsdiensten befreyet, und nur zu Geschenken verbunden gewesen, zeigt das zu Achen 817. verfertigte Regißter, so nach Sirmond notat. ad T. II. Concil Gall. p. 685. Mabillon giebt am angef. O. S. 437.

5) am angef O. § 14. Ich weiß nicht, was vor eine Heßische Chronik zu verstehen sey. Wenigstens wird in den nun gedruckten excerpt. Ridesel.

Benedictiner-Mönche auf der Ameneburg 1351. mit Einwilligung des Erzbischoffs Gerlachs zu Mainz ebenfalls Chorherren (Canonici) worden wären; aber es wird schon in einem Schreiben des Mainzischen Erzbischoff Sigfrieds von 1217. 6) der Güter, wie es scheinet, der ehemaligen Abtey zu Ameneburg (de bonis ad Abbatiam *quondam* in Ameneburg spectantibus) gedacht. Wobey ich noch anmerke, daß das Collegiatstift zu Ameneburg 1360. vom Erzbischoff Gerlach zu Mainz aus der Pfarrkirche sey aufgerichtet, und verschiedene umliegende Pfarreien solchem einverleibet worden, wovon die Urkunde bey dem **H. von Gudenus** 7) sich

---

escl. in **Ruchenbeckers** annal. hass. coll. III. p. 23. und in Gerstenbergers Hess. Chron. in H. R. Schminkens monim. hass. Th. II, S. 486. diese Sache auf 1361. gesetzt.

6) in chron. colleg. Mariæ V. in Johannis rer. Moguntiac. T. II. p. 655.

7) cod. diplom. T. III. p. 438. und eingerückt in der Bekräftigung des Erzb. Jacobs von 1505. in H. Würdtweins diœc. Mogunt. comm. IX. p. 255 seq. Auf jene Urkunde hat sich schon Johannis not. ad *Serarium* T. I. script. rerum Mogunt. p. 675. berufen; und Serarius eben das. S. 676. gesagt, daß die Mönche die ehemalige Kirche des H. Michaels mit der Seelsorge besessen zu haben schienen, die dann in das Collegiatstift St. Johannis sey verwandelt worden, besage einer Aufschrift beym ersten Altar, die, wie die Hessische Chroniken, das Jahr 1361. angiebt.

befindet. Vielleicht haben die Heßischen Chroniken etwas hievon gehört, und das alte Kloster ist vielleicht schon vor 1217. eingegangen, mithin in kein Collegium Canonicorum verwandelt worden. Sollte ich aber vorgedachte Worte vom Jahre 1217. nicht recht erkläret, und das Kloster noch nachher bestanden haben, so stimmen die Heßische Nachrichten mit der Wahrheit überein, wann sie schon es darinnen versehen haben, daß sie vor 1360. das Jahr 1351. oder 1361. gesetzt haben.

§. 12.

Wigbertus ist der erste Abt zu Fritzlar.

Weil die Aufrichtung des gedachten Stiftes zu **Fritzlar** einen der vornehmsten Umstände von der Einführung des Christenthums in Hessen ausmacht, so will ich die Nachricht von

---

giebt. Ein paar andere zu dieser Stiftskirche gehörige Urkunden stehen bey S. A. Würdtwein diœces. Mogunt. comment. IX. pag. 258. 259. Eben das. comment. X. p. 378 seq. stehen viele wichtige Urkunden von der zu Fritzlar, wovon ich aber keinen Gebrauch mache, weil dieser Ort bekanntlich schon seit mehreren Jahrhunderten nicht mehr zum Besitz der Heßischen Landesherren gehört hat, und ich auf solchen und Ameneburg nur in so weit in dieser Schrift sehe, als beide Orte mit der Pflanzung des Christenthums in Hessen in Verbindung stehen.

von dem ersten Abte desselben hier einrücken, zumal da selbige in anderen Stücken dieser Abhandlung einiges Licht geben wird. Dieser war der Heil. **Wigbert**, ein Angelsachse von Geburt, welchem die Nachrichten dieser Zeiten vielen Ruhm ertheilen. 1) Diesen berief **Bonifacius** kurz hernach, als er selbst in Teutschland gekommen war, um ihm in der Bekehrung der Teutschen behülflich zu seyn, und er wurde nach der Erzählung des **Servatus Lupus** 2) von dem **Bonifacius**, als dieser Erzbischoff zu Mainz wurde, dem gedachten Kloster vorgesetzet, als er schon *sacerdos secundi ordinis* war, welche Worte anzeigen, daß er ein Priester (presbyter) gewesen sey, als welchen dieser Name in Absicht auf die Bischöffe beygelegt wurde, zu dessen Beweiß die von **H. Schminke** 3) angeführ-

1) *Servat. Lupus vit. S. Wigberti in operibus a Baluzio editis cap.* 2. p. 295. Ab Anglis Saxonibus beatus Wigberchtus claram trahens originem natalium nobilitatem merito virtutum longe transcendit.

2) *Lup. cap.* 4. p. 296. Bonifacius non multo postquam in Germaniam venerat, beatum Wigberchtum, futurum in prædicatione solatio, diligenti arcessendum curavit industria Adque ille sancto Bonifacio parens, iniit consortium sancti propositi. *Et cap.* 5. p. 297. Neque multo post ad amplissimum pontificalis gradum dignitatis Moguntiacæ provectus Wigberechtum sacerdotem secundi ordinis cœnobio suo, cui nomen est gentili Germanorum lingua Fritzlar, magistrum præfecit, ut monasticæ illic religionis normam statumque componeret.

3) am angef. O. §. 17.

führte Stellen dienen können; daher auch **Baluzius** 4) diese Meynung billiget, jedoch hinzufügt, **Lupus** könne ihm vielleicht diesen Namen beygelegt haben, weil er schon vorher ein Abt gewesen. So viel ist gewiß, daß hierdurch nicht angedeutet werde, er sey **Archidiaconus** des **Bonifacius** zu Buraburg gewesen, welches **Baluzius** verwirft; und es kann auch deswegen nicht seyn, weil dieses Bißthum damals noch nicht angelegt gewesen. Es scheinet sich aber hierbey die Schwierigkeit hervor zu thun, um welche Zeit **Wigbert** zu dieser Würde gelanget sey, worzu **Lupus** in der bereits angeführten Stelle Gelegenheit giebt. **Mabillon** 5) glaubt, es sey dieses nicht vor dem Jahre 745. geschehen, weil **Bonifacius** erst in diesem oder dem folgenden Erzbischoff zu Mainz worden. Aber gleichwie die Unrichtigkeit dieser Meynung sich bald zeigen wird, so hat **Pagi** 6) wohl geantwor-

---

4) Not. ad *Lupi* vitam Wigberti p. 5?4. der Ausgabe von 1710. Eben so glaubt **Mabillon** annal. Bened. T. II. p. 93.

5) Notat. ad vitam Wigberti in Act. Sanct. O. B. sec. 3. P. I. p. 675. not. b.

6) Ad an. 747. n. 11. 12. Er setzt auch hier **Wigbert** sey schon 720. nach Teutschland gekommen; es ist aber dieses nicht gewiß, und man kan die Stelle des Lupus von des Bonifacius Reise, aus Friesland nach Teutschland verstehen; indessen muß er schon 723. in diesen Gegenden gewesen

wortet, daß die Scribenten öfters die Ernennung desselbigen zu der Erzbischöflichen Würde, die noch an keinen Ort gebunden war, mit derjenigen verwechselten, da ihm sein Sitz zu Mainz angewiesen war; und daß auch die vom Lupus gebrauchte Worte *non multo post* eine verschiedene Bedeutung hätten, und manchmal eine längere Zeit anzeigten. Noch mehr irret die historia translations S. Wigberti bey H. Schminke 7) welche dieses zum Jahr 725. bringet, als in welchem das Fritzlarische Kloster noch nicht gebauet war. Vielmehr da es, wo nicht gewiß, doch sehr wahrscheinlich ist, daß solches nach des Bonifacius Zurückkunft von Rom 732. sey angefangen worden, wann man auch schon zugeben will, daß erst 740. der Bau geendigt sey; so ist nicht zu glauben, daß Bonifacius, der wegen seiner anderen Geschäffte und Reisen solchem nicht selbst vorstehen konnte, es so lange Zeit ohne einen ordentlichen Aufseher werde gelassen haben. Ueber das sagt Lupus, 8) Wig-

wesen seyn; dann Bonifacius schreibt ihm damals aus Rom, er werde bald wieder kommen, und in dem angefangenen Werke fortfahren; aus welchen Worten sich diese Zeit ergiebt, da in dem Jahre 738. zu welchem Mabillon in der angeführten Stelle diesen Brief rechnet, welcher der 27. S. 81. ist, das Christenthum schon in dieser Gegend befestigt war.

7) am angef. O. §. 18.

8) Cap. 5 — 7. p. 297. 298.

Wigbert sey lange daselbst Abt gewesen, und nachdem er bey den jüngeren die Mönchsregel eingerichtet, nach Thüringen zum Kloster Ordorf geschikt worden, wo er sich auch einige Jahre aufgehalten, und von da wieder nach Fritzlar begeben habe, wo er vor seinem Tode noch allerhand ausgerichtet. Da er nun 747. gestorben ist, so kann dieses alles ja nicht in einer so kurzen Zeit geschehen seyn. Ob man nun schon das Jahr eigentlich nicht angeben kann, worinnen **Wigbert** diese Würde erlanget hat, obschon **Pagi** deswegen, weil er der erste Abt daselbst gewesen, 732. setzt, so muß er doch eine geraume Zeit daselbst gestanden haben. Ich kann indessen dem H. **Schminke** nicht beyfallen, welcher glaubt daß **Wigbert** zu dem Ende dem Kloster sey vorgesetzt worden, um die verfallene Mönchs-Zucht wieder in Ordnung zu bringen; dann die Worte des **Servatus Lupus** 9) *laxam ante hac & fluidam fratrum conversationem ad normam vitæ suæ cöercuit*, zeigen zwar an, daß von Anfang noch keine gar zu genaue Strenge daselbst sey beobachtet worden, aber nicht, daß die Mönche von ihrer ersten Regel abgewichen wären.

§. 13.

Weitere Nachricht von demselben.

In dieser Stelle unterwieß nun **Wigbert** die Mönche in nützlichen Wissenschaften, wie beson-

9) Cap. 5.

besonders das Beyspiel des ihm vom **Bonifacius** anvertraueten **Sturms**, des ersten Fuldischen Abts, bezeuget; 1) wie dann **Mabillon** 2) anmerkt, daß **Bonifacius** vor Einrichtung der Schulen fleißig gesorget habe, und deren Einrichtung beschreibet; auch dieses Kloster viele nach der Beschaffenheit der damaligen Zeiten geschikte Geistliche hervor gebracht hat. Ein ungenannter **Verfasser des Lebens des Bonifacius** 3), giebt diesen **Wigbert** auch vor einen Abt zu Hersfeld aus, welches falsch ist, indem **Lupus**, der doch auf Begehren des Hersfeldischen Abts **Buno** geschrieben hat, hiervon schweigt, auch in dem Register der Hersfeldischen Aebte sich keiner dieses Namens befindet; und urtheilt deswegen **Mabillon**, daß dieser Scribent dadurch sey verführt worden, weil er vernommen, daß **Wigberts** Gebeine dahin gebracht worden, woraus er dann den irrigen Schluß gemacht, daß er also auch daselbst müsse Abt gewesen seyn. Endlich starb er und ward vor der Kirche begraben, da dann bey seinem Grabe viele Wunder sollen geschehen seyn, welche

---

1) *Eigile* vit. S. *Sturmii* in *Mabillon* A. S. O. B. l. c. p. 270.

2) præf. ad sec. III. A. S. O. B. P. I. p. 24 seq.

3) Bey **Mabillon** observ. præv. ad vit. S. Wigberti l. c. P. I. p. 672. eben diesen Fehler begeht auch Kettner in der Quedlingburgischen Kirchenhist. S. 114. ja Mabillon selbst anderwärts annal. Bened. T. II. p. 93.

welche zwar nicht schriftlich aufgezeichnet, aber doch sehr berühmet gewesen wären. 4) Wegen des Jahrs seines Todes sind verschiedene unrichtige Meynungen, wie bey H. **Schmincke** zu ersehen ist. 5) So viel ist aber erstlich gewiß, daß er vor dem **Bonifacius** gestorben sey, wie **Ludgerus** 6) bezeuget, und sich auch aus dem 17 **Brief desselbigen** 7) ergiebt, wovon jetzo ausgemacht ist, daß er an die Fritzlarische Mönche gerichtet sey, (obschon noch **Gudenius** 8) der Meynung ist, daß er an ein Englisches Kloster sey abgeschikt worden) als in welchem er selbigen vorschreibt, wie sie ihre Amtsverrichtungen nach dem Tode dieses **Wigberts**, ihres Vorgesetzten, eintheilen sollten. Hernach so hat man nicht Ursach das Zeugniß des Lamberti Schafnaburgensis zu verwerfen, welcher das Jahr 747. als das Sterbejahr des **Wigberts** angiebt, 9) welches auch **Gerstenberger** 10) thut, und sich auf seine Hersfeldische Legende beruft; indem

4) *Lupi* vita Wigberti cap. 10. 12. p. 301. 302.

5) am angef. O. §. 25.

6) vit. S. Gregor. Traject. cap. 10. ap. *Mabillon.* l. c. P. II. p. 326.

7) Bibl. Max. Patr. T. XIII. p. 76.

8) differt. de Bonifacio p. 53.

9) de reb. German. pag. 310. in *Pistorii* Script. R. G. T. I.

10) am angef. O. S. 126.

indem **Lupus** 11) sagt, er sey von dem Hersfeldischen Abte **Buno** 836. ermuntert worden, dasjenige was **Wigbert** vor 90 Jahren verrichtet habe, zu beschreiben; da dann, wann man von gedachtem Jahr 90 Jahre zurück rechnet, fast dieselbige Zahl heraus kommt; weswegen auch selbst **Pagi** 12) dieses Jahr annimmt. Sein Sterbetag aber läßt sich nicht wohl ausmachen. **Rhabanus Maurus** 13) sagt, das Gedächtniß seines Todes werde auf den 13 August gefeiret, woraus sich aber nicht gewiß schliessen läßt, daß er an demselben Tage müsse gestorben seyn, weil nicht allezeit in den Verzeichnissen der Märtyrer und anderer Heiligen die zu ihrer Ehre angesetzte Tage mit ihren Sterbetagen einerley sind. Was mit dieses **Wigberts** Gebeinen vorgegangen ist, wird sich unten an einem bequemern Orte beschreiben lassen. Uebrigens kommen noch verschiedene andere berühmte Männer dieses Namens in den Geschichten dieser Zeiten vor, welche **Mabillon** 14) und **Pagi** 15) von einander zu unter-

---

11) præf. ad vit Wigberti p. 293. edit. *Baluz.*

12) ad an. 747 n. 10.

13) Martyrol. in *Canisii* lection. antiq. T. II. P. II. p. 337. Denselben Tag setzt auch Usuardus martyrol. f. 135. der Ausgab. von 1573.

14) Observ. præv. ad vit. Wigberti l. c. §. 1. p. 671. und annal. Bened. T. II. p. 81.

15) ad an. 719. §. 6. 7.

terscheiden suchen, deren Anmerkungen aber H. **Schminke** 16) in vielen Stücken verbessert hat. **Wigberts** Nachfolger in diesem Kloster war **Tatwin**, wie der eben angeführte Brief des **Bonifacius** ausweiset. Ob aber auf diesen ein anderer **Wigbert** in solcher Stelle gefolget sey, wie **Mabillon** und **Schminke** muthmaßen, läßt sich nicht ausmachen.

§. 14.

Dritte Reise des Bonifacius nach Rom.

Kurz nach Anlegung der Stifter zu Ameneburg und Fritzlar, wurde auch das zu Hersfeld 736. errichtet. Weil aber von solchem in den folgenden Zeiten ein mehrers kann gesagt werden, so soll zugleich von dessen Anfange hernach gehandelt werden. **Bonifacius** reiste zum drittenmal 738. nach Rom, und empfieng bey seiner Zurückkunft vom Pabste **Gregorius** dem dritten verschiedene Briefe an die Geistliche und Weltliche in Teutschland, worunter ich des zweiten deswegen besonders erwähne, weil selbiger unter andern Teutschen Völkern, auch an die Hessen und die Einwohner in dem **Lohngau** gerich-

16) am angef. O. §. 31 — 35. Indessen hat noch der H. von Eckhart de reb. Franc. orient. T. I. p. 357 sieben verschiedene Männer dieses Namens angenommen.

gerichtet ist, 1) in welchem er zur Vermeidung der Heidnischen Greueln ermahnet, und woraus bereits oben eine Stelle ist angeführet worden. Es irret also **Ayrmann** 2) wenn er diesen Brief zum Jahr 724. bringet; dann erstlich erwähnet der Pabst darinnen seines Vorfahren **Gregorius** des zweyten, der den **Bonifacius** zuerst nach Teutschland abgeschikt habe, und hernach bezeuget **Othlon** 3) ausdrücklich, daß **Bonifacius** damals diesen Brief von Rom mitgebracht habe; weswegen auch **Winkelmann** 4) solchen ganz recht zu diesem Jahr setzet. Wie nun in diesem Briefe zwar Völker vorkommen, unter denen, wie im vorhergehenden, und besonders aus der Errichtung der Stifter zu Fritzlar und Ameneburg, ist gezeiget worden, **Bonifacius** das Christenthum gepflanzet hat, so füge ich noch bey, daß ich die hier gedachte *Nistresos* allerdings vor die Einwohner des *Pagi Nitherst* halte, wie schon **Ayrmann** 5) glaubt, und nachher der **H. G. R. Estor** 6) und **H.** Vicecanzler **Kopp** 7) urtheilen; woraus sich

 dann

1) Er steht in *Othloni* vita Bonifac. L. I. cap. 29. p. 45. und in Epist. Bonif. n. 128. p. 123.

2) Einleit. zur Heßischen Histor. S. 27.

3) am angef. O. S. 44.

4) am angef. O. S. 406.

5) am angef. O. S. 120.

6) Origin. juris publ. hass p. 30.

7) In der Nachricht von den Herren zu Itter S. 8.

dann ergiebt, daß damals das Christenthum noch etwas weiter als in das eigentliche **alte Hessen** gekommen sey.

§. 15.

Anlegung des Bißthums zu Buraburg.

Endlich wurde auch vom **Bonifacius**, zu Befestigung des Christenthums in Hessen, ein Bißthum zu **Buraburg** angelegt. Dieser Ort lag auf einem hohen Berge in Niederhessen nicht weit von Fritzlar, welcher noch jetzo der **Bürberg** heist, und war nicht allein befestiget, sondern muß auch, wie **H. Schminke** urtheilt, 1) sehr ansehnlich gewesen seyn, weil der Pabst **Zacharias** dem **Boniafacius** in einem Schreiben befiehlt, kein Bißthum in einem Dorfe oder in einer mittelmäßigen Stadt anzulegen: wiewohl zu merken ist, daß dieses Schreiben an den **Bonifacius** erst abgeschikt worden, nachdem er das Stift schon angelegt hatte. Heutiges Tages sieht man nur noch wenige Merkmahle davon. 2) Dieses Bißthum zu Buraburg wurde 741. errichtet, wie aus des **Bonifacius** Briefe an gedachten Pabst

---

1) de Episcop. Buraburg. §. 9.

2) H. Schminke am angef. O. §. 8. 10 11. Spangenberg hist. Bonifac. Bl. 37. a. giebt vor, selbiger habe gegen 730. diesen Ort bekehrt, und eine Kirche zu Ehren der H. Brigitte deselbst errichtet.

Pabst **Zacharias** erhellet: 3) Dann darinnen verspricht er demselbigen ferneren Gehorsam, zeigt ihm an, daß er unter andern neuen Bißthümern das zu **Buraburg** angelegt habe, und bittet um dessen Bestätigung. Da nun gedachter Pabst 741. zu dieser Würde gelanget ist, so muß erst in solchem Jahre die Stiftung geschehen seyn, weil, wann sie früher geschehen wäre, **Bonifacius** nicht würde unterlassen haben, dem vorhergehenden Pabste Nachricht davon zu geben. **Mabillon** wiederlegt auch diejenigen, welche davor halten, die hier gedachte Bischöffe wären erst auf der Kirchenversammlung zu **Lestines** 743. angesetzt worden, aus dem Grunde, weil auf der vom vorhergehenden Jahre solche sich schon befunden haben. 4) **Zacharias** antwortete hierauf in dem vorhergedachten Schreiben, und giebt zwar zu überlegen, ob auch die gedachte Gegenden Bischöffe verdienten, als welche auch nicht an geringe Orte müßten gesetzt werden; indessen bestätiget er, auf des

3) in *Othlon.* vit. Bonif. L. II. cap. I. p. 54 und Harzheims Concil. German. T. I. p. 43. Necesse quoque habemus indicare, quia per Dei gratiam Germaniæ populis tres ordinavimus episcopos, & provinciam in tres parochias discrevimus. — Unam esse sedem episcopatus decrevimus in castello, quod dicitur Wirtzburg, & alteram in oppido, quod nominatur *Buraburg?* Mabillon annal. Bened. T. II. p. 116. setzt die Einrichtung auf 742.

4) Not. ad *Othlon.* Lib. I. cap. 34. l. c. pag. 48. not. b)

Bonifacius Bitte, die hier und an anderen Orten angelegte Bischöffliche Sitze 5) 743. erfolgte auch die besondere Bestätigung des ersten Bischoffs **Albinus**. 6)

§. 16.

Erster Bischoff daselbst.

Der erste von dem **Bonifacius** hieher gesetzte Bischoff hieß **Witta**, wie ihn **Othlon** 1) nennt, dem hernach der Lateinische Name *Albinus*, oder *Albuinus*, wie ihn **Lupus** angiebt, 2) nach Art der damaligen Zei-

5) apud *Othlon.* l. c. cap. 2. p. 57. und bey Harzheim am angef. O. S. 45. sed tua sancta fraternitas pertractet mature, si expedit, aut si loca aut populorum turbæ talia esse probantur, ut Episcopos habere mereantur. Meminisse enim debes, quod sacris canonibus præcipimur observare, ut minime in villulas vel in modicas civitates episcopos ordinemus ne vilescat nomen Episcopi. Sed nos tuis sincerissimis atque dilectis syllabis provocati, quæ poposcisti, absque mora concedimus, & statuimus per apostolicam auctoritatem, episcopales esse illic sedes, & per successionem episcopos teneri: — Unam quidem in castello Wirziburg; & alteram in oppido, quod nominatur *Buraburg*.

6) Sie steht in *Epist. Bonifac.* 131. p. 124.

1) am angef. O. L. I. l. c. p. 42. der H. von Eckhart l. I p. 357. glaubt, dieser Name sey aus Wigbert zusammen gezogen.

2) Vita Wigberti cap. 24 p. 308.

Zeiten, gegeben ist. Er war ein gebohrner Engländer, und, wie **Winkelmann** aus einem alten Manuscripte 3) erzählet, vorher ein Mönch zu Fritzlar, welches ich dahin gestellet seyn lasse. **Trithemius** 4) rühmet von ihm, daß er ein heiliger Mann gewesen, der viele Heiden bekehret habe. Er ist, wie bereits oben bemerket worden, mit auf der Kirchen-Versammlung gewesen, welche 742. an einem ungenannten Orte ist gehalten worden, wo er **Wittanus** heist. Er wird von einem ungenannten Schriftsteller 5) und in einem Mainzischen Brevier 6) ein coepiscopus des Mainzischen Erzbischoffs **Lullus** genannt, da es dann aus den Worten des ersteren scheinet, als wann **Lullus** ihn wirklich dazu gewählet hätte, um ihm in seiner eigenen Diöces in seinen Amtsverrichtungen beizustehen. Aber **Serarius** zeigt, daß die Ursache dieser Benennung keine andere sey, als weil das Buraburgische Stift unter dem Mainzischen Sprengel gestanden. Ehe nun **Lullus** starb, ließ er, nach dem Zeugniß dieser Nachrichten, den **Albinus** zu sich nach Mainz kommen, der von da vor ihm her sich nach Hersfeld begeben

 sollte,

3) am angef. O. S. 405.

4) de vir. ill. O. S. B. L. III. c. 267. L. IV. cap. 190. S 105. 141. der hernach anzuf. Ausgabe.

5) in **Mabillons** elog. histor. S. Lulli in **A. S. O. B.** sec. III. P. II. p. 398.

6) in *Serarii* rebus Mogunt. L. III. p. 609.

sollte, wo er selbst sein Leben zu beschliessen willens war. Albinus starb aber zu Mainz, da dann Lullius den Cörper auf einem Schiffe nach Höchst, und von da weiter nach Hersfeld bringen ließ. Ja er begab sich zugleich selbst dahin, und starb an solchem Orte bald darauf. Das Jahr, wann solches geschehen, wird verschiedentlich angegeben. Lambertus Schafnaburg. 7) und die annales Fuldenses 8) setzen 786. Nun suchet zwar Mabillon zu erweisen, daß dieses erst 787. müsse geschehen seyn, theils mit dem Zeugniße anderer Scribenten, theils daher, weil Lullus zu der Erhebung des Willehads zum Bischoff zu Bremen mitgerathen habe. Allein wie die Erhebung des letzteren erst 788. oder vielmehr 789. wie Mabillon 9) mit Rechte bemerkt, geschehen ist, und also, man mag den Todt des Lullus setzen, in welches von beyden gedachten Jahren man will, dieser seinen Rath eine geraume Zeit vorher muß ertheilet haben,

7) ad an. 786. pag. 310.

8) in *Freheri* Script. R. G. T. I. p. 14.

9) observat præviis ad vit. S. *Willehadi*, l c. §. 4. p. 403. wo er den Stiftungs-Brief dieses Bißthums anführt. Dann solcher ist zwar, wie am dem Ende stehet, 788. 2. id. Jul. gegeben, weil aber das ein und zwanzigste Jahr der Regierung des Königs Carls dabey stehet, so ist das Jahr 789. als das ein und zwanzigste der Regierung dieses Herren zu setzen, weil Pipin am ende des Septembris 768. gestorben ist.

haben, so trage ich kein Bedenken in dieser Sache die vorher genannten Scribenten denen vom **Mabillon** angeführten, als welche weiter von Hersfeld entfernt gewesen, vorzuziehen. Sein Sterbetag fällt nach den Mainzischen Nachrichten, und dem vorher gedachten ungenannten Scribenten 10) auf den 16 October. Und hieraus ergiebt sich zugleich, daß **Albinus** in diesem Jahre ebenfalls müsse gestorben seyn. Sein Gedächtniß wird auf den 25ten October in Fritzlar gefeiret, wie H. **Schminke** 11) aus einem geschriebenen Martyrologio dieses Orts erweiset, und also zwar erst auf einen Tag nach demjenigen, woran **Lullus** gestorben; welches jedoch nichts ungewöhnliches ist, indem die Gedächtniß-Tage der Heiligen öfters auf solche fallen, an welchen sie an einen andern Ort sind gebracht worden. Den Ort des Begräbnißes des **Albinus** ist ebenfalls strittig. Vorher ist gedacht, daß **Lullus** seinen Cörper nach Hersfeld bringen lassen, und eine in der Stiftskirche daselbst befindliche Grabschrift, welche H. **Schminke** anführet, sagt würklich daß er daselbst begraben sey; dahingegen das eben erwähnte Martyrologium dieses von **Buraburg** behauptet. Es ist aber diese Grabschrift so voll Fehler, daß man nichts daraus be-

10) Bey Mabillon am angef. O. S. 398. und Serarius am angef. O. S. 610.

11) am angef. O. §. 16.

beweisen kann; da indessen, wann man solche ja wollte gelten lassen, könnte gesagt werden, daß **Albinus** erst von Hersfeld nach Buraburg, und hernach bey dem Verfall des letzteren Orts wieder nach Hersfeld zu den Gebeinen seines gewesenen guten Freundes des **Wigberts** gebracht sey. 12)

§. 17.

Fernere Beschaffenheit dieses Bißthums.

Es kommt aber hiebey die Frage vor, was mit diesem Bißthum ferner vorgegangen sey, weil man keine ausdrückliche Nachricht von mehreren Bischöffen zu Buraburg findet. **Serarius** 1) glaubt, daß, als das Stift zu Paderborn am Ende des achten Jahrhunderts angelegt worden, das zu Buraburg eingegangen, oder vielmehr mit jenem vereinigt worden sey, worinnen ihm **Schurtzfleisch** 2) bey-

---

12) S. Schminke eben das. §. 17 — 21.

1) Notat. 29. in *Othlon*, p. 502.

2) strictur ad histor. Herford. §. 5. p. 513. oper. histor. polit. der Berlin. Ausg. von 1699. Ich muß hiebey anmerken, daß die Paderbornische Kirche anfangs selbst unter der Würtzburgischen Pflege gestanden habe, bis sie 795. einen besondern Bischoff erhalten hat. Schatens annal. Paderb. T. I. p. 21 seq. Kölers Münzbelust. Th. XI. S. 335. Hartmanns Gedanken von die-

beyfällt, und sogar schreibt: ecclesia Paderbornensis anne 742. Buriburgi fundata est. Aber eine solche Vereinigung ist unerweislich; und da die Bischöffe zu Buraburg außer Streit über den pagum Hessen haben die Aufsicht führen sollen, so findet sich nicht daß derselbe ganz unter dem Paderbornischen Sprengel gestanden habe, wie doch ohne Zweilfel **Schurtzfleisch** und **Serarius** glauben; ob ich schon selbst eine Erinnerung hierüber §. 18. not. 3. geben werde. Man sollte fast glauben, daß **Serarius** und **Schurtzfleisch** dadurch wären verführt worden, daß ersterer in der angezogenen Stelle sich nicht darein finden kann, was Buraburg vor ein Ort sey, und den Gedanken äußert, ob er solchen Ort nicht von einem zwischen Fritzlar und Paderborn, der **Warbug** hieße, verstehen sollte; dann er will ohne Zweifel **Warburg** sagen, welche Stadt in gedachter Gegend in dem Stifte Paderborn liegt: welches dann auch dem **Schurtzfleisch** Gelegenheit möchte gegeben haben, Buraburg mit Warburg vor eins zu halten, und mit jenem zu glauben, daß von letzterem Orte das Stift nach Paderborn selbst verlegt sey. Indessen läßt sich eine andere Beschaffenheit dieses Buraburgischen Bißthums zeiger. Es nennet nämlich **Lupus**, 3) den Albinus einen

Bischoff

ser Veränderung histor. Hass. P. I. p. 53. lasse ich dahin gestellt seyn.

3) Vita Wigberti cap. 24. p. 308.

Bischoff zu **Fritzlar**, über welche Stelle **Baluzius** 4) urtheilt, daß dieses geschehen sey, weil Fritzlar in der Buraburgischen Diöces, und gleichsam eine Vorstadt von Buraburg gewesen sey, zu dessen Beweise er ähnliche Stellen beybringt, und worinnen **Mabillon** 5) mit ihm eins ist. Aber **H. Schmincke** 6) giebt eine andere Erklärung, indem das Fritzlarische Martyrologium auf den 15 Merz eines Bischoffs daselbst, namens **Megingotus**, gedenkt, welcher vielleicht eben derjenige ist, den **Lupus** einen Bischoff und **Megingus** nennt. Es könnte also wohl seyn, daß derselbe den Bischöflichen Sitz von Buraburg nach Fritzlar verlegt habe, wie dann daselbst noch heutiges Tages ein gewisser Ort der **Bischoffs-Hoff**, und die dahin gehende Straße die **Bischoffs**-Gaße genennt wird; daß also **Lupus**, der das Leben des **Wigberts** 50 Jahre nach des **Albinus** todte geschrieben hat, nicht auf den ersten Ort dieses Bißthums gesehen, sondern gedachtem Manne den Namen desjenigen Orts beygelegt hat, an welchen solches damals verleget war. Wie dann auch **Serarius** in angeführter Stelle aus einer Handschrift anführet, daß der zweite Bischoff zu Buraburg **Mengottus** genennet werde. Ich merke hiebey an, daß, wann

4) S. 507.

5) not. ad vit. Wigb. l. c. p. 680. not. a)

6) am angef. O. §. 23.

wann die gedachte Verlegung richtig, und **Mayngotus**, der schon zu **Wigberts** Zeit in dem Fritzlarischen Kloster gelebt, daselbst Bischoff gewesen ist, dieser nicht derselbige könne gewesen seyn, der Bischoff zu Würtzburg an des heiligen **Burcards** Stelle worden ist, welches **Serarius** 7), **Mabillon** 8), **Baluzius** 9) und **Pagi** 10) glauben; dann dieser ist zu dem Würtzburgischen Stifte, nach des **Pagi** 11) genauer Berechnung, 754. gekommen, hat 15 Jahre daselbst gestanden, und nach derselben Verlauf seine Stelle aufgegeben, da es dann gar nicht scheinet, daß er sich wieder aus seiner Stille begeben, und nach dem Jahre 786. noch Bischoff zu Fritzlar solle geworden seyn. Ist aber der ehemalige Fritzlarische Mönch dieses Namens würklich Bischoff zu Würtzburg gewesen, wie man daraus muthmaßen möchte, weil dieser Würtzburgische Bischoff ein Landsmann

7) am ang. O. S. 502.

8) am ang. O. S. 675. not. c)

9) not. ad vit. Wigberti p. 505.

10) ad an. 719. n. 5.

11) ad an. 754. n 21. Es unterscheidet auch der H. von Eckhart T. I. p. 481. gegen den Mabillon, den Fritzlarischen Diaconus Megingord, der im 17 Briefe des Bonifacius vorkommt, von dem Würtzburgischen Megingaud, als welcher letztere damals schon Priester gewesen.

mann des **Bonifacius** 12) genennt wird, so müssen die Nachrichten, die ihn vor einen Fritzlarischen ausgeben, unrichtig hierinnen seyn, und aus seinem Mönchsstand daselbst Anlaß genommen haben, ihn vor einen Bischoff des Orts auszugeben. **Trithemius** 13) gedenkt zwar auch einiger Aebte des Klosters zu **Buraburg**; allein da von Errichtung eines solchen sich keine Nachricht findet, so weiß ich nicht ob diesen Nachrichten zu trauen sey. Heutiges Tages sieht man noch auf dem **Burberg** eine Capelle, welche der Schottischen 14) Jungfrau **Brigidda** gewidmet ist, wohin noch jetzo aus Fritzlar den ersten Tag nach dem Sonntag *Rogate* feyerliche **Wallfahrten** geschehen, und wo in den Sommerfesten der Gottesdienst von dem Pfarrer zu Ungedank gehalten wird.

§. 18.

---

12) *Egilwardi* vit. S. Burchardi L. III. cap. I. in Mabillons A. S. O. B. sec. III. P. I. p 715.

13) de vir. illustr. O. B. L. III. cap. 261. 271. in seinen oper. piis & spiritual. Mogunt. 1604.

14) Es ist also ein Versehen bey H. R. Teutborn Th. II. S. 272 wann nebst der Brigitte noch eine besondere Scota genennt wird. Ohne Zweifel wird diese Capelle unter der Kirche zu Burberg verstanden in H. Würdtweins diœces. Mogunt. comm. X. p. 514.

§. 18.

Hessen kommt unter den Mainzischen Sprengel.

Endlich wurde **Bonifacius** von den Fränkischen Oberhofmeistern **Pipin** und **Carlomann** zum Erzbischoffe zu Mainz ernennet, und vom Pabste **Zacharias** 748. wie **Pagi** 1) zeiget, in solcher Würde bestätiget, welches deswegen hier zu merken ist, weil in dem Bestätigungs-Briefe 2) diesem Sitze alle Teutsche Völker unterworfen werden, die **Bonifacius** bekehrt habe; wie dann eine unzähliche Menge Urkunden bezeuget, daß der größte Theil des jetzigen Hessens, diesem Sprengel sey unterworfen gewesen. 3) Was die

1) ad an. 751. n. 8. Wegen Unterschieds der Zeitrechnung ist Mabillon annal. Benedict. T. II. p. 128. 156. zu vergleichen.

2) in Othloni L. II. cap. 14. p. 79.

3) Da hier der Ort nicht ist, von der Eintheilung des jetzigen Ober- und Niederhessens zwischen dem Mainzischen, Trierischen, und Paderbornischen Sprengel zu reden, so will ich wegen dieses Punctes, und besonders wegen der Art, wie das Erzstift Mainz seine Geistliche Gerichtbarkeit daselbst, durch die Archidiaconate und Erzpriester verwalten lassen, mich jetzo nur auf die gelehrte Ausführung des H. G. R. Kops in der Nachricht von der Verfassung der Gerichten in den Hessencasseliischen Landen. I. Th. S. 165 – 171. beziehen, wobey die dem 3. und 4 St. angehäng-

die Orte in Hessen betrift, über welche das Erzstift Mainz die weltliche Hoheit hat, so ist wohl nicht zu zweiflen, daß **Ameneburg** schon dem **Bonifacius** sey gegeben worden, ungeachtet sich die Schenkung hievon nicht findet. **Frizlar** aber scheint erst in den folgenden Zeiten bey solchen Umständen, da Teutschland unter **K. Otto I.** in großer Unruhe gewesen, und Hessen ebenfalls vieles leiden müssen, an Mainz gekommen zu seyn, wovon

---

hängte Zusätze und Verbesserungen zu den beyden ersteren S. 268 269 zu vergleichen sind; nach dessen Anleitung H. H. Teuthorn Gesch. der Hess. B. V. S. 364. u. f. auch davon handelt. Nachdem ich alles, was man hier lieset, niedergeschrieben hatte, kamen mir die neunte und zehnde commentatio von H. R. Würdtweins, schon mehrmalen angeführten Diœcesi Moguntina in die Hände, woraus sich umständlicher ersehen läßt, wie weit jedes der von H. Kopp, schon gedachten dreyen Archidiaconaten über Hessen gegangen sey, und wovon man S. 241. 349. 377. eine kurze Anzeige findet. Von Urkunden aber, so zu der Geismarischen Probstey gehören, lieset man nur wenige S. 582. und folg. Ich habe mich aber mit einer weiteren Entwickelung dieser Archidiaconal Grenzen hier nicht beschäftigt, weil solches zu meinem dermaligen Vorhaben nicht gehört. Will man sich aus der damaligen allgemeinen Verfassung der Kirchen, und besonders im Fränkischen Reiche, eine Vorstellung von der in Hessen machen, so kann man in der Kürze H. Teuthorns Gesch. der Hessen, Th. II, S. 256 — 266. lesen.

wovon unter andern H. R. Bernhard 4) nachzusehen ist. Daß aber ganz Hessen vom Kaiser Otto dem ersten dem Erzbischöfflichen Stuhl zu Mainz in Ansehung der Weltlichen Verwaltung s y übergeben worden, und die Landgrafen von Thüringen und Besitzer von Hessen, ihre Länder von solchem zu Lehen hätten nehmen müssen, ist falsch, und die Unrichtigkeit dieses Vorgebens heutiges Tages genugsam gezeiget worden. Weil aber die Ausführung dieser Sache eigentlich nicht hieher gehöret, so will ich mich nur auf den H. G. R. Estor 5) und H. Kayser 6) berufen, welche hievon mit mehrerem handeln.

Drittes Hauptstück.

Von der Abtey Hersfeld.

§. 1.

Ungedruckte Schriften hievon.

Wie diese Benedictiner-Abtey das erste Stift ist, welches außer den schon vorher an-

4) In den Cassel. Anzeig. von 1751. St. 36. von dessen Meynung aber andere, z. E. H. H. Reinhard im Entwurfe der Hess. Geschich. S. 13. in Ansehung der Zeit abgehen.

5) Origin. jur. publ. hass. Lib. III. pag. 152. des Ausz. in 8

6) Dissert. de Hassia a subjection. Ducum ab antiq. libera, §. 21 – 25.

angeführten in der Gegend vom heutigen Hessen in angelegt worden, so ist auch ihr Andenken in vielen Scribenten und Urkunden erhalten worden; und dennoch sind bisher keine an einander hängende Nachrichten davon im Druck zu finden. Lamberti Schafnaburg. **Chronik** von diesem Stifte, welche **Trithemius** 1) eine kurze aber nützliche Schrift nennt, ist nie gedruckt, und die von einem **Hammerslebischen** Mönche verfertigte Excerpta de fundatione monasterii Herveldensis, so **Mader** hat drucken lassen, und die wie man vermuthet, aus vorgedachter Schrift gezogen sind, sagen sehr weniges. Was es vor eine **Teutsche Hersfeldische Chronik** sey, deren **Schlegel** in der hernach zu nennenden Schrift 2) gedenkt, weis ich gar nicht. **H. Kuchenbecker** hat vorgehabt, eine vollständige Historie davon zu schreiben, wovon er einen kurzen Abriß in einer dissertatione epistolica an den **H. Estor** zu Marburg 1728. auf drey Bogen in quart herausgegeben hat; es ist aber solche nicht zu Stande gekommen. **Schlegels** annales Hersfeldenses, davon die Handschrift in der Herzoglichen Bibliothek zu Gotha 3) verwahret

1) Chron. Hirsaug. T. I. pag. 202.

2) S. 55.

3) Besage der Vorrede zu der hernach anzuführenden Schrift dieses Mannes. **H. Muldener** hat sie auch bey der unten anzuführenden Schrift in Hän-

wahret wird, und die noch ungedruckte Historie dieses Stifts, so der H. R. Bernhard mit größtem Fleiße verfertiget hat, würden vielen Nutzen schaffen; wann sie durch den Druck bekannt gemacht wären. Da man aber nicht weiß, ob diese Schriften jemals an das Licht kommen werden, so habe ich dasjenige was ich von gedachtem Orte finden können, hier gesammlet, in der Hoffnung, daß etwa mehrere und bessere Nachrichten mit der Zeit bekannt gemacht werden. 4)

Händen gehabt. Es ist vor langer Zeit von einem guten Freunde der Anfang einer bisher ungedruckten Hersfeldischen Geschichte, die man willens war dem öffentlichen Drucke zu überlassen, mir gezeigt worden, wobey alle Umstände anzuzeigen schienen, daß selbige das genannte größere Schlegelische Werk sey. Noch mehr wäre zu wünschen, daß des H. R. R. Schminkens codex diplomaticus Hersfeldensis, dessen H. P. Schumacher in den Nachrichten zu der Sächsischen besonders Eisenachischen Geschichte, St. IV. S. 6. Meldung thut, bald im Druck erscheinen möchte. Es hat auch schon ehemals der Marburgische Theologe Joh. Lorenz Troll, eine Geschichte der Aebte von Hersfeld, woran er vielen Fleiß gewandt, größtentheils fertig hinterlassen, wie Harscher in der orat. parent. auf ihn S. 23. meldet; die vielleicht noch in seines gelehrten Enkels Händen ist.

4) Ich muß hier sogleich anmerken, daß Ruchenbecker am ang. O. S. 8. den Ort, davon hier die Rede ist, zuweilen mit andren von fast gleichem Namen vermischt habe, z. B. mit einem Klo-

§. 2.

Zeit und Umstände der Stiftung.

Die Zeit der Stiftung wird von Lamberto Schafnab. 1) auf das Jahr 136. gesetzt, in den Worten: *initium Herueldensis monasterii*; welchem Scribenten, allem Ansehen nach, um so viel mehr zu glauben ist, weil er sich selbst in diesem Kloster aufgehalten hat, und also aus dessen Urkunden genaue Nachricht hat einziehen können, sich auch zu mehrerenmalen auf Archivalische Nachrichten beruft. Die historia Landgraviorum Thuringiæ 2) schreibt nicht allein dessen Stiftung dem

Kloster Hersenvelde in der Bremischen Gegend, davon die chron. Slavica in *Lindenbrogii* script. rer. Septentr. pag. 253. aufs Jahr 1001. und *Albertus Stadensis* in *Kulpisii* script. R. G p. 286. aufs Jahr 1136. reden. Ohne Zweifel ist auch das Hersevelden davon unterschieden, dessen der Annalista Saxo p. 330. aufs Jahr 979. und pag. 569. bey 1087. erwähnet. Die Vermischung hat so viel leichter entstehen können, auf je mehrere Art man ehemals den Namen des zu Hessen gehörigen Hersfelds geschrieben hat, wie man bey Ruchenbecker am angef. O. sehen kann. Und ich glaube fast, daß das in den Actis præsul. Nuenburg. in *Paullini* syntagmate rer. German. p. 131. vorkommende Heresvelt und das in des H. von Ludewig reliq. manuscr. T. II. p. 461. gedachte Heroldesvelt, mit jenem, so in Sachsen gelegen, einerley seyen.

1) S. 309. in der gleich zu nennenden Sammlung.

2) in Pistorii script. R. G. T. I. p. 1390.

dem **Pipinus** in demselben Jahr zu, sondern sagt auch ferner: *& dedit ei multa bona in Thuringia & Hassia;* wobey aber dieses einen Zweifel machen könte, daß damals **Pipins** Vater als Fränkischer Oberhofmeister noch gelebt hat. Mich deucht daher, daß in Benennung des Stifters ein Irrthum eingeschlichen sey, weil man an die Zeit, da er dem Vater in gedachter Würde gefolgt ist, nicht gedacht hat; wie dann auch **Schlegel** selbst seinen Zweifel deshalben nicht verhehlet hat. 3) Einige neuere weichen etwas ab. **Gerstenberger** 4) giebt das Jahr 737. an, welches auch **Köhler** 5) thut, jedoch hinzu setzt, daß vielleicht auch dessen Stiftung vom H. **Lullus** herkomme. **Meibom** 6) setzt 738. Es ist aber die Zeit der Stiftung zu bestimmen, auch auf die Gelegenheit dazu zu sehen. Um solche zu verstehen, ist zu merken, was **Eigile** 7) erzählet, daß der Heil. **Sturm**, als **Bonifacius** ihm gerathen, ein Kloster in dem Buchau aufzurichten, nach Hersfeld gekommen, daselbst einige Hütten aufgebauet, und

3) de nummis Abbat. Hersfeld. p. 63.

4) Chron. Thuring. hass. bey **Ayrmann** am ang. O. S. 124.

5) In der Teutschen Reichshist. S. 33.

6) Chron. Berg. script. R. G. T. III. p. 296.

7) Vit. S. Sturmii, bey **Mabillon** am angef. O. S. 271 — 274.

sich einige Zeit aufgehalten habe. **Bonifacius** habe sich zwar diesen Ort nicht mißfallen lassen, aber geglaubt, ersterer würde da vor den Sachsen nicht sicher seyn, und ihm gerathen, weiter zu gehen, da er dann an den Ort gekommen, wo der Luderbach in die Fulda fällt. Als ihm aber diese Gegend nicht gefallen, sey er wieder nach Hersfeld gegangen; **Bonifacius** habe ihn hierauf zu sich beschieden, zu dem er dann nach Fritzlar gekommen, ihm erzählet, daß er an dem anderen Orte nichts gefunden, so er loben könne, und zur Antwort erhalten, er solle es noch einmal mit einer anderen Gegend versuchen. Hierauf habe er sich weiter an die Gretzebach, und von da nach Fulda begeben, und solche Gegend zu seinem Sitze erwählt. Diese Erzählung giebt nun einigen Anlaß zu glauben, daß der ehemalige Aufenthalt des **Heil. Sturms**, in der Gegend um Hersfeld, die Erbauung dieses Stifts veranlasset habe, in welcher Meynung **Brower** 8), **Schannat** 9) und **Mabillon** 10) stehen, deren letzterer auch anmerkt, daß von 736. bis 744. da das Stift Fulda errichtet worden, fast neun Jahre sind, welche Zeit **Eigile** dem Aufenthalte des **H. Sturms**

---

8) Antiq. Fuldens. p. 12.

9) Histor. Fuldens. p 82.

10) am angef. O. S. 274. not. b) und Annal. Bened. T II. p. 102. Auch der prodrom. chronici Gottwic. T. II. p. 482. setzt die Anlegung auf 736.

Sturms an verschiedenen wüßten Orten giebt. Wann nun in gedachter Zeit von demselben kein Kloster in Hersfeld ist aufgerichtet worden, so muß folgen, daß der Anfang des Stifs daselbst, weiter hinaus, und nach dem Jahr 744. zu setzen sey; und auf diese Weise müßten die vorhin erwähnten Stellen, worinnen dessen Ursprung auf 736. gesetzt wird, von der ersten Wohnung **Sturms**, und seiner Gefährden daselbst verstanden werden.

Der **H. von Eckhart** 11) geht hier einen andern Weg, und schließt aus der von ihm geglaubten Anlegung des Klosters durch den **Sturm**, daß sie erst nach 736. falle, indem **Eigile** sage, dieser sey erst im dritten Jahre, nachdem er zum Priester geweihet worden, in die Einöde (nämlich von Hersfeld) gegangen, und da er sagt, wie jener hernach den Ort gefunden, wo das Fuldische Kloster 744. angelegt worden, zusetze: & non jam tunc, ex quo in heremo habitare cœperat, anno ab Hersfeld egressus est. Wann nun diese Worte, wie er glaube, anzeigten, daß **Sturm** von Hersfeld nach Fulda gereist sey, ehe er noch ein Jahr an ersterem Orte sich aufgehalten, so sey die Stiftung von Hersfeld erst auf 743. zu setzen. Dieses führt der **H. von Eckhart** 12) weiter dadurch aus, daß er die Leseart, non jam tunc, durch die Anzeige der bey der gewöhnlichen,

11) de reb. Franc. Orient. T. I. p. 369.

12) S. 450. 461.

lichen, *nono jam tunc*, vorkommenden Schwierigkeiten, zu vertheidigen sucht, und den Anfang von Sturms Priesterwürde auf 740. oder den Anfang von 741. setzt. Aber woher weiß gedachter gelehrte Schriftsteller, daß Sturm eben auf der im Jahre 736. von dem Bonifacius nach Baiern gethanen Reise, wie er annimt, bey solchen gekommen sey? Da Eigile kein Merkmal angiebt, daß solches damalen geschehen; und, wann man sagen wollte, die Reise nach der Römischen von 738. schicke sich nicht hieher, doch zu merken ist, daß Bonifacius, wie mehrere rechnen, schon gegen 733. und nicht erst 736. dahin gereiset sey: 13) folglich ein Hauptgrund, worauf gedachte Berechnung gesetzt wird, wegfällt. Woher weiß er auch ferner, daß Sturm eben 2 Jahre in Fritzlar gewesen, ehe er Priester worden? kan er es nicht schon 734. worden seyn, so daß man die drey Jahre, vom Anfange dieser Würde bis zu seinem ersten Aufenthalte in der Hersfeldischen Gegend, bis gegen das Ende von 736. rechnen kan, da man in Nachrichten, wo die Zeitrechnung überhaupt nicht accurat ausgedruckt ist, solche Ausdrücke, wie hier die Worte, *tribus pene annis*, sind, nicht so genau zu nehmen hat. Dann es muß doch allemal einiger Grund da seyn, warum Lambertus die oben stehende Worte auf das Jahr 736. gebracht hat.

---

13) Der ersteren Meynung fällt auch Meichelbeck bey, *histor. Frising.* T. I. p. 32.

hat. Wann also die gegen die Leseart in der Stelle des Eigilc, *nono*, gemachte Schwierigkeiten wegfallen, so sehe ich keine gegründete Ursache, davon, und der damit sich zusammen schickenden Nachricht des Lambertus abzügehen, wann es in dem von mir angegebenen Sinne geschieht. Dann man hat nicht nöthig, mit dem H. von Eckhart schon vor dem Jahre 744. an ein zu Hersfeld vollendetes Kloster zu gedenken. Indessen schließt Schlegel 14) nicht unrecht, (wann man die schon oben erwähnte Auskunft annimmt) daß Pipin dem Kloster ansehnliche Güter werde zugewendet haben, aus der ansehnlichen Schenkung, die er gleich Anfangs dem Stifte Fulda gethan, davon die Urkunde vom Othlon 15) zuerst, und nachher auch von anderen ist bekannt gemacht worden, und aus des Bonifacius Bemühungen vor die Klöster; daher auch Serarius 16) mag seyn be-

14) am angef. O. p. 56.

15) Lib. II. cap. 18.

16) Lib. IV. pag. 606. so sagt auch Bucelinus German. sacr. Vol. I. der German. topo-chrono-stemmatogr. p. 44. Bonifacius habe gegen 750. den Grund dazu gelegt, und Sturm habe sich weiter darum bemüht. Rudolph Goth. diplomat. Th. V. S. 135. fehlt gewaltig, wann er die Erbauung des Klosters Hersfeld, worunter er ohne Zweifel denjenigen Ort, wovon ich rede, versteht dem Vater des vom Kaiser Carl dem Dicken, wie er sagt, zum Herzoge in Thüringen und Hessen gemach-

bewogen worden, dem **Bonifacius** die erste Sorge vor die Anlegung dieses Stifts zuzuschreiben.

§. 3.

---

machten Ludewigs zuschreibt. Ich muß hiebey bemerken, wie ich dem H. Engelhard in der Erdbeschr. der Hess. Cassel-Lande, S. 586. nicht beyfallen könne, der Mallets Behauptung histor. de Hess. T. I. p 70 **Bonifacius** sey der Stifter von Hersfeld gewesen, aus dem Grunde verwirft, weil selbiger schon damals Erzbischoff zu Mainz gewesen sey; dann wann er auch schon gedachte Stelle damals gehabt hätte, so könnte er ja doch dabey vor die Anlegung eines andern Stifts gesorgt haben, und mehr wollen diejenige, die ihn einen solchen nennen, wohl nicht sagen; dann der eigentliche Stifter konnte er ohnehin nach den Umständen damaliger Zeit nicht seyn. Er irrt auch, welches ich sogleich hier beyfüge, wann er sagt, Pfeffinger Vitriar. illust. T. I. pag. 1281. gebe den Sturm zum ersten Abte von Hersfeld an; dann selbiger gedenkt nur aus dem Eigile des ehemaligen Aufenthalts von ihm in solcher Gegend, ehe er in die von Fulda gegangen; und wann Pfeffinger ein paar alte Stellen anführt, die den Lullus den Stifter nennen, so kommt es allemal auf den Begriff eines Stifters an, worunter sowohl derjenige, so das Recht der Stiftung hat, als auch derjenige, der unter dessen Schutze die Besorgung davon übernimt, kann verstanden werden: in letzterem Sinn ist aber nicht eingeschlossen, daß ein solcher die erste Stelle in der Ordnung der Vorsteher gehabt habe. Auf die vom H. Engelhard angeführte Lateinische Verse will ich mich so viel weniger, vor des Lullus ersten Platz unter den Aebten, berufen, da, außer dem, daß sie zu neu sind, Lullus daselbst der Stifter, **Sturm** aber der erste Abt genennt wird.

§. 3.

Erster Abt daselbst. Aufnehmen dieses Orts.

So viel ist indessen außer Streit, daß **Lullus** ein Schüler des **Bonifacius**, der erste Abt dieses Klosters, wann man auch schon das eigentliche Jahr der Erbauung nicht angeben kann, gewesen sey. In der vorher gedachten Schenkung an das Stift Fulda, kommt er unter den Zeugen vor, und wird episcopus genannt; wovon die Ursache sich vielleicht aus dem ergiebt, was **Schlegel** 1) angemerket hat. Gedachter Ort war ihm nach **Sturms** Abzug eingeräumet worden, 2) und

wird. Darinnen irrt aber Pfeffinger wirklich, daß er eine oben aus den Chron. *Slavicis* angeführte Stelle vom Jahr 1001. auf dieses Stift bringt; dann wie kann zum Beyspiel solches Jahr mit der Lebenszeit des **Lullus** und **Sturms** zusammen bestehen?

1) am angef. O. S. 59. not. f.

2) Anonymus vitæ *Lullanæ* scriptor. ap. *Mabillon*. elog. histor. S. Lulli in Act. S. Ord. Bened. Sec. III. P. II. p. 400. §. 22. Locus Herveldensis, tradente beato Bonifacio, in proprium cessit sancto Lullo, qui jam tunc forsitan construendi illic monasterii desiderium animo conceperat. In hunc ergo locum omnes copias suas dedit, ac opere egit, succisis profusius arbustis, ut amplioris Monasterii Fratribus laxans spatium, ipsumque cultioribus ædificiis exstruere aggressus sit, brevique tempore Herveldense nomen in immensum gloriæ ac

und begeht **Trithemius** 3) einen offenbahren Fehler, wann er sagt, **Sturm** sey vom **Lullus** zum Abte zu Hersfeld gemacht worden. Dieser bemühete sich, ein geräumliches Kloster daselbst anzulegen, wozu nach **Mabillons** Meynung 4) **Sturms** Gefährten schon einen geringen Grund mochten gelegt haben, und wohin er nach dem Zeugniße der Excerpt. de fundatione Monasterii Herveld. 5) 150. Mönche setzte; wie er es dann auch hernach, nachdem er es mit vielen Gütern und Gebäuden versehen, in **Carls** des **Großen** Schutz übergab. **Der H. von Eckhart** 6) bemerkt hiebey, daß **Lullus** durch den verlohrnen Streit

ac magnitudinis culmen evasit. Es ist auch dieses ganze Elogium in **Johannis** scriptor. rer. Mogunt. T. II. p. 38 — 45. wieder zu lesen.

3) Lib. III. de vir. ill. O. B. cap. 193. in operib. piis & spiritual. p. 96. Diesen Fehler hat auch schon **Brower** bemerkt, not. ad *Eigile* vit. S. Sturmionis, in den vitis sanctor. German. p. 27.

4) am angef. O. S. 274. not. b)

5) In *Maderi* antiq. Brunſ. p. 154. Carolo B. Lullus monasterium illud, cum opibus, ædificiis, familiis affatim exornasset, multitudinemque fratrum C. videlicet L. temperantissimis institutis instruxisset, in tutelam patrocinandi gratia tradidit, hancque traditionem & patrocinandi ius, cunctis deinceps in solium regni succedentibus ratum habere statuit.

6) am angef. O. S. 589. Von diesem Streit sehe man auch **Mabillons** annal. Bened. T. II. p. 192. 193. Vergl. p. 172. wo er aber die Vollendung von **Hersfeld** erst auf 755. setzt.

Streit wegen des Eigenthums über Fulda sey bewogen worden, um das Beste seines eigenthümlichen Hersfelds sich desto mehr zu bemühen. Nach dieser Zeit kam dieser Ort in großes Aufnehmen, als die Gebeine des vorhin erwähnten ersten Abts zu Fritzlar, des H. **Wigbers**, dahin gebracht wurden. Es war nemlich dem **Lullus**, wie die angezogene Excerpta bezeugen, oder dem Buraburgischen Bischoff **Albinus**, wie **Lupus** 7) erzählt, im Traum befohlen worden, gedachte Gebeine nach Hersfeld bringen zu lassen, wozu dann auch **Carl** der Große seinen Willen ertheilte. Darauf wurden drey Mönche aus Hersfeld abgeschikt, um sie vom **Albinus** zu empfangen, (indem solche aus Furcht vor den Heidnischen Sachsen 774. nach Buraburg waren gebracht worden,) welches **Mabillon** 8) gegen das Jahr 780. setzet; und hat H. **Schminke** 9) die Erzählung eines Fritzlarischen Martyrologii, daß diese Gebeine nach Fritzlar verführet wären, widerlegt.

§. 4.

---

7) Vita Wigberti cap. 24. p. 308.

8) am angef. O. sec. III. P. I. p. 680. not. b) und annal. Bened. T. II. p. 255. Eben so rechnen auch **Pagi** ad an. 747. n. 9. und **Eckhart** S. 678.

9) Antiq. Friteslar. §. 28. **Winkelmann** begeht auch in diesem Stücke einen Fehler, Th. VI. S. 270.

§. 4.

Erbauung der neuen Kirche daselbst.

Nachdem **Wigberts** Gebeine zu Hersfeld angekommen waren, ließ **Lullus** ein mit Gold und Silber ausgezierte Grabmahl vor sie bauen. 1) Weil aber hier so viele Wunder, wie vorgegeben wird, geschahen, so ließ der Abt **Bruno** daselbst nebst dem Fuldischen Abte **Rhabanus** 831. den 10. Julius, nach dem Zeugniße des Lamberti Schafnab. 2) den Grund einer Kirche zu **Wigbers** Ehren legen, welche 850. geendigt, und vom **Rhabanus** damaligen Erzbischoffe zu Mainz, den 28. October eingeweihet wurde, wie eben derselbe 3) meldet. Da aber **Lambertus** in den erwähnten Stellen von der **Wigberts-Kirche** keinen Ort nennet, ob man schon vielfältig Hersfeld davor angenommen, so hat dieses dem **H. R. R. von Erath** Gelegenheit gegeben, eine Aufgabe, ob diese Meynung richtig sey, in 13 **Stück der Marburg. Anzeigen** vom Jahre 1763. einzurücken, welche ich beantwortet habe: 4) und da letztre Schrift nun wohl nicht mehr in vieler Händen seyn dürf-

1) Lupi vita Wigb. cap. 25. p. 309.

2) pag. 311.

3) 312. In diesen Jahren stimt der *Annalista Saxo* in *Eccardi* corpore histor. T. I. p. 190. und 194. überein, der den Ort ausdrücklich nennet.

4) eben das. St. 21. S. 180. 181.

dürfte, so will ich meinen Aufsatz mit einigen Verbesserungen von dar hieher wiederholen. **Lambertus** würde schwerlich unbestimt geredet haben, wann er nicht geglaubt hätte, es sey leicht zu errathen, was er vor einen Ort im Sinne gehabt; und welchen hätte er eher vor einen solchen halten sollen, als denjenigen, wo er selbst gelebt hat? Hernach ist aus dem **Lupus** klar, 5) daß um die Zeit gedachter Grundlegung ein Abt namens **Bruno**, oder, wie er auch genennt wird, **Buno** gelebt habe, dessen Todt **Lambertus** auf 846. setzt, und **Rhabanus** ist, wie schon **Jungjohann** gezeigt hat, 6) 822. zu solcher Stelle zu Fulda gelangt, die er, wie **Schannat** 7) erzählt, bis einige Jahre vor 847. behalten, in welchem Jahre er den Erzbischöfflichen Stuhl zu Mainz bestiegen hat. Wie nun diese beide Männer hier beysammen gesetzt werden, so ist zu begreifen, daß der Fuldische Abt wegen der Nähe bey einer Feierlichkeit in Hersfeld leicht habe seyn können, und wann eine Hersfeldische Kirche als diejenige, so **Rhabanus** eingeweihet, angenommen wird, so ist dieses wieder begreiflich, indem diese Gegend unter dem Mainzischen Sprengel stund, und also damals den genannten Mann als ihren Vorgesetz-

5) Præf. ad vit. Wigberti p. 293.

6) In der unter *Buddei* Vorsitze gehaltenen Dissertation de vita & doctr. Hrabani Mauri p. 28.

7) Histor. Fuldens. p. 104.

gesetzten erkannte; dahingegen nicht zu begreifen ist, daß **Lambertus**, wann er andre, als gedachte beide Aebte, verstanden, die Namen der Stifter, welchen sie vorstunden, verschwiegen hätte. Da der Fuldische und Hersfeldische Abt zusammen, ohne einen anderen, den Grund zu einer Kirche gelegt, so ist schon zu vermuthen, daß solches in einer Gegend, so einem von ihnen beiden gehöret, geschehen sey. Daß es nun an einem Fuldischen Orte gewesen, ist von niemanden geglaubt worden, und kein Anlaß dazu da; also fällt alle Wahrscheinlichkeit auf Hersfeld. **Kettner** 8) sagt zwar, im Jahre 849. sey das **Wigberts-Kloster** zu **Quedlinburg** eingeweihet, und beruft sich auf die sogenannte Centurias Magdeburgenses, daher man vielleicht des **Lambertus** Worte hievon erklären möchte. Aber jene 9) führen nur eine **Quedlinburgische Chronik** an, die von der **Wigberts-Kirche** redet, und den **Lambertus**, allem Ansehen nach, unrecht aufgefasset, und, was selbiger von Hersfeld gesagt, irrig von **Quedlinburg** verstanden hat; auch durch die der Zahl 850. unmittelbar vorgesetzte 849. ist verführt worden, dieses Jahr zu setzen, oder, wie

8) In der Quedlinburg. Kirchenhist. S. 114.

9) Centur. IX. S. 122 der Ausgabe von 1624. Es ist diese Chronik ohne Zweifel die, so nun in *Leibnitii* script. R. B. T. II. gedruckt ist, wo die gedachte Worte S. 278. stehen, aber der Ort nicht genannt ist.

wie sie den Ort nicht nennet, also auch auf den **Lambertus** gar nicht gesehen hat, so daß zufälligerweise die Einweihung von zwo Kirchen gleiches Namens, an zweyen Orten in zwey Jahren nach einander müßte ergangen seyn. **Kettner** ist hier confuß, und begeht in Ansehung der Stiftung des Klosters und der Kirche, von mehr gedachtem Namen, einen offenbaren Widerspruch gegen sich selbst. Mehrere dem **Wigpert**, oder **Wipert**, zu Ehren errichtete Geistliche Gebäude sind allerdings gewesen; wie dann auch der Halberstädtische Bischoff **Haimo**, ein **Wiperts-Kloster** zu Halberstadt angelegt hat, wie **Dering** aus **Winnigenstadts Halberstädtischen Chronik** meldet: 10) aber eben daher muß man nicht die Anlegung und andere Umstände des einen auf das andere überbringen. Diese meine Erklärung ist schon von **Schminke**, 11) **Kuchenbecker**, 12) und **Schannat** 13) angenom-

---

10) de Haymone Halberstad. p. 26.

11) Antiq. Fritesl. p. 32.

12) am angef. O. S. 12.

13) am angef. O. S. 100. Er hat zwar S. 6. auf das Jahr 830 die Grundlegung der Hersfeldischen Kirche gesetzt; dieses ist aber ohne Zweifel durch ein Versehen gekommen, da Lambertus hier, und bey der Einweihung, zwo Jahrzahlen unmittelbar bey einander gefügt hat, weil er jedesmal beym ersten Jahre nichts aufzuzeichnen gefunden. Der angegebene Wochentag trift auf 831. genau zu, auf welches Jahr auch sie zum Theil

nominen worden, und ich freue mich besonders, daß sie auch bey dem H. **von Erath** selbst, auf dessen Urtheil hier gewißlich viel ankommt, 14) Beyfall gefunden habe. Vielleicht würde ich sie auch noch mehr haben bestärken können, wann des **Rhabanus** eigene, von H. **Schminke** und andern angeführte **poetische Beschreibung von der Einweihung der Wigberts-Kirche**, mir zu Gesicht gekommen wäre. **Bromer** irrt also, wann er 15) aus einer Nachricht, die er von dieser Kirche verstehet, erweisen will, daß die Einweihung der oftgedachten Hersfeldischen Kirche in das Jahr 852. falle, und dabey sagt, daß in dem **Lambertus** die Zahlen sehr unrichtig wären, da doch am ersteren Orte ganz andere Heiligen, denen die da gedachte Kirche gewidmet war, vorkommen. Ob aber **Lupus** bey dieser Gelegenheit die Reden verfertiget habe, die unter seinem Namen bekannt sind, daran

---

Theil zu Fulda geschriebene annales Hildesheim in *Leibnitii* script. R. Brunf. T. I. pag. 715. die Grundlegung, und die Einweihung, ob sie schon den Ort nicht namentlich anzeigen, auf 850. setzen. Meiner Meinung ist auch Mabillon annal. Benedict. T. II. p. 545.

14) Cod. diplomat. Quedlinburg. p. 957. not. 26. wo auch, oben auf dieser Seite, gegen Rettners von mehreren allda genannten Scribenten begangenen Fehler, Gründe beygebracht werden.

15) Antiq. Fuld. Lib. II. p. 152.

daran will Baluzius 16) zweifeln. Nachher wurde 1040. wie Lambertus 17) meldet, zu Wigberts Gebeinen eine Gruft erbauet, worinnen auch des Lullus seine sind beigesetzt worden; da der erstere vorher in der Klosterkirche, so den Aposteln Simon und Judas Thaddäus gewidmet war, ruhete. 18) End-

G 2 lich

---

16) Not. ad Lup. p. 508.

17) pag. 317.

18) Anon. vitæ Lullanæ scriptor bey Mabillon am angef. O. S. 400. Daß die Wigberts-Kirche eine neue Klosterkirche, und nicht die Stadtkirche gewesen, sieht man daraus, daß leztre nicht denselben, sondern den Heiligen, Martin, Veit, und Anton gewidmet war. Winkelmann S. 264. von der Stadtkirche stehen ein paar Urkunden in H. Würdtweins diœcel. Mogunt. comm X. p. 568 571. In dem chronico Erfordensi beym Schannat Vindem. liter. coll. I. pag. 105 wird aufs Jahr 1252 einer Entdeckung der Reliquien des Abts, des heil. Wigperts, Erwähnung gethan, und da kein Ort genennt wird, ohne Zweifel Erfurt verstanden. Ob nun die Gebeine, so nach Hersfeld gebracht worden, oder eines anderen dieses Namens seine, verstanden werden, und ob, in ersterem Falle, nicht der ehemalige Fritzlarische Abt mit einem andern, und besonders mit demjenigen Wigbert, den H. Schminke am angef. O. S. 36. mit der Zahl des Vierten bezeichnet, vermischt worden sey, muß ich dahin gestellt seyn lassen. Indessen führt das Hersfeldische Stift noch im Jahre 1513 in einer Urkunde, die unten wird angeführt werden, die Benennung von den Aposteln Simon und Judas; und auf einem Siegel an einer Urkunde von

lich wurde der Ruhm der vorigen Heiligen daselbst verdunkelt, und das Hersfeldische Kloster unter Wigberts Namen angeführt; die Aebte daselbst hießen Abbates S. Wigberti, und die Mönche Wigberti servi, Wigbert selbst aber, Sanctorum Hersfeldensium primicerius, chorumque ceterorum ducens; wie er dann auch auf einer Münze dem Abte zur Rechten stehet, wie Schlegel 19) meldet. Oftgedachter Lullus starb 786. nachdem er vorher Erzbischoff zu Mainz worden war, und zur weitern Nachricht von ihm, will ich nur auf den Serarius, 20) und Mabillon 21) verweisen. Wann in den *Excerpt. Riedesel* 22) und vom Gerstenberger 23) gemeldet wird, daß 1038. das Münster zu Hersfeld verbrannt sey, so hat

von 1345. worinnen Hersfeld einige Ländereyen in Hohungen und anderen Orten dem Kloster Arnsburg eingiebt, in des H. von Gudenus cod. diplom. T. IV. p. 1048. werden die Namen jener beiden mit Wigberts seinem zusammen gesetzt.

19) am angef. O. S. 32—34.

20) Lib. IV. p. 603—613.

21) elog. histor. S. Lulli am angef. O. S. 392.

22) Anal. Hass. coll. III. p. 2.

23) Chron. hass. bey H. Schminke monim. hass. Th. I. S. 101. Lambertus und die Excerpta de fundat. Monast. Herveld. pag. 157. setzen das Jahr 1037. Die bey Einweihung der neuen Stiftskirche anwesende fremde Bischöffe nennt Lange, chron. Epis. Citiz. in *Pistor.* S. R. G. T. I. p. 1140.

hat dieses ohne Zweifel die Gelegenheit zu Anlegung der vorgedachten Grufft, in der erbaueten neuen Kirche, gegeben.

§. 5.

Fernere Vorrechte und Freiheiten dieses Stifts. Andere Stifter, so unter ihm gestanden haben.

Mit der Zeit erlangte dieses Stift immer mehreres Ansehen und Freiheiten. **Schlegel** führt 1) eine Urkunde des Abt **Heinrichs** III. vom Jahr 1266. an, worinnen die Worte stehen, quod Karolus Imper. libertatis honorem ecclesiæ Hersfeldensi in prima fundatione contulerit. Ob aber schon aus dieser kein Beweiß wegen einer älteren Sache zu nehmen ist, so hat **Schlegel** doch nicht unrecht, wenn er solchen Herren wegen seiner andern Verdienste um dieses Stift alterum fundatorem nennt. Ob aber der *Chronographus Saxo* 2) von **Otto dem Großen** in gleicher Absicht sage, daß er diese Abtey gestiftet habe, weiß ich nicht. Nach dem Zeugnisse des **Lambertus**, 3) hat **Ludwig**, der Teutsche König, den Mönchen daselbst im

1) am angef. O. S. 9. not. h.

2) in *Leibnitii* accession. histor. T. I. pag. 179. ad an. 969.

3) pag. 312. Eben dieser sagt der *Annalista Saxo*, am angef. O. S. 193.

Jahre 845. gewiße Freiheiten gegeben, und der König Conrad I. ihnen 913. das schon vorher erhaltene Recht bekräftigt, einen Abt aus sich selbst zu wählen, und die das Stift angehende Sachen zu besorgen, davon H. R. Schminke 4) die Urkunde liefert, da vorher letzteres durch den Sächsischen Herzog Otto geschahe, auf dessen Todesfall ihnen schon der König Ludewig, diese letztere Begnadigung versprochen hatte, die mit jenes 912. erfolgtem Tode also anfieng. Der Abt Hermann begleitete den Kaiser Heinrich V. nach Italien, und erhielt zu Rom vom Pabste Paschalis die Freyheit, die sogenannten ordines Minores anstatt eines Bischoffs zu ertheilen, wie Kuchenbecker 5) meldet. Er hat sich aber geirret: dann derjenige Schriftsteller, auf den er sich bezieht, redet nicht von einem Hersfeldischen, sondern von einem Fuldischen, aus dem Hersfeldischen Kloster genommenen Abte. Kaiser Conrad III. als er von dem Abte Henrich, zu dem, von dem Maynzischen Erzbischoff Henrich vorgenommenen, Einweihungsfeste war eingeladen worden, gab selbigen die Freiheit, daß die dem Stifte vorenthaltene Zehnden seiner Domainen zu Ingelnheim, richtig an solches sollten geliefert

4) Beschreib. der Stadt Cassel, Beyl. 1.

5) am angef. O. S 13. not. 18. aus des Bruschius chronol. monaster. German. p. 61. Was er meint, ist in der Ausgabe von 1682. S. 217. zu finden.

fert werden, und bekräftigte alle solchem gemachte Schenkungen, wie der Brief bey dem H. **von Gudenus** 6) bezeuget. Es wurden die Aebte daselbst öffters von den Kaisern in wichtigen Dingen gebraucht, auch viele aus ihnen zu Teutschen Bißthümern erhoben, und sie bekamen viele Vasallen an Fürstlichen und Adelichen Personen, davon sich bey **Kuchenbecker** 7) einige Nachricht findet. Es gehörten auch viele andere Stifter dazu, wie dann aus einer Urkunde bey dem H. **von Gudenus** 8) sich ergiebt, daß die

G 4

6) cod. diplom. T. I. p. 156.

7) am angef. O. S. 13—18. Verschiedene hieher gehörige Lehnbriefe, und andre Urkunden findet man z. E. in des H. von Ludewig *reliq. manuscr.* T. X. p. 161. 167. in H. G. R. Reinhards Klein. Ausführ. Th. I. S. 121. bey H. G. R. Lennep am ang. O. S. 268. 275. 279. 290. 292. und in Heims Henneberg. Chronik S. 169. Th. II. S. 311. 312. In H. R. Würdtweins dioeces. Mogunt. Comm. IX. p. 277 steht eine Urkunde wegen der von Hersfeld zu Lehen gehenden Pfarrkirche zu Zelle und Willingshausen bey Ziegenhain, von 1446. Wie die Hessische Familie von Falkenberg das Patronat über die Kirchen in Gombet, nicht weit von Großen-Engels, in Kerstenhausen, Zwesten, Iba, und Mecklar von Hersfeld zu Lehn gehabt, hat H. Ledderhose Beytr. zur Beschreib. des Kirchenst. der Hess. Cassel. Lande, S. 93. 94. 103. 187. 188. gemeldet; der auch S. 104—106. wegen der an die Grafen von Ziegenhain verliehenen Hersfeldischen Lehen, allerdings zu vergleichen ist.

8) am angef. O. T. III. p. 575.

die Pröbste zu Creuzberg, Gellingen in Thüringen, 9) auf dem Petersberge und Johannesberge, zu Blankenheim, 10) Corn=

---

9) Von dieser Probstey hat H. Müldner eine besondere Schrift 1766. heraus gegeben, woraus ich nur dieses hier anführen will, daß S. 13. u. f. das Alter davon wenigstens bis in das Zehnte Jahrhundert hinausgesetzt werde. Die ersten Colonien sind von Hersfeld dahin abgegangen; und die Edlen Herren von Heldrungen haben die Vogtey und Schirm-Gerechtigkeit darüber, als ein Hersfeldisches Lehen besessen, von denen sie 1324. auf gleiche Art an den Grafen Henrich von Hohnstein, und hernach an das Gräfliche Haus Schwarzburg gekommen ist. S. 12 30. 39. Der Probst Günther schrieb sich in einer Urkunde: von Gottes Gnaden, wie auch um dieselbe Zeit Ludwig zu Memleben gethan hat, wovon eben das. S. 55. 56. nachzusehen ist. Daselbst finden sich auch unter den Beilagen verschiedene Urkunden, woraus man die Hersfeldische Gerechtsame über Gellingen deutlich ersieht.

10) Von diesem Augustiner Nonnenkloster, nahe bey Hersfeld, habe ich nur wenige Urkunden gefunden, woraus man sieht daß es einige Güter zu Gilfershausen, Hergershausen, und anderwärts besessen, in H. G. R. Lennep cod. probat. zu der Abhandl. von der Leyhe zu Landsiedelrecht, S. 393 — 397. Daß die Pfarrey zu Breitenbach, so nicht weit davon liegt, ihm einverleibt gewesen, zeigt die Urkunde der Recognition von 1342. in H. R. Würdtweins diœces. Mogunt. Comment IX p. 321. Vergl. Engelhards Erdbeschreib. der Hessencasselisch. Lande, S. 235. 236. Von den eben vorhergedachten beyden Probsteyen ist die auf dem Petersberge gegen 1001. von

Cornberg 11) und **Sehen**, (welches ohne Zweifel das mit einem Probste versehene Nonnenkloster **Frauensee** ist,) Conventualen zu Hersfeld gewesen, denen **Schlegel** 12) die Klöster **Memleben** in **Thüringen**, (dessen Uebergabe an das Stift Hersfeld und dessen Abt **Arnold** im Jahre 1015. zwar schon **Ditmarus** 13) anzeigt, doch ohne die Ursache zu melden, welche war, weil gedachtes Kloster Mangel litte, wie aus der Urkunde darüber bey H.

G 5 R.

---

von dem Hersfeldischen Abte **Bernhard**, zur Ehre des Apostels **Petrus**, angelegt worden, wie man in vita Godehardi Episc. Hildesh. in *Leibnit.* Script. Brunf. T. I. p. 486. findet, wo auch in der Anmerkung der Name Bernhard, gegen diejenige behauptet wird, so Berthold lesen. Die auf dem Johannesberge, ist vom Hersfeldischen Abte Arnold gestiftet, wie H. R Engelhard am ang. O Th. II. S. 606. sagt. Sonst kann ich mich keiner älteren Nachricht besinnen, ausser der Verse bey **Winkelmann** S. 26., wo die unter den Bildnißen der Hersfeldischen Aebte, auf dem Schlosse Eichhoff befindliche zusammen zu lesen sind, deren Alter aber auch zu neu ist.

11) Von diesem Benedictiner Nonnenkloster, nicht weit von Sontra, welches auch Kernberg hieß, und einen Probst, eine Priorin, und einen Vormund hatte, habe ich nur eine Urkunde von 1362. gefunden, nach welcher es Fruchtgefälle zu Harnayl an ein Siechenhaus wiederkäuflich verkauft, bey H. Lennep am angef. O. S. 398.

12) am angef. O. S. 15.

13) L. VII. in *Leibnitii* script. Rer. Brunf. T. I. p. 408. Vergl. Thuringiam Sacram p. 747. §. 7.

R. Schminke 14) zu ersehen ist;) ferner die Convente zu Ordorf, 15) Herren-Breitungen,

14) Monim. Haff. Th. III. S. 248. Zwo Urkunden über gewisse Verfügungen, so der Abt Wernher zu Hersfeld wegen Memleben in den Jahren 1244. und 1257. gemacht, sind in des H. von Ludewig reliq. Manuscr. T. V. p. 105. 113. zu finden; Zwo andere von den Hersfeldischen Aebten zu einigem Nutzen von Memleben gegebene von den Jahren 1140. und 1337. unter den diplomat. Kevernbergenf. in Ayrmanns syllog. I. anecdot. p. 235. und in dem cod. diplomat. Caldenborn. Monaster. in *Schötgen.* & *Kreyßig.* diplomat. & script. Rer. German. T. II. p 733. und der Vertrag des Abt Siegfrieds mit dem Sächsischen Herzog Bernhard von 1194 über die von ersterem zu Lehn gehende Vogtey, über den nach Memleben gehörigen Ort Scawitz, in Lünigs corp jur. feud. T. II. p. 1758.

15) In Schannats vindem. liter. coll. I. pag. 116. findet sich daher eine Einwilligung des Hersfeldischen Abts Burkards, von 1168. über einen Tausch, den die Chorherren von Ordorf, mit dem Kloster Reinhardsborn treffen. Unter den diplomat. Gleichenf in Menkens script. Rer. German. T I. p. 555. steht des Abt Bertholds Uebergebung des Schultheisenamts zu Ordorf auf einige Jahre, an die Grafen Henrich und Ernst von Gleichen, mit Vorbehalt seiner Gefälle und Lehen, von 1368 Vergl. Sagittarii Gleichische Historie. S. 105. 108. 129. 147. 357. Thuringiam Sacram pag. 27 — 30. und das diplomatar. Gleichense in *Schötgen.* & *Kreyßig.* diplom. & scriptor. hist. Germ. T. I. p 728. Von der Beylegung des Streits, der zwischen Hersfeld und dem Convent zu Ordorf darüber entstanden, als letzterer nach Gotha ver-

tungen, S. Walburgis, S. Maria und Cölleda 16) beyfügt. Otto I. hat 968. Hersfeld 17) von aller Gewalt anderer Personen befreiet, und verwilliget, daß kein Bischoff in diesem Bezirke eine Ordination verrichten, und das Stift zu Erwählung eines Abts zwingen; kein weltlicher Herr solches beun-

---

verlegt, und daselbst in eine Stiftskirche verwandelt wurde, sind die Urkunden in Sagittarii hist. Goth. p. 43. und in Tenzels Supplemento II, H. Goth. p. 109. 110. zu lesen; an welchem letzteren Orte auch S. 399. eine Bekräftigung des Hersfeldischen Abt Bertholds, über einen an das Gothaische Capitel geschehenen Verkauf von 1379. sich findet.

16) Dieses Nonnenkloster ist 1266. gestiftet. Thuringia Sacra p. 541. wo auch S. 555. 556. ein paar Urkunden stehen, woraus man das Hersfeldische Recht darüber ersieht.

17) Die Urkunde steht bey H. Schminke Th. II. S. 659. und die Jahrzahl darinnen giebt eine Bekräftigung einer von Eckhard introd. in rem. diplomat. pag. 196 gegebenen Regel. Von dem Streit, der über diese, und über die im folgenden §. anzuführende Urkunde des K. Heinrichs I. von 932. zwischem H. Falke und dem H. Vicekanz. Strube ist geführet worden, ist Barings bibliotheca diplomatica, so vor seinem Clave diplomat. stehet, pag. 51. 52 der zweyten Ausgabe, nachzusehen; woran ich aber hier so viel weniger Theil nehme, da ich die hieher gehörige Schriften, wegen der Seltenheit der Sammlungen, wo sie sind eingerückt worden, in hiesigen Gegenden, nicht gegen einander halten kann, und es also genug muß seyn lassen, den Innhalt vorgedachter Urkunden angeführt zu haben.

beunruhigen, und alle dessen Güter unter dem Abte allein stehen sollten, welches alles Carl IV. 1370. bekräftiget.

§. 6.

Einige Güter desselben.

Eben so wenig konnte es auch daher diesem Stifte an ansehnlichen Gütern fehlen. Es besaß die Hälfte der Stadt Arnstadt, daher der Abt Simon in einer Urkunde von 1309. solche seine Stadt nennet, und der Abt Henrich in einer andern von 1266. den Einwohnern daselbst die Hersfeldischen Freyheiten verleihet, wie Schlegel i) meldet. Es

i) am angef. O. S. 9. 11. Vergl. Tenzels supplem. II. histor. Goth. p. 366—369. Paul Jovius meldet aus den Thüringischen Chroniken im chronico Schwartzburg. in *Schötgen.* & *Kreysig.* diplomat. & scriptor. histor. German. T. I. p. 131. daß die Hersfeldischen Güter in der Gegend von Arnstadt und Stolberg dem Abte im Jahre 960. Gelegenheit gegeben hätten, das Schloß Wachsenburg oder Wassenburg anzulegen, welches er aber nur von einer Erneuerung versteht, und davor hält, daß diese Gegend von dem Kaiser zu der Zeit, als er einen guten Theil von Thüringen an Mainz übergeben, (womit er auf die oben gedachte Tradition zielt) an Hersfeld sey geschenkt worden; es habe auch der Abt bey solchem Schloße ein Kloster erbauet, und es mit Mönchen aus Hersfeld besetzt, die lange Zeit allda gewesen, bis selbiges an einen andern Ort verlegt worden. Aber dem Berichte eben derselbigen Chro-

Es hat aber der Abt Ludewig selbige 1332. an die Grafen von Schwarzburg verkauft, wovon

---

Chroniken, daß die Grafen von Schwarzburg genanntes Schloß von dem Stifte erhalten, widerspricht Jovius S. 132, und will solches lieber von den Grafen von Kefernburg verstehen, als welche um Wassenburg schöne Güter gehabt, und die Hersfeldische Vogtey zu Arnstadt und an anderen Orten dieser Gegend besessen, auch in der folgenden Zeit viele Güter und Gerechtigkeiten in der Stadt, und anderswo von dem Stifte erhalten hätten: da dann der gemeinschaftliche Ursprung der damals noch nicht allerdings vertheilten Häuser, Kefernburg und Schwarzburg, (worüber ich allhier keine Untersuchung anstellen kann) solchen Fehler möchte veranlaßt haben. Diese Nachricht hat schon Sagittarius in seinen ungedruckten antiquitatibus Marchionatus Thuring. aus des Jovius Buch angeführt, woraus sie mit wenigen Worten in Buders Sammlung ungedruckter Schriften S. 270. eingerückt ist. Daß Hersfeld noch 1170. einen Castellan zu Wassenburg gehalten, zeigt eine Urkunde über einen zwischen dem Stifte und dem Kloster Ichtershausen getroffenen Tausch, wegen einiger Güter, in H. Schumachers Nachr. zur Sächs. Gesch. V. Samml. S. 42. Wie das Schloß an die Grafen von Schwarzburg, und von solchen an die Landgrafen von Thüringen gekommen sey, davon handeln Jovius am angef. O. S. 245. Rudolphi Gotha diplomat. Th I. S. 20. und Heydenreichs Schwarzburg. Historie, S. 439. wodurch des Jovius Gedanken zum Theil bestärkt worden. Ich muß hiebey erinnern, daß, da ich nicht von den im Bezirke des heutigen Fürstenthums Hersfeld liegenden sämtlichen Orten handeln

wovon die Urkunde eben daselbst angeführt wird. Das **Schloß Waldenfells** gehörte gleichfalls diesem Stifte, wie eben dieser Schriftsteller 2) meldet. **K. Henrich** der Vogler bekam 932. nach der Anzeigung des Tauschbriefes bey H. **R. R. Schminke** 3) von dem Abt **Megingoz** einige Orte in pago *Friesonoveld* in comitatu Sigifridi, und gab dagegen dem Stifte andere in den pagis *Altgeuve* und *Westgeuve* in comitatibus Meginwardi und Sigifridi. **Henrich** *IV.* schenkt dem Abte **Ruthard**, vor seine treue Dienste, bey den Altar des heil. **Wigberts** einen Forst in dem Walde *Eherinevirst* an der Fulda her; wie der darüber ausgefertigte Schenkungsbrief von 1070. ausweiset, 4) wie dann schon **Henrich** *II.* 1003. dem Abte **Berenharius** die Erlaubniß gegeben, in derselben Gegend einen Forst anzulegen und Holz anzuziehen; auch 1016. dem Abte **Arnold** und seinen Nachfolgern die Jagdgerechtigkeit in einer Gegend an der Werre um **Frauen**brei-

deln will, ich wegen der Aemter Landeck und Frauensee nur auf H. Engelhard am angef. Ort Th II. S. 885 – 896. und H. Ledderhose Beschr. des K. St. der Hess. Cassel. Lande, S. 228. verweise.

2) S. 12. 86.

3) Monim. Hass. Th. II. S. 657.

4) Die Urkunde findet sich eben daselbst Th. III. S. 250 und eine Erläuterung darüber, S. 324 – 329.

breitungen verliehen hat. 5) So hat auch das Kloster einige Güter schon von Anfange in Altenbreitungen und Salzungen gehabt, desgleichen Frauenbreitungen und verschiedene Güter an anderen Orten. 6) Das unter ihm stehende Augustiner Nonnenkloster zu Husdorf besaß von ihm gewisse Ländereien in Brambach, wovor es jährlich 5 Pfund Wachs zahlen mußte; und als es solche verkauft hatte, gab es dagegen an Hersfeld 5 Mansos in Supeche, unter gleicher Recognition, welches der Abt Henrich 1269. annahm, wie die Urkunde bey H. Schmin-

5) Die Urkunden finden sich anal. hass. coll. XII. pag. 317. 319.

6) Eben daselbst S 322. und in der Vorrede aus dem breviario Msto S. Lulli. Vergl. Schlegel am ang. O. S. 62 – 66. die Urkunde von Frauenbreitungen in Weinrichs Hennebergisch. Kirchen- und Schulenstaat, S. 92. und noch eine ältere von 933 in P. D. von Gottberg disquis. de monaster. & abbatiis Breitung in *Schötgen.* & *Kreysig.* diplomat. & scriptor. histor. Germ. T. III. pag. 532. Vornemlich aber gehören hieher die Urkunden, so die Aebte zu Hersfeld zur Bestätigung des Hospitals zu Königs- oder Frauenbreitungen, und hernach zur Anlegung, Einrichtung, und Bestätigung des Augustinerklosters daselbst, von 1137. an bis 1168. ausgestellt, und die Erzbischöffe von Mainz bekräftiget haben, eben das. S. 558 540 — 543. davon die erstre auch schon in Sagittarii Histor. der Grafsch. Gleichen, S. 41. und in Heims Hennebergischer Chronik S. 362. steht; wo noch S. 364. zu vergleichen.

Schminke 7) erweißt. Verschiedene Güt kamen durch Tausch an andere Herre Leuber 8) liefert ein Zeugniß, daß Kais Otto 948. diesem Stifte gewisse Güter al genommen, (die er hernach an Magdebur gegeben) und dagegen andere yhm abgetr ten; und eben derselbe Herr hat eine Zehr dung in dem Hosgaue, welche sich an de Flüßen Sala, Willerbach, und Wipper endigte, der Hersfeldischen Kirchen abge tauscht, und der Halberstädtischen zugewen det. 9) Der Abt Ludwig verkaufte 1332 seinen

7) am angef. O. S. 255.

8) Aus dessen disquisitione plenar. stapulæ Saxonica stehet sie in Schöpfs Wettereiba illust. pag 41 auch in Lünigs R. A. parte spec. contin. II. Fortsetz. III. pag. 341. An allen diesen Orten wird sie zum Jahre 947. gebracht, aber Sagittarius, der in den antiquit. Archiepisc. Magdeburg. p. 21 §. 57 ihren Innhalt giebt, zeigt, daß sie zum folgenden gehöre. Gedachte Schrift ist nun dem bald anzuführenden Sagittarischen Buche eingerückt, wo das gedachte Lib. I. pag. 83. steht.

9) Die Urkunde steht in Meiboms scriptor. Rer. German. T. I. p 731 und beym Sagittarius am angef. O. §. 93 wo man nicht etwa die schon oben bemerkte Worte des chronographi Saxonis zu einem Beweise brauchen will, daß hier und in voriger Urkunde nicht von unserem Hersfeld, sondern von dem in Sachsen gelegenen die Rede sey, und solches Stift eines heiligen Wigberts Namen geführt habe. Ja es wäre wohl die Frage, ob letzteres nicht daher entstanden, weil man

seinen Theil an den Dörfern zu **Arnstadt**, die zu der Vogtey und Schultheisenamte gehörten, an die Grafen **Henrich** und **Günther** von Schwarzburg, und versprach ihnen solche ferner zu Lehn zu geben, jedoch daß die Hersfeldischen Gefälle an dem Kloster und in der Vogtey daselbst bleiben sollten; 10) Der Erzbischoff **Burkhard** zu Magdeburg, trift mit dem Hersfeldischen Abte **Hildebold** einen Tausch, über welchen Kaiser **Friedrich** I. 1171. bekräftiget, wie bey dem **H. von Ludewig** 11) zu sehen ist.

Besonders ist hier eines Vorgangs mit Halberstadt zu gedenken, dessen auch schon **Mabillon** 12) kürzlich erwehnt hat. Es hat nämlich der Bischoff **Haimo** daselbst, der eine Zeitlang im Kloster zu Hersfeld gewesen, die

H Zehn-

---

10) H. R. Schminke am angef. O. S. 263.

11) Reliq. Manuscript. T. I. p. 11. wie auch p. 111. ein Tausch von 1273. mit dem Kloster Eilwardestorp vorkomt, dessen Bestätigung eben daselbst S. 121. sich findet. Einen anderen von 1238. findet man in einem diplomatario in Menkens script. rer. Germ. T. I. p. 775. Im Sagittarii histor. Magdeburg. Lib V. in Boysens histor. Magazin St. 3. S. 147. steht die Hersfeldische Abtretung von einigen Zehnden, so Bruno, Herr von Querfurt, von diesem Stifte zu Lehen gehabt, und an das Erzstift Magdeburg verkauft hat, an letzteres gegen einen gewissen ungenannten Ersatz, von 1347.

12) Act. S. Ord. Bened. sec. IV. in vita Haimonis §. 10. und annal. Bened. T. II. p. 663.

Zehnden in der ganzen Gegend Fresioneveld, die zu Halberstadt gehörten, jenem Stifte, zu großem Verdruße des letztren, zugewandt, wie der Annalista Saxo 13) und das Chronicon Halberstadiense 14) erzählen, welches letztre zusetzt, daß die Hersfeldische Mönche einen getroffenen Tausch vorgäben, worüber sie eine Einwilligung erhalten hätten. Derling vertheidigt ihn dagegen, 15) und sagt aus den Halberstädtischen Nachrichten, daß Haimo anfangs nur einen kleinen Theil gedachter Zehnden veräußert, die Mönche aber allgemach nach allen gestrebet hätten, worüber dann ein großer Streit entstanden sey, der mehr

---

13) in *Eccardi* corp. hist. T. I. p. 192.

14) in *Leibnitii* script Brunf. T. II. p. 112.

15) am angef. O. §. 58. Auch Torquatus annal. Magdeb. & Halberstad. in H. Boysens monument inedit. rer. Germ. præcip. Magdeburg. & Halberstad. T. I. p. 187 glaubt, man habe ohne Ursache ihm vorgeworfen, als wann er durch seine zu fleißige Seelsorge, solchen Fehler sich hätte zu Schulden kommen lassen. Sagittarius, der histor. Halberstad. pag. 17. des Verfahrens von Haimo nur mit einem Worte gedenkt, versichert p. 29. daß die Halberstädtischen Chroniken vom Ende dieser Streitsache schwiegen. Es erzählt solches aber Lambert. Schafnaburg. p. 324. 325. ob ich schon nicht sehen kann, wie Torquatus am angef. O. dessen Stelle zu des Haimo Vertheidigung anführen könne. Von den Hersfeldischen Gütern zu Rannewurf und Göllingen, ist Müldener Antiq. Gœlling. p. 81. 82. nachzusehen.

mehr als 20 Jahre gewährt, bis Halberstadt ihn unter dem eilften Bischoff **Burchard** endlich verlohren habe. **Winrigstadt**, der in der **Halberstädtischen Chronik** 16) von gedachtem **Haimo** handelt, sagt, daß durch gedachte Zänkerey dieses Bischoffs Name sey verkleinert worden, so daß man auch weniges schriftliches von ihm in dem Leben der Bischöffe finde: wo die **Randglosse** der Sache nur mit ein paar Worten gedenkt, und die Hersfeldische Entschuldigung auf die Art, als die oben erwähnte Chronik, anführt.

§. 7.

Verschiedene Rechte zu Breitungen.

Außerdem, was vorhin von einigen Gütern zu **Breitungen** gemeldet worden, hatte Hersfeld viele Rechte daselbst. Der Landgraf **Hermann** in Thüringen verliehe als Eigenthümer dem Abte Siegfried 1) die Schutzgerechtigkeit und alle Rechte, auf das von vorigen beyden unterschiedene Herren oder Burgbreitungen 1192. Dieser gab der Breitungischen Kirche Erlaubniß, einen Abt aus ihren Mönchen, oder wann sich unter solchen kein dazu tüchtiger finden sollte, aus

 den

16) S. 260. u. f. in Abels Sammlung ungedruckter alten Chroniken.

1) Annal. Hass. coll. XII. p. 325.

den Hersfeldischen zu wählen, weil beyde Orte eine Kirche wären; auch sollte der Hersfeldische Abt solchen bestätigen, und die bey einer Wahl entstandene Streitigkeiten beylegen. Als auch nach dem Tode des Breitungischen Abts **Walcherius** ein Streit zwischen beiden Kirchen entstund, und der Abt zu Hersfeld bey der Wahl zu Breitungen seyn wollte, so wurde der Streit 1209. so beygelegt, daß der Breitungische Convent einen Abt wählen sollte, ohne daß der Hersfeldische jemanden dazu schicke, es sey dann, daß er gerufen würde; die vorhergedachte Stücke wurden bekräftiget, und dem Abte zu Hersfeld Erlaubniß gegeben, einen untüchtigen Abt an dem andern Orte abzusetzen, und zu gewissen Zeiten das Geld vor Bewirthung der Fremden (Mansionaticum) zu fordern; würde Breitungen diesen Vertrag brechen, so sollte Hersfeld Macht haben, eine Veränderung mit selbigem nach Gefallen vorzunehmen. 2) 1216. trat Landgraf **Hermann** nochmals dem Abte **Henrich** alles Recht an dem Zolle zu Breitungen ab; und heißt es in der Landgräflichen Bezeugung, der Langraf begebe sich der Vogtey über die Stadt Hersfeld, den Petersberg und Johannesberg, und aller Rechte in Breitungen, wobey er zugleich die Hersfeldische Kirche beständig schützen wolle.

2) Dieser Vergleich steht eben daselbst S. 328. und bey H. Müldener am angef. O. S. 119.

wolle. 3) 1227. wurde ein neuer Streit zwischen Hersfeld und Breitungen beygelegt. Als nämlich ein Breitungischer Abt, namens **Henrich**, erwählt worden, und vom Capitel dem Erzbischoff **Seyfried** zu Mainz zur Bestätigung vorgestellet war, wendete der Hersfeldische Abt vor, daß er selbigen dem Erzbischoffe vorstellen müsse, worauf Breitungen antwortete, daß Hersfeld von Anfang des Stifts, dergleichen Recht nicht gehabt hätte. Also wurde durch einen Vergleich die Präsentation und Uebergebung der Weltlichen Rechte an Hersfeld zugestanden, wann nämlich Mainz die Wahl bestätiget hätte; worüber auch die Genehmhaltung des Erzbischoffs erfolgte. Dieser Vertrag wurde durch den Breitungischen Abt **Conrad** 1365. aufs neue bekräftiget. Daß auch Hersfeld die Bestätigung des Probstes in dem Namen Kloster Frauen Breitungen gehabt, bezeugt ein Exempel an dem oft angeführten Orte. 4)

H 3 §. 8.

---

3) eben daselbst S. 331. 335.

4) Alle diese letztere Urkunden stehen eben daselbst S 319. 173. 374. und die erstere davon auch in Weinrichs *supplem.* ad diatr. de Abbatia Breitung. in demselben Buche coll. XII. p. 295. Zu letztrem Puncte gehören auch die Urkunden bey Kreysig am angef. O S. 554 555. so auch in Heims Hennebergischen Chronik S. 383 — 385. stehen; und bey Kuchenbecker S. 350. so auch Heim S. 384. hat.

§. 8.

Heßisch Thüringische Schuzgerechtigkeit über Hersfeld, und Streit dieses Stifts mit Mainz über die Zehnden.

Oben ist bereits angemerkt, daß die Landgrafen in Thüringen die Schutzgerechtigkeit über Hersfeld gehabt, wovon in der vorgedachten Urkunde bey dem H. **von Gudenus** 1) im Jahr 1144. schon ein offenbahrer Beweiß sich findet; und meinet **Ruchenbecker** 2) daß selbige vielleicht durch die Heyrath mit des aus dem Stamme **Conrads I.** entsprossenen Heßischen Grafen **Giso** Tochter **Hedwig**, einer Gemahlin des Landgrafen **Ludwigs I.** an dieses Haus gekommen sey. Ich muß hier einen Irrthum bemerken, den **Gebhardi** 3) begangen hat. Es komt nämlich in einer Hersfeldischen Urkunde bey **Scheid**, 4) ein Graf **Udo**, Hersfeldischer Schutzvogt, aufs Jahr 1075. vor, und bey **Schannat**, 5) ein Graf **Giso**, der dasselbe Amt 1111. geführt. Letztern hält **Gebhardi** vor

1) Cod. diplom. T. I. p. 156.

2) Von den Heßischen Erb- Hof- Aemtern S. 31.

3) in den Historisch- Genealogischen Untersuchungen. Th. II. S. 93.

4) in den Nachrichten vom hohen und niedern Adel, S. 173

5) Vindem. liter. coll. I. p 112.

vor einen Sohn des ersteren, weil die Mönchen selten ohne Noth von der gewohnten Familie abgegangen wären, auch beyde Herren unter einem und demselben Abte Hartwig gelebt hätten. Ich sehe nicht wie diese Beweise gelten können, dann wann man auch auf ersteres eine Vermuthung wegen der Verwandtschaft gründen soll, so käme es doch darauf an, daß man zeigte, daß der 1075. vorkommende Schirmvogt würklich männliche Nachkommen hinterlassen hat, indem wann solches nicht gewesen, das Stift einen aus einer andern Familie hat annehmen müssen. Hat **Udo** Nachkommen gehabt, so könnte man zwar mit Beziehung auf den angegebenen Satz, und durch Hülfe der Zeitrechnung, auf die Verwandschaft mit dem **Giso** schliessen; aber man hätte hier nur auf die Jahrzahlen allenfalls sehen sollen, die schon zu weit von einander entfernt scheinen, als daß sie zuliessen, den einen vor des andern Sohn zu halten; Dann **Hartwig** hat nicht noch 1111. gelebt, sondern ist schon 1093. gestorben, daß also die Urkunde bey **Schannat** nur eine Bestätigung einer geraumen Zeit vorher geschehenen Sache ist. **Gebhardi** begeht aber nun den Fehler, daß da er vorgedachten **Udo** als den Stifter des nicht weit von Gleiberg gelegenen Schloßes **Wadensberg** oder **Udensberg**, und doch als Großvater der vorhin genannten **Hedwig** ansieht, er die Giessischen und Niederheßischen Grafen mit einander vermischt, da doch letztre von dem einige Stunden von Cassel gelegenen Orte Wudenesberg, so jetzo Gudensberg heißt, sich genennet haben, davon **H. R. Schminke** 6) zu sehen ist, dem **H. Schumacher** 7) beyfällt. Da hingegen **Gebhardi** einer Familie eine Art von einer erblichen Schutzgerechtigkeit über Hersfeld zuschreibt, der man dieses Recht mit Grunde beylegen kann. Der **H. von Senkenberg** 8) bemerkt auch verschiedene Rechte, welche die Landgrafen aus diesem Grunde über Hersfeld gehabt haben. Besonders ist diese Abtey berühmt, wegen der Streitigkeiten über die von den Erzbischöfen von Mainz in Thüringen, und an andern Orten geforderte Zehnden, davon die Geschichte des eilften Jahrhunderts so vieles gedenket. Schon bey dem Jahr 1051. meldet Ger-

---

6) Beschreibung der Stadt Cassel, S. 23.

7) in den Nachricht. zur Sächsisch. besonders Eisenach. Gesch. IV. Samml. S. 6. wo not. m) die Worte aus einer Urkunde von 1133. zeigen, daß Landgraf Ludwig I. Schutzvogt über Hersfeld gewesen sey. Vergl. not. i) eben daselbst.

8) sel. jur. & histor. T. III. p. 464. seq. H. Engelhard hat in der Erdbeschreib. der Hessencasselisch. Lande, Th. II. S. 579. ein paar Beyspiele vom Schutze bemerkt, so die Landgrafen von Hessen in späteren Zeiten, doch noch vor L. Philipp dem Großmüthigen, an die Stadt Hersfeld verliehen haben.

Gerstenberger 9) daß der Hersfeldische Abt **Meinherus** sich gegen die Forderungen derer Zehnden gesetzt habe, die der Mainzische Erzbischoff **Lupold**, und der Halberstädtische Bischoff **Burkhard** von den Hersfeldischen Gütern in Thüringen, und im Halberstädtischen gefordert hätten, und daß der Pabst **Nicolaus** *II.* den beiden Bischöffen 1059. befohlen, das gedachte Stift weder mit Zehnden, noch mit andern Sachen zu beschweren, wobey es denn auch damalen verblieben wäre. Allein **Lambertus** gedenkt bey dem genannten Jahre nichts hievon, sondern auf 1059. redet er nur von dem Unternehmen des Bischoff **Burchards**, und schweiget vom päbstlichen Befehl. 10) Bey dem Jahre 1073. aber erzählt er, 11) daß der Hersfeldische Abt damit sey geschrekt worden, daß **Henrich** *IV.* allen denen den Tod gedrohet, welche nach

H 5 Rom

---

9) am angef. O. bey H Schminke Th. I. S. 105. Schon im neunten Jahrhundert ist Hersfeld wegen dieser Sache mit dem Erzstifte Mainz in Streit gewesen, jedoch 845. eine Aussöhnung erfolget, wie Lambertus S. 312. und der Annalista Saxo p. 193. melden.

10) S. 324. 325. Den 27 August 1057. ist ein Vergleich wegen dieses Streits geschlossen worden, wie der Auszug der noch ungedruckten Urkunde darüber zeigt bey H. G R Kopp von der Verfassung der Gerichte in den Hessencasselisch. Landen, I. Th. Beil. I. woraus man aber den eigentlichen Innhalt nicht ersehen kann.

11) S. 353. 354.

Rom appelliren würden; daher dann derselbe sich dahin verglichen, daß in zehen von seinen Zehndbaren Kirchen, zwey Theile der Zehnden dem Abte, und der dritte dem Erzbischoff, in denen anderen Kirchen aber, jedem von ihnen die Hälfte zukommen, und wo eine Zehndbare Kirche dem Bischoff eigen sey, solchem auch der ganze Zehnde verbleiben sollte; welches **Gerstenberger** 12) etwas verkürzt wiederholt. Bey dem **H. von Gudenus** 13) steht eine Nachricht, wie sich der Convent zu Hersfeld, unter den besondern Schutz des Erzbischoff **Adolphs** zu Mainz 1385. begeben habe.

§. 9.

Handlungen mit dem Stifte Fulda.

Es sind auch noch hier verschiedene Handlungen mit dem Stifte **Fulda** zu bemerken, davon die eine so viel wichtiger ist, weil dadurch das Stift schon vor der Reformation fast ein Ende genommen hätte. Bey **Schan-**

---

12) S. 137 — 139.

13) cod. dipl. T. III. p. 574. und bey H. Mülde-ner Antiq. *Gœlling*. p. 129. welcher S. 61. eine Erläuterung darüber giebt, wiewohl auch die Ursache kann gewesen seyn, um sich in den damaligen Unruhen zwischen Thüringen und Hessen sicher zu stellen.

Schannat 1) befindet sich eine Kaiserliche Verordnung von 1024. wegen Beylegung der Streitigkeiten zwischen beiden Stiftern, worinnen unter andern auf diejenigen Leute jedes Theils, so des andern seine angreifen würden, scharfe Strafe gesetzet worden. 1305. versprechen nicht nur der Hersfeldische Abt Simon und der Fuldische **Heinrich**, sich einander alle Hülfe, sondern vereinigen sich auch wegen der Art, wie Streitigkeiten, die künftig unter ihnen entstehen möchten, durch ernannte Schiedsrichter sollten beygelegt werden; und 1336. werden der Abt **Ludwig** von Hersfeld, und der von Fulda **Henrich**, eins, daß, wann ihre angesetzte Schiedsrichter wegen gewisser Streitigkeiten sich nicht vergleichen würden, der Landgr. **Henrich** von Hessen, Obmann seyn sollte. 2) 1513. legte der Hersfeldische Abt **Volpert** aus Armuth, und wegen Unwillens der Einwohner der Stadt, seine Abtey nieder; und der Abt von Fulda, **Hartmann** Burggraf von Kirchberg, erhielt durch Vermittelung des Kaiser Maximilians, wie man vorgab, eine Päbstliche Bulle, daß der Titul eines Abts zu Hersfeld aufhören, und selbiges Stift dem Fuldischen einverleibt seyn sollte. Er schikte deswegen den

---

1) cod. probat. Histor. Fuld. pag. 156. welche aus dem Original genommene Ausgabe richtiger ist, als diejenige, die vorher Eccard Addit. ad Leg. Sal. pag. 201. gegeben hat.

2) Beyde Urkunden stehen eben das. S. 222. 255.

den 9. Septemb. seinen Dechant, den Probst von Johannesberg, und seinen Canzler, mit andern Mönchen dahin, welche die Hersfeldischen zusammen riefen, den alten Dechant ab- und einen neuen aus dem Fuldischen Convente ansetzte, der in seines Herrn Namen das Kloster in Besitz, und die Mönche zum Gehorsam annahm. Den Tag darauf kam der Fuldische Abt selbst nach dem Schlosse Eichen, der gewöhnlichen Residenz der Aebte zu Hersfeld, und ließ die Einwohner daselbst und einige umher wohnende Bauren sich schwören. Er forderte auch ein gleiches von der Stadt, welche aber den Botten ohne Antwort zurück schikte, auch keinen von den Fuldischen hinein ließ, sondern ihre Mauren und Thore lange Zeit bewachte. **Trithemius**, der dieses 3) erzählt, setzt hinzu, daß damals, als er dieses geschrieben, der Abt mit seiner Klage dem Kaiser noch angelegen habe, ohne daß man erfahren, was er ausgerichtet. **Brower** aber, 4) der dieser Sache kurz gedenkt, füget bey, daß die Landgräfin **Anna** von Hessen, als Vormünderin ihres Sohns **Philipps**, die Vereinigung beider Stifte verhindert, und den Abt **Ludewig** von Helmershausen dem Stifte Hersfeld aufgedrungen habe, welches sie so viel leichter thun kön-

3) Chron. Hirsaug. T. II. p. 689. 690.

4) Antiq. Fuld. L. IV. p. 332. 333 dessen Erzählung auch bey Schannat am angef. O. S. 45. stehet.

können, weil die Stadt verschiedentlich gesucht hätte, die Freiheit des Klosters zu unterdrücken. Es findet sich auch ein Schreiben gedachten **Hartmanns** an die Landgräfin, und die damalige Heßische Regenten, daß, ungeachtet des Kaiserlichen Gebotes an sie und an andre, das Stift nicht zu überwältigen, doch ihre Leute mit den Hersfeldern das Schloß Eichen den 28. März des Nachts von ihm abgeneigt und besetzt hätten. 5) Die vorher erwähnte Bulle des Pabstes **Leon** X. vom 4ten May 1513. steht beym **Schannat**, wo sich auch des Fuldischen Abt **Hartmanns** Erzählung von dem befindet, was in einer hiermit verbundenen Sache, die mit dem Stiftssiegel sollte vorgegangen seyn, befindet. 6) **Trithemius** zieht gewaltig auf den Hers-

5) Dieses steht, doch verkürzt, unter den Beilagen des II. Th. der Nachricht von der Commende Schiffenberg, als die Beilage 210. b Dilich in der Heß Chron. Th. II. S. 275. giebt die Ursache von diesem Verfahren der Landgräfin an, weil nemlich die Sache nicht nach ihren wahren Umständen an höheren Orten sey angebracht worden, da sie doch wegen der Heßischen Gerechtsame nicht dabey stille sitzen konnte. Von dieser Sache handelt auch Nohe chron. hass. in den Senkenbergischen select. jur. & histor. T. V. p. 511—516. Vergl. H. G. R. Estor J P. Hass. hod. p. 275. der Ausgabe in 8. In einer Urkunde von 1514. in Avemanns Historie der Burggrafen von Kirchberg S. 127. der Beil. schreibt sich gedachter Hartmann Abt von Fulda und Hersfeld.

6) am ang. O. S. 347. 348.

Hersfeldischen Abt los, weil dieses Kloster seit vielen Jahren so sehr von den Ordens-Regeln abgewichen sey, daß es in die äusserste Armuth gerathen, und seine Freiheiten so schlecht geachtet, daß man viele der darüber gegebenen Briefe bey der Einnahme des Eichhofs, im Stroh den Hunden vorgeworfen gefunden, welche theils zerrißen, theils noch unversehrt gewesen, da sie dann der Abt von Fulda sammlen, und eine volle Kiste nach Fulda bringen lassen. Er sagt auch, es wären aus der vorher zahlreichen und köstbaren Bibliothek nur noch wenige Bücher übrig gewesen, und die Mönche hätten sich einer guten Zucht so sehr wiedersetzt, daß sie lieber wollen das Kloster ganz untergehen, als sich in Ordnung bringen lassen. Man war also von den vorigen Absichten sehr abgegangen. Dann noch im dreyzehnden Jahrhundert hatten die Hersfeldischen Mönche eine Verordnung unter sich gemacht, die Benedictinerregel ordentlicher, als bisher unter sich zu halten. Zu diesem Ende baten der Abt **Hermann**, und der Convent den Erzbischoff **Johannes** *II.* von Mainz um Schutz, der ihnen dann auch selbigen, und eine fleißige Beförderung ihres Bestens, durch ein Schreiben im Jahre 1413. verhieß, worauf Johannis 7) sich beruft. Nachmals war auch dieses Stift in die berühmte, zur Verbesserung der

7) script. rer. Mogunt. T. I. p. 729.

der Benedictinerklöster errichtete Bursfeldische Union getreten, 8) welches Leukfeld 9) auf 1510. setzt. Endlich ist noch anzumerken, daß die Reihe der Aebte zu Hersfeld nach Anleitung der bey ihren Bildnissen stehenden Versen, nebst einer Beschreibung der Stiftsgebäude bey dem **Winkelmann** 10) sich befinde, und daß die Erbhofämter eines Cämmerers und eines Schenken bey diesem Stifte, schon in einer Urkunde des K. Henrichs *II.* von 1024. bey dem **Schannat** vorkommen. 11) Was aber nach der Reformation mit diesem Stifte vorgegangen, gehöret nicht hieher, weil ich mein Absehen nur auf die älteren Zeiten gerichtet habe.

Vier-

8) designatio Monasterior. congregat. Bursfeld. in *Leibnitii* script. Brunſ. T. II. p. 975.

9) antiquit. Bursfeld. p. 194. Von der unter Hersfeld gestandenen Probstey Göllingen, hat H. Müldener antiq. Gœlling. pag. 32. dasselbe angemerkt.

10) Beschreibung von Hessen, S. 259 — 263.

11) Cod. probat. hist. Fuldens. nr. 43. p. 156.

Viertes Hauptstück.

Von dem Teutschen Hause zu Marburg, und den übrigen Commenden des Teutschen Ordens in Hessen, besonders von der Commende Schiffenberg.

§. 1.

Nachricht von der Heil. Elisabeth.

Da diese Stiftungen noch jetzo bestehen, und durch verschiedene Ursachen, auch durch einige ihrentwegen entstandenen wichtige Streitigkeiten besonders berühmt worden sind, so handle ich billig davon gleich an diesem Orte. Von dem Teutschen Hause zu Marburg, findet sich eine gute Nachricht in Ayrmanns **Historisch-Diplomatischen Nachricht von der ersten Ankunft und Aufnahme des Teutschen Ordens zu Marburg**, so in der **zweyten Sammlung** von **Retters Heßischen Nachrichten** S. 1-68. stehet; zu deren Vermehrung und Verbesserung man aber nun vielen Vorrath hat. Es ist bekannt, daß dieses Haus seinen ersten Ursprung der Heil. Elisabeth, der Gemahlin Landgraf **Ludewigs** des Vierten in Thüringen, und Herren von Hessen, welcher 1227. auf einer Reise nach dem gelobten Lande zu Otranto gestorben ist, zu danken habe. Nach dem

dem Bericht des **Theodoricus aus Thüringen,** 1) wurde sie nach ihres Gemahls Tode aus dem Schlosse Wartburg verstoßen, und mußte sich schlecht behelfen; wiewohl **Ayrmann** 2) muthmaßen will, sie habe wohl freiwillig sich wegbegeben, weil man sie nicht im ganzen Lande wollen schalten lassen, damit sie nicht in ihrer Mildthätigkeit zu weit gehen, und alles wegschenken möchte. Sie begab sich hierauf nach Bamberg, wo der Bischoff bedacht war, sie anständig zu versorgen, und es bey den Thüringischen Edelleuten, die ihres Gemahls Gebeine nach Thüringen brachten, erhielte, daß sie davor zu sorgen versprachen, wie sie dann auch von dem Landgraf **Henrich** dergleichen Versicherungen erhielte. Weil sie sich aber aus der weltlichen Ehre nichts machte, und deswegen von den Vornehmsten verachtet wurde, da indessen bey ihres Sohnes **Hermanns** Minderjährigkeit ihres Gemahls Brüder, **Henrich** und **Conrad**, die Regierung führten, so begab sie sich gegen 1228. nach Marburg, und weil sie daselbst Verfolgung leiden mußte, von dar auf das eine kleine Stunde von dieser Stadt gelegene Dorf Wehrda; jedoch wurde bald darauf ein schlechtes Haus in Marburg vor sie gebauet; wie dieses der gedachte Theo-

 dori-

1) Lib. IV. de sancta Elisabetha in Canisii lectionib. antiq. T. IV. cap. 7. p. 134.

2) am angef. O. S. 3.

doricus 3) weitläuftig erzählt. Ohne Zweifel hat ihr Beichtvater, der bekannte **Conrad von Marburg**, vieles dazu gethan, daß sie an gedachten Ort gekommen ist, wie eine Stelle in der *historia de Landgraviis Thuringiæ* 4) anzeigt.

§. 2.

Erbauung eines Hospitals in Marburg.

Weil nun gedachte Elisabeth alles das ihrige zum Besten der Armuth anzuwenden suchte, so bauete sie ungefehr im Jahr 1228. wiewohl die historia de Landgr. **Joseph im Hof** 1) und **Gerstenberger** 2) das Jahr 1229. angeben, zu Marburg nicht weit von der Lahn ein Hospital vor arme und preshafte Leute, wozu sie alle das Ihrige verwendete, wie sie dann auch selbst als Verpflege-

---

3) Lib. V. cap. I. seq. L. VI. cap. 2. p. 135. 139.

4) in *Pistorii* script. Rer. German. T. I. p. 1324. ad an. 1229. Die übrigen Schriftsteller so diese Nachricht ertheilen, sind in der beurkundeten Nachricht von der Commende Schiffenberg, Th. I. S. 52. not. b) angeführt, und ist die Erzählung des Raynaldus davon annal. eccles. T. XIII. auch in die Marburgische Beyträge zur Gelehrsamkeit, St. II. S. 320. u. f. eingerukt.

1) In der Hess. Chronik bey Winkelmann S. 421.

2) In der Frankenbergisch. Chronik, annal. hass. coll. V. p. 167.

pflegerin in selbiges sich begab 3) Raynaldus führt an, 4) daß sie durch ihre überaus große Freigebigkeit, noch bey ihres Gemahls Leben, die Landeseinkünfte sehr geschwächt habe. Dieses Hospital widmete sie dem kurz vorher unter die Heiligen versetzten Franciscus, dem Stifter eines neuen Ordens, und der Pabst Gregorius IX. suchte demselben dadurch aufzuhelfen, daß er allen Teutschen, welche es auf den Tag dieses Heiligen besuchen würden, durch eine Bulle vom 19. April 1229. 5) reichlichen Ablaß von 40. Tagen, und denen, die bis auf den achten Tag hernach solches thun würden, von 20. Tagen ertheilte, welches er hernach durch eine Bulle vom 12. October 1232. 6) auf alle Zeiten er-

3) Theodoricus L. VI. cap 4 p. 140. Xenodochium instaurare (instituere) cœpit, ubi infirma Christi membra colligeret. — Quos paupertas, debilitas, vel infirmitas plus aliis oppresserat, quosque devotio plus commendabat, in suo hospitio colligens, ipsis in propria persona humillime ministrabat. Vergl. Lib. VII. cap. 1. p. 142. cap. 5. pag. 144.

4) Annal. Eccles. T. XIII. p 318 aus ihrem Leben, so Surius in seiner Sammlung von den Leben der Heiligen hat drucken lassen.

5) Bey Retter am angef. O. S. 41.

6) Eben das. S. 42. Ayrmann in den sicilimentis ad histor. Conr. Marp. p. 23. 26. glaubt, daß die Elisabeth selbst gewissermaßen in den Franciscanerorden getreten sey, welches aber hier nicht

weiterte, so daß die Wallfahrende 40. Tage Ablaß empfangen sollten; da dann bey Gelegenheit der häufigen Wallfahrten Marburg, so vorher nur ein Dorf oder offener Flecken gewesen, zu einer Stadt ist gemacht worden. Da

---

ausführlich zu untersuchen ist; wiewohl das gleich vorkommende chron. s'enon. von ihrem Minoritenhabit redet. Archange d' la vie de S. Elisabeth, so 1692. zu Paris in 8. herausgekommen ist, erzählt, was vor eine Freude der H. Franciscus darüber bezeugt, daß die Elisabeth die Regel seines Ordens angenommen habe. Ist jenes richtig, so müßte Dieselbe dieses schon bey ihres Gemahls Leben gethan haben, indem dieser 1227, Franciscus aber im Jahre vorher gestorben ist; wie auch Archange die Zeit angiebt Man kan es aber nur von der Regel der Tertiarien verstehen, und in diesem Sinne will ich es auch zugeben. Indem aber dieser Schriftsteller S. 369—374. beweisen, und gegen Einwürfe vertheidigen will, daß sie auch diese Lebensart nach dem Todte ihres Gemahls geführt habe, welches ich ebenfalls zugeben will, so hat er in der Ausführung davon den Unterschied zwischen einer Nonne und Tertiariin nicht in acht genommen, welches mich, da er selbst ein Franciscanertertiarius gewesen, wundern möchte, wo er nicht allem Ansehen nach mit gedachtem letztren Worte einen andren, als den gewöhnlichen Begriff, den ich auch unten an einem Orte berühren werde, verbände; dann in den folgenden Zeiten giebt es verschiedene Classen von Tertiarien; wie man z. E. bey Rivius Puritanus S. 251. u. f. 427. sehen kann. Ich zweifle aber mit Grunde, daß dieser Unterscheid zu der Elisabeth Zeit schon gewesen sey.

Da auch selbsten die Landgrafen **Henrich** und **Conrad** in dem Briefe, welcher hernach wird angeführt werden, die Erbauung dieses Hospitals der **Elisabeth** zuschreiben, so irret das *chron. Senonense*, 7) daß ihre Vorfahren solches erbauet hätten. **Winkelmann** 8) macht wegen der Zeit der Erbauung einen unnöthigen Zweifel, und sagt, er sehe nicht, wie in dreyen Jahren von 1228. bis 1231. das Hospital habe können erbauet, und mit Armen besetzt werden, welches aber gar wohl hat angehen können. Die Aufsicht darüber übergab sie den Franciscanern, wogegen **Winkelmann** einwendet, er sehe nicht, wie dieses seyn könne, indem ja auf diese Weise der Teutsche Orden nicht habe die Aufsicht darüber bekommen können; daher auch **Ayrmann** 9) und der Verfasser des sogenannten **entdeckten Ungrunds** der beiden Heßischen Deductionen gegen den Teutschen Orden, 10) solches leugnen. Allein obschon freilich nicht daraus, daß es dem H. **Franciscus** gewidmet gewesen, folget, daß die Franciscaner die Aufsicht darüber gehabt haben, so haben dennoch die beiden Herren Verfasser der **Historischen und Rechtsbegründeten Nach-**

7) In **Dachery** spicil. T. II. Lib. IV. p. 642. der neuen Ausg.

8) S. 422.

9) am angef. O. S. 9.

10) S. 37.

richt von dem Ursprung und Land-Standschaft des Teutschen Haußes und Land-Commende Marburg, und der beurkundeten Nachricht von der Commende Schiffenberg, 11) nicht ohne Grund letzteres behauptet. Dann Gerstenberger meldet, 12) daß das Hospital bey einer kleinen Kirche und Convent erbauet worden sey, worinnen drey oder vier Barfüßer gewesen, und es habe Landgraf **Conrad**, als er 1233. diese Capelle den Franciscanern genommen, ihnen die Kirche erbauet, die sie noch zu dieses Scribenten Zeit inne gehabt hätten. Hieraus wird erstlich höchst warscheinlich, daß die Franciscaner die Aufsicht über das Hospital gehabt, zumal wie Gerstenberger 13) bemerkt, die Elisabeth davor gesorgt, daß die Kranken in demselben mit den Sacramenten möchten versehen werden; und wann ja auch dieses nicht wäre, so würden doch aus dem angeführten Umstande, daß eine Franciscanercapelle bey dem Hospitale gewesen, einige Sätze wegfallen, die man wegen des Ursprungs des Teutschen Hauses angegeben hat. Es ist auch in der angeführten Nachricht von der Commende Schiffenberg 14) wohl angemerkt

11) jener S. 26. dieser S. 53.

12) in der Hess. Chronik in H. Schminkens M. H. Th. II. S. 356.

13) am angef. O. S. 357.

14) Th. II. S. 139. not. b)

merkt worden, daß man gegen den von den Franciscanern gehabten Besitz des Hospitals, keinen Beweiß daher nehmen könne, weil selbige nach ihren Regeln keine liegende Güter kaufen und besitzen dürfen, indem sie dieses Gebäude nicht zum Eigenthum bekommen, sondern ihnen nur die Verpflegung der darinnen befindlichen Kranken, nebst der damit verbundenen übrigen Verwaltung übergeben worden. **Gregorius** *IX.* nennt in einer Bulle vom 21. Octob. 1233. 15) das Hospital ausdrücklich hospitale fratrum Francisci, und sagt, daß er selbiges in den Schutz obgedachten **Conrads** von Marburg übergeben habe, nach dessen Tode er dem Bischoffe von Hildesheim dieses Amt aufträgt, der gegen alle, so dem Hospital Beschwerde verursachen würden, den Kirchenbann brauchen, und alle Appellation bey Seite setzen sollte. Ein in der Bibliothek zu Hersfeld befindliches Buch 16) meldet, daß die **Elisabeth** zu der Erbauung desselben 5000 Mark verwendet, und dem Hospital eben so viel geschenket habe. Es hat auch schon dieses Hospital von denen Landgra-

 fen

15) Sie steht als die 66. Beil. bey dem Entdeckten Ungrunde. Die Bulle vom 14. October 1232. worinnen Conrad den erwähnten Auftrag bekommen, hat Wadding in annal. ord. Minor. T. II. in regest. Pontif. p. 606. bekannt gemacht, wie die Nachr. von Schiffenberg am angef. O. meldet.

16) Bey Winkelmann S. 421.

sen, **Conrad** und **Henrich**, das Patronats-Recht an den Marburgischen Kirchen erhalten, worüber sich die Päbstliche Bestätigung vom 11. März 1231. bey dem H. **von Gudenus** 17) findet.

§. 3.

Die Landgrafen sitzen hiebey anfangs stille, widersetzen sich aber hernach.

Die beiden Landgrafen **Henrich** und **Conrad** sahen anfangs hierzu durch die Finger, ungeachtet, daß der Grund und Boden, worauf die **Elisabeth** dieses Hospital anlegte, ihr nicht eigenthümlich gehörte, und sie solchem viele Güter aus denen ihr zum Leibgedinge angewiesenen Stücken zuwendete. **Ayrmann** 1) muthmaßet, daß solches vielleicht in Betrachtung dessen geschehen sey, daß sie nach ihres Bruders Tode, über dem heiligen Eifer der **Elisabeth**, anstatt des jungen Landgraf **Hermanns**, die Regierung fast eigenmächtig erhalten. Indessen gedachten sie vielleicht, mit der Zeit alles über einen Haufen zu werfen, oder wenigstens eine Forderung an diese Stiftung zu machen; und weil die **Elisabeth** sich dessen befürchtete, so gedach-

17) cod. dipl. T. III. p. 1097. sie ist auch die 21 Beil. des Entdeckt Ungr.

1) am amgef. O. S. 8.

gedachte sie schon bey ihrem Leben dem Teutschen Orden das Hospital zu übergeben, wogegen sich aber die Landgrafen aus allen Kräften setzten, so daß die Sache noch nicht zu Stande kommen konnte, wie sie solches selbst in dem hernach vorkommenden Briefe erzählen. Dilich 2) spricht, sie hätten Anfangs weder den Bau noch etwas anders zulassen wollen; wiewohl **Ayrmann** glaubt, 3) sie möchten wohl den Bau, mit welchem es schon zu weit gekommen, schon damals gestattet haben, nachgehends denselben zwar zugelassen, jedoch dessen Besorgung keinem Fremden verstatten wollen. Und freilich haben sie auch anfangs dem Teutschen Orden solchen nicht übergeben. Sie bezeugen in einem Schreiben an den Pabst **Gregorius** *IX.* wobey aber das Jahr nicht ausgedruckt ist, 4) daß die **Elisabeth** ungereimt gehandelt habe, daß sie solche Stiftung auf fremden Boden gemacht; welche nicht würde gegolten haben, wann sie nicht von ihnen auf das neue wäre bekräftiget worden. Nunmehr aber machten sie an gedachtes Hospital aufs neue nach ihrem Vermögen einige Schenkungen, und liessen alles Recht an solches fahren, wie sie dann sich deswegen auf ihren desfalls ertheilten Brief be-

2) in der Heßisch. Chronik, S. 151. der Ausg. von 1617.

3) am angef. O. S. 10.

4) bey Retter S. 43.

berufen, wovon **Ayrmann** glaubt, daß er von demjenigen, welchen **Retter** 5) liefert, wenig werde unterschieden gewesen seyn, ausser daß der letztere an den Teutschen Orden besonders gerichtet gewesen sey. Schon damals war das Hospital in dem Stande, daß es 1233. dem Stifte Fulda gewisse Höfe zu **Rosdorf** und **Mardof**, so zu der Fuldischen Meierey zu Selheim gehörten, und von allem Zehnden und Gerichtbarkeit frey waren, mit allen Zugehörungen vor 150 Mark Silbers, abkaufen konnte. 6) Indessen ergiebt sich aus dem vorhergehenden, daß vor der Elisabeth Tode der Teutsche Orden noch nicht die Verwaltung des Hospitals des H. Franciscus gehabt habe, welches zwar in dem **Historisch-Diplomatischen Unterricht von des Teutschen Ordens, insbesondere der Balley Hessen, Gerechtsamen** 1751. in fol. 7) behauptet, aber in der **Nachricht von der Commende Schiffenberg** 8) verneinet wird.

§. 4.

---

5) S. 51.

6) Beil. 33. der Nachr. von der Landcommende Marburg, und Beil. 13 der Nachricht von Schiffenberg, auch bey dem H. von Gudenus cod. diplom. T. IV. p. 874.

7) S. 21. und 144. Eben dieses glaubt **Winkelmann** Th. VI. S. 269.

8) S. 53. not. f)

§. 4.

Uebergebung des Hospitals an den Teutschen Orden.

Inzwischen hatte der Teutsche Orden in der Gegend von Hessen schon ansehnliche Güter erlangt, davon unten eine mehrere Nachricht vorkommen wird. Der Landgraf **Conrad** tratt selbst in denselbigen. **Ayrmann** urtheilt, daß theils dessen Verdienste wegen der Kreuzzüge, welche sich die Thüringische Landgrafen sehr angelegen seyn lassen, theils der bekannte **Conrad** von Marburg, ihn dazu möchte angetrieben haben; wiewohl auch gemeiniglich vorgegeben wird, daß er es zu Versöhnung seiner Vergehungen gegen den Erzbischoff zu Mainz, (dessen Stadt Fritzlar er im Jahre 1232. verbrannt, davon sich außer den andern Geschichtschreibern eine Nachricht aus einem alten Buche des dreyzehenden Jahrhunderts beym H. **von Gudenus** 1) findet) gethan habe, welches 1233. wie gemeiniglich, z. E. von **Winkelmann**, 2) gesagt wird, oder 1234. wie das Chronicon Erfordiense 3) will, geschehen; wiewohl ich der ersteren Meynung bin, indem gedachte Chronik, wo er nach seiner mehrmaligen Benen-

---

1) cod. diplom. T. I. p. 517.

2) S. 422.

3) in Schannats vidcm. liter. coll. I. p. 95.

nennung Pfalzgraf von Sachsen heißt, dieses auf den 18. November setzet, um welche Zeit er in letzterem Jahre zu Rom gewesen, da er schon vorher in den Teutschen Orden getreten war. Daß er dem Hochmeister **Hermann** von Salza in dieser Würde nach dem Jahr 1236. gefolget, und 1245. gestorben sey, wird von **Ayrmann**, 4) und in der **Nachricht von den gedachten beiden Hochmeistern, in den Marburgischen Beyträgen** 5) gezeiget. Vorgedachtem **Conrad** von Marburg schreibt **Ayrmann** auch zu, daß die Landgrafen die von der **Elisabeth** gemachte Stiftung eines Hospitals gut geheißen, und dasselbe mit Gütern versehen hätten, ungeachtet **Henrich** in dessen Uebergabe an den Teutschen Orden sogleich nicht willigen wollen, bis sein Bruder **Conrad**, der die Sache am meisten getrieben, durchgedrungen sey; wiewohl ich solches aus der Urkunde, worauf er sich beruft,

---

4) am angef. O. S. 21. 22.

5) St. IV. S. 105 — 122. Vergl. *Bœhmii* conspectum I. Magistror. Pruss. general. in *Janichii* meletemat. Thorunens. T. II. pag. 94 — 97. wo Henrich von Hohenlohe als Teutschmeister ausgelassen, und S. 201 u. f. in die spätere Reihe derselben gebracht wird. Die Worte, bonæ memoriæ Conradus, in einer päbstlichen Bulle von 1244. bey Retter S. 54. müssen also nicht mit Winkelmann S. 276 Th. VI. auf seinen schon erfolgten Todt gezogen werden; obschon auch die gleich anzuführende annales solchen auf 1240. setzen.

ruft, und welche sogleich wird angeführet werden, nicht sehen kann. Indessen erregte der Johanniterorden einen Streit, und machte Anspruch auf das Hospital, welches, nach **Ayrmanns** Meynung, daher gekommen, weil die Elisabeth vielleicht die Absicht gehabt, daß selbiger zu einem neuen Orden (besser wäre gesagt, zu einem Zweige oder neuen Einrichtung unter den Franciscanern) Anlaß geben sollte. Der Pabst trug gewissen Personen die Untersuchung auf, die es dahin brachten, daß die Johanniter es auf den Ausspruch **Conrads** von Marburg, (welchem der Landgraf, so viel sein Land angieng, und der Pabst das Recht ertheilt hatten, geistliche Pfründen zu vergeben, wie auch in der **angeführten Nachricht von den beiden Hochmeistern** 6) angemerkt wird,) ankommen liessen, der dann, nach der Einsicht der Schenkungs- und Bestätigungsbriefe, das Hospital von aller Ansprache des Johanniterordens den 2. August 1232. befreiete, welcher Spruch von der Commißion bestätiget wurde. 7) Der Erzbischoff zu Mainz bezeugte auch in einem

---

6) S. 108. aus **Ripolls** bullar. ord. prædic. womit der Bericht der geschriebenen Chronik eines Mönchs, **Bertholds**, in der Nachricht von Schiffenb. Th. II. S. 139. not. b) übereinstimt.

7) Die Urkunde steht bey **Retter** S. 44. und unter den Beilagen des **Historisch-Diplomatischen Unterrichts**, n. 187.

einem Schreiben, 8) daß er nie willen's gewesen, das Hospital den Johannitern zu übergeben. Hierauf erfolgte nun die Uebergebung desselben an den Teutschen Orden; wie die gleich vorkommende Urkunden bezeugen; wiewohl der Stiftungsbrief auf das **Teutsche Haus zu Marburg**, selbst noch nicht zum Vorschein gekommen ist. Eine alte auf Pergament geschriebene Tafel in der Teutschen Haußkirche zu Marburg bey **Winckelmann** 9) sagt: 1233. cœperunt habitare in Marburgo fratres domus Teuthonicæ; welches allerdings von ihrer Wohnung daselbst, nachdem sie das Hospital mit seinen Gütern erhalten, zu verstehen ist; indem man vorher, wie auch schon **Gerstenberger** 10) bey dem Jahr 1233. bemerkt hat, sie nicht zu Marburg antrift. Hierauf wurde ferner das Patronatsrecht der Pfarrkirche zu Marburg, dem Teutschen Orden übergeben, welches der Pabst

8) Bey Retter S. 46. es steht auch als die 30. Beilage bey der Nachricht von der Landcommende Marburg.

9) S. 423. Diese ganze Tafel steht auch in dem supplemento diplom. zu Harenbergs dissert. de secta non timentium Deum, unter dem Titel: Annal. Marpurgens. ad S. Elisab. templ. notati, pag. 147.

10) in der Heßisch. Chronik, Monim. Hass. Th. II. S 380. Es ist auch im Entdeckt. Ungrunde, S. 41. aus einer Urkunde geschlossen worden, daß sie schon 1234. zu Marburg sich niedergelassen hätten.

Pabst **Gregorius** IX. den die Landgrafen darum ersucht hatten, that, wie dessen beide Bullen vom 1. Julius 1234. bezeugen, 11) deren erste an das Hospital und dessen neue Aufseher, die andere an den Teutschen Orden überhaupt gerichtet ist. In der ersten verhoft der Pabst aus diesem Hospital vielen Nutzen vor das gelobte Land, und eine Ausübung vieler Gastfreiheit; und legt ihm einen jährlichen Zinß von zwo Mark Silbers an das Erzbißthum Mainz auf, mit Vorbehaltung der Erzbischöflichen Rechte desselben über vorgedachte Pfarrkirche. Es war aber vorher nur in Marburg die Capelle des heil. **Kilians**; indem die Stadt ehedem ein Filial von Oberweimar gewesen, und nach dem Berichte des Gerstenbergers 12) 1227. davon war abgesondert worden. Der Mainzische Erzbischoff **Siegfried** bestätigte diese von den Hainischen Abte **Wigand**, und dem **Conrad** von Marburg gemachte Absonderung durch eine Bulle, so in einem Briefe des

11) Bey Retter S. 46. 49. Die letztre ist auch die 46 Beilage des Historisch. Diplomat. Unterrichts, und die 34 bey der Nachricht von der Landcommende Marburg; erstere aber die 14. bey der Nachr. von Schiffenberg, wo jedoch irrig das Jahr 1235. beygesetzt ist. Dann wie Gregorius IX. seine Jahre gerechnet, zeiget der Innhalt der ersteren §. 2. not. 15. angeführten Bulle.

12) Frankenberg. Chron. S. 167.

des H. R. Feders an H. Estor 13) stehet, und den 16. April 1227. gegeben ist; jedoch, daß die Kirche zu Marburg der Weimarischen jährlich zum Nutzen des Priesters daselbst 10. Schillinge, und einige andere Abgaben zahlen sollte. Von der Erbauung der Pfarrkirche, und wie die Landgrafen ein Patronatsrecht über selbige hätten haben können, welches sie dem Orden übergeben, stehet eine Erläuterung in dem angeführten Briefe, 14) wobey ich aber glaube, daß es gar nicht ungereimt sey, wann die Erbauung dieser Kirche den Landgrafen zugeschrieben wird, so daß selbige dadurch gedachtes Recht erlanget hätten. Die Urkunde aber bey dem H. von Gudenus, 15) worinnen der Graf Henrich von Nassau das Patronatsrecht der Kirche zu Herborn, so er von den Landgrafen in Thüringen gehabt, selbigen 1231. zurück gab, damit es zu dem Teutschen Hause geschlagen würde, gehört nicht hierher, indem nach einer anderen des Hochmeisters Burchards von Schwanden, von 1287. diese Kirche zu dem Hause in Coblenz gehörte. 16)

§. 5.

13) Orig. jur. publ. hass. pag. 224.

14) S. 226. 227. Vergl. 228 — 231.

15) Cod. diplom. T. III. p. 1098.

16) Beil. 35. des Entdekt. Ungrund.

§. 5.

Der Teutsche Orden bekommt mit dem Hospital ansehnliche Güter.

Hierauf wurden den Teutschen Herren, als Aufsehern dieses Hospitals, ansehnliche Güter gegeben. Kaiser **Friedrich** *II.* nahm solches mit seinen Gütern, besonders dem Platze, worauf es stund, und dem Einkommen der neuen Aecker zwischen dem Ockershäuser Wege und der Spitze des Berges **Cassenburg** 1234. in seinen Schutz; 1) und es kam in demselbigen Jahre auch dahin, daß der Landgraf **Henrich**, und seines Bruders Sohn **Hermann**, die vorher dem Hospitale gewidmete Güter, unter andern die zu **Mardorf** und **Werflo**, nebst der Mühle bey dem Hospital, dem Teutschen Orden völlig schenkten, auch dem Landgraf **Conrad**, und dem Grafen **Henrich** von Hohenlohe, welcher damals Præceptor desselben in Teutschland war, übergaben, so daß der Orden von selbigen Gütern 300 Mark Silbers empfangen, und was daran mangeln würde, von den Landgrafen ersetzt werden, der Ueberschuß aber denselben zu gut kommen sollte: 2) und kan man zur

1) Beil. 7. des Histor. Diplomat. Unterrichts. Winkelmann, der Th. VI S. 273. ein Stück davon eingerückt hat, bringt sie irrig zum Jahre 1227

2) Diese Urkunde ist die 45. Beil. eben daselbst, auch der Päbstl. Bestätigung vom 4. Junius 1235.

zur Erläuterung der Frage, was vor Güter zu nächst um Marburg in dieser Schenkung begriffen gewesen, etwas in dem **Entdeckten Ungrunde** 3) finden. Hierauf wurde auch das Hospital nicht mehr zu der Mainzischen Gerichtbarkeit gerechnet. Dann ob es schon in dem Bezirke der Mainzischen Diöces lag, so erweisen doch die Bullen der Päbste **Honorius** *III.* und **Innocentius** *IV.* 4) daß der Orden, dem das Hospital nunmehr übergeben war, in geistlichen Sachen unter keinem Bischoff, sondern nur unter dem Pabste gestanden habe. Indessen ergiebt sich aus dem vorhergehenden, daß dasjenige, so die Landgrafen an den Teutschen Orden anfangs übergeben, so geringe nicht gewesen sey, als der Histo-

---

1235. bey Retter S. 50. eingerückt. Der hier gemeldete Ort Werflo ist, allem Ansehen nach, ein Dorf nicht weit von Kirchhain gewesen, wie dann daselbst noch ein Wiesengrund der große und kleine Werfel genannt wird, der in einer Urkunde von 1558. in des H. G. R. Lennep cod. probat. zu der Abhandl. von der Leyhe zu Landsiedelrecht S. 245. die Wiese aufm Werf heißt.

3) S. 44. 45.

4) Beil. 35. und 36. des Historisch-Diplomatischen Unterrichts. Es hat daher der G. R. Kopp von der Geistl. und Civil-Gerichts-Verfass. in den Hessencassel. Landen Th. I. S. 172. diese Exemtion des Teutschen Ordens in Rücksicht auf Marburg und Schiffenberg angemerkt.

Historisch-Diplomatische Unterricht 5) vorgiebt.

§. 6.

Heiligsprechung der Elisabeth; und Erbauung einer Kirche bey oftgedachtem Hospital.

Die Elisabeth wurde vom Pabste **Gregorius** *IX.* den 27. May 1235. in dem Convente der Dominicaner zu Perugia unter die Heiligen erhoben, wovon **Theodoricus** 1) Nachricht ertheilet. Und hierauf wurde der Anfang gemacht, eine prächtige Kirche, anstatt der vorhingedachten Capelle, zu bauen, welches der Anfang zu der noch bestehenden Kirche des Teutschen Hauses gewesen ist. Vorgedachte alte auf Pergament geschriebene und in dieser Kirche aufgehangene Tafel, 2) setzt die Grundlegung derselben in den August von 1235. auf den Tag vor der Himmelfart Mariä, womit zum Theil **Buchs Heßische Chronik** 3) übereinstimmet. Die Erbauung derselben schreibt **Winkelmann** dem Landgrafen

5) S. 30.

1) Lib. VIII. cap. 9. p. 150. die hernach anzuführende narratio brevis &c. setzt die Heiligsprechung auf den 2ten May.

2) bey Winkelmann, S. 423.

3) in der Nachricht von Schiffenberg, S. 56. not. c)

sen **Conrad** und der Hülfe der Heßischen Ritterschaft zu, mit dem Zusatze, jener habe auch verordnet, daß dieser Bau nach seinem Tode sollte vollführet werden, welches letztere aber, in Ansehung einer ausdrücklichen Verordnung, wohl eine, doch nicht ungegründete, Muthmaßung seyn mag; das erstere aber, wie auch **Ayrmann** 4) glaubt, ist wohl nicht in Zweifel zu ziehen: wobey es wohl seyn kan, daß der Teutsche Orden ebenfalls ein ansehnliches hierzu beygetragen habe, wie auch die Päbstliche Bulle von 1245. bey **Retter** 5) anzuzeigen scheint; wiewohl solches, und dessen große Kosten zur Heiligsprechung der **Elisabeth** noch nicht als gewiß bewiesen sind, indem diese Bulle nur von den vom Orden zu der Kirchen ausgezahlten Geldern reden kan, ohne eigentlich darauf zu sehen, von wem selbige eigentlich hergekommen. Ohne Zweifel haben die starken Wallfahrten an diesem Ort einen großen Beytrag zu diesem Bau verschaffet: wie dann **Innocentius** *IV*. durch eine Bulle von 1244. die **Raynaldus** 6) anführt, den vom grünen Donnerstage bis auf den Ostertag dahin wallfahrenden jährlich auf 40 Tage, und in der eben angezogenen von 1245. denen, so vom Tage der Versetzung der Elisabeth an, bis acht Tage hernach, diesen Ort besu-

4) am angef. O. S. 29.

5) S. 55.

6) T. XIII. p. 534. n. 48.

besuchen würden, auf ein Jahr Ablaß ertheilt. Vorgedachte alte Schrift setzt die Einweihung dieser Kirche auf das Jahr 1283. und **Winkelmann** selbst bestimt die Zeit, welche zu der Erbauung ist verwendet worden, noch genauer, wann er sagt, daß man 20 Jahre an dem Grunde, und 28 Jahre an dem oberen Gebäude und den Thürnen gearbeitet habe; an welchem Orte auch eine Beschreibung dieser Kirche zu finden ist. 7) Und da

 in

---

7) S. 219. 220. Es ist aber gewiß, daß die Kirche noch im Jahre 1314. nicht fertig gewesen sey. Denn in einer Urkunde des Hochmeisters Carl Befferts von Trier von gedachtem Jahre, so die 37. Beilage des Entdeckten Ungrunds ist, wird verordnet, daß die Verlassenschaft der in diesem Teutschen Hause, und den übrigen dazu gehörigen Häusern, verstorbenen Priester und andere Brüder, an Büchern und Pergamenten, zu ihrer Vollendung sollte angewendet werden; und die 38. Beil. eben das. die auch bey dem H. von Gudenus cod. dipl. T. IV. p. 1017. steht, von erwähntem Jahre, ist ein Befehl an den Commenthur, dem Baumeister auf alle Art dazu beförderlich zu seyn. Einige Münzen, worauf die Elisabeth mit oftgedachter Kirche sich befindet, kan man vor Liebknechts Dissertation: Bina sanctarum Elisabetharum in Hassia memoria, Giessen, 1729. in Kupfer sehen, und das Verzeichniß der Heßischen Münzen in den Marburg. Anzeigen von 1763. St. 9. und 10. den Vorrath von Landgräfl. Heßisch. Thalern und Schaustücken, Regensburg, 1776. 8. S. 2. und H. R. Teuthorns Heßisch. Gesch. III. B. S. 512. u. f.

in der eben gedachten Bulle, welche 1245. gegeben ist, gedacht wird, daß die heil. Elisabeth in derselben begraben sey, zu welcher Zeit doch dieselbige noch nicht fertig gewesen, so möchte Ayrmanns Erklärung 8) nicht unrecht seyn, daß der Bau so eingerichtet worden, daß er die alte Capelle unter sich begriffen habe, und die Elisabeth in selbiger zum zweitenmal sey begraben worden, wo nicht, was das letztere betrift, Theodoricus 9) ausdrücklich sagte, daß die erste Beysetzung derselben in der mehrgedachten Capelle geschehen sey, von dar sie doch an einen andern Ort gebracht worden; von welcher ersten Versetzung Theodoricus 10) und andere alte Scribenten Nachricht ertheilen. 11) Bey

u. f. vergleichen. Eine Beschreibung ihres Grabmahls stehet auch in den Marburg. Beyträg. St. IV. S. 123-126.

8) am angef. O. S. 30.

9) L. VIII. cap. 6. p. 148.

10) L. VIII. cap. 10 12. p. 150. 151. Raynaldus S. 426 n. 25 macht hier in Ansehung der Umstände einer und derselben Zeit eine ungegründete Distinction. Das eben angeführte chronicon Senonense redet von einer Erhebung der Gebeine der Elisabeth schon 2. Jahre nach ihrem Tode.

11) *Godefridus* Monach. S. Pantal. in *Freheri* Scriptor. rer. Germ. T. I. p. 401. ad an. 1236. Imperator (Fridericus II.) descendit usque in castrum dictum Marburch, ubi in calendis Maji innumerabilis populi affuit multitudo. Nam a multis

Bey Retter 12) steht eine Bulle des Pabsts Innocentius *IV.* von 1250. woraus zu ersehen ist, daß damals eine neue Versetzung derselben vorgewesen sey, indem der Pabst wegen des engen Platzes, wo sie begraben war, dem Erzbischof zu Mainz auftrug, sich selbst nach Marburg zu begeben, und einen bequemen Ort auszusuchen, wo die **Elisabeth** könne beygesetzt werden, indem an dem vorigen bey dem starken Zulaufe von Menschen viele Gefahr gewesen wäre. Daher vermuthet auch die vorgedachte **Nachricht** von

tis prudentibus duodecies centum millia hominum promiscui sexus æstimata sunt venisse ad memoriam sanctæ viduæ Elizabeth, cujus glorificum corpus ad capsam auream est translatum auctoritate summi Pontificis, qui hoc negotium tribus Episcopis commisit, videl. Moguntino, Trevirensi, & Hildesemensi, (hierinnen scheint dieser Scribent vom Theodoricus abzugehen) quamquam ibi multi alii Episcopi & Principes affuissent. Ipse etiam Imperator primus lapidem de sarcophago levavit, & coronam auream de suo thesauro sacro capiti sanctissimæ viduæ imposuit. In Schötgens und Kreysigs diplomat. & scriptor. historiæ germ. T. I. p. 107. steht eine narratio brevis de translatione S. Elisabethæ, wo aber nichts erhebliches neues sich befindet. Nur merke ich daraus an, daß ihre Gebeine, nachdem man sie aus der Erde genommen, in einen bleyernen Sarg seyen gelegt worden.

12) am angef. O. S. 56.

von den beiden Hochmeistern 13) eine doppelte Erhebung dieser Gebeine; und Ayrmann

13) S. III. Ich finde nicht undienlich, aus Vallarsi Sacre antiche iscrizioni segnate, à Cesello sopra la Cassa di Piombo continente i sacri Corpi de SS. Martiri Fermo e Rustico, so zu Verona 1759. in 4. mit Kupfern herauskommen ist, jedoch nur, da ich diese Schrift selbst nicht gesehen, aus der Recension davon in den Beyträgen zu den Erlangischen Gel. Anmerkungen von 1761. 38 St. dessen Erklärung mitzutheilen, was das Wort elevatio, wann es von Leibern der Heiligen gebraucht wird, vor eine Bedeutung in den mitleren Zeiten gehabt habe. Man legte nemlich den bleiernen Sarg, worinnen die Gebeine waren, in einen steinernen, und machte eine Grube, die diesen Sarg faßte, doch so, daß der steinerne Deckel etwas vom gepflasterten Boden entfernt war. Hierüber baute man ciboria oder Gewölbe, meistens von vier Säulen unterstützt. Wegen der Beschwerlichkeit dieser Lage, dachte man nun auf eine Aenderung. Man grub also den Sarg aus, hub ihn auf Stufen empor, und zierte das Grab nach Belieben aus. Diese Versetzung hieß gewöhnlich elevatio, und sie geschahe mit den meisten Märtyrern hundert Jahre nach ihrer Beerdigung. Man sieht aber, daß diese Erklärung nicht in allen Stücken sich hieher schicke. Dann ausser dem, daß die Erhebung von den Gebeinen der Elisabeth ein- oder zweimal nicht gar viele Jahre nach ihrem Tode geschehen, so ist auch das eine mal eine würkliche Versetzung derselben an einen andern Ort vorgenommen worden. Auch erscheinet in gegenwärtigem Falle aus Vergleichung des 10. und 14. Capitels des Theodoricus und des Gottfrieds, daß man die Gebeine aus einem Sarge zweimal in einen andern gelegt habe.

mann schließt aus dem angeführten, daß 1249. schon ein Theil der neuen Kirche fertig gewesen sey; bey welchem auch 14) eine Stelle aus einer Handschrift von der damaligen Beschaffenheit der Kirche und des Hospitals zu finden ist. Es hatten indessen die beiden Hochmeister, **Hermann** und **Conrad**, eine genugsame Anzahl von Geistlichen zu dieser Kirche, die noch unter dem Namen des Hospitals angeführt wird, verordnet, welche Verordnung der Pabst **Innocentius** *IV*. durch eine Bulle vom 27. Februarius 1244. bestätiget, so bey **Retter** 15) stehet; und durch eine andere von 1246. ertheilt er, auf des Landgrafen **Henrichs** Bitte, dem Prior an dieser Kirche die Erlaubniß, eine so genannte mitram oder Bischofsmütze an den vornehmsten Feiertagen bey der Messe zu tragen, welche Bulle bey dem Herrn **von Gudenus** 16) sich befindet.

§. 7.

Die Kirche bekomt viele Güter.

In diesen ersten Zeiten bekam die Kirche und das dabey aufgeführte Haus, (von dessen Anfange zwar das eigentliche Jahr sich nicht findet, so aber doch mit der Kirche fast ein

---

14) S. 32.

15) S. 54.

16) cod. diplom. T. III. pag. 1113.

Alter haben muß) ansehnliche Güter. Der Teutsche Orden empfieng 1235. 1) von dem Abte Conrad zu Fulda das Gericht zu Seelheim, wo zwar die Uebergabe nicht an das Hospital, welches dieser Orden überkommen hatte, gerichtet ist; jedoch ist dieses Stück nachgehends, als eine Landcommende bald darauf zu Marburg angelegt wurde, zu derselben geschlagen worden, und begrif die große Meierey daselbsten; wie dann auch eine Urkunde des Fuldischen Abt Henrichs von 1256 die Verbindlichkeit der zum Gericht und der Meierey in Seelheim gehörigen Leute gegen das Teutsche Haus zeigt. 2) Weil nun in der ersteren Urkunde dem Orden die Erlaubniß gegeben wurde, andere Stücke daselbst, welche Fuldische Lehne waren, an sich zu bringen, so erkaufte derselbe 3) von Craft von Schweinsberg 1236. vor 40. Mark den vierten Theil der Vogtey, und des Rechts der Präsentation daselbst, wie auch von Henrich von

---

1) Beil. 48. des Histor. Diplom. Unterr. Vergl. H. R Würdtwein, diœces. Mog. comm IX. p. 262 und 265. wo am letztern Orte eine Urkunde von 1494. steht, woraus der Antheil des Teutsches Hauses an dem Ernennungsrecht zur Pfarrkirche zu Großen Rosdorf sich zeigt.

2) Beil. 45. des Entdeckt Ungrunds. In diesem Jahre 1256. vermachte Conrad Herr von Merenberg dem Teutschen Hause alle seine Güter, bey dem H. von Gudenus, cod. dipl. T. IV. p. 889.

3) Beil. 46. eben das.

von Mühlen vor 35. Mark das eine Viertheil gedachter Stücke. 1240. kaufte der Orden von zween Ameneburgischen Bürgern, **Gunbert** und **Seyfried**, ihr Patronatsrecht und Gericht zu **Seelheim** vor 22. Mark Silbers. 4) In den folgenden Zeiten erhielt auch der Orden noch ein mehreres von gedachten Stücken; indem er 1296. dreyen Gebrüderen **von Bicken** vor 60. Mark ihre Vogtey und Gerichte mit den dazu gehörigen Leuten und Einkünften in beiden **Seelheim**; und 1315. von **Volpert** de minori monte zu Ameneburg die Hälfte seines Theils von der Gerichtbarkeit daselbst mit den dazu gehörigen Gütern empfieng. 5) 1244. kauften der Commenthur, **Conrad** von Büdingen, und das Teutsche Haus den Herren von Merlau die Vogtey über **Kirchhain**, so letztere als ein Reichslehen besassen, vor 40. Mark Silbers ab. 6) Da auch gedachtes Haus mit einem **Volpert** de curia, oder aus der damaligen Familie der **Hobeherren**, wegen des von diesem erkauften Theils seiner Vogtey zu Seelheim, Streit bekam; so wurde solcher 1260. durch Schiedsrichter dahin beygelegt, daß, unter anderen Artikeln, letzterer sein verkauftes wiederbekam, er aber und seine Verwandte ihren Hof zu **Mardorf** dagegen dem Orden über-

4) Beil. 47. eben daselbst.

5) Beil. 48. und 50. eben das.

6) Beil. 51. des Histor. Diplom. Unterrichts.

übergaben 7) 1263. schenkten Eckhard Ritter von Lyderbach, und seine Frau, an dieses Haus alle ihre bewegliche und unbewegliche Güter, zu und vor Elsfeld, auch zu Lyderbach, Jringshausen, und an verschiedenen anderen Orten. 8) Da nun im Jahr 1248. die Herzogin Sophia aus Brabant, eine Tochter der Heil. Elisabeth, vor ihren Sohn, den jungen Prinzen Henrich, Hessen eingenommen, und sich mit dem Margraf Henrich dem Erleuchteten in Meissen vorläufig verglichen hatte, so erzeigte sie dem Teutschen Orden viele Gnade, nahm ihn in ihren besonderen Schutz, und bestätigte demselbigen alle von ihren Vorfahren gemachte Schenkungen; 9) welches sie 1265. mit des Landgrafen Henrichs des Kindes Bewilligung, der eine gleiche besondre Urkunde von demselben Tag ausstellte, 10) wegen der von dem Orden gegen die Elisabeth bezeugten Treue,

---

7) Beil. 52. des Entdekt. Ungr. Daß zwischen dem Orden und diesen Hobeherren, die Präsentation nach Seelheim habe umwechseln müssen, zeigt die 55. Beil. des Entdekt. Ungrunds; wiewohl es mir fast vorkomt, als wann diese Urkunde in spätern Zeiten in eine bessere Schreibart gebracht sey, weil sie von der damaligen abzugehen scheint.

8) Beil. 213. a der Nachr. von Schiffenb. Th. II.

9) Beil. 17. der Nachr. von Schiffenb.

10) Beil 38 der Nachr von der Landcommende Marburg Sie steht auch bey dem H. von Gudenus, cod. dipl. T. IV. p. 907.

Treue, wiederholte, worüber sich der Brief bey **Retter** 11) befindet; wie sie dann in einem anderen von demselben Jahre, nebst ihrem Sohne, des Ordens Treue gegen sie, und sonderlich die fleißigen Dienste des damaligen Landcommenthurs, **Gerlachs von Tweren**, rühmt, demselben den Zehnden der in den Gränzen der **Marburgischen** Pfarrkirche gelegenen neu angebaueten Ländereien ertheilet, und allen dessen Gütern ihren besonderen Schutz bestätiget; wogegen selbiger aber, die Zehndung ausgenommen, auf alle dem Landgrafen bißher zugehörige neue Ländereien in dem Bezirke der genannten Pfarrkirche Verzicht thun mußte, welcher Brief bey **Retter** 12) stehet. Wie er dann auch wenige Tage hernach nochmals wegen der Einnahme und der Zehnden von den wieder bebaueten Aeckern mit der Landesherrschaft sich dahin verglich, daß jeder Theil das bißher innen gehabte besitzen sollte, doch so, daß die Zehnden von erwehnter Art, so jetzo der Marburgischen Pfarrkirche gehörten, oder künftig noch zufallen würden, selbiger beständig zugehören sollten: 13) wie hingegen einige

11) am angef. O. S. 57. Er ist auch 36. Beil. der Nachr von der Landcommende Marb. und die 18. bey der Nachr. von Schiffenb.

12) S. 58. er ist auch die 21. Beil. der Nachr. von Schiffenb.

13) Beil. 20. eben das.

einige Monate vorher, der Ordensmeister **Hanno** in einer Urkunde, 14) aus Dankbarkeit zu den vorher schon an dieser Kirche bestelleten sieben Priestern den achten hinzu that, der vor die Landgräfin **Sophia**, ihren Gemahl, den Herzog **Henrich** in **Brabant**, und ihre Vorfahren täglich Messe lesen sollte. Im Jahr 1273. erkaufte das Teutsche Haus von dem Kloster **Aldenburg**, alle dessen Güter zu **Gosfelden**; wozu ihm **Henrich** von Gosfelden nebst seiner Frau und Mutter, 1282. alle ihre Güter an solchem Ort, auch zu **Anzefar** und **Neuhausen** schenkte. 15) 1274. kaufte es dem Kloster **Hasungen** gewisse Güter zu **Wehren** ab, welches der Landgraf bewilligte, doch so, daß alles wegen der Vogtey über diese Güter ihm zustehende Recht, wie es bißher gewöhnlich, zu gehöriger Zeit sollte abgetragen werden. 16)

§. 8.

Fortsetzung des vorigen. Titel dieses Hauses.

Die letztere vorhin angeführte Urkunde der **Sophia**, giebt dem Teutschen Hause den

---

14) Beil. 230. des Histor. Diplom. Unterr.

15) Die erstere Urkunde steht zur ersten Hälfte bey dem Histor Diplomat. Unterr. als die 49. Beil. vollständig aber bey dem Entdekt. Ungr. als die 177. Beil. die andere aber ist, an ersterem Orte die 50. Beilage.

16) Beil. 27. des Entdekt. Ungrundes.

den Titel: Sacræ domus hospitalis S. Mariæ fratrum Teutonicorum in Marburg, auch: fratrum dedicatorum ibidem ad divina servitia, & Commendatoris ejusdem domus. Dann nachdem der Teutsche Orden eine beständige Residenz des Aufsehers, über ihre in solchen Gegenden gelegene neue Güter, zu Marburg anlegte, so bekam derselbe den Titel eines Commenthurs, welcher Titel von den Mönchen ist angenommen worden. Vorher hieß solcher nur, wie die oft angezogene Urkunden bezeugen: Magister & fratres hospitalis S. Francisci, oder S. Mariæ Teutonicorum in Marburg, woraus endlich die Benennung: domus Teutonica in Marpurg entstanden, welche sich in einer gleich vorkommenden Urkunde bey **Retter** 1) findet. Die Güter dieses Hauses vermehrten sich ferner ansehnlich. Der Graf **Ludwig** von Ziegenhain verkaufte dahin 1274. das Dorf **Münchhausen**, wovon nach der Anzeige des **Entdeckten Ungrundes**, 2) nur noch ein einzelner Hof, unter dem Namen **Merzhausen**, am Münchswalde bey Rosenthal, übrig ist, mit aller Zubehör und Gerichtbarkeit vor 40. Mark, gab auch den Einwohnern daselbst, mit Bewilligung des Predigers zu Aldendorf, die Freiheit, nicht mehr, der Messe und der Sacramenten wegen, an letz-

1) S. 62.

2) S. 18.

letztren Ort zu gehen, sondern sich hierinnen nach dem Gutbefinden des Commenthurs zu richten; wovor jedoch die Münchhäuser der Aldendorfischen Kirche jährlich drey Schillinge zahlen sollten. 3) Der Landgraf **Henrich** schenkte ihm 1266. 4) gewisse Aecker bey **Werda**, welche die von Rodenstein und Werda von ihm zu Lehnen gehabt, und gedachtem Hause verkauft hatten. 1272. verkaufte er selbigem auch einen Hof zu **Werhene**, (**Wehren**) welchen er von der Gerichtbarkeit des Richters zu Maden, auch von allen Diensten und Abgaben befreiete. 5) Es entstund aber 1280. ein Streit zwischen ihm und dem Orden über gewisse Güter, welche der Orden nicht mit Recht besitzen sollte, indem die Schenkung davon dem Landgrafen, selbst vergessen war. Nachdem er aber von ihrer Richtigkeit überführt war, so ließ er ihnen den völligen Besitz davon. Diese Urkunde 6) wird durch zwo andere, so an einem Tage, die ersten von Seiten des Landgra-

3) Beil. 17. des Entdekt. Ungr.

4) Beil. 81. des Histor. Diplomat. Unterr.

5) Beil. 40. der Nachr. von der Landcomm. Marb. Vergl. Engelhards Bemerkung in der Erdbeschreib. der Hessencassel. Lande, Th. I. S. 403. 404.

6) Unter den Beilagen des Histor. Diplomat. Unterr. n. 80 steht sie nur verkürzt. vollständig aber bey Retter S. 62. auch unter den Beil. der Nachr. von der Landcomm. Marb. n. 41.

grafen, die andere von dem Teutschmeister Hartentann und dem Teutschen Hause, gegeben sind, 7) erläutert, worinnen der Landgraf das Dorf **Marbach**, und einen gewissen Hof in **Weimar** behält, dem Orden aber, der sich zugleich der Gerichtbarkeit zu **Marpach** begab, einige Ländereien am letztern Orte unter gewissen Bedingungen, in Ansehung der Bewohner derselbigen, gelassen werden. Er legte auch nicht nur in demselben Jahre einen Streit, den das Teutsche Hauß mit einem, Namens **Schwendebecher**, wegen einiger Güter zu **Ufleiden** und **Mulenbach**, führte, zu des ersteren Vortheil bey; 8) sondern übergab auch demselben einige Inseln an der Lahne, gegen einen Zinß von Neun Schillingen, erblich 9) Er brachte ferner es dahin, daß der Bischoff **Otto** von Paderborn dem Orden den Zehnden zu **Herste** gab, mit der Bedingung, daß derselbe jährlich zwey Pfund Wachs an die Paderbornische Kirche geben sollte. 10) 1320. entstund ein neuer Streit zwischen dem Land-

 graf

7) Die erstere ist die Beil. 61. des Entdekt. Ungrund. und die andere die Beil. 42. der Nachr. von der Landcomm. Marb.

8) in des H. von Gudenus cod. diplom. T. IV. pag 938.

9) Beil. 58. des Entdekt. Ungr.

10) Schatens annal. Paderb. T. II. ad an. 1293. pag. 177.

graf **Otto** und dem Orden, über gewisse Güter in Niederwaimar, indem der Orden, als ihm solche streitig gemacht wurden, die darüber gegebene Urkunden nicht zeigen wollte; nachdem aber endlich solches geschahe, so bekräftigte ihm der Landgraf alle vorherige Freiheiten und Schenkungen. Die Urkunde steht bey **Retter**. 11) Die folgende Landgrafen und deren Anverwandte unterliesen nicht, selbigem ein mehreres zuzuwenden. Des Landgrafens **Henrichs** I. Tochter **Agnes**, verwitbete Burggräfin zu Nürnberg, schenkte ihm 1334. einen Hof zu **Ebensdorf**, (vielleicht **Ebersdorf**, nicht weit von Ziegenhain) ihre Häuser unter der Stadtmauer zu Marburg, und einen Weinberg am Fuße des Lützillenbergs, auch das meiste von ihren beweglichen Gütern, wobey sie jedoch den Weinberg und die bewegliche Güter, sich zu ihrem Gebrauche auf lebenslang vorbehielt. 12) Sie hatte auch schon 1315. mit Einwilligung ihres Bruders, des Bischoffs **Ludewig** zu Münster, die auf dem Platze des Teutschen Hauses, auf ihre und des Ordens Unkosten, errichtete Gebäude, desgleichen die auf einem Platze ausser des Hauses Mauren, und am Fuße des Lützillenbergs stehende, dem Orden ge-

---

11) S. 64. auch in **Kuchenbeckers** anal. hass. coll. I. p. 82. und unter den Beil. der Nachr. von der Landcomm. Marb. n. 45.

12) Beil. 78. des Histor. Diplomat. Unterr.

geschenkt; 13) auch 1324. ein andres ihr zustehendes Haus, mit der Verordnung, daß von einem jährlichen Zins, den sie davor gedachtem Hause hatte zahlen müssen, künftig die eine Hälfte auf ihrer Eltern, und die andere auf ihren eignen Sterbetag den Kranken in dem Hospitale daselbst sollte ausgezahlt werden, wie die Urkunde bey dem H. **von Gudenus** 14) zeiget. Es verkauften auch die Bediente des Bischoffs **Ludewig** zu Münster, aus dem Hause Hessen, mit Einwilligung ihres Herren, 1329. eine ihm zuständige Wiese zu **Niederwalt**, davon das Teutsche Haus, in Ansehung der Kirchhainer Vogtey, Herr zu seyn schiene, demselben vor 4. Mark eigenthümlich. 15) Hingegen ließ dieses dem Landgrafen **Henrich** 1370. das Gericht an diesem Orte, so wie das Haus Hessen solches vorher zu Kirchhain erblich gehabt hätte. 16) Der Landgraf **Henrich** der Eiserne, verkaufte 1354 diesem Hause die Burg **Reichenbach** und die Stadt **Lichtenau**, nebst den Zehnden vor der Stadt, und den dazu gehörigen Dörfern, vor tausend Mark löthigen Silbers wiederkäuflich. 17) Eben dieser Landgraf nebst

13) Beil. 59 des Entdekt. Ungrund.

14) cod. dipl. T. IV. p. 1036. vergl. eine andere von 1323. eben das. S. 1033.

15) Beil. 5. des Entdekt. Ungr.

16) eben das. Beil. 57.

17) Die Urkunde steht unvollständig bey dem Histor. Diplomat. Unterr. als die 83. Beil. vollständig aber als die 212. bey dem Entd. Ungr.

seinem Vetter, Landgraf Hermann, befreiete die diesem Hause zustehende Güter zu Kirchhain von allen Steuern und Schatzungen, mit Vorbehalte, wann dieses Haus oder ein Pfarrer zu Kirchhain, mit dem Burgmanne, oder den Bürgern daselbst, Streit haben würden, solchen in der Güte, oder wenn solches nicht seyn könnte, mit Rechte zu entscheiden; 18) und verbanden sich Burgermeister, Rath, und Gemeinde daselbst, alles vom Landgrafen daselbst verwilligte in Acht zu nehmen. 19) Der Landgraf **Henrich** *IV.* und sein Sohn **Ludwig** erliesen 1476. den Höfen zu **Scedebach** und dazu gehörigen Gütern, ausser andern Stücken, auch alle Steuern und Beschwerungen, und gaben ihnen Erlaubniß, der Feldmark daselbst sich zu bedienen. 20) Eben dieser Landgraf vermachte

18) Beil. 47. der Nachr. von der Landcomm. Marb. und Beil. 40. der Nachr. von Schiffenb. auch in des H. G. R. Lennep cod. probat. zu der Abhandl. von der Leyhe zu Landsiedelrecht n. 96. wo auch nr. 97 und 98. zwo Entscheidungen von 1464. und 1467. stehen, die der Landgraf Heinrich, gegen zweene Bürger und Gebrüder zu Kirchhain, so einige Höfe vom Teutschen Hause Landsiedesweise innen gehabt, und die ihnen deswegen aufliegende Pflichten nicht erfüllt, durch seine Räthe hat thun lassen.

19) Beil. 48. eben das.

20) Die Urkunde steht in einem Auszug bey der obengenannten Schrift, als die 49. Beil. vollständ

machte 1487. dem Teutschen Hause 200. Rheinische Gulden, um davon, mit Vorbewußt seines Bruder **Hermanns**, als Vormund seines Prinzens, eine jährliche Zinse anzuschaffen, wovor es sein Gedächtniß jährlich viermal mit Vigilien und Seelmessen begehen sollte. **Hermann** verschrieb auch auf dieses Capital zehn Gulden, von des Prinzens Gefällen zu Kirchhain, erblich und ewig auf den Tag der Heil. drey Könige. Wann der Kirchhainische Schultheiß damit säumte,

 und

---

ständig aber ist sie die Beil. 125. des Entdekt. Ungrundes. Der Landgraf gab auch darinnen dem Orden, unter andern Stücken, sein Gut zu Atzbach, mit Befreiung von allen Beschwerungen, und erließ vier Pfund Geldes, Marburger Währung, so jährlich von dem sogenannten Fronhofe mußten geliefert werden. Dagegen gab das Teutsche Haus bald nachher dem Landgrafen einen Zehnden zu Schreck wieder, den es vor tausend Gulden verschrieben bekommen hatte, wie die Beil. 124. letzterer Schrift ausweiset. Vergl. H. R Ledderhose Beytr. zur Beschr. des Kirchenstaats der Hessencassel. Lande, S. 362. not. c. Es ist auch die 44. Beil. der Nachricht von der Commende Schiffenberg zu bemerken. Dann da treffen der Landgraf Wilhelm, und das Teutsche Haus einen Vergleich 1496. mit einander, daß dieses jenem zwo Mühlen in Marburg überläßt, wobey verschiedene dahin gehörige Abreden genommen wurden; der Landgraf aber dem gedachten Hause einige auf diesen Mühlen haftende Fruchtgefälle, und die Leistung der Dienste nachläßt, doch mit Vorbehalte einiger an seine Person gebundener.

und das Teutsche Haus ihn mit geistlicher Forderung dazu ermahnte, so sollte solches diesem zu keiner Ungnade gereichen; wie dann auch ein jeder neuer Schultheiß daselbst diesen Punct beschwören sollte. Dagegen verband sich das Teutsche Haus, gedachtes Amt auf den Montag nach jedem Quatember des Abends mit Vigilien, und den folgenden Dienstag mit Seelmessen beständig zu halten, wie es einem Landesfürsten gebühre. Geschähe dieses nicht, so sollte der Landgraf **Wilhelm** und seine Erben Macht haben, gedachtes Capital und Zinsen wieder zu nehmen, und an solche Geistliche zu geben, die erwähnte Begängniß hielten; wogegen keine Gnade und Recht des Ordens, die derselbe von Päbsten und Kaisern hätte, oder noch bekommen würde, schützen sollten. **Hermann** behielt sich auch den Wiederkauf ermeldter Zinsen durch Bezahlung der 200. Gulden vor, in welchem Falle jedoch diese mit Landesherrlichem Willen zu Erkaufung neuer Zinsen wieder sollten angelegt werden. 21) Weil auch der Teutsche Orden verschiedene andere Commenden in Hessen besaß, als **Felsberg**, **Alsfeld**, und **Kirchhain**, von deren eigentlichen Ursprung ich keine Nachricht geben kann, so wurden selbige, wie der Histo- risch-

21) Beil. 50. der Nachricht von der Landcommende Marburg und Beil. 43. der Nachricht von Schiffenb.

risch-Diplomatische Unterricht 22) bezeuget, mit der Zeit zu der Landcommende geschlagen, wiewohl die Güter des Ordens zu Kirchhain, wie die vorher angeführte Urkunde zeigen, gleich anfangs dem Hause zu Marburg gehöret haben. Es wurde auch die Pfarrkirche zu Kirchhain vom Teutschen Hause zu Marburg besetzt, worüber es mit der Kirchhainischen Commende zu einem Streit kam, welcher 1502. beygelegt wurde; es ist aber die Urkunde, woraus man solches sieht, verkürzt, und sind die Vergleichspuncte daselbst weggelassen. 23) Man sieht auch aus einer andern, wobey jedoch nur die Zahl 98. stehet, und das Jahrhundert weggelassen ist, daß ersteres Haus auch die Präsentation zum St. Stephans-Altar in Cappell gehabt habe. 24) Die St. Michaels-Capelle bey diesem Hause wurde von einer Frau, namens Emicha, 1319. dotirt, um einen Priester daran zu halten, wodurch also die vorherige Zahl der Priester daselbst vermehret wurde. 25) Nicht weniger belehnte das Teutsche Haus mit dem St. Catharinen-Altar in der Capelle zu Mardorf, und wurde der mit dem Stifte auf der Ameneburg darüber entstandene Streit 1394. zu des ersten Vortheile bey-

22) Sect. II. §. 10.

23) Beil. 98. des Histor. Diplomat. Unterr.

24) Beil. 91. eben das.

25) Beil. 96. eben das.

beygelegt. 26) Vieler anderen Güter, welche durch Kauf oder Schenkungen an das Teutsche Haus gekommen, zugeschweigen; davon die oft gedachte Schriften mehreren Unterricht geben.

§. 9.

Der Sitz des Hochmeisters ist nicht zu Marburg gewesen. Titel der Landcommenthurs.

Man hat sonsten vielfältig vorgegeben, daß der Sitz des Hochmeisters von dem Teutschen Orden selbst einige Zeit zu Marburg gewesen sey. Hartknoch 1) berichtet nach dem Vorgange eines anderwärts 2) von ihm genannten alten Scribentens, daß 1290. nach der Eroberung der Stadt Accon im gelobten Lande, der Orden seinen Sitz nach Marburg verlegt habe, bis der Hochmeister Siegfried von Feuchtwangen 1309. solchen zu Marienburg in Preussen genommen habe. Wiewohl der Verfasser des Historisch-Diplomatischen Unterrichts 3) vorgiebt, es wäre

26) Kuchenbeckers anal. hass. coll. I. p. 97.

1) Im alten und neuen Preussen S. 294. 296.

2) Animadvers. ad *Petri de Dusburg* chron. Pruss. pag. 350.

3) S. 6. Er ist hierinnen dem Venator gefolgt, der im Berichte vom Marianisch-Teutschen Ritter-Orden

wäre der Sitz aus dem gelobten Lande erst nach Venedig, und von dar nach Marburg verlegt worden. **Ayrmann** aber 4) will einen nähern Beweiß hiervon haben, und sagt, es scheine nicht, daß man sobald einen gewissen Ort in Europa dazu erwählt habe, weil man noch Hoffnung gehabt, das gelobte Land wieder zu gewinnen. Weil die Scribenten Marienburg in Preussen, und Marburg in Hessen, ausdrücklich in dieser Sache unterscheiden, so möchte die Muthmaßung, daß die Verwechselung dieser beiden Orte zu gedachtem Vorgeben Gelegenheit gegeben hätte, nicht hinlänglich seyn, und ich getraue mich nicht, etwas gewisses deswegen zu bestimmen. **Winkelmann** 5) führt den alten Titel der Landcommenthurs zu Marburg an, welcher lautet: Bruder Herren Meister des Hospitals unser lieben Frauen zu Hierusalem, und Comthur des teutschen Hauses zu Marpurg, wogegen sich die neueren schreiben: Land-Comthur der Balley Hessen, und Comthur des Hau-

Orden S. 68. 73. dieses sagt, und sich auf Preussische Chroniken beruft. **Duellius** aber hist. ord. Equit. Teuton. pag. 15. schreibt nach Anleitung **Petri von Duisburg**, daß der Hauptsitz von Venedig nach Marienburg in Preussen sey verlegt worden. Böhme am oben angef. O. S. 196. behauptet auch den Sitz zu Marburg.

4) am angef. O. S. 38.

5) Beschreibung Hessenl. S. 425.

Hauses zu Marburg Teutschordens. Eben daselbst ist ein Verzeichniß der Landcommenthurs bis auf das Jahr 1685. zu finden; wobey ich noch anmerke, daß Kaiser Carl der IV. 1357. dem Prior des Teutschen Hauses zu Marburg, und seinen Nachfolgern, die Stelle eines Kaiserlichen Capellans verliehen, weswegen sie einen kostbaren Ring, so er ihnen geschenket, tragen sollten. 6).

§. 10.

Altäre bey dieser Kirche.

Endlich füge ich auch noch einige Nachricht von den, bey oder zu dieser Kirche gestifteten, Altären bey. Die Landgräfin Sophia schlug zu einem davon, der auf Befehl ihres Gemahls, in dem Chore daselbst war erbauet, aber wegen dessen dazwischen gekommenen Todtes noch nicht, seinem Versprechen nach, dotirt worden, 1258. das Patronat der Kirche zu Oberwalgern; 1) und eine Frau in Wetzlar, mit Namen Hedwig, verordnete zu dem Altar des heil. Creutzes 1287. gewisse Einkünfte, um einen besondern Priester

6) Beil. 16. des Histor. Diplomat. Unterr. Ein Register der Marburgischen Commenthurs bis fast jetzo, steht bey dem H. von Gudenus C. D. T. IV. p. 1050 – 1053.

1) Beil. 20. des Entdeckt. Ungrundes.

ster dazu zu halten. 2) Es ist aber anderwärts 3) zu sehen, daß auch eine Capelle des heil. Creutzes ausserhalb Marburg gewesen, und nebst dem Altar 1444. mit Bewilligung des Teutschen Hauses, und des Marburgischen Predigers, eingeweyhet worden, welche Capelle dann mit der Pfarrkirche verbunden seyn sollte. Der Landgraf Henrich I. und seine Gemahlin Mechtild schlugen zu dem St. Catharinenaltar 1302. durch eine neue Bestätigung die Pfarrkirche zu Walgern, 4) wogegen das Teutsche Haus sich verband, vor selbige, auch ihre Vorfahren und Nachfolger, täglich eine Messe, durch einen besonders dazu bestimten Priester, lesen zu lassen, auch das jährliche Gedächtniß mit Vigilien und Messen zu begehen. Da sich aber eine Urkunde von 1298. findet, 5) worinnen ein von Walgern an einen andern Ort versetzter Pfarrer; seine bisherige Pfarrey an den Landgrafen zuruck giebt, so wird im Entdeckten Un-

2) Beil 36. und 40. eben das. In der letzteren dieser Urkunden heißt es, daß das Teutsche Haus hierinnen keine Veränderung treffen solle, in welchem Falle dem Hochmeister Macht gegeben wird, selbige zu vernichten.

3) Beil. 39. eben das.

4) Beil. 44. der Nachr. von der Landcomm. Marburg, und Beil. 25. der Nachricht von Schiffenb.

5) Beil. 25. des Entdekt. Ungr.

Ungrunde 6) vermuthet, daß dieser Mann schon 1258. zu Walgern gestanden, und durch seinen Abzug diese Pfarrey dem gedachten Hause zum erstenmale sey offen worden, als welches auch aus dem Schlusse der Urkunde selbst zu schließen sey.

§. 11.

Anfang des Klosters und der nachmaligen Commende Schiffenberg.

Weil unter den Commenden, welche noch heutiges Tages mit zu der Balley Hessen gehören, die zu **Schiffenberg** in dem Heßischen Gebiete liegt, so muß ich davon hier die gehörige Nachricht geben. Von den Commenden **Flöhrsheim** und **Grifstädt** aber will ich, weil sie nicht in Hessen liegen, ungeachtet sie mit zu der Balley Hessen gehören, nichts erwähnen, sondern mich deswegen auf den **Historisch-Diplomatischen Unterricht**, 1) und die

6) S. 21. in der unten stehenden Anmerkung.

1) S. 24 Die Urkunden, worinnen der Teutschmeister Burchard von Schwanden, mit seinem Generalcapitel den Hof zu Grifstädt in Thüringen, zu der Marburgischen Commende schlägt, sind die Beil. 65. a und 65. b. des Entdeckt. Ungrundes. Aus den Beil. 13 und 215. eben das. sieht man auch, daß noch im funfzehnden Jahrhundert Commenden zu Stedebach und Seibolsdorf, gewesen sind, wovon ich aber keine weitere Nachricht geben

die dazu gehörige Urkunden beziehen. Schiffenberg war anfangs ein Augustinerstift, welches 1129. von der Gräfin Clementia von Gleiperg ist angelegt worden, welche Nachricht schon Winkelmann 2). beygebracht hat. Sie stiftete solches aus ihrem Eigenthum in dem, nunmehr guten Theils ausgerotteten, Wisecker Walde, mit Einwilligung ihrer nächsten Verwandtin, der Tübingischen Pfalzgräfin Gertrut, und deren Tochter Adela, als welchen der vierte Theil des Waldes eigenthümlich zustund; und sie räumte selbiges den regulären Chorherren des Augustinerordens, 3) mit dem Vorbehalte ein, daß dem ältesten ihres Geschlechts und Nachkommenschaft die Vogtey davon zukommen, das Kloster aber demselben oder dem umliegenden Adel, zu keinen Diensten verpflichtet seyn sollte. Der Stiftungsbrief ist aber erst in dem Jahr 1141. gegeben,

geben kann. Eine das Hauß zu Griffstädt angehende Urkunde von 1255. findet sich bey dem H. von Gudenus T. IV. p. 885.

2) S. 214. Zur Erläuterung kann man nachsehen, was Gebhardi von der Gleipergischen Familie, von dieser Clementia an, in den Hist. Geneal. Unters. Th. II. S. 110 – 139. beygebracht hat.

3) Von dem Unterschiede der regulären und weltlichen Chorherren sind die von Mosheim instit. hist. Christ. p. 420. (womit S. 300 zu vergleichen) angeführte Schriftsteller nachzusehen; denen man *Böhmeri* jus ecclesiast. Protestant. T. II. p. 72 – 77. beyfügen kann.

geben, und giebt darinnen die **Clementia** mit ihren beiden Vettern, **Otto** und **Wilhelm**, dem Stifte 30. Hufen, auch Bau- und Brennholz, und freye Viehweide im Wisecker Walde, nebst 5. Gütern zu **Girmetze**, **Leitgestern**, **Oberhofen**, **Bertheim**, und **Milbach**, mit der Capelle daselbst, 4) womit diejenige Urkunde von demselben Jahre zu vergleichen ist, worinnen noch 2. Hufen in **Conradsrode** zugesetzt, und die Dörfer benennet werden, welche von der bey dem Stifte erbaueten, und zu einer Pfarrkirche gemachten Capelle, als Filiale abhangen, und die Mutterkirche in Bau- und Besserung erhalten helfen sollten. 5) Zu der noch vorher gegebenen Bestätigung des Trierischen Erzbischoffs **Meginherus**, von 1129. 6) kam eine neue Bekräftigung des Trie-

4) Beil. 28. der Nachricht von Schiffenberg, und Beil 61. d s Histor. Diplomat. Unterr. auch bey H. von **Gudenus** C. D. T. III. p. 1050.

5) Beil. 60. an letzterem Orte.

6) Beil. 27. der Nachr. von Schiffenb. und unvollständig Beil. 63. des Histor. Diplomat. Unterr Hier wird zwar nur von etwas mehr als 20 Hufen am Wisecker Walde geredet, welches aber in dem hernach gegebenen eigentlichen Stiftungsbriefe bestimter ist ausgedrückt worden. In einer andern hieher gehörigen Urkunde eben dieses Meginherus, von 1129. in des H. von Hontheim histor. diplom. Trevir. p. 515. wird zwar nur von 17 Hufen geredet, auch werden der Clementia daselbst Kinder beigelegt, wogegen

Trierischen Erzbischoffs Albero, von 1139. 7) welcher auch 1145. nach einem besonderen Briefe, die Kirche zu Girmeze bey Wezlar dazu schlug, die gedachte Verfügung wegen einiger Dorfkirchen aufs neue bestätigte, und verordnete, daß die genannten 6. Dörfer alles von Schiffenberg fordern sollten, was eine Mutterkirche ihren Filialen schuldig ist. 8) Der Tübingische Pfalzgraf Sigfried, der vorhergedachten Adela Sohn, hatte der Stiftung heftig widersprochen, wurde aber endlich, obschon mit vieler Mühe, zur Einwilligung gebracht, und hielte 1141. mit den Gleipergischen Grafen, Wilhelm und Otto, die Stiftung überhaupt genehm, welches die letzteren 1162. wiederholeten, und das Patronatsrecht der gedachten 6. Kirchen an Schiffenberg bestätigten, so daß dasjenige dieser Dörfer, so seine eigne Kirche haben würde, den

---

gen aber Gebhardi am angef. O. S. 112. Zweifel macht, die sich auch auf das erstre ziehen lassen; so daß die Urkunde zwar richtig seyn kann, Meginher aber etwan damals noch nicht recht ist berichtet gewesen.

7) Beil. 29. der Nachr. von Schiffenb. und unvollständig Beil. 64. des Histor. Diplom. Unterr. Es wird auch daselbst von dem Zehnden aller neuen Aecker im Wisecker Walde, als einer Vermächtniß an das Stift, geredet.

8) Beil. 30. der Nachr. von Schiffenb. Das letztere hier verfügte bestätigte der Erzbischoff Hillin 1162. in der 65. Beil. des Histor. Diplomat. Unterr.

den Chorherrn ersteren Orts sechs Malter Waizen, und zehen Schillinge leichter Pfennige geben sollte. 9) Das Stift bekam zwar 1229. mit der Gemeinde zu Steinbach, wegen des Patronatsrechts, und der dem Kloster schuldigen Abgaben, welche **Otto** und **Wilhelm**, als Patronen der Steinbacher Capelle, nach Schiffenberg vermacht hatten, Streit, welcher aber, nachdem der Convent seine Urkunden vorgezeigt, von dem Pfalzgrafen **Wilhelm**, durch eine neue Verordnung so beigelegt wurde, daß die Einwohner dieses Orts jährlich das oben angezeigte an Frucht und Gelde dem Stifte bezahlen, und bey der Reparation der Gebäude der Pfarrkirche helfen sollten. 10) Es eräugnete sich auch 1285. ein gleicher Streit des Landgrafen **Henrichs** *I.* und der Einwohner zu Steinbach gegen den Convent, über dieselbe Frage, der dann von dem Landgrafen, nach Vorzeigung der Urkunden, auf gleiche Art zu des Convents Vortheile geendigt wurde, mit dem Zusatze, daß die Einwohner den Chorherrn bey Proceßionen nachfolgen, auch das Stift an die Steinbacher Capelle einen tüchtigen Mann setzen sollte, und selbigen bey Erhebung wich-

9) Beil. 31. und 32. der Nachr. von Schiffenb.

10) Beil. 33. eben das. und Beil. 23. des Entdekt. Ungr. Alle von n. 6. an, angeführte Urkunden stehen auch bey dem H. von Gudenus, Cod. diplom. T. III. pag. 1045. u. f. 1062. u. f. 1198. u. f.

wichtiger Klagen wieder wegnehmen dürfen. 11) Eben dieser Landgraf hat auch dem Stifte einige Zehnden zu Hausen, in den Jahren 1284. und 1288. geschenkt, die von ihren vorigen Besitzern aus den Familien, von Leikgestern, und von Linden, als Heßische Lehen waren besessen worden; 12) wiewohl letztre Schenkung eigentlich auf ein mit Schiffenberg verknüpftes Nonnenkloster geht, wovon bald wird geredet werden.

§. 12.

Veränderung mit diesem Stifte.

Die Gegend, worinnen dieses Stift lag, ist gegen das Jahr 1270. an Hessen gekommen. Die Art wie solches geschehen, will ich hier nicht untersuchen, und kann man deswegen dasjenige, was in den unten angeführten Schriftstellern davon 1) angemerkt ist,

11) Beil. 203. des Entdekt. Ungrund. und Beil. 235. a. der Nachr. von Schiffenb. Th. II

12) Beil. 209. 210. eben das. Die erstre Urkunde steht auch beym H. von Gudenus cod. diplom. T. IV. p. 948.

1) Nachr. von der Commend. Schiffenb. S. 70 71. Th. II. S. 161. u. f. Entdekt. Ungrund S. 171 – 176. H. R. Estor *orig. I. V. H. p.* 294. *seq* Anal. Hass. coll. XII. p. 388. H. R. von Senkenberg medit. de jure & histor. fasc. IV p. 672 – 677. und mit besonderer Beziehung auf

 Schif-

ist, mit einander vergleichen. Daß auch dieses Stift damals schon unter Hessen gestanden, bezeuget ausser dem vorher gedachten, im Jahre 1274. des Landgrafen **Henrichs** I. Bestätigung eines Verkaufs gewisser Güter zu **Lützelinden**, welche es an das Teutsche Haus in Sachsenhausen überlassen, und woran der Landgraf sein Vogteyrecht erließ. 2) Es verfiel aber das Stift in eine gewaltige Unordnung, so daß, wie die Worte der Urkunde lauten, die Regeln nicht geachtet wurden, die Geistlichen allenthalben herum liefen, die bewegliche und unbewegliche Güter, Bücher, und Kirchenzierathen verkauft wurden, und dadurch bey den benachbarten große Aergerniß entstund; und daher wurde das Stift dem Teutschen Hauße zu Marburg zugeschlagen, wozu die Münzebergischen Ganerben, wegen der im gemeinsamen **Hüttenberge** gelegenen Stiftsgüter, ihre Einwilligung gaben. 3) Aus der diese Veränderung betreffen-

Schiffenberg, H. H. Teuthorns Geschichte der Hessen, B. III. S. 90 – 107.

2) Beil 35. der Nachr. von Schiffenb. und in des H. von **Gudenus** cod. dipl. T. II. p. 186.

3) Diese Einwilligungen stehen, aber meistens nur verkürzt, bey dem Histor. Diplomat. Unterr. als Beil. 67 → 70. 72. 73. Man muß daher den H. von **Gudenus** cod. diplom. T. III. p. 1204. 1205. vergleichen, nebst der Nachr. von Schiffenb. Th. II. S. 182. not. c. und in Ansehung der Einwilligung des Fürstlichen Hauses Hessen, beson-

fenden Urkunde des Trierischen Erzbischoffs Balduins 4) ersieht man, daß nach der

M 2 Ueber=

besonders eben das. S. 186. 187. not. b. mit der Urkunde 235 c. Die Bekräftigung Hartrods Herren von Mehrenberg von 1323. wegen gedachter Veränderung, mit der Versprechung seines Schutzes, wegen der Zugehörungen dieses Stifts, unter der Bekräftigung dessen, was die Miterben gethan, steht vollständig bey dem Entdekt. Ungr. als die Beil. 196 und eine neuere Reinhards Herren von Westerburg, und seiner Gemahlin Bertha, mit der Schenkung ihres Theils an acht dem Stifte zugeschlagenen Hufen im Wisecker Walde, eben das. Beil. 197. Man muß aber mit der Mehrenbergischen Urkunde die Beil 235. d. der Nachricht. von der Comm. Schiffenb Th. II. zusammen halten, wo die Rechte, die sich erwehnter Hartrad dabey vorbehalten, angeführt werden Die beym H. von Gudenus, am angef O S 1205 im Auszug stehende Urkunde Gerlachs von Limburg, von 1342 habe ich endlich bey der zu Regenspurg 1754 übergebenen Erdrungenen Gefährdablehnung, zu Bestärkung des Teutschen Ritterordens Gerechtsamen, unter nr. 13. vollständig gefunden.

4) Sie steht unvollständig bey dem Hist. Diplom. Unterr. als die Beil. 66. und in einem Auszug bey dem H. von Gudenus, am angef. O. S. 1016. man muß daher das fehlende aus der Beil 192. des Entdekt Ungr. ersetzen. Die jährliche Abgabe an das Erzstift Trier ist jedoch vom Erzbischoff Balduin, an demselben Tage, da jene Urkunde gegeben ist, zur Hälfte schon nachgelassen, und eine jährliche zweimalige Begehung des Gedächtnisses seiner, und einiger seiner Verwand-

Uebergabe dieses Stiftes an den Teutschen Orden, ein Probst mit zwölf Brüdern, worunter wenigstens sechs Priester seyn, jedoch vor jetzo wegen großen Mangels 6. Jahre lang nur sechs Geistliche, und darunter vier Priester, hernach aber wieder die gedachte Zahl, darinnen verbleiben sollten. Das Marburgische Teutsche Haus sollte jedesmal den Probst an den Trierischen Erzbischoff präsentiren,

---

wandten, und der Vorfahren in seinem Amte, vorbehalten worden, wogegen das Teutsche Hauß sich verband, wann es mit dieser Begehung, und der Erlegung der andern Hälfte saumhaft wäre, wieder zu dem ganzen Betrage gehalten zu seyn; und seine und der ihm untergebenen Häuser, Güter zum Unterpfand einsetzte, die der Erzbischoff nach Gefallen sollte einziehen können. Da in dieser Urkunde, so die Beil. 194. des Entdeckt. Ungr. ist, die anfangs vorbehaltene Abgabe nach Trier auf 6. Mark gesetzet wird, davon nach gedachter Erlassung nur 3. Mark überbleiben, so ist die Urkunde wegen dieses Nachlasses, dem Ansehen nach, vor der anderen ausgefertigt worden. Was bey dem H. von Gudenus am angef. O. S. 1034. steht, scheint nur eine, wiewohl in Ansehung der Summe nicht genaue Anzeige der Urkunde 194 zu seyn. Die Einziehung einiger geistlichen Stellen hat Balduin, weil das Stift wegen der feindlichen Anfälle Vertheidigung bedürfe, nach der Beil. 195. des Entdeckt. Ungr. 1325. bestätiget, so daß unter 6. Geistlichen wenigstens 3. Priester seyn, und die übrige Zahl der Stiftspersonen durch Laienbrüder ersetzt werden, und indessen an dem Gottesdienste nicht die geringste Schmälerung geschehen sollte.

tiren, letztrem auch die Visitation darüber zustehen, und ihm von dem Stifte alles geleistet werden, wozu andere Teutschen Ordenshäuser Trierischer Diöces verbunden wären. Wie auch dessen unbewegliche Güter nicht ohne die Erzbischöfliche Erlaubniß sollten können veräusert werden, so sollte das Stift nebst dem Teutschen Hause nach Trier jährlich auf Martinstag zu Coblenz, drey Mark guten Silbers nach Trierischem Gewichte, oder den Werth davon, durch einen Ordensbruder abtragen, und derselbe ausdrücklich bekennen, daß dieses als eine Schiffenbergische Pension bezahlt würde; ja, wann in dieser Zahlung zur gesetzten Zeit nachläßig verfahren würde, dasselbe nach acht Tagen mit Zinsen und etwa vorfallenden Unkosten erlegt werden. Es sollte auch der Erzbischoff deswegen die Ordenshäuser und Güter zu Marburg und Schiffenberg, oder andere dem zu Marburg unterworfene, und besonders dazu verschriebene anhalten, und bis zu völliger Zahlung an Capital, Zinsen, und Unkosten, anhalten können. Indessen sollten die Häuser zu Marburg und Schiffenberg sich nicht in die Sachen des mit Schiffenberg verbundenen Nonnenklosters mischen dürfen, diejenigen Chorherren des Augustinerordens, welche sich in den Teutschen Orden begeben wollten, sollten die Erlaubniß hierzu haben, diejenigen aber, so keine Lust hierzu hätten, bey ihrer vorigen Regel bleiben dürfen. In dieses alles willigten der Ordensmeister **Carl Beffart** von Trier, der Commenthur, und das Teutsche Hauß. Nachdem das vorhergehende festgesetzt war, ließ der Trierische Erzbischoff **Baldwin** den Teutschen Orden durch Commissarien, neinlich den Trierischen Archidiaconus **Gottfried** von Eppenstein, den Prior von Aldenburg, und den Dechanten zu Heyger, in den Besitz dieser Güter setzen. Und hierauf ist nach dem Abgange der vorhin gedachten zwölf Brüder, eine besondere Commende daselbst angelegt worden, welches in der **Nachr. von Schiffenb.** aus vorgedachter Erlaubniß von Verminderung der Stiftsgeistlichen hergeleitet wird. 6)

§. 13.

Güter dieses Orts.

Ausser diesem finden sich noch verschiedene Nachrichten von den andern Gütern dieses Stifts, und nachmaliger Commende. Bey dem **H. von Gudenus** 1) steht ein Schenkungsbrief des Mainzischen Erzbischoffs **Conrads** von 1193. worinnen er diesem Kloster den Zehnden der neuen Aecker zu **Wismerbach** übergiebt; auch 2) eine Urkunde des Trie-

5) Beil. 193. des Entdeckt. Ungrundes.

6) Th. II. S. [illegible]. not. h.

1) cod. diplom. T. I. p. 317.

2) eben das. T. III. p. 1053.

Trierischen Erzbischoffs Albero von 1150. worinnen gewisse Familien von ihren Herren frey gemacht werden, so daß sie, von ihrem funfzehnden oder sechzehenden Jahr an, einen jährlichen Zinß von zweenen Pfennigen an das Stift bezahlen sollen, und wurde ferner darinnen verordnet, daß nach ihrem Tode bey gleichen Ehen, diese Kirche das beste Kleid oder Thier, bey ungleichen aber, zwey Theile des Vermögens, von einem todten Manne, und von einer todten Frau das dritte Theil haben sollte. Nach einer Urkunde von 1197. 3) überläßt Schiffenberg dem Kloster Arnsburg seine eigenthümliche Stücke in **Colnhausen**, gegen dessen Güter in **Holzhausen** und **Eberhartsgöns**, und verkaufet ersteres dem letzteren gewisse Eigenthumsstücke in **Lune** und **Oberenckelen**. Daß die Landgrafen von Hessen selbst Schenkungen an dieses Stift gethan, ist gewiß genug. 1325. schenkte der Landgraf **Otto**, nach der oben beschriebenen Veränderung, dem Schiffenbergischen Stifte seinen Theil von 8. Mansis des Wisecker Waldes, wogegen es jährlich bey seinem Leben den Tag vor dem Tage Petri und Pauli, eine Frühmesse vor seine Wohlfahrt absingen, und dabey von dem angezeigten Stücke Landes den Conventualen 2 Pfund Heller, vor Wein und Fische, ausgezahlt werden sollten. Nach des Langrafen

3) eben das. S. 1200.

Tode aber sollten an dessen Jahrtäge (anniversario) Vigilien und Seelmessen gehalten, und dabey die 2 Pfund Heller zu einer Mahlzeit (pictancia) gegeben werden, 4) welche Schenkung der Landgraf **Henrich** 1349. bestätigte. 5) **Hartrad** von Merrenberg schenkte 1326. mit Vorbehalte eines Jahrgedächtnisses mit Vigilien und Messen, nach seinem und seiner Frauen Todte, seinen Theil an den erwähnten 8. Mansis, mit Bekräftigung dessen, was der Landgraf und andere, als Miterben, deswegen verfügt hatten; 6.) wie dann auch **Luther** von Isenburg, eine gleiche

---

4) Beil. 182. des Entdekt. Ungr. und bey dem H. von Gudenus, T. IV. p. 1037. sie steht auch aus dem Original, bey der Nachr. von Schiffenberg, Th. II. als die 236. Beil. An beyden letzteren Orten werden zwar nur fünf Huben genannt, weil aber der Landgraf Henrich, und die Ganerben 8. Huben bestätigen, so mögen wohl noch deren drey durch eine andere Urkunde dazu seyn gestiftet worden, wie in letzterer Schrift S. 291 not. l) erinnert wird; wie dann in der Beil. 235 Th. II der Nachr. von Schiffenb. einer Bekräftigung des Landgrafen Henrichs (aber nicht, wie hier durch ein Versehen stehet, Intaneis) von 1334. über eine vom Landgraf **Otto** gemachte Schenkung von 3. Huben, an das mit Schiffenberg vereinigte Kloster Zell gedacht wird, worunter vielleicht die vorgedachte 3. zu verstehen sind.

5) Beil. 183. des Entdekt. Ungr.

6) eben das. Beil. 184.

gleiche Schenkung und Bestätigung that; 7) auch **Philipp** Herr von Falkenstein mit seiner Gemahlin *Anna* 1343. und Else Frau von Falkenstein 1344. dasselbe bekräftigten. 8)

§. 14.

Das Kloster Zell war mit Schiffenberg vereinigt.

Es ist hier ferner anzumerken, daß mit dem Schiffenbergischen Stifte ein Nonnenkloster gleiches Ordens, namens Zell, ist vereinigt gewesen, welches, nach der Anzeige des **H. von Gudenus**, 1) am Fuße desjenigen Berges, worauf Schiffenberg gestanden, gelegen, und von diesem mit dem gehörigen ist versehen worden, von dessen eigentlichen Ursprung ich aber nichts melden kann. Schon 1285. findet sich, daß beyde Stifter in einem Streite wegen gewisser Ländereien, gegen das Kloster Arnsburg gemeinschaftliche Sache gemacht haben, wo der Dechant und der Domscholaster des St. Victorsstifts zu Mainz, als Schiedsrichter so sprachen, daß die streitige Ländereyen zwischen Arnsburg und Schiffenberg getheilt werden, ersteres aber

M 5

7) eben das. Beil. 185. 186. letztere steht auch bey dem H von Gudenus, cod. diplom. T. IV. pag. 1040.

8) eben das. Beil. 187. 188.

1) am angef. O. T. III. p. 1163.

aber den Schiffenbergischen Convent, von einem gewissen jährlichen Zinß, den dieser an die Wittwe eines Ritters von Milchling zahlen mußte, frey machen sollte: 2) und oben ist auch einer Schenkung erwähnt worden, die der Landgraf Henrich I. an das Schiffenbergische Nonnenkloster, wodurch dieses Zell angedeutet wird, 1288. gethan hat. Der Graf Gerlach von Nassau, und sein Sohn Johann, schenkten hieher 1335. drey nahe gelegene Huben Waldung mit allen Rechten: und Philipp der ältere, auch Philipp der jüngere, und Cuno von Falkenstein, Herren von Münzenberg, 1339. acht vor dem Kloster gelegene Huben des Wisecker Waldes. 3) Als nachher die Einkünfte zwischen Schiffenberg und Zell getheilt wurden, so kam letzteres in so schlechte Umstände, daß die Nonnen innerhalb zwanzig bis dreysig Jahren bis 1449. keinen Unterhalt hatten, und ihre Nahrung durch Handarbeit beschwerlich verdienen mußten, auch bis auf viere ausstarben; sie überließen daher im genannten Jahre ihr Kloster dem Schiffenbergischen Stifte, auf beständig, und baten den Erzbischoff zu Trier um die Einverleibung. Der Schiffenbergische Probst, Johann Sedler, nahm

2) Beil. 205. des Entdeckt. Ungr.

3) eben das. Beil. 190. 191. letztere steht auch bey der 1754. zu Regenspurg übergebenen Erdrungenen Gefährt-Ablehnung, zu Bestärkung des Teutschen Ritter-Ordens Gerechtsamen ꝛc. nr. 12.

nahm diesen Antrag an, wann der Erzbischoff denselben genehmigen, und sein gnädiger Junker von Nassau ihn dabey beschirmen wolle. 4) Es ergieng darauf von Zelle 1449. der Antrag wegen dieser Einverleibung, an den Erzbischoff Jacob, der dann seinem General-Vicarius in spiritualibus, Henrich von Boppard, die Untersuchung auftrug, welcher Befehl bekam, wann er die Sache so, wie angegeben war, befinden würde, das Kloster an Schiffenberg zuzuschlagen, so daß die darinnen noch lebende wenige Nonnen ihren jährlichen Unterhalt bekommen, nach ihrem Tode aber keine ohne besondre Erlaubniß aufgenommen werden sollten.

Der Vicarius richtete, nachdem er die Sache richtig befunden, die Commißion gehörig aus; und weil der Prior des Prämonstratenserstiftes zu Dorlar sich einmischte, und von den Nonnen Gehorsam forderte, so wurden selbige, ohne hierauf zu sehen, zur Unterwürfigkeit an vorgedachte Verfügung angewiesen, und sollte auch ein jeder, den es angieng, bey Strafe des Bannes verbunden seyn, von den Zellischen Rechten und Gefällen, dem Schiffenbergischen Probste Nachricht zu ertheilen; wobey der Erzbischoff die Einwilligung anderer, welche die Sache angienge, ausdrücklich voraussetzte. 5) Diese Ver-

4) eben das. Beil. 178.

5) eben das. Beil. 201.

Vereinigung bekräftigte der Graf **Philipp** von Nassau und Sarbrücken, als Schutz- und Schirmvogt, nebst seinem Sohn **Johann** 1470. und weil Schiffenberg das Kloster Zell, als eine Capelle, im Bau erhalten, und wöchentlich etliche Messen vor den Grafen, auch seine Vorfahren und Nachkommen darinnen halten sollte, so wurde die Erlaubniß ertheilt, die nächsten zwey oder drey Jahre die Zahl der Geistlichen nach dem Vermögen anzuordnen. 6) Da auch das Kloster Zell dem in der Nähe gelegenen zu Dorlar eine Summe Geldes schuldig war, und deswegen nach der mehrgedachten Vereinigung mit Schiffenberg ein Streit entstund, so setzte der Graf **Philipp** beyde Stifter 1471. so auseinander, daß Schiffenberg davor an Dorlar 150. schwere Rheinischen Gulden erlegen; bis zu solcher Erlegung aber einen jährlichen Zinß von 7. Malter Korn aus dem Klosterhofe zu **Heuchelheim** bezahlen, und zur Sicherheit diesen Hof selbst einsetzen sollte. Der Marburgische Landcomthur **Wiprecht Lewen** von Steinfurt, willigte auch dazu ein 7) Dieser Graf **Philipp** befreiete auch 1485. vor sich, und den Grafen **Ludwig** von Nassau und Sarbrücken, seinen **Dichter**, als dessen Vormund, Schiffenberg nebst dem, was ihm von Zelle zugekommen, von allen Dien-

6) eben das. Beil. 179.

7) eben das. Beil. 180.

Diensten, doch mit Vorbehalte der Erbschirms-gerechtigkeit, und daß zum Heil der Stifter, im Hause zu Marburg viermal im Jahre auf jeden Montag, nächst nach jedem Fronfasten-Sonntage, auch zu Schiffenberg jährlich einmal den Sonntag nach Gregorientag, ihr Gedächtniß sollte begangen werden; auch der Teutsche Orden dieses Kloster keinem anderen Herren, als mit wissen dieser Grafen, verehren. Es behält sich auch der Graf vor, daß der Commthur zu Schiffenberg, seinem Gesinde und den Thorhütern gegen Glippurg, (ohne Zweifel Gleipurg) nach dem alten Herkommen mit dem Oppergelde, und den Bottschuhen gewarten sollten. 8) Zur Er-

8) eben das. Beil. 181. und Beil. 42. der Nachr. von Schiffenb. bey dem Histor. Diplom. Unterr. steht sie nur unvollständig als die Beil. 74. In den Marburgischen Anzeigen von 1764. St. 15. sind zwo Heßische Urkunden von 1272. und 130[illegible] eingerückt, wo das Wort botschu ebenfalls von einer Art Schuhe oder Stiefeln vorkomt, welche auch manchmal die Klöster als eine Abgift liefern mußten. Was das Wort Dichter, in der angeführten angehet, so wundert mich, daß Haltaus im glossar. german. dasselbe nicht erklärt habe, wiewohl ich aus dem Zusammenhange, und aus dem, was Wachter im glossario germ. col. 278. unter dem Worte *dicht* geschrieben, schon sehen konnte, daß jenes hier eine Verwandschaft anzeigen müsse. Als ich hiervon mit meinem hochgeschätzten Freunde und Collegen, dem H. R. Curtius, redete, verwieß mich dieser auf die Stelle in dem Augspurgischen Reichsabschiede

Erläuterung über verschiedenes vorhin erzähltes, kann man die Nachricht von Schiffenberg 9) vergleichen. Endlich muß ich noch einer, mir jetzo erst vorkommenden Urkunde

schiede von 1500. wo verordnet wird, daß künftig bey einer Verlassenschaft Dichter und Enkeln, mit ihrer Väter und Mütter Geschwisteren, anstatt ihres Vaters und ihrer Mutter, erben sollten; s. den zweyten Theil der neuesten Ausgabe von der Sammlung der Reichsabschiede S. 71 wo, wie man deutlich sieht, von Seitenverwandten geredet wird. In gedachter Urkunde heißt aber ohne Zweifel Dichter so viel als Enkel, indem der Graf Philipp von seinem 1480. verstorbenen Sohn Johann einen Enkel, namens Ludwig, hatte. Dann auf seines 1472. verstorbenen Bruders Johanns Sohn, läßt sich hier keine Anwendund machen, weil derselbe Johann Ludwig hieß; siehe die 1744 zu Frankfurt in folio gedruckte Nassauische Stammtafel, wo, und in der Beil. *B.* von 1491. die Grafen Ludwig und Johann Ludwig, nicht nur sich selbst deutlich von einander unterscheiden, sondern auch ersterer sich Philipps Enkel nennet.

9) S. 82. 83. So eben finde ich noch zu bemerken, daß in dem vorhin angezogenen codice probat. des H. G. R. Lennep S. 44. eine Urkunde von 1333. vorkomme, wo Johann genannt Weiß, Ritter von Echzell, den nach Schiffenberg gehörigen Hof Schwalheim bey Bärstätt, um sechzig Malter Korn Wetzlarischen Maases zu Landsiedel empfängt; wobey er die Kirche mit einer beständigen Ampel zu beleuchten verspricht, und damit der Orden wegen gedachter Uebergabe nicht gefährdet werde, zwo Huben eigener Aecker im Echzeler Felde zum Unterpfande einsetzt.

kunde gedenken, nach welcher der Schiffenbergische Convent 1333. einen Hof zu Steindorf, den ihm drey Schwestern und Nonnen daselbst vermacht hatten, an das Capitel der Kirche zu Wetzlar verkauft hat, um das Geld davor zur Erbauung ihrer durch Brand eingegangenen Gebäude anzuwenden. 10)

§. 15.

Commende Reichenbach.

Endlich muß ich auch noch von der Commende **Reichenbach** etwas gedenken, welche aber mit einem Baierischen Kloster gleiches Namens nicht zu verwechseln ist. Diese entstund daher, daß die Grafen **Fridrich** und **Ludwig** zu Ziegenhain die Kirche zu Reichenbach 1207. dem Teutschen Orden geschenkt hatten. 1) Es war daselbst ein Nonnenkloster gewesen, welches aber durch Unglücksfälle eingegangen ist. Da nun die Teutschen Ritter diesen Ort erhalten hatten, so stieß der Mainzische Erzbischoff **Siegfried**, 1211. diese Stiftung über einen Haufen, und schenkte selbst die Kirche an den Orden, unter dem Vorgeben, daß jene vorher eine

Con-

10) Bey dem H. von **Gudenus** cod. diplom. T. V. p. 185.

1) Diese Urkunde ist die Beil. 41. des Histor. Diplomat. Unterr. sie steht auch bey dem H. von **Gudenus** cod. diplom. T. III. p. 1075.

Conventualkirche gewesen, und das Schenkungsrecht daher schon lange an das Erzstift Mainz gekommen sey. 2) Hierzu schenkte 1219. der Graf Henrich von Reichenbach, gewisse ihm zustehende Güter zu **Hetzelshagen, Beldrichsfeld, Vortrieden, Poppenhagen, Wetzelsrode und Camphls**, 3) wiewohl in einer Versicherung des Probstes und des Capitels zu Fritzlar von 1220. 4) anstatt der beiden mitleren Orten, **Dornbach** und **Fischbach** genannt werden, mit der Bezeugung, daß des gedachten Grafens Sohn gleiches Namens, als er, nach dem Vorgange seines Vaters, in den Teutschen Orden getreten, Vortrieden und Poppenhagen mit allen Zugehörungen ebenfalls dahin geschenkt habe. Der Graf **Gottfried von** Reichenbach gab zwar hernach vor, daß die Güter in den erwähnten beiden letzten Orten von seinem Vater und Bruder dem Teutschen Orden, ohne seine Einwilligung wären übergeben worden, er ließ aber doch sein Recht darauf fahren, wie das Capitel zu Fritzlar von 1243. bezeuget hat. 5) Es hat auch das Elisabether Hospital zu Marburg, nach Win-

kel=

2) Beil. 7. des Entdekt. Ungr. und bey dem H. von Gudenus, am angef. O. S. 1077.

3) Beil. 42. des Histor. Diplom. Unterr.

4) Beil. 176. des Entdekt. Ungr.

5) Beil. 175. eben daselbst.

Reimanns Berichte, 6) noch Einkünfte zu **Reichenbach**, die ihm aus den Gütern des ausgerotteten Tempelordens zugefallen sind. Allein H. **Teuthorn** 7) zeigt aus dem vorhergehenden, daß letzteres irrig sey. Und da nach der Zeit der Ort in eine Commende ist verwandelt worden, so hat solche, wie der Verfasser des Historisch=**Diplomatischen Unterrichts** 8) schreibet, ihre eigene Commenthurs, biß auf den Landgrafen **Philipp** den Großmüthigen, gehabt, nach welcher Zeit diese Commende zu dem Teutschen Hause in Marburg ist geschlagen worden. Es sollte scheinen, daß die beiden Urkunden, in deren ersterer der Landgraf **Ludewig** 1225. dem Orden eine Befreiung seiner Güter von allen Zöllen und Abgaben giebt, 9) in der anderen aber die Landgrafen **Henrich** und **Conrad** 1231. selbigem **Melrich** mit seinen Zubehörungen schenket, 10) auf diese Commende gien-

6) Beschr. von Hessen, Th. VI. S. 310.

7) Gesch. der Hessen, B. V. S. 442. 444.

8) Sect. II. §. 3. pag. 19.

9) Beil. 27. der Nachr. von der Landcomm. Marburg, und Beil. 10. der Nachricht von Schiffenb. ja schon aus einer älteren Deduction bey Retter Th. II. S. 204. Teutsch steht sie in Lünigs spicil. eccl. cont. I. p. 361. und in Rudolphi Gotha dipl. Th. V. S. 195. wo aber irrig das Jahr 1235. beigesetzt ist.

10) Beil. 44. des Histor. Diplomat. Unterr. und Beil. 211. d. der Nachr. von Schiffenb. Th. II. und

giengen, weil die zu Marburg damals noch nicht vorhanden war. Allein da das Alterthum der zu Reichenbach ebenfalls noch nicht an diese Zeit reichet, so sind diese Freiheiten und Schenkungen nur überhaupt auf den Teutschen Orden zu ziehen. Landgraf **Ludewigs** Brief hat vornemlich die Rücksicht auf die von den Grafen zu Ziegenhain und Reichenbach dem Orden zuvor gemachte Schenkungen, wobey er aber einer von ihm herrührenden eignen Stiftung nichts gedenket. 11) Und da der Landgraf **Albrecht** in Thüringen dem Teutschen Orden 1267. alle Rechte und Freiheiten bestätigt, die ihm seine Vorfahren gegeben, wie die Briefe des Landgraf **Ludwigs**, seines Vorfahren, auswiesen, 12) so geht zwar diese Urkunde überhaupt auf die Ordensgüter in Thüringen, und folglich, weil dieses Land damals schon von Hessen abgesondert war, die dem Orden hierinnen geschenkte eigne Gerichtbarkeit, nicht auf die in Hessen gelegene Stücke: es ist aber doch, wie in der Nach-

---

und aus dem Original bey dem H. von Gudenus T. III. pag. 1103. wo Conrads Namen, der am ersten Orte fehlt, und am andern nur durch den ersten Buchstaben bezeichnet ist, völlig stehet.

11) Beil. 39. der Nachr. von Schiffenberg, und Th. II. S. 119. not. b.

12) Beil. 39. der Nachricht von der Landcommende Marburg, und Beil. 62. des Entdekt. Ungrundes.

Nachricht von der Commende Schiffenberg 13) ist bemerkt worden, eine Erklärung der 1225. gegebenen. Eine Schenkung einiger Grafen von **Beilstein** an dieses Haus von 1273. liefert H. **von Gudenus**. 14)

Fünftes Hauptstück.

Von den Johanniter-Comthureyen zu Nidda, Wiesenfeld, und Grebenau.

§. 1.

Comthurey zu Nidda.

Den im vorigen Hauptstücke beschriebenen Commenden des Teutschen Ordens in Hessen setze ich billig die Besitzungen des Johanniterordens an die Seite. Von der Comthurey zu **Nidda** findet sich eine Urkunde, 1) in welcher der Graf **Ludwig** von Ziegenhain den Johannitern 1278. seine Dörfer **Niedernleysa** und **Jgelnhausen** vor 60. Mark Cöllnischer Pfennige verkauft, mit der Freiheit von allen Diensten und Abgaben, und ihnen sein vorhin getriebenes Recht

 auf

---

13) Th. II. S. 120. not. c.

14) Cod. diplom. T. IV. pag. 921.

1) In Johannis spicileg. I. tabul. veter. p. 470.

auf einen Platz in **Nidda**, nahe an ihrem Hofe, so einer seiner Vorfahren von den Bürgern gekauft hatte, nachließ. Es komt auch schon ein Verkauf gedachten Grafens an diese Ritter von einem Stücke bey Nidda vom Jahr 1272. vor. 2) 1330. verkaufte der Orden seine Güter zu **Nytha** oder **Nidda**, welche jährlich acht Mark Pfennige betrugen, wegen alter großer Schulden, an die Gräfin **Helwigis** daselbst, wovon der Kaufbrief bey dem **H. von Gudenus** 3) stehet, bey welchem auch dieser Gräfin Schenkung gedachter Einkünfte an das Kloster Heina sich befindet, worinnen die erwähnte Güter in der Grafschaft Nidda benennet werden; desgleichen 4) eine Urkunde von 1267. worinnen unter andern gesaget wird, daß diese Comthurey Güter zu **Merlbach** an Heina verkauft habe: daher sie also überhaupt in einem schlechten Zustande muß gewesen seyn. Bey **H. Estor** 5) wird noch einiger anderen Güter dieser Commende erwähnt.

§. 2.

---

2) Unter den Handschriften in dem Aytmannischen Bücherverzeichnisse, im 15. Bande nr. 62.

3) Cod. diplom. T. III. pag. 268.

4) eben das. S. 271. 1135.

5) Orig. I. P. Hass. p. 215. not. z. Vergl. Winkelmanns Beschr. von Hess. S. 193. am Ende.

§. 2.

Comthurey Wiesenfeld.

Von Wiesenfeld meldet **Gerstenberger,** 1) daß der Graf **Wittekind** von Battenberg diesen Ort im Jahr 1300. den Johannitern gegeben habe. Allein es komt schon eine Urkunde von 1299. 2) vor, worinnen **Henrich** von Itter das eigenthümliche Recht eines Stück Landes, welches **Johannes** von Botzebach von ihm zu Lehn gehabt, und zum Besten der Commende zu Wiesenfeld aufgegeben hatte, an selbige ertheilte. 1309. verkaufte **Werner** von Westerburg seinen Zehnden zu **Brunichhausen,** mit allem Zubehör, vor 60. Mark Pfennige hieher. 3) 1322. übergaben der Comthur daselbst, **Heinemann** von Itter, und der Convent sein Recht auf gewisse Güter, nemlich ein Haus und einen Hof zu **Hemmenhausen,** an das Kloster Heina; welcher auch 1323. mit demselben Kloster einen Tausch wegen gewisser Güter zu **Holweren,** so jetzo **Hauborn** heißt, bey Frankenberg, traf, solche dem Kloster überließ, und von selbigem gewisse Güter zu **Holzhausen,** und gewisse Gefälle, die von dem

---

1) In der Frankenberg. Chronik, Anal. Hass. coll. V. p. 187.

2) Beil. 39. bey H. Vicek. Kopps Nachr. von den Herren zu Itter.

3) Beil. 53. eben das.

Convent nach Heina mußten gegeben werden, annahm. 4) Eben derselbe verkaufte in gedachtem Jahre die Güter zu **Altenlotheim**, vor 80. Mark Cölnischer Pfennige, an Heina, worüber die Bekräftigungen des Johannitermeisters in Teutschland, **Alberts** von Schwarzberg, und **Tilemanns** von Itter, sich auch finden. 5) Landgraf **Hermann** verlegte diesen Convent 1392 in die Stadt Frankenberg, und gab ihm die Pfarre daselbst, auf welche das Kloster Georgenberg sein Recht aufgegeben hatte, so daß die Johanniter nicht mehr in Wiesenfeld wohnen, sondern das Haus Wiesenfeld, mit zwenen oder dreien von ihren Brüdern versehen sollten. Dem Landgraf wurde das Patronatsrecht aller Altäre in der Frankenbergischen Kirche vorbehalten. Es versprachen auch der Comthur und der Convent, dem Landgrafen unterthänig zu seyn, als **andere Geistliche Leute in seinem Fürstenthum**, keine Güter von Bürgern zu Frankenberg, und an andern Orten, zu kaufen, und diejenige, die ihnen vermacht würden, feil zu bieten, und so lange, bis sie verkauft wären, die ordentliche Abgaben davon zu entrichten. 6) Es findet sich auch eine

Ord-

4) Beil. 54. 55. eben das.

5) Beil. 56. 57. 58. eben das.

6) Die wichtige Urkunde des Landgrafens steht bey Gerstenberger am angef. O. S. 215. ist

auch

Ordnung eben desselben Landgrafens von ermeldetem Jahre, worinnen er verfüget, daß dieser Convent jährlich dem Kloster Georgenberg acht Pfund Heller Frankenbergischer Wehrung zahlen, und sich nicht anders in seinem Amte, als bisher ein anderer Pfarrer zu Frankenberg, verhalten, auch, so lange er diese Pfarre haben würde, einen Capellan bey gedachtem Kloster auf seine Kosten halten sollte. Würden auch dieser Convent und das Kloster Georgenberg in Streit mit einander verfallen, so behält sich der Landgraf dessen Beilegung vor, wobey es sein Verbleiben haben sollte. 7) Es gaben auch das Kloster Georgenberg, und der Convent von Wiesenfeld, ihre besondere Einwilligung über die Landgräfliche Rechte wegen der Altarslehen, und der Beilegung der Streitigkeiten zwischen ihnen beiden durch den Landgrafen. 8) Als auch nachgehends ein solcher Streit wegen Collation der Altäre in dem Kloster entstund, woran die Johanniter Recht zu haben vermeinten, so gelangte die Sache an die Regenten, welche bey der Minderjährigkeit

auch die 4. Beil. der Nachr. von der Commende Schiffenberg. Der Revers des Convents aber ist die Beil. 17. der Nachr. von der Landcomm. Marburg, und die 5. Beil. zu der Nachricht von Schiffenb.

7) Beil. 18. am erst erwähnten Orte und Beil. 3. am letztren.

8) Beil. 7. 8. der Nachr. von Schiffenb.

des Landgrafen Philipps die Regierung verwalteten, wurde aber 1512. durch einige Geistliche und Weltliche Herren so verglichen, daß der Convent sich solches Rechts begab, die Nonnen zu Georgenberg aber, an dreien Tagen der Woche die Messe, die ihnen der von den Johannitern bestellte Capellan halten mußte, selbigem nachließ. 9) Bey H. R. R. Würdtwein 10) findet sich ein Verkauf dieses Hauses von einigen Gütern zu Zwesten und Niedernurf, an den Fritzlarischen Stifts-Dechanten, Hermann von Dallwig, von 1361. wo auch 11) zu lesen ist, wie selbiger diese Güter angewendet habe. Zu der Nachricht von den Gütern dieser Comthurey gehören auch noch 3. Landsidelbriefe bey H. G. R. Lennep: 12) der erste von 1506. geht auf ein Stück Landes und eine Wiese zu Brachte; der andere von 1517. auf ein Hauß und Hofraide zu Traisbach; und der dritte von 1512. auf eine Wiese zu Bromstadt, worüber der Inhaber, ein Einwohner zu Battenfeld, mit der Comthurey in Streit gerieth, aber sich seiner Forderung begab, und die Wiese auf zwölf Jahre zu Landsiddel empfieng, wovor er jährlich ein halbes Pfund Geld nach Battenbenberg bezahlte, so der Orden

---

9) Beil. 9. eben das.

10) Subsid. diplom. T. IX. p. 151.

11) S. 153. u. f.

12) Cod. probat. p. 70. 170. 190.

Orden wegen seiner Güter daselbst jährlich an den Landgrafen entrichtete, und ein halbes Pfund nach Wiesenfeld. Daß die Johanniter zu **Nidda** und **Wiesenfeld**, eine geistliche Exemtion vorgegeben; hat **H. G. R. Kopp** 13) bemerkt. Daß **Henrich Veit** von Keseberg, dessen Familie ehedem das Patronatrecht über die Kirche in **Geismar** bey Frankenberg besessen, selbiges an die Johanniter zu Wiesenfeld übertragen habe, meldet **H. Ledderhose.** 14)

§. 3.

Convent zu Grebenau, und Tempelherrn zu Homburg an der Ohm.

Von dem Johanniterconvent zu **Grebenau** sind die Zeit und Umstände der Anlegung ungewiß. **Winkelmann** 1). gedenkt nur, daß sechs bis sieben adeliche Personen sich hier aufgehalten, die sich Johanniter des Seelgeräths des Heiligen Hospitals zu Jerusalem

13) Von der Verfassung der Geistl. und Civilger. in den Hessencassel. Landen, Th I. S. 172.

14) Beschreib. des R. St. der Hessencassellischen Lande, S. 335.

1) S. 224. Des H. H. Teuthorns Grund Gesch. der Hess. B. III. S. 519. warum die Anlegung in den Anfang des dreizehenden Jahrhunderts vermuthlich zu setzen sey, komt mir nicht stark genug vor.

salem genennt, und 1459. einen Commenthur, **Craft von Döring**, gehabt hätten; und daß noch 1506. ein Commenthur daselbst gewesen sey.

Am Ende muß ich hier noch bemerken, daß, nach dem Berichte des **H. G. R. Estor**, 2) die **Tempelherrn** das Schloß zu **Homburg an der Ohm** eine Zeitlang inne gehabt haben, welcher Sitz aber bald nach des Ordens Austilgung sey aufgehoben worden.

Sechstes Hauptstück.

Von dem Cistercienserkloster Hegene oder Haina.

§. 1.

Ursprung desselben.

Da ich nunmehr von den Heßischen Klöstern des **Benedictinerordens** handeln muß, so gebe ich diesem berühmten Kloster **Cistercienserordens**, (welches mit einem andern, so **Hegene** oder **Heningen** heißt, und bey **Worms** liegt, dessen **Trithemius** 1) gedenkt, nicht zu verwechseln ist,) indem die Cistercienser

2) Orig. jur. publ. Hass. p. 216.

1) Chron. Hirsaug. T. I. p. 401. **Bucelinus** German. sacr. P. II. in seiner German. topo chrono-stemmatogr. Vol. I. p. 45. nennt dasselbe **Heyna**.

ser bekanntlich ein verbesserter Zweig der Benedictiner sind, billig eine besondere, und die erste Stelle. Es wird verschiedentlich benennt, und heißt in alten Nachrichten: Hegene, Hegenehe, Haynche, Hagene, Haygenehe, Heinis u. s. w. Bey der Reformation hat der Abt **Meinolph** die Stiftsbriefe und andere Nachrichten nach Aldenburg gebracht, wo sie noch verwahrt werden. 2) Indessen sind sehr viele Urkunden davon im Druck erschienen, welches um so viel höher zu schätzen ist, weil **Lezners Beschreibung dieses Klosters** so in den Anal. Hass. 3) wieder gedruckt ist, in den älteren Zeiten desselben eine Menge von Fehlern begehet, und keine einzige Urkunde angeführt hat. Der Ursprung davon ist dem Grafen **Poppo von Reichenbach** zu-

zu-

2) Leuckfelds antiquit. Michaelstein pag. 4. Der H. R. R. Hombergk hat, nach Anzeige des Herrn von Senkenberg select. jur. & hist. T. V. proleg. pag. 51. traditiones Hainenses insigniores in Handschrift besessen.

3) coll. IV. p. 305. seq. Ich wundere mich, daß in Manriquez berühmten annal. Cisterciensibus, davon ich aber nur die zu Regenspurg 1739. u. f. in fünf Theilen herausgekommene Uebersetzung bey der Hand habe, gar nichts von diesem Kloster gemeldet werde. Dann ob man zwar von selbigem, als einem Spanier, keine große Kenntniß von Teutschen Klöstern erwarten kann, so sieht man doch aus Theil IV. S. 537. daß ihm Jongelins notitia Abbatiar. ord. Cisterc. worinnen doch eine der von mir angeführten Hainischen Urkunden steht, nicht unbekannt gewesen sey.

zuschreiben, welcher 1140. zu **Aulesburg** ein Kloster zu Ehren der Jungfrau **Maria** anlegte, und bey Lebzeiten des Mainzischen Erzbischoffs **Adelberts** erbauete, und zwar vor Mönche unter der **Benedictinerregel**. Er schlug hiezu die Orte **Volgulen** oder **Vohele** (ohne Zweifel das jetzige **Vöhle** in der Herrschaft Itter) Holzhusen **und Holzheim**; die Hälfte von **Bermheid**, mit welcher er vorher belehnt gewesen, und den Zehnden der neu angelegten Aecker, welches der Erzbischoff bestätigte, auch den Zehnden von allem Viehe und Lebensmitteln in solchem Bezirke, und den halben Wald von **Bermheid** dazu gethan hat. Der Graf **Poppo** selbst schlug auch noch **Hegenelge** oder **Hegenche**, **Verminnen** (ohne Zweifel **Viermünden**) und **Hadelogenhusen**, (**Halgehausen**) dazu. Dieses alles bestätigte der Erzbischoff **Henrich** in einer Urkunde von 1144. 4) und wurde diese Aulesburgische Stiftung einem Abt und einigen Mönchen, welche aus dem Cistercienserkloster **Altencampen** bey Cöln verschrieben waren, übergeben; wobey aber **Lezner** 5) irret,

4) Diese Urkunde ist aus Jongelins oben genantem Buche, vom Leuckfeld am angef. O. S. 8. und in die Anal. Hass. coll. IV. pag. 340. eingerückt, aber voll Schreibfehler; daher sie auch mit Weglassung der unrichtigen Stellen in des H. von Gudenus cod. diplom. T. I. p. 153. wieder ist gedruckt worden.

5) am angef. O. S. 308.

irzel, daß die aus **Morimond** in Burgund an den letzteren Ort gekommene Mönche, weil es ihnen allda nicht gefallen, zusammen in Hessen gezogen wären, und dieses Kloster zuerst zu **Löhlbach**, und zwar erst 1150. gestiftet hätten; indem gedachte Morimondische Mönche, wie **Leuckfeld** 6) bemerkt, beständig in Altencampen verblieben sind. Es waren nun zwar bey des gedachten Grafens **Poppo** Leben alle zum Bau nöthige Stücke herbey geschaft, allein durch dessen bald erfolgten Tod blieb solcher einigermaßen liegen, welches die angekommene Cistercienser bewegte, sich von dar nach dem Eichsfelde zu dem neu angelegten Kloster **Alberode**, so hernach nach **Reifenstein** verlegt worden, zu begeben. Aber des Grafens Poppo Wittwe **Bertha**, und der Erzbischoff Henrich von Mainz, nahmen sich des angefangenen Aulesburgischen Klosters, in welchem alsobald nach jener Abzug einige andere Benedictinermönche und Nonnen sich eingefunden hatten, an, und suchten dessen Bau zu beschleinigen, wobey die letzteren ausgetrieben, und aus Altencampen ein neuer Abt mit einer gewissen Anzahl von Mönchen berufen wurde. Diese hielten sich aber auch daselbst, vermuthlich wegen der anfangs geringen Einkünfte, nicht lange auf, und als sie vernahmen, daß an dem Harze ein Cistercienserkloster bey der Kirche

6) am angef. O. S. 7.

Kirche zu **Michelstein** sollte angelegt werden, so wurden sie die ersten Besitzer von selbigem. Alles dieses erzählt eine Urkunde des Bergischen Abt **Bruno** von 1244. 7) Die Fehler, die **Lezner** 8) hier wieder begehet, hat **Leuckfeld** widerlegt.

§. 2.

Verlegung des Klosters.

Eben vorgedachter Brief meldet, daß dieses Kloster, nachdem es zum drittenmal mit Mönchen aus Altencampen besetzt worden (welche aber wieder zurück in ihr Kloster gegangen) sey von Aulesburg nach Haina verlegt und ferner, anstatt der abgegangenen, mit einem Abt und Mönchen aus dem Stifte Aldenberg im Herzogthum Bergen besetzt worden. Wann es aber auch daselbst heißt, daß die erste Colonie der von Altencampen beruffenen Mönche das Kloster zuerst zu Lölbach angefangen habe, so kann solches nicht bestehen, weil die vorhin angeführte älteste Urkunde den ersten Ort desselben **Aulesburg** nennet. Uberhaupt aber hat es viel Schwierigkeit, die rechten Umstände und Zeit der öfteren Verlegung

7) Diese steht bey Leuckfeld am angef. O. S. 14. und in den Anal. Haff. am angef. O. S. 356.

8) S. 308.

legung dieses Klosters anzuzeigen. Gerstenberger 1) meldet, es hätten die aus Altencampen verschriebene drey Convente 38 Jahre zu Aulesburg gewohnet, und beruft sich auf Hainische Briefschaften. Anderwärts 2) aber sagt er, die Aldenbergische Mönche hätten zu Aulesburg und Altenheyne 33. Jahre gewohnt, ehe sie zu Haine ein neues Kloster erbauet, welche Zeit, seiner Rechnung nach, von 1188. bis 1221. muß gezählet werden; wobey er aber auch den Fehler begehet, daß er den ersten Anfang der Stiftung ins Jahr 1150. setzet. Letzner 3) giebt vor, das Kloster zu Lölbach sey nach dem Abzug der dritten Altencampischen Colonie den 25. May 1188. abgebrochen, und das Kloster zu Aulesburg gestiftet, aber auch wieder abgebrochen, und nach Altenheina bis aufs Jahr 1221. verlegt worden, da man angefangen hinunterwärts im Thal ein anderes zu bauen; welchem Kuchenbecker 4) folget, nur, daß er glaubet, es wären von 1150. an bis auf die Verlegung des Aulesburgischen Klosters nach Haina

1) In der Frankenberg. Chronik, Hass. coll. V. pag. 164.

2) In der Hess. Chronik, S. 307. die Orte Altenhayne und Hegene superior hält H. Engelhard Hessencassel. Erdbeschreib. Th. II. S. 548. mit Recht vor einerley.

3) am angef. O. S. 309.

4) Orat. de illib. Hassor. relig. so zu Cassel 1720. in 4. gedruckt [illegible] p. 32.

Haina 83. Jahre gewesen, da dann letztere im Jahre 1233. müßte geschehen seyn. **Ayrmann** 5) sagt, daß die ersten Altencampische Mönche sich, ehe sie in Sachsen gezogen, nach Lölbach begeben, die folgende ein gleiches gethan, und die letztern sich wieder nach Aulesburg gewendet hätten, daher die Meinung entstanden, daß der Sitz dieser Mönche zuerst 1188. nach Aulesburg sey verlegt worden. Wie nun bey diesen verschiedenen Erzählungen, dasjenige, was von dem Aufenthalte der Mönche zu Lölbach gesagt wird, vielem Zweifel unterworfen, und etwa nur auf die allerersten aus Campen zu deuten ist, so trage ich kein Bedenken, dem **Gerstenberger** beyzustimmen; nur daß der Anfang zehen Jahre eher, nemlich auf 1140. gesetzt werde. Und wann also das Kloster gegen 1188. von Aulesburg nach Altenhaina verlegt ist, so hat man diese Verlegung nicht so weit hinaus zu setzen, als **Ayrmann** 6) thut, welcher glaubt, daß diejenige Urkunde von 1216. welche bey dem H. **G. R. Estor** 7) stehet, und einer Ver-

5) In einer kleinen Abhandlung in Retters Hess. Nachr. Th. III. S. 3.

6) In der Diplomat. Zugabe von Kloster Haina bey Retter am angef. O. S. 18.

7) In den ersteren kleinen Schriften Th. I. S. 193. Unter die Urkunden, worinnen das Kloster in denen Zeiten, wo es nicht mehr zu Aulesburg war, doch noch diesen Namen führt, ist auch die von 1216.

Versetzung des Klosters von Aulesburg gedenket, nicht von der würklich nach Haina geschehenen, sondern nur von einer noch vorgewesenen zu verstehen sey, weil man ja noch in spätern Urkunden das Kloster Aulesburg finde, selbst in der vorher angeführten vom Jahr 1244. Wie indessen schon in einer hernach vorkommenden von 1238. dieses Kloster Haina genennet wird, so hat Ayrmann zwar darinnen recht, daß zu letzterem verschiedene Jahre vorher scheine der Grund gelegt, und daran gebauet worden zu seyn, wann man es nemlich in Ansehung des Platzes im Thale verstehet; und folget auch aus der Urkunde von 1244, daß der Name Aulesburg auch denjenigen Orten gegeben sey, wohin das Kloster, nachdem man es von Aulesburg weggenommen, vor und nach der Verrückung vom Berge verlegt worden, als welches die gleich vorkommende Urkunde von 1215. bestärkt: wann er aber sagt, die Veleguna von Aulesburg nach Haina sey vor der Hälfte des 13. Jahrhunderts nicht zu Stande kommen, so irret er, und erklärt die Urkunde von 1216 unrecht, indem nach der vorher angeführten Nachricht des Gerstenbergers, schon 1188. das Kloster nach Altenhaina, und von dar

1216. zu rechnen, worinnen K. Friedrich II. selbigem eine Schenkung bestätiget, bey dem H. von Gudenus cod. diplom. T. II. p. 31.

Q

dar 1221. an die Stelle, wo es hernach geblieben, ist gebracht worden. 8)

§. 3.

Völlige Bestätigung desselben.

Schon im Jahre 1215. muß diese Veränderung vorgewesen seyn, nach einer vorher schon gedachten Urkunde von demselben Jahr. 1) In selbiger bezeuget der Mainzische Erzbischoff **Siegfried**, es habe Graf **Henrich** von Ziegenhain, des obgedachten Grafens **Poppo** von Reichenbach und seiner Gemahlin **Bertha** Enkel, bey einem Generalcapitel des Cister-

8) Aus dem vorhin gesagten siehet man, daß H. R. Teuthorn Gesch. der Hessen. B. III. S. 403. zu viel thue, wenn er aus einer obengedachten Urkunde von 1244. und den hernach vorkommenden von 1196. und 1244. schließt, daß das Kloster in gedachten Jahren noch zu Aulesburg gewesen sey; wie er dann in der von 1244. selbst fehlerhafte Umstände erkennt, die Leuckfeld widerlegt habe; wiewohl diese Wiederlegung nicht auf den Hauptinhalt dessen gehet, was in dieser Urkunde von Lölbach und Aulesburg gesagt wird: wie er sich dann S. 405. selbst erklärt, daß ein Theil der Mönche schon zwischen 1221. und 1250. von Aulesburg nach Haina gegangen wäre, bis 1250. oder doch bald hernach, die völlige Verlegung von ersterem Orte nach letztrem geschehen.

1) Diese ist einer andren eingerückt, in den Anal. Hass. coll. IV. p. 347. steht aber auch eben das. coll. XI. pag. 124. und am vollständigsten in des H. von Gudenus cod. diplom. T. I. p. 432.

Cistercienserordens, in einem Bußkleide Aulesburg der Jungfrau Maria übergeben, und von aller Anfoderung befreiet, auch selbst solchen Orden angenommen. Nachher habe er, weil er diesem Orte einigen Schaden gethan, gegen den damaligen Abt **Wilhelm**, sich alles Eigenthums und Schutzgerechtigkeit begeben, solches auch gegen ihn, als er bey Fritzlar gewesen, bezeuget, den Ort förmlich geschenkt, und unter den Schutz des **heil. Martins**, als Mainzischen Schutzpatrons, gegeben, welche Schenkung dessen Gemahlin und Kinder gegen einige Abgeordnete des Erzbischoffs bey Mardorf auch gethan hätten. Man habe auch einen gewissen Platz, so durch der Mönche Fleiß und gutthätiger Leute Allmosen erworben worden, ausersehen, um die Gebäude mit seiner Bewilligung von ihrem ersten Orte dahin zu bringen. Er, der Erzbischoff, habe auch zu Ziegenhain nochmals gedachten Ort mit dem neuen Platz in seinen Schutz genommen, welche Schenkungen dann von vielen Fürsten, als Zeugen, zu Würzburg wären bekräftiget worden. Er nimt auch daselbst das Kloster mit allen dessen daselbst genennten Gütern in seinen Schutz, und bekräftiget alle solchem gemachte Schenkungen. Gedachter Graf **Henrich** selbst bezeuget seine gemachte Schenkungen, und seine Annehmung des Cistercienserordens, in einem Schenkungsbrief von 1214. 2) und thut auf seine Schutzgerech-

2) Er steht Anal. Hass. coll. XI. p. 128.

tigkeit Verzicht. Es billigte auch der Landgraf **Hermann**, welcher in einer unten nach ihrem Inhalte anzuführenden Urkunde, 3) dieses Kloster suæ ditionis monasterium nennet, 1216. die Versetzung desselben an einen bequemen Ort, setzte Strafe auf diejenigen, so es beeinträchtigen würden, nahm es in seinen Schutz, gebot seinen Unterthanen allen Raub davon abzuwenden, bestätigte ihm seine Freiheiten, und erlaubte, Orte, die ihm nahe, und unter Landgräflicher Hoheit gelegen wären, gegen andere einzutauschen. 4)

§. 4.

Güter des Klosters.

Hierauf erlangte das Kloster nach und nach eine Menge von ansehnlichen Gütern. Der Mainzische Erzbischoff **Conrad**, hat bereits in einer Urkunde von 1196. 1) den Dienstmännern der Mainzischen Kirche Erlaubniß gegeben, ihre eigenthumliche Stücke solchem zuzuwenden. Eine andere oben schon angeführte des Bergischen Abts **Bruno** von 1244. bemerkt, wie viel in einem jeden derer in der allerersten von 1144. genannten Orte zum

3) Beil. 1. der Nachricht von der Landcomm. Marburg.

4) Die Urkunde steht in des H. R. Estor kleinen Schriften Th. I. S. 194.

1) In den Anal. Häss. coll. IV. p. 344.

zum Kloster gegeben worden; meldet auch, daß die nach Michelstein gezogene Mönche die zwey Güter in **Vohele** und **Holzheim** versetzt hätten, welche noch nicht wieder herbey gebracht, und daß alle übrige durch die Bergische Mönche erworben wären. Bey **Retter** 2) stehen zwene Briefe, in deren ersterem ein Alsfeldischer Bürger einen Hof daselbst dem Kloster verkauft, in dem andern aber gewisse Herrn von Altenburg auf Güter Verzicht thun, welche ein Bruder von ihnen dem Kloster geschenkt hatte. Die folgende Grafen von Ziegenhain schenkten ihm 3) den Zehenden zu **Altendorf**, welchen sie von Mainz zu Lehen besassen, aber aufgaben, und ihn dem Kloster zu ertheilen baten. Graf **Gottfried** von Reichenbach bestätigte ihm nicht nur 1233. alle Güter, welche seine Vorfahren, Angewandte und Unterthanen dahin gegeben hatten, 4) sondern schenkt auch alle

 seine

2) am angef. O. S. 16. 17.

3) Der Schenkungsbrief steht Anal. Hass. coll. XI. p. 131. Die Grafen Ludewig, Gotzmar, und Rudolph ertheilten 1226. auch ihre Einwilligung zu Ludwigs von Lotheim Uebergabe seines Zehndens, den er von ihnen zu Lehen hatte, zu Elroth, an das Kloster, welches der Erzbischoff Siegfried zu Mainz 1227. bestätigte. Die Urkunden stehen in H. Vicek. Kopp Proben des Teutschen Lehenrechts, Th. II. S. 358. 359.

4) Beil. 1. zu des H. Vicek. Kopp Nachr. von den Herren zu Itter, auch am angef. O. S.

seine Güter. 5) Auf seine Bitte wurde das erstere von den Landgrafen Henrich und Conrad 1234. bestätiget, welche allen auch noch künftigen rechtmäßig zu beweisenden Klostergütern ihren Schutz ertheilten. 6) Nach einer Urkunde von 1238. bekam das Kloster ein Hauß in Frankfurt auf dem Markte, und 1240. einen Hof daselbst, bey dem Kirchhofe, welcher villeicht derjenige ist, so im Jahr 1267. ihm noch nicht ganz gehöret hatte, 7) gleichwie ein anderer Kaufbrief eines Hofs daselbst, von 1244. bey dem H. von Gudenus 8) sich findet. 1253. erhielte es Ländereien vom Kloster Seligenstatt zu Eischersheim; und 1261. erkaufte es dergleichen zu Bergen, in der Grafschaft Hanau, welche zum Teutschen Haus in Frankfurt gehörten, (wie es dann an diesem Ort überhaupt vieles erhalten). 1274. kamen durch einen Tausch mit denen von Gerlenhausen Güter, welche Reichslehen waren, an das Kloster, wovon Kai-

---

S. 132. und in des H. R. Estor Orig. Jur. publ. Hass. p. 311.

5) Anal. Hass. coll. XI. pag. 134.

6) Die Urkunde steht aus dem Original bey H. Vicek. Kopp am angef. O. als die 2. Beil. auch bey H. R. Estor am angef. O. S. 195. und als die 5. Beil. bey der Nachr. von der Landcomm. Marburg.

7) Anal. Hass. coll. VIII. p. 275. 276. 288. Vergl. Lersner Frankf. Chronik, Th. I. Buch II. S. 89.

8) Cod. diplom. T. I. pag. 452.

Kaiser **Rudolphs** *I.* Bekräftigung zeuget. 9) So hat es auch einen Hof in **Frizlar** besessen, welchen der Abt **Dithmar**, bey der Einziehung des Klosters, nach der Nachricht bey dem H. **von Gudenus**, 10) an das Erzstift Mainz verkauft hat. Ein Stück von dem Platz neben dem Garten des dem Kloster zustehenden Hofs, hinter dem Hofe der Dechaney zu Frankfurt, hat dasselbe dem Domcapitel geschenkt, und sich dagegen wegen Ableitung des Wassers ein gewisses Recht vorbehalten, gleichwie auch aus einer anderen Urkunde sich ergiebt, daß es zu **Orphe** Güter gehabt, nach welcher ein deswegen entstandener Streit ist beygelegt worden, 11) und andere, so **Kuchenbecker** liefert, 12) von den Gütern zu **Singlis** Nachricht ertheilen. Nach einer anderen bekam es über gewisse Güter, so es von **Theodorich** von Blomenstein erkauft, die Gerichtbarkeit; und 1313. schenkt

 ihm

9) Anal. Hass. eben das. S. 279. 285. 292.

10) am angef. O. S. 441. 442. Er komt auch vor in einer hernach anzuführenden Urkunde von 1314. bey H. **Würdtwein** S. 501.

11) Beyde Urkunden stehen bey dem H. von Gudenus am angef. O. T. III. p. 17. 30.

12) Anal. Hass. coll. XI. p. 145. 160. Von einigen Mühlen, woraus nach Waltrecht eine Abgabe an das Kloster mußte geliefert werden, ist eine Urkunde von 1340. und ein Auszug einer andern von 1303. in Anal. Hass. coll. III. p. 189. 194. zu sehen. Das Kloster hatte auch das Patronatrecht über die Kirche in Singlis. H. **Ledderhose** Kirchenst. der Hess. Cassel. Lande, S. 93.

ihm Landgraf Otto von Hessen, nebst seiner Gemahlin Adelheid, den Zehnden gewisser neuer Aecker in Creuzberg. 13) Reinhard, Herr von Itter, that dergleichen mit dem Zehnden zu Heinhardshausen, welchem Bruno von Gunigeshagen von ihm zu Lehn getragen, und ließ solchen seinem Lehnsherren, dem Graf Berthold zu Ziegenhain, auf; wie auch Henrich von Itter 1301. ansehnliche Güter nebst einer Mühle zu Alref dem Kloster zugewandt, worüber, weil sie Corveitsche Lehne waren, der Abt Henrich zu Corvey seine Bewilligung gab. Tilemann, H. von Itter, bekräftigte 1308. alles, was Haina in dieser Herrschaft erworben hatte, 14) und der Graf Berthold von Ziegenhain bekräftiget 1254. eine von Gerhard von Duvendal oftgedachtem Kloster gemachte Schenkung. 15) Guntram Ritter von Oliffe, übergab ihm 1263. eine Capelle in Treise zum beständigen Besitz; 16) die Gebrüder Johann und Helwig,

13) eben das. coll. XI. S. 156. 177.

14) Beil. 30. 40. 59. bey des H. Kopp Nachr. von den Herren zu Itter. Unter den Urkunden in Treuers Geschlechtshist der Herren von Münchhausen, S 21. stehen zwo Urkunden über eine von Ludwig von Münchhausen und seiner Frau an das Kloster gemachte, und von Henrich Herren zu Itter, und dessen Sohn Tilemann, als Lehensherren, bestätigte Schenkung eines Zehenden zu Harpprechhausen von 1312.

15) Anal. Hass. coll. IX. pag. 159.

16) Bey dem H. von Gudenus C. D. T. I. p. 701.

wig, Rittere von Ruckershausen, überliesen 1339. ihm die Hälfte ihrer Gerichtbarkeit und Herrschaft in den Dörfern **Reilshausen**, **Salmanshausen**, **Sonenberg**, und **Ruldehausen**, vor 35. Mark Pfennige, eigenthümlich. 17) Es besaß auch Güter zu **Ambratisfelden** (dem jetzigen Waldeckischen Dorfe **Armsfeld**) in seiner Nähe, worüber **Eberhard** von Gemünden ihm einen Streit erregte; deswegen wurde man 1271. eins, sich vor dem Grafen **Albert** von Waldenstein, und dem Heßischen Landrichter **Giso** von Gudensberg zu stellen, und dessen Ausspruche zu unterwerfen. Da nun **Eberhard** gegen den vom Kloster erwiesenen langen Besitz nichts tüchtiges aufbringen konnte, so wurde ersteres darinnen geschützt; auch als lezterer sich widersetzte, und von dem Abte einen Eid verlangte, ein Tag zu Cassel deswegen angesetzt, wo der Abt nach geleistetem Eide die Güter erhielt. 18) Da auch **Weckind** von Keseberg dem Kloster durch Anzündung seines Hofs zu **Lölbach** großen Schaden zugefügt hatte, so versprach er 1260. dagegen, dessen Bestes lebenslang auf alle Art zu befördern, ließ auch den in Schaden gebrachten Leuten seine Hafergefälle auf fünf Jahre

O 5 nach;

17) Beil. 212. des *II.* Theils der Nachr. von Schiffenberg.

18) eben das. Beil. 153. *b.* Vergl. wegen Armsfeld S. Ledderhose **K**. St. der Hess. Casselt. Lande, S. 382.

nach; und bezeugt die Landgräfin **Sophia**, wie sie einigen Personen die Beylegung dieser und anderer, zugleich ausgemachten, Zwistigkeiten beider Theilen aufgetragen habe. Nicht weniger haben einige Gebrüder von Züschen ihre Güter zu **Singlis** und **Nortwich** dem Kloster verkauft, welches der Landgraf **Henrich** 1256. bestätigte. 19) **Siegfried** von Geismar verkaufte dahin einen grossen Theil des Zehnden zu **Bolant**, den er von **Henrich** von Lilienberg, dieser aber von Graf **Henrich** von Nassau zu Lehen hatte; da dann letztere beide, jener 1306. dieser 1308. ihre Einwilligung dazu ertheilten. 20)

§. 5.

Forsetzung des vorigen.

Der Graf **Gottfried** von Reichenbach schenkte 1231. die Zehnden an verschiedenen genannten Orten, so er vom Graf **Hermann** von Orlemünde, dieser aber vom Stifte Hersfeld zu Lehen trug, wozu letzterer Graf seine Einwilligung gab. 1) An einem der genannten Orten, **Altengrüsen**, wurde nach eini-

---

19) Beil. 9. 10. der Nachr. von der Landcomm. Marburg. Letztre ist auch die 94. Beil. bey H. G. R. Kopp von der Hessencassel. Ger. Verf. Th. I. St. 3. 4. wo sie richtiger gedruckt ist.

20) Diese Urkunden finden sich in des H. Kopp Lehensproben Th. II. S. 360. 361.

1) Die Urkunden stehen in H. Vicek. Kopp Proben des Lehnrechts Th. II. S. 362. 363.

einiger Zeit der Zehnde von **Hugo** von Heiligenberg in Anspruch genommen, daher beide Theile sich verglichen, gewisse geistliche und weltliche Schiedsrichter anzunehmen. Es fand sich aber, daß einige Herren von Aldendorf und Judene den Zehnden an gedachten **Hugo** und seinen Bruder **Wernher**, diese an die Grafen **Wicger** und **Gottfried** von Reichenbach, diese an den Grafen **Hermann** von Orlamünde, und dieser endlich an den Abt zu Hersfeld zurück gegeben, und also alle vorgemeldte ihr Recht an Haina übertragen hatten, daher der Ausspruch 1249. vor das Kloster ausfiel. 2) Wie der Zehende zu **Hadelogshausen** (**Halgehausen**) an das Kloster gekommen, kann man aus der Nachricht des Reichenbachischen Grafen **Henrichs**, der hernach ein Mönch daselbst war, ersehen. Er ist nemlich von zween Gebrüdern von Flecsdorf, die ihn vom Grafen **Gottfried** von Reichenbach zu Lehen hatten, dahin verkauft worden. Und da der eine von gedachten Brüdern, namens **Guntram**, starb, ehe er den Kaufschilling empfangen, so forderte der Graf sein Erbstück (mortuarium) zurück. Daher entstund ein Rechtshandel, der endlich vor das Heßische Gericht zu Maden gelangte, bis endlich der Graf durch gütliche Vermittelung, gegen Empfangung eines Theils von dem

2) eben das. S. 364.

dem Kaufgelde, in das Geschehene willigte. 3) **Conrad** von Embrechtsfeld schenkte 1253. alle seine Güter zu **Embrechtsfeld** und **Haderwerken** dem Kloster, und empfieng dagegen von selbigem lebenslang jährlich 128. Fritzlarische Schillinge. 4) **Dietrich** von Linsingen erhob darüber einen Streit, daß das Kloster verschiedene ihm zustehende Lehen- und eigenthümliche Güter mit Unrecht besitze. Die Sache kam vor das Gericht zu Borken, wo man eins wurde, dieselbe gütlich beylegen zu lassen; da dann der Spruch 1253. dahin ausfiel, daß das Kloster die Rechtmäßigkeit seines Besitzes genugsam gezeigt hätte, ein paar noch streitige Lehensstücke aber unter beide Partheien getheilt werden sollten; daher auch der von Linsingen seine Klage fallen ließ. 5) **Wernher** von Bischoffshausen, und seine Frau und Kinder, verglichen sich mit dem Kloster wegen des Streits über das Dorf **Vortheim** 1254 dahin, daß letzteres an erstere die Hälfte von gedachtem Orte, und von **Nüsetzen** schenkte, diese aber an jenes alle ihre Güter zu **Embrechtsfeld** eigenthümlich übergaben, auch von allen Klagen gegen das Kloster, wegen der strittigen Güter zu **Leinbach** und **Thudenhausen**, (ohne Zweifel

Toden-

---

3) Beil. 56. zu des H. G. R. Kopp Nachr. von der Hess. Ger. Verf. Th. I. Stück 3. 4.

4) Beil. 56. eben das.

5) Beil. 57. eben das.

Todenhausen nicht weit von Hayne, oder der Ort gleiches Namens nicht weit von Frielendorf,) abstunden. 6) Auch lieset man eine Bestätigung des Grafen Hermanns von Battenberg, über einen Verkauf einiger Güter zu Ellershausen an das Kloster von 1220; und endlich findet sich 7) die Beylegung eines Streits derer von Sconowe mit dem Kloster, über Güter zu Herboldshausen, (vielleicht Herbelhausen nicht weit von Gemünden) zum Vortheile des letzteren 1264. 8) 1314. hatte ein Sänger der Kirche zu Fritzlar, Hermann von Grune, dem Kloster verschiedene Güter geschenkt, mit Vorbehalt, daß selbiges wöchentlich ein gewisses Maas Frucht zu Brod an die Armen daselbst verwenden sollte, welches das Kloster sich auch gefallen ließ. Man klagte aber nachher von Seiten der Stadt, daß dieses Allmosen nicht richtig ausgetheilt würde, und die Sache kam nach Rom; da dann der Pabst Eugenius *IV*. dem Stiftsdechanten zu Fritzlar die Untersuchung der Sache 1431. auftrug. Es fanden aber die Partheien vor besser auf den gedachten Mann, und noch drey geistliche Herrn daselbst, wegen einer gütlichen Auskunft zu compromittiren, welche dann auch den Schiedsspruch 1434. thaten, der nebst den

6) Beil. 59. eben das.

7) Beil. 69. eben das.

8) Beil. 121. eben das.

den zur Stiftung des vorgedachten Allmosens gehörigen Urkunden, bey dem H. R. **Würdtwein** 9) stehet. Ich übergehe die Nachrichten von vielen anderen Gütern dieses Orts, so sich bey dem H. **von Gudenus**, 10) bey H. Vicek. **Kopp**, 11) und in den beyden codicillis diplomatum Haynens. bey **Kuchenbecker**, 12) befinden. **Letzner** beschreibt 13) nebst dem **Winkelmann**, 14) dessen Gebäude, in welchem die Grafen zu Ziegenhain ehedem ihr Begräbniß gehabt haben. Es hat aber **Letzner** 15) nicht unrecht, wann er sagt, daß viele Güter desselben verpfändet, verkauft, verliehen, und dem Kloster entzogen wären, weil die Aebte, von welchen sich die Mönche in ihrem bösen Leben nicht wollen Einhalt thun lassen, sich an auswärtigen dem Kloster gehörigen Orten aufhalten müssen; wie sich dann bey dem H. **von Gudenus** 16) eine Urkunde findet, worinnen der Erzbischoff von Mainz dem Provisor zu Erfurth **Ludewig**

9) Diœces. Mog. Comment. X. p. 493 — 504.

10) am angef. O. T. I. II.

11) Unter den Beil. zu der Nachr. von den Herren zu Itter.

12) Anal. Hass. coll. VIII. und XI.

13) am angef. O. S. 313 — 321.

14) S. 227.

15) S. 322.

16) T. III. pag. 657.

wig von Binsfurte, und dem Scholaster zu Ameneburg **Conrad** von Milsungen 1400. aufträgt, dem Abte zu Haina wider die sich zum schlimsten aufführenden Mönche beyzustehen; wie dann auch, nach **Gerstenbergers** Bericht, 17) Landgraf **Wilhelm** der Jüngere das Kloster 1497. beschlossen hat; dessen Reformation er schon, besage eines unten vorkommenden wichtigen Briefes, 1493. vor nöthig angesehen. Der Landgraf **Wilhelm** *II.* nahm daher hier 1508. eine Reformation vor, der sich das Kloster unterwarf, und dabey zu bleiben versprach, wogegen er dasselbe, so lange es sich solcher gemäß halten würde, in seinen Schutz nahm, und seinen Amtleuten befahl, es bey seinen Freiheiten zu erhalten, nicht zu belästigen, und niemanden auf einige Art solches zu verstatten. 18)

§. 6.

---

17) In der Heßisch. Chronik, S. 566

18) Beil. 189. des *II.* Th. der Nachr. von Schiffenberg. Es heißt hier ein Kloster St. Bernhardusordens, indem, wie Rivius Puritanus S. 194. bemerkt, die Cistercienser auch diesen Namen von dem heil. Bernhard, Abt zu Clairvaux, gehabt, wegen welches Ruhms und Heiligkeit ein Theil dieses Ordens sich dem besonders gesetzten letztren Kloster unterworfen hat. Bey Gelegenheit dessen, was vorgedachter Landgraf gethan, merke ich an, daß in unserer Universitäts-Bibliothek sich eine Ausgabe von Werner Rolewinks fasciculo tempor. von 1487. befinde, mit einem Blatte geschriebener Zusätze von der Hand eines Hainischen Mönchs, wo derselbe sagt,

§. 6.

Freiheiten dieses Klosters, und noch einige Nachrichten davon.

Unter den vielen Freiheits- und Bestätigungsbriefen dieses Orts, merke ich zuerst diejenigen an, welche von Römischen Kaisern selbigem sind ertheilt worden. Kaiser **Wilhelm** bestätigte 1250. in einem Gnadenbriefe ihm alle Güter, die er hatte, und noch bekommen würde; und 1252. gab er ihm in einem andren den Besitz der Metallen- und sogar Silberadern, die dessen Leute entdecken und verarbeiten würden: wie dann Kaiser **Richard** 1262. ihm alle Güter bekräftigte. 1) 1293. nahm der Kaiser **Adolph** das Kloster, und alle dessen Rechte und Güter in seinen Schutz, wie auch dessen drey Nachfolger fast mit gleichen Worten gethan haben: nicht weniger findet sich **Carls** *IV*. Brief darüber mit der merkwürdigen Clausel, es solle seine Verfügung gelten, proinde sicut non præjudicat juribus aliorum. 2) **K. Wenceslaus** trug

sagt, daß das Kloster dem Landgrafen Philipp, auf seinem Zug gegen die aufrührische Bauern 1525. tausend Goldgulden habe zahlen müssen, und zwar 600. an güldenen und silbernen Gefäßen.

1) Diese Briefe stehen in den Anal. Hass. coll. VIII. p. 278. 286.

2) Anal. Hass. am angef. O. S. 296. 311.; vergl. die Nachr. von Schiffenb. Th. II. S. 43. not. c.

trug 1398. den Schutz über dieses Kloster dem Erzbischoffe Johannes zu Mainz, dem Landgrafen Hermann zu Hessen, und den Grafen von Falkenstein auf; gleichwie Maximilian I. 1495. dessen Freiheiten bestätigte, und sogar, in gewissen Orten, die es besaß, die weltliche Gerichtbarkeit ertheilte. 3) Der Landgraf in Hessen, Henrich I. befreiete 1269. dessen Hof zu Singlis, schenkte ihm auch einen Hof zu Frankenberg, mit dem Zusatze, daß die auf demselben wohnende von Abgaben, Stadtwachten, und andern bürgerlichen Rechten frey seyn sollten, wann sie keine Kaufmannschaft auf selbigem trieben. 4) Landgraf Henrich der Eiserne wiederholet das erstere 329. und bekräftigt ihm alle von seinen Vorfahren gegebene Freiheiten. 5) 1248. bekam das Kloster mit Henrich von Kessebera, wegen der Freiheit von Aulesburg und Lölbach von der Centgerichtbarkeit zu Geismar, Streit. Als aber die Mönche erwiesen, daß sie von Anfang außer dem Falle des Todtschlags davon befreiet gewesen, so blie-

P

3) am angef. O. S. 319. 320.

4) Beil. 11. und 12. der Nachr. von der Landcommende Marburg. Letztre Urkunde steht auch in des H. R. Estors Orig. jur publ. Hassor. pag. 364. Daß auch schon im Jahr 1265 dieser Herr und seine Frau Mutter das Kloster in besondern Schutz genommen, meldet Winkelmann S. 432.

5) Anal. Hass. coll. XI. pag. 182.

blieben sie ferner bey ihrer Freiheit, mußten aber davor auf das Künftige eine Mark bezahlen. 6) Die Prediger zu Lorheim, **Vohele** und **Orchnen**, so jetzo **Orcke** heißt, sind aus diesem Kloster gegeben worden, indem sie Fratres de Hegene genennt werden. 7) Nach einer Urkunde bey dem **H. von Gudenus** 8) ist als etwas besonders anzumerken, daß ein ehemaliger Mönch dieses Klosters, namens **Conrad**, selbigem 1250. wegen seiner Eltern Güter viel zu thun machte, endlich aber sich seines Rechtes begab, und eingieng, daß er sich bey fernerer Beschwerde dem Todesurtheile

6) Beil. 21. bey H. Vicek. Kopps Nachr. von den Herrn zu Itter. Eine Urkunde des Mainzischen Erzbischoff Gerlachs, von 1358. über des Klosters ruhige Benutzung seiner Güter in der Herrschaft Itter (als wovon er einen Theil an sich gebracht) steht in H. G. R. Lennep cod. probat zu der Abhandlung von der Leihe zu Landsiedelrecht, S. 202.

7) Bey H. Vicek. Kopp am angef. O. Beil. 19. Die Einverleibung der Kirchen zu Grusen und Lölbach an das Kloster, ist aus der, an die Kirche zu Mainz 1341. deswegen ausgestellten Recognition von jährlichen vier Pfund Wachs, zu ersehen in H. R. **Würdtweins** diœces. Mogunt. comm. IX. p. 324.

8) cod. diplom. T. I. pag. 612. Daß der Mainzische Erzbischoff Johann II. gesorgt habe, daß die gegen ihren Abt ganz widerspenstige Hainische Mönche zum Gehorsam gebracht würden, meldet Johannis ad Serarium p. 717. ohne Zweifel auf das Jahr 1400.

theile unterwerfen wollte; wie dann in vielen Urkunden Streitigkeiten vorkommen, welche dieses Kloster betroffen haben. Noch nach der Einziehung desselben ertheilte der Mainzische Erzbischoff Albertus 1529. dem Abt Johannes Erlaubniß eine Insul zu tragen. 9) Ein Register der Aebte daselbst findet sich bey dem H. **von Gudenus**, 10) welchem jedoch der Abt **Gerhard** aufs Jahr 1267. beizufügen ist. 11) Was aber von diesem Kloster nach der Reformation kann gesagt werden, gehört nicht zu meinem Zweck.

Siebendes Hauptstück.

Von den Benedictiner=Mönchsklöstern Breitenau, Steina, Hasungen, und Helmershausen.

§. 1.

Stiftung des Klosters Breitenau.

Das Kloster **Breitenau**, so drey Stunden von Cassel lag, ist von dem Grafen **Werner** von Grüningen, den einige von Breitenau nennen, gestiftet. Als dieser mit dem Kaiser

9) Anal. Hass. coll. V. p. 360.

10) C. D. T. III. pag. 273.

11) Aus einer eben das. S. 1135. vorkommenden Urkunde.

Henrich V. in Hessen war, gefiel ihm die Gegend dieses Ortes so wohl, daß er das Kloster 1113. zu Ehren der Jungfrau Mariä zu bauen anfieng, mit allem dem Seinigen, was zwischen der Werra, dem Rhein und Main lag, begabte, und nachdem der Kaiser, wie es heißt, den Grund dazu ihm geschenkt hatte, 1119. vollendete; da er dann nach seinem 1121. erfolgeten Absterben darinnen begraben wurde. 1) Es irren also die Excerpta Ried-

1) Trithemius chron. Hirsaug. T. I. p 367. 373. An letztrem Orte scheinet er sich zu widersprechen; wann er sagt, der Graf sey durch den Tod übereilt worden, daß er den Bau nicht völlig zu Stande hätte bringen können. Wann man aber die alda gleich vorhergehende Worte mit denen S. 369. zusammen hält, so sieht man, daß, was er S. 369. sagt, von Einführung der Mönche zu verstehen sey, welche auch in der erstren unvollkommenen Ausgabe seines Buchs in seinen 1601. gedruckten operibus histor. part. II. p. 110. ausdrücklich in den November 1119. gesetzt wird, worinnen ihm Nauclerus chron. pag. 818. der Ausgabe von 1579. beyfält. In gedachter Ausgabe S 108. setzt auch Trithemius den Anfang des Klosters auf 1117. (doch wiederum mit einem chronologischen Fehler im Jahre des Abts von Hirschau, unter welchem es geschehen) und die Begabung (dotationem) auf 1120. Bucelinus Germ. sacr. Vol. I. der Germ. topo-chrono-stemmat. pag. 72. macht einen ungegründeten Unterschied zwischen diesem Orte und Preittenau, welches letztre Kloster 1117. von einem Graf Wernher sey angelegt worden. Selbst der Name des von ihm genannten ersten Abt Druthwins hätte ihn eines anderen belehren können.

Riedesel, 2) die dessen Erbauung auf 1038. setzen, und andere vom **Winkelmann** 3) angeführte Schriftsteller, die das Jahr 1110. angeben. Es ist nun aber die Frage, ob das **Grüningen**, davon der Stifter den Namen hat, wiewohl er nicht in der bald zu erwähnenden Urkunde von 1123. stehet, im Würtenbergischen zu suchen, und dasjenige genugsam gegründet sey, was **Schöpf** 4) von seinen Voreltern sagt. Es liegt zwar noch jetzo ein Grüningen nicht weit von Giesen: der Umstand aber, daß **Nauclerus**, der in Schwaben geschrieben, gemeldeten Grafen von denen von Würtenberg herleitet, und ein ähnliches Beispiel der Pfalzgrafen von Tübingen, die bekanntermaßen in der Gegend von Hessen schöne Güter besessen, gaben Anlaß zu glauben, daß **Schöpfens** Gedanke nicht ganz ungegründet sey; wie dann auch **H. Sattler** 5) nicht entgegen ist. Eine mehrere Auskunft aber giebt nun **H. P. Schmidling**, 6) welcher sagt, daß Grüningen bey

2) In den Anal. Haff. coll. III. p. 2.

3) Beschreib. Hessenl. S. 223.

4) Vorrede zu der Wettereiba illuftr. S. 2.

5) Beschreib. des Herzogthums Würtenb. Th. I. S. 14.

6) In den Beyträgen zur Geschichte des Herz. Wirtenb. Th. I. St. 1. wo S 29 – 108. Neue Beobachtungen zur Berichtig. der Gesch. einiger Grafen von Wirtenb. und Gröningen, die

Giessen sehr wahrscheinlich der Stammsitz derer zwey damals lebenden Grafen **Werner** von Grüningen gewesen, davon der älteste eine Gräfin von Achalm, Willebirg, zur Ehe gehabt, und mit ihr den jüngeren **Werner** gezeuget habe, dem von der Mutter her ein Theil der Achalmischen Güter in Schwaben zugefallen, vom Vater aber die sämtlich an Breitenau geschenkte Heßische Güter. Und so fällt auch der Zweifel des H. **R. Teut-horns** 7) wegen der Person des Stifters weg, ob ich schon zugeben kann, daß die von ihm genannte Heßische Scribenten, **Dilich** und **Winkelmann**, einiges irrige haben ein-fließen lassen. Des Stiftungsbriefs erwähnt der H. **von Gudenus**, 8) und wird das vorhergehende durch die Bestätigung des Mainzischen Erzbischoffs **Adelberts** von 1123. bestärkt, wo es heißet, daß die ersten Mön-che, denen ein Abt **Druhtwin** vorgesetzt wurde, aus dem Kloster Hirschau wären ge-holt worden; und daß der Stifter einem sei-ner

---

zu Ende des 11 und im Anfange des 12. Jahrh. gelebt haben sollen, stehen S. 88-90. wo der Verfasser zugleich das ändert, was er S. 50. 51. geschrieben hatte.

7) Gesch. der Hessen, Band II. S. 954.

8) Syll. I. varior. diplom. p. 505. Es scheint aber kein anderer als der sogleich vorkommende Brief verstanden zu werden.

ner Vasallen, **Engelbold**, aufgetragen habe, die Ausführung dieses Werks, wann er selbst sterben sollte, zu besorgen, der dann auch solches gethan: daß auch der gedachte Erzbischoff zwene Höfe zu **Lon** und **Engelmarshausen**, nebst einigen Zehndungen an erstem Orte, dazu geschlagen habe. Es wird auch da verfügt, daß das Kloster unter keinem Erzpriester oder Archidiaconus, sondern allein unter dem Erzbischoffe stehen, und sich seinen Advocaten, auch nach des Probstes Tode einen andern aus seinen Mittel, oder, wann kein hierzu tüchtiger vorhanden wäre, aus einem eben so strengen Kloster sollte wählen können. Die zu demselbigen gehörigen Personen sollten eine Zollfreiheit in den Mainzischen Landen haben, und der Erzbischoff darauf sehen, daß die Hirschauische Strenge darinnen in Acht genommen würde. 9) Es irret daher **Brower**, 10) wann er dieses Stift zu denen zählt, so ehemals unter Fulda gestanden hätten.

 §. 2.

9) Die Urkunde steht in des H. von Gudenus cod. diplom. T. I. pag. 60. und richtiger in H. R. Schminkens serie Abbat. Monast. Breiten. im IV. Th. der Monim. Hass. S. 643. u. f. wo auch der Irrthum derer bemerkt wird, die das Kloster an den Ort setzen, wo die Werra und Fulda zusammen fliessen.

10) Antiq. Fuld. pag. 144.

§. 2.

Thüringisch-Heßische Schutzgerechtigkeit daruber. Schenkungen und Rechte der Landgrafen an dasselbe.

Die Landgrafen von Thüringen, als Besitzer von Hessen, haben anfangs, wie die vorgedachte Urkunde in der Unterschrift der Zeugen ausweiset, die Schutzgerechtigkeit über diesen Convent gehabt, welche aber der Landgraf **Conrad** 1231. aufgab, doch mit Vorbehalte der peinlichen Gerichte: wie dann auch ihm und seinen Erben vor gedachten Verzicht jährlich zehn Schillinge sollten erlegt werden, die jedoch in Ansehung der ersten fünf Jahre erlassen wurden. Es sollte auch der Convent mit seinen Gütern zu **Stelenberge** und **Werherrode** nach Gefallen handeln können. 1) Allein die Landgräfin **Sophia** hat 1263. die ebengedachte Gerechtigkeit von dem Erzbischoffe **Wernher** von Mainz wieder zu Lehn bekommen. 2) Der Landgraf **Henrich I.** und seine Gemahlin **Mechtild**, schenkten 1304. ihm die Höfe **Verrenberg**, **Otzhausen**, und **Schrothausen**, mit der Be-

1) Die Urkunde steht in H. R. R. Schminkens Monim. Hassor. Th. III. S. 253 ist auch die 4. Beil. bey der Nachr. von der Landcommende Marburg.

2) Bey dem H. von Gudenus cod. diplom. T. I. pag. 703.

Befreiung von der weltlichen Gerichtbarkeit und Diensten; wofür künftig ihr Gedächtniß beständig sollte begangen, und denen, so es hielten, eine Pictanz ausgetheilt werden. 3) 1355. befreieten Landgraf **Henrich** und sein Sohn **Otto** dessen Hof zu **Suntheim** von allen Abgaben, so die Einwohner zu Gensungen bisher davon gefordert hatten, behielt sich aber seinen Zins davon und andre Rechte vor. 4) Eben diese Herrn traffen 1357. mit dem Kloster einen Vergleich wegen der streitigen Gerichte **Eblinberge** und **Gutkishain**, (Guxhagen) so daß der Landgraf das oberste Halsgericht behalten sollte: geschähe zu Breitenau ein Todtschlag, oder sonst etwas, so vor das Halsgericht gehörte, so sollte dasselbe an die Cente zu Gutkishain gelangen. Der Abt sollte die andere Gerichte behalten, auch bey dem Halsgerichte einen Abgeordneten sitzen haben, um, wenn etwas den Abt angehendes vorkäme, darnach zu fragen: wann hingegen auch bey des Abts Gerichten peinliche Sachen vorkämen, so sollten selbige an das Landgräfliche gewiesen werden. 5) 1409. bezeugt der Abt, der mit den Conventualen muß

3) Beil. 213. b. des II. Th. der Nachricht von Schiffenberg.

4) Beil. 163. eben daselbst.

5) Beil. 177. 178. eben das. Vergl die Anmerkung des H. G. R Kopp von der Verfass. der Hess. Ger. S. 324.

Streit gehabt haben, daß er sich dem Landgrafen **Hermann** verpflichtet habe, sich, wie seine Vorfahren, gänzlich nach dessen Willen zu richten, die Conventualen bey ihrem Herkommen zu lassen, und sie nicht weiter zu beschweren, als sein und seiner Vorfahren Recht erlaubte. 6).

§. 3.

Einige Begebenheiten des Klosters; auch Güter und Gefälle desselben.

1465. ward der Erzbischoff **Adolph** zu Mainz vom Kloster inständig gebeten, ihm bey seinem Mangel zu Hülfe zu kommen, indem die Mönche, wegen erlittenen vielen Unglücks, kaum ihr Leben erhalten, geschweige dann nach ihrer Ordensregel gastfrey seyn könnten. Sie baten besonders, ihnen die benachbarte Pfarrkirche zu **Brunslar** zuzuschlagen; welche Bitte auch der Rector dieser Kirche that, und die Gebrüder **Gerlach** und **Vapelo** von Liebenstein, die das Patronatrecht darüber hatten, waren es zufrieden. Daher machte der Erzbischoff diese Vereinigung auf beständig, gab auch alle Nutzung dieser Kirche an den Convent, und demselben die Gewalt, wann vorgedachter Pfarrer sterben, oder anderswohin kommen sollte, den Be-

6) Beil. 157. eben das.

Besitz anzutreten. 1) 1239. ertheilte der Erzbischoff **Siegfried** dem Abt **Widekind** und seinen Nachfolgern die Erlaubniß, nach Gewohnheit der Aebte in der Mainzischen Dioces eine Insel zu traaen: und 1412. schrieb sich der Abt **Henrich** Romanæ ecclesiæ immediate subjectum. 2) 1496. ist dieses Kloster in die Bursfeldische Union getreten. 3) Was die Besitzungen dieses Klosters angeht, so vermachte demselben der Erzbischoff **Henrich** von Mainz 1150. die Zehnden gewisser neuer Aecker, und die aus denjenigen Orten, welche noch

---

1) Die Urkunde hierüber wird angeführt in Johannis not. ad Serar. pag. 782. Allem Ansehen nach ist die Urkunde in H. R. R. Schminkens Monim. Hass. Th IV. S. 678. auf diesen Vorgang zu ziehen; wo auch S. 673. eine merkwürdige von 1419 vorkommt, wegen der von dem, vom Römischen Hofe, zu Erhebung der Gefälle in der Mainzischen Dioces, bestellten Einnehmer, an den Abt Wernher gemachten Forderung wegen der Amaten, wovon doch dieser auf den Fall, wenn er sein Amt vor der Zeit der Pisanischen Kirchenversamlung durch Provision vom Ordinarius erhalten, und sich, wegen der Bestätigung, zu gedachter Abgabe dem ermeldten Hofe nicht verpflichtet hätte, ist loßgesprochen worden.

2) Bey H. R. R. Schminke am angef. O. S. 660. 669.

3) Leuckfelds Antiquit. Bursfeld. p. 64. Bey der oben angeführten Serie Abbat. bey H. R. Schminke merke ich an, daß der S. 664. vorkommende Wernher noch 1339. gelebt habe. s. H. Würdtweins dioecef. Mog. comm. IX. p. 408. 409.

noch künftig zu Fruchtland würden gemacht werden; auch einen Wald in dem Gau Billolfesbach. 4) 1467. bewegte dasselbige einen alten kranken Einwohner zu Helfershausen, daß er alle seine Gerechtigkeit und Besserungsrecht auf einer Hufe, die er vom Kloster innen hatte, vermachte, wobey er jedoch auf Lebenszeit die Freiheit von dem, was jährlich aus der Hufe dahin fallen mußte, ausser der Frucht-Gülde, nebst der Versicherung, daß nach seinem Tode derjenige von seinen Freunden, vor welchen er bitten würde, erwähnte Hufe zu Landsiedel bekommen sollte, erhielte. 5) Es besaß Ländereyen zu Cörle und Kirchberg; einen Hof zu Eiben; einen zu Griffede, wovon der Landsiedeler jährlich eine gewisse Lieferung an Frucht an das Stift Kaufungen thun mußte; einen zu Maden; einen zu Schutzberg vor Wolfhagen und einen zu Tossen; ferner ein Gut zu Sandershausen, und eins zu Hertingshausen. 6) Seine Besitzungen zu Odisse, (Ueph in der Wetterau) hat es an einen Ritter von Oliffe verkauft, der selbige an Heine überlassen hat. 7) Und eine

---

4) Die Urkunde steht bey H. R. R. Schminke am angef. O. S. 657.

5) Bey H. G. R. Lennep unter den Beilag. der Abhandl. von der Leihe zu Landsiedelrecht, S. 450.

6) eben das. S. 442. 443. 518—523. 616. 636. 792. 819.

7) Bey dem H. von Gudenus T. I. p. 701.

eine Irrung mit denen von Holzheim über etlicher Jahre Gülde aus den Aeckern, die der Schonbergk hießen, und andere jährliche Gülde, hat der Landgraf **Henrich** *III.* durch seine Räthe 1477. entscheiden lassen. 8) Endlich finden sich noch Aecker an dem Berge Nagke genannt, und in der Feldmark zu **Heilgershausen.** 9)

§. 4.

Kloster Steina.

Das Kloster **Steina** in der **Herrschaft Plesse,** zwischen Göttingen und Northeim, ist aus einer Capelle entstanden, wohin man stark gewallfahrtet und Kranke gebracht hat, die alda ihre Gesundheit sollen wieder erlangt haben; daher einige reiche Leute und Geistliche Anlaß genommen, zu Ehren der Jungfrau Mariä ein Kloster dahin zu setzen und zu

8) Beil. 39. zu H. G. R. Kopp Nachr. von den Geistl. und Civilger. in den Caff. Land.

9) Bey H. R. R. Schminke am angef. O. S. 666. 679. wo sich auch noch mehrere Anzeigen einiger Güter finden, deren Orte aber nicht ausgedruckt sind. Nach der Anzeige des H Ledderhose Kirchenst. der Hess. Cassel. Lande, S. 62. hat auch das Dorf Wehren nach Breitenau gehört; welches Kloster auch das Patronatrecht über die Kirche in Lohre gehabt hat. eben daselbst S. 80.

zu begütern, 1) welches auf das Jahr 1108. unter den Erzbischoff Ruthard von Mainz gesetzt wird. 2) Das Haus Braunschweig hat die Edlen Herren zu Rostorf zu Edlen Vögten darüber verordnet. Da aber aus diesem Hause ein Bruder den andern 1379. erstochen, und damit die Lehen in einigen Aemtern verwirkt, auch der Herzog von Braunschweig, Otto der Streitbare, 1380. selbige Güter eingezogen hatte, so ist gedachte Vogtey wieder an Braunschweig gefallen; da dann erwehnter Herzog Otto, als Obervogt, die Edlen Herren von Plesse wieder damit belehnt, denen das Kloster jährlich zwo Mark Geldes Göttingischer Wehrung, und zwey Fuder Holz liefern, auch zwene Tage mit zwenen Pflügen vor dem Hause Plesse dienen müssen. 3) H. P. Falke, liefert zwo dieses Kloster angehende Urkunden: in der einen Ludolphs Herren von Plesse von 1247. wird einer Hufe zu Holzhausen gedacht, die der Abt Hermann von Hardenberg gekauft, und an

---

1) Letzner in Meierns origin. & antiq. Plessens. p. 303. Das Kloster hieß auch von seiner Beschützerin Marienstein, wie Meiern am angef. O. S. 311. bemerkt. Das von Kuchenbecker orat. de illib. Hass. relig. pag. 34. genannte Kloster Steinheim ist ohne Zweifel eben dieses.

2) Leuckfelds antiq. Bursfeld. p. 139. Johannis not. ad Serar. p. 762. deren erstrer so redet, als wenn der Erzbischoff selbst der Stifter sey.

3) Letzner am angef. O. S. 304.

an gedachten **Ludolph** wieder verkauft, desgleichen der Pension eines anderen Ackers alda, die letztrer vor fünf Mark Silbers vom Abte gekauft hatte; in der andern von 1248. tritt eben dieser **Ludolph** seine zwey Drittel von vier Hufen im Felde, vor erwähntem Orte bey **Moringen**, mit aller Nutzung gegen die Vogtey **Volporgehausen**, an das Kloster ab. 4) 1367. wurde diesem Kloster und besonders dessen Priorate, von dem Erzbischoff **Gerlach** zu Mainz die Pfarrkirche zu **Münden**, deren Patronat vorher dem Kloster gehörte, mit Vorbehalt der Erzbischöfflichen Rechte einverleibet. 5)

§. 5.

Veränderung desselben und daher entstandene Vorfälle.

Im Jahre 1447. ist dasselbe durch den Erzbischoff **Dietrich** von Mainz reformiret worden. Es war durch der Aebte Nachlässigkeit

4) addit. ad tradit. Corbej. p. 867. 868.

5) Die Bezeugung des Klosters hierüber steht in H. **Würdtweins** diœces. Mogunt. comm. X. p. 538. und bey Quentin am anzuf. O. S. 53. Letztrer will zwar S. 16. not. und S. 18. dem Abte zu Steina ein Archidiaconat beylegen, dem Münden einverleibt gewesen; aber weder die eben gedachte, noch die S. 52. stehende Steinische, von ihm zum Beweise angeführte Urkunden beweisen solches.

sigkeit und üble Verwaltung in so schlimme Umstände gekommen, daß es seine Schulden nicht bezahlen konnte. Deswegen glaubten viele, es würde in kurzem zu Grunde gehen, wenn es nicht in eine Collegiatkirche verwandelt, und anderswoher mit dem nöthigen versorgt würde; und der Erzbischoff glaubte, es sey besser, es Weltgeistlichen (Clericis) zu übergeben, als zu weltlichem Nutzen verwenden zu lassen. Er wollte deswegen die Calandbrüderschaft von Münden hierher setzen; da er aber dieses nicht in eigener Person zu Stande bringen konnte, so gab er seinen Vicario in pontificalibus durch Sachsen und Thüringen, **Hermann**, und dem Probste zu Jecheburg, **Johann** von Rengelderoda, Befehl, eine solche Veränderung vorzunehmen. 1) Da

1) Johannis not. ad Serar p 762. Der Vorschlag der hernach vorkommenden dreien Herren von Plesse, dem Steinischen Kloster durch die Mündischen Kalandsbrüder zu helfen, von 1447. steht in H Quentins Nachrichten von der Kalands-Brüderschaft zu Münden, S. 6. Der hier erwähnte Hermann wird episcopus Citrensis genannt, welches ohne Zweifel von Citri oder Chitro in Macedonien zu verstehen ist, daß er also ein sogenannter Bischoff in partibus gewesen. Es findet sich zwar auch in den ältesten Zeiten ein Bischöfflicher Sitz Cithri in Cypern, wie Spanheim Geograph. eccles. pag. 84 anmerkt; allein selbiger ist in den folgenden Zeiten nicht mehr da gewesen, wie dann auch Miräus in der Notitia episcopatum orbis christiani p. 182 ihn nicht anführt. Hingegen Chitro in Macedonien komt

Da aber hernach die dahin gesetzte Chorherrn mit dem vorigen Abte und den hinterlassenen Mönchen sich verglichen, und nach der Fritzlarischen Probstey begeben hatten, diese aber immer antrieben, ihnen die Klostergüter zu über-

komt noch vor in dem Register der unter dem Patriarchen von Constantinopel gehörigen Kirchen, in Smiths Buche de statu hodierno. eccles. Græcæ, pag. 62. der neueren Ausgabe von 1716. unter andern opusculis von ihm, und daraus bey Rich. Simon hist. critiq. de la creance & des coutumes des nations du Levant p. 194. Ja der Ort komt schon vor in dem Verzeichnisse der Bischöfflichen Sitze aus dem neunten Jahrhundert, so nach andern Bingham Origin. eccles. Vol. III. hat drucken lassen. S. 574. Eben gedachter Hermann komt auch als Bischoff zu Citern in einer teutschen Urkunde von 1438 vor, bey dem H. von Gudenus cod. diplom. T. IV. p. 813. der auch noch eine andre von 1444. wo er eben denselben Titel führt, aus Leuckfelds antiq. Walkenr. p. 177. bemerkt. Ja noch 1454. findet man ihn in einer bey H. von Senkenberg select. jur. & hist. T. V. p. 611. Von den Kalandbrüderschaften, die daher ihren Namen hatten, weil sie am ersten Tage jedes Monates zu Besorgung ihrer Absicht zusammen kamen, sind, ausser Blumbergs bekannter Schrift vom Kalande und den Kalandsbrüderschaften, die Schriftsteller nachzusehen, die Fabricius bibliogr. antiquar. p. 886. der neuesten Ausgabe; Küster biblioth. histor. Brandenburg. pag. 160. seq und Quentin am ged. O. S. 3. anführen. Kürzlich kann man die Dillenburgische Intelligenznachrichten von 1777. S. 469. 470. lesen.

übergeben, so befahl der folgende Erzbischoff **Dietherr** dem Erfurtischen Provisor **Adolph** 1459 gedachten Vergleich zu caßiren, den Chorherrn eine gewisse Zeit zur Wiederkunft zu bestimmen, und sie anzuhalten, ihr Amt ordentlich zu verrichten, die Kirchensachen zu besorgen, dem Abte und den hinterlassenen Mönchen, Nahrung und Kleider zu geben, und alles andere von Erzbischoff **Dietrich** festgesetzte zu thun. 2) Es schlug aber diese Hoffnung fehl. Denn die Collegiatkirche kam in solchen Mangel, daß der Dechant und die Chorherrn, als sie die von den Mönchen gemachte Schulden nicht bezahlen konnten, an andere Orte giengen, so daß der Gottesdienst ganz aufhörte. In diesem Zustande baten die Herren von Plesse, **Gottschalk**, **Dietrich**, und **Moritz**, als Patronen, die Kirche mit dem Collegiatstifte des heil. **Petrus** in **Nörchen** zu vereinigen, und stellten vor, daß die Sache gut gehen würde, wann zu den zehn Canonicaten in letzterer Kirche zwey von Steina mit allem übrigen Vermögen gegeben, und so aus beiden Stiftern eine Gesellschaft gemacht würde. Es wollte jedoch der Erzbischoff **Adolph** *II.* nichts beschliessen, bis er alle eigentliche Umstände vernommen hätte, und gab daher den 5. November 1466. an den

2) Johannis eben das. S. 773. Die Urkunde, worauf er sich beruft, steht nun in des H. von **Gudenus** codice diplomatico T. IV. p. 336.

den Doctor des geistlichen Rechts Heiso Grauwel, dem Heiligenstädter Probst Johann Imhof, und dem Fritzlarischen Scholaster Berthold von Meden Befehl, alles genau zu untersuchen, und die gefundene Beschaffenheit der Sachen zu berichten. Es halfen aber alle bisherige Bemühungen nichts. Endlich wendete der Erzbischoff Berthold, zu Anfang des Jahrs 1491. seine Gedanken wieder auf diese Sache, und es kam zwischen dem Abte von St. Michael zu Hildesheim, dem von St. Blasius zu Northeim, und dem Collegiatstifte zu Nörthen, zu einem Vergleiche, dessen Innhalt vornemlich dahin gieng; daß die Kirche zu Steina mit allen Rechten und Gütern wieder an den Benedictinerorden kommen, daselbst ein Kloster desselben aufgerichtet, und diesem ein Abt vorgesetzt werden sollte. Berthold wurde hierauf gebeten, dieses zu bestätigen, und Steina von der Nörthenischen Collegiatkirche, (womit also die würkliche Verbindung muß geschehen seyn) wieder abzusondern. Der Erzbischoff, der den Nutzen davon einsahe, führte die Sache aus, doch so, daß zu Steina unverzüglich eine Congregation von Brüdern sollte angesetzt, auch ein tüchtiger Mann zum Vorsteher gewählt, und zur Bestätigung präsentirt werden. Hierbey wurden auch die vom Erzbischoff Adolph bey der Union angelegte drey neue Präbenden caßirt. 3) 1506. sorgte der Erzbischoff Jacob

 vor

3) eben das. S. 784-804. Die letztere Anordnung ist vom 22. Jenner 1491.

vor Steina besonders. Es hatte damals keinen Vorsteher; dann der Abt und die Mönche hatten sich wegen Verwirrung der Gefälle an andere Orte begeben, und waren nur zwene Brüder zurück geblieben, die die wenige übergebliebene Güter verwalteten. Ob nun schon diese ihr Amt thaten, so hielten doch **Dietrich** Herr von Plesse, und zween Herren von Hardenberg davor, es sey zu Vermeidung des Unglücks einer solchen verwirrten Haußhaltung am besten, wenn ein Prior dahingesetzt würde; daher der Erzbischoff durch ein Schreiben vom 26. August einem ihm, wegen seiner Geschiklichkeit und guten Aufführung, bekannten und werthen Benedictiner, **Hermann Bruck** von Wißzell, diese Stelle auftrug. 4) Ein Register einiger Aebte dieses zur Bursfeldischen Union gekommenen Klosters, findet man beym **Leuckfeld.** 5)

§. 6.

Stiftung des Klosters Hasungen.

Vom Anfange des berühmten Klosters zu **Hasungen**, giebt **Trithemius** 1) diese Nachricht, daß der Erzbischoff **Siegfried** von Mainz, als er sich im Jahre 1073. in dem Strei-

4) eben das. S. 816.

5) Antiq. Bursfeld. p. 139.

1) Chron. Hirsaug. T. I, p. 235.

Streite mit dem Kaiser **Henrich** *IV*. auf ein seinem Stifte zugehöriges Gut in Thüringen begeben, dasselbe zu bauen angefangen, vollendet, und begütert habe. Hierauf habe er nun solche Mönche zu dessen Besetzung begehret, die von eben so guter Aufführung als die zu **Clugny** in Frankreich wären; und weil die Hirschauischen so beschaffen gewesen, daß man in genauer Beobachtung ihrer Regel ihres gleichen in ganz Teutschland nicht gefunden, so habe er derselben zwölfe nebst einem Abte verschrieben, die ihm dann auch der Hirschauische Abt **Wilhelm** zugeschikt, und ihnen einen frommen und gelehrten Mann, namens **Gisselbert**, zum Abte vorgesetzt habe; welche dann zusammen mit nöthigen Büchern und Regeln angekommen, und von dem Erzbischoffe, der auch den Abt geweihet, ins Kloster eingesetzt worden. Nachdem nun dieser Abt eine Zeitlang daselbst gelebt, und die Anzahl der Mönche sich vermehrt, jener aber mit dem verbanneten **K. Henrich** es nicht halten wollen, so habe er vieles Ungemach leiden müssen, weswegen er mit allen Mönchen sich nach Hirschau zurück begeben, wo diejenige, welche wirklich Profeß gethan, und derer mehr als siebenzig gewesen, sich aufgehalten, und die Celle des heil. **Gregorius** in Reichenbach, bis zu hergestellter Ruhe, eingeräumt bekommen hatten; **Gisselbert** aber sey zuletzt als Abt in das Thüringische Kloster Reinhardsbrunn gekommen.

 Tri-

Trithemius giebt bald hernach 2) die Zeit anderst an, und sagt, daß 1074. bey dem Grabe des heil. Hemerads, der als ein Priester ehedem zu Hasungen gelebt, 3) viele Wunder geschehen wären, wodurch vorgedachter Erzbischoff sey bewogen worden, über dieses Grab eine Kirche zu bauen, und ein Kloster daselbst anzulegen, wozu er sich der Allmosen bedienet, die von denen fast aus ganz Teutschland dahin wallfahrenden wären mitgetheilt worden. Es sind aber diese in Ansehung der Zeit verschiedene Erzählungen dadurch leicht zu vereinigen, daß dieser Schriftsteller kurz vorher 4) sagt, er habe in der Nachricht von den oben beschriebenen Schiksalen

2) S. 237.

3) Dieses Mannes Lebensbeschreibung steht in *Leibnitii* script. Bruns. T. I. p. 565. seq. wo S. 573. die bey seinem Grabe vorgegangene Wunder erzählt werden. Sein Tod wird in der Grabschrift eben das. S. 575. auf 1019. gesetzt, womit der *Annalista Saxo* in *Eccardi* corp. histor. med. ævi T. I. p. 452 übereinstimt. Das chronicon. Luneburgic. eben das. S. 1339 scheint die Ordnung der Zeit seines Todes und der Stiftung des Klosters umzukehren.

4) S. 23[illegible]. In der kürzeren Ausgabe dieser Schrift in Trithemii oper. histor. T II. p. 72. wird so geredet, daß man nicht weiß, ob man den Anfang des Klosters nicht auf 1073. bringen sollte. Es wird auch alda, und vom Bucelinus an dem gleich anzuführend. O. irrig mit deutlichen Worten in Thüringen gesetzt.

salen der ersten Mönche keine gewisse Anzeige der Jahre vor sich gehabt, und selbige zum voraus beschrieben; da man dann auch glauben kann, daß er wegen der Aehnlichkeit der Sachen die Stiftung des Klosters schon bey dem Jahre 1073. angeführt habe, die er hernach bestimt auf 1074. gesetzt. Aber eine größere Schwierigkeit hierbey entsteht dadurch, daß andre, und zwar ältere Scribenten, die Stiftung des Klosters dem Erzbischeffe Aribo zuschreiben. Dieses thun nemlich eine Handschrift, die **Serarius** 5) anführt, mit dem Zusatze, daß die Stiftung zu Ehren der Aposteln, **Petrus** und **Paulus**, und des vorhin gedachten Heimerads geschehen sey; und die unten 6) angezogene. Nun ist Aribo 1031. gestorben, 7) daher die mehresten

---

5) Rer. Mogunt. L. V. p. 467. der Ausgab. vom Johannis, wiewohl Serarius diese Stelle nur vom Anfange erklärt, und des Trithemius den Siegfried betreffende Worte von der Endigung.

6) *Anal. Saxo* p. 454. *Vita Meimverci* bey Leibnitz am angef. O. S. 550. und Engelhuß chron. eben das. T. II. pag. 1083. Wiewohl eine vom Johannis not. ad *Serar.* p. 504. angezogene Lebensbeschreibung Heimerads die Erbauung unbestimt dem Siegfried beylegt. Bucelinus German. sacr. Vol. I. der German. topo-chrono-stemmatogr. p. 43. setzt den Anfang gegen 1028. und die Endigung auf 1060. oder 1070. welches letztere aber wohl zu frühe ist, wenn man nicht von dem Trithemius ohne Noth alzusehr abgehen will.

7) Dieß zeigt Johannis am angef. O. S. 467.

resten neueren den Anfang auf 1030. setzen, und die Vollendung dem 1084. verstorbenen 8) Siegfried zuschreiben, wie Winkelmann, 9) Kuchenbecker, 10) und H. Estor 11) thun.

§. 7.

Verhältniß der Landgrafen in Hessen gegen dasselbe. Es bekomt die Kirchen zu Todenhausen und Schutzeberg.

Die Landgräfin Sophia wurde von dem Mainzischen Erzbischoffe Werner 1263. mit der Vogtey darüber belehnt: 1) und die folgen-

8) Addit. ad *Lambert. Schafnab.* pag. 426.

9) S 310. wo das Kloster als ein prächtiges Gebäude mit dreien Thürnen beschrieben wird.

10) de illib. Hass. relig. p. 31.

11) Origin. jur. publ. Hass. pag. 221. auch Papebroch. Act. Sanct. T. V. Jun. ad vit. Heimeradi, den Struv in der Anmerkung zu der gemeldeten Stelle der addit. ad *Lambert.* anführt, sieht den Aribo als den, der das Kloster angefangen, an: wiewohl ich doch keinen Grund sehe, warum eben das Jahr 1030. und kein früheres anzunehmen sey.

1) Ihre Bekänntniß steht bey dem H. von Gudenus cod. diplom. T. I. p. 703. und in H. Estors Origin. jur. publ. Hass. p. 153. Schon in einer vom H. P. Schumacher in den Nachrichten und Anmerkungen zur Sächs. Gesch. 4. Samml. S.

genden Landgrafen ertheilten ihm verschiedene Gnadenbriefe. Landgraf Henrich der Eiserne befreiete 1335. alle dessen unter seiner Gerichtbarkeit liegende Güter von allen Abgaben, und versprach ihm seinen Schutz. 2) 1338. gab er dessen Leuten die Befreiung von so vielen Abgaben, als der Convent denselben erließ, und wann zuweilen nur zweene bis vier Aecker besäet würden, so sollten die Aussteller davon keinen Waitzen liefern; wo nur Waitzen pflegte geliefert zu werden, sollte man kein Geld, und wann letztes geschähe, nicht über zween Schillinge fodern; die Leute des Klosters, so ihr eigen Hauswesen hätten, sollten nicht über einen Schilling an die Landgräfliche Bediente zahlen; kein Untervogt anders als mit des Klosters Bewilligung angesetzt werden; und alle an verschiedene Orte zerstreuete Leute desselben Erlaubniß haben, zurück zu kommen, und aller Freiheiten genießen, die König Henrich, und der Landgraf Henrich I. ihnen verliehen hätten. 3) 1489. bestätigte

S. 6 not. i) angeführten Urkunde von 1123. heißt der Hessische Graf Giso advocatus Hasungensis monasterii, von welchem Geschlechte also dieses Recht auf die Landgrafen von Thüringen eben sowohl ohne Zweifel gekommen ist, als die Schutzvogtey über Hersfeld, wie H. H. Teuthorn in der Geschichte der Hessen, B. III. S. 71. 72. schon zu erkennen giebt.

2) Anal. Hass. coll. XI. pag. 95.

3) eben das. coll. IX. p. 205. und Beil. 173. des II. Th. der Nachr. von Schiffenberg.

Landgraf Wilhelm der Aeltere alle dessen Freiheiten. 4) 1354. schlug der Erzbischoff Gerlach zu Mainz die Kirchen zu Todenhausen und Schutzeberg dazu, weil der Convent sich gegen den Pabst und ihn selbst, der durch jenen provisionsweise zu dem Erzstifte angesetzt war, gehorsam bezeugt, aber durch die damalige Kriegeszeiten und Mißjahre in üble Umstände gesetzt war, und daher um gedachte Vereinigung gebeten hatte. 5) Es hat

---

4) An beyden angef. Ort. am ersteren S. 232. am letzteren Beil. 174. Ein Beispiel von denen Landesherrlichen Rechten darüber gegen den Anfang des 15ten Jahrhunderts, findet sich in des H. von Gudenus cod. diplom. T. IV. p. 29.

5) Beil. 19. bey H. Kopps Nachr. von den Geistl. und Civilger. in den Hess. Cass. Landen; und ist das darinnen angeführte Hasungische Patronatrecht über die Schutzbergische Kirche schon 1240. bey dem Kloster gewesen, wie die 18. Beil. eben das. beweiset. Ich muß aber anmerken, daß der Erzbischoff Siegfried schon ehedem demselben gedachte Kirche, wovon die zu Wolfshagen ein Filial war, dergestalt zugeschlagen, daß es darüber nach Gefallen verfügen konnte, welches der päbstliche Stuhl und Landgraf Henrich I. bestätigt hatten, und Landgraf Henrich der II. 1335. in der 188. Beil. des II. Th. der Nachr. von Schiffenb. nochmals bestätigt; da dann der Convent sich bis 1354. nur der Präsentation bedienet hat. Vergl. die Urkunde des Hasungischen Abts Henrich, und seiner Conventualen von 1355. worinnen sie sich wegen vorgedachter Einverleibung zur jährlichen Abgabe von vier Pfund Wachs

hat auch das Patronat über die Kirche in **Böddiger**, nicht weit von Fritzlar, besessen. 6) 1505. ist es auf Befehl des Landesherrn in die Bursfeldische Union getreten. 7)

§. 8.

Güter und Gefälle desselben.

Das Kloster besaß Gefälle zu **Hadebrachtshausen**, einem in der Gegend des jetzigen Münchhofs nahe bey Cassel ehemals gelegenen, aber schon längstens verwüsteten Dorfe, wo das im Paderbornischen gelegene Cistercienserkloster **Herswithehausen**, so jetzo **Hardehausen** heißt, im 13. Jahrhundert einen Hof angelegt, und zu dessen Vergrösserung verschiedene Ländereien in dieser Gegend an sich zu bringen gesucht hat. Da nun ein Hasungischer Stiftsmann zu Hadebrachtshausen ohne des Klosters Vorwissen sich in gedachtes Paderbornisches begeben, und seinen Hof mit einigen Aeckern dahin verwendet hatte, so beschwerte jenes sich bey diesem, ließ sich aber mit zwo Mark abfinden, und leistete letzterm wegen erwähnter Stücke

Wachs an die Mainzische Kirche verbinden, in H. Würdtweins dioeces. Mogunt. comm IX. p. 306.

6) H. K. Ledderhose Beschr. des Kirchenst. in den Hess Cass. Land. S. 81.

7) Leuckfelds antiq. Bursfeld. pag. 87. Bucelinus am angef. O. setzt 1510.

Stücke Gewähr. 1) 1274. verkaufte Hasungen mit Bewilligung und Bekräftigung Landgraf **Henrichs** I. dem Teutschen Hause zu Marburg alle seine Güter im Dorfe **Wehren**. 2) **Thilmann** und **Johann**, Herren von Itter, ertheilten 1337. ihre Einwilligung zum Verkaufe eines Stücks in **Weyge**, so **Ludwig** Tweren von ihnen zu Lehen gehabt, und dem Kloster verkauft hatte: und **Johann** und **Heinemann** von Itter bekräftigten 1338. die Stiftung, so **Henrich** aus dieser Familie an dasselbe von gewissen Gütern zu **Anreif** gemacht hatte. 3) Seine Güter zu **Alboldshausen** wurden 1331. an **Henrich**, genannt Meysenbuch, auf zehen Jahre zu Landsiedelrecht gegeben, so daß, wann er vor dieser Zeit verstürbe, vor das beste Haupt zwey Pfunde leichter Pfennige sollten entrichtet werden: und 1360. verkauften einige Wolfhagische Bürger ihm ihren Theil des Guts zu **Gastervelt**, so sie von ihm zu Pachtrecht. 4) 1258. gab der Convent eine Mühle

---

1) Die Urkunde steht in H. R. R. Schminkens Diplomat. Nachr. von Hadebrachshausen monim. Hass. Th. IV. S. 640.

2) Beil. 27. des Entdeckt. Ungr.

3) Beil. 67. und 68. bey H. Vicek. Kopps Nachrichten von den Herren zu Itter.

4) Bey H. G. R. Lennep cod. prob. zu der Abhandlung von der Leihe zu Landsiedelrecht, S. 436. 790.

Mühle zu Lang[illegible]e, (welcher Ort nebst eben gedachtem nun ausgegangen ist) mit den dazu gehörigen Aeckern zwenen Männern zu Waldrecht, welche nebst ihren Nachkommen, wann sie die Mühle veräussern würden, bey der Resignation drey Schillinge schwerer Pfennige, (welche Abgabe gemeiniglich **Ußfahrt** hieß,) und die, so selbige alsdann übernähmen, eben so viel (welches Innfahrt hieß) zahlen sollten. 5) 1451. vermachte ein Casselischer Chorherr, **Henrich** von Uffeln, bey den Altar in der Capelle des heil. **Heimerads** achtzig Gulden, und zwey und zwanzig andere, um davon jährliche Einkünfte bey selbigem anzuschaffen. Weil ihm auch das Kloster hundert Gulden schuldig war, so verordnete er davon die Anschaffung jährlicher Einkünfte, deren Hälfte bey gemeldeten Altar gehören, die andere aber zur jährlichen Messe vor ihn bestimt seyn sollte. 6) 1266. verkaufte **Conrad** von Wehren einige Ländereien zu **Venne** hieher, davon **H. G. R. Kopp** die Urkunde liefert. 7) Es wurde auch der Abt von den Landgrafen von Hessen mit dem

Dorfe

5) eben das. S. 794 wo ein Advocat der Hasungischen Kirche Conrad von Elben vorkomt.

6) Die Nachricht von diesem Testamente steht: Anal. Hassor. coll. V. p. 83.

7) Beil. 61. der Nachr. von der Hess. Ger. Verfass Th. I. St. 3. 4. wo auch die folgende dies Kloster angehet.

Dorfe Bründerschen und einem Hause in Cassel belehnt. 8)

§. 9.

Klöster zu Helmershausen und zu Homburg.

Die Stiftung des Klosters zu **Helmershausen** oder **Helmwardshausen**, welches von dem nicht weit davon liegenden **Hilwardshausen** wohl zu unterscheiden ist, setzen **Dilich** 1) und **Winkelmann** 2) auf 909. und nennen den Stifter einen Grafen **von Reige**, (von welchem doch, wie letztrer selbst sagt, sich sonst nirgends Nachricht findet) der es zum Andenken seines alda erschlagenen Sohns erbauet habe. Es ist aber der wahre Stifter ein Graf **Ekkehard** gewesen, der es 998. aus seinen Erbgütern auf seinem eignen Grund und Boden gestiftet, wie **Schaten** 3) berich-

8) S. Ledderhose am angef. O. S. 127.

1) In der Hess. Chron. Th. II. S. 110. Buccelinus German. sacra in seiner German. topo-chrono-stemmatogr. Vol. II. p. 190. hat gar nichts von dem Ursprunge anzugeben gewußt. Zeiler topogr. Hass. S. 86. setzt solchen irrig auf 1207.

2) Beschreib. Hess. Th. VI. S. 153 jedoch trägt er Th. II. S. 314. die gleich folgende Nachricht vor.

3) Annal. Paderborn. T. I. p. 348. wo auch angezeigt wird, daß der Westphälische Geschichtschreiber Cleinsorg, (dessen Buch ohne Zweifel gedruckt ist,

berichtet, der auch die zu Ehren des Apostels Petrus und aller Heiligen geschehene Einweihung durch den Paderbornischen Bischoff **Meinwerc**, auf 1011. 4) setzet; dessen Gebiete es von **K.** Henrich *II.* 1017. ist untergeben worden. 5) 1148. bestätigte ihm der Pabst

---

ist, weil ausser dem Stangesohl anal. circ. Westphal. L. III. pag. 288. und anderen, der K. von Ludewig de primo foro subfeudor. imperial. Par. Cur. in Hass. Comit. Ritberg. cap 6. Opuscul. Miscell. T. I. p. 693. seqq. es verschiedene male, und zwar nicht als eine Handschrift, wie ich es denn auch nicht als eine solche in dem Ludewigischen Bücherverzeichnisse gefunden habe; doch vielleicht auch nur aus vorgedachten, anführt, aber äusserst selten ist,) den Bestätigungsbrief Kaisers Otto III gelesen zu haben bezeuge. Auf selbigen beruft sich auch H. Falke tradit. Corbej. p. 546 und verspricht, ihn zu anderer Zeit herauszugeben, sucht auch die Genealogie des Stifters Ekkehards zu zeigen. Der Annal. Saxo setzt S. 375. die Stiftung auf das Jahr 1000. und Strunk an dem gleich anzuf. O. S. 125. den Anfang der Aufsicht des ersten Abts Haulfs auf dasselbe Jahr. Wann H Plato, sonst Wild genant, in seinem zu Regenspurg 1763. gedruckten Schreiben von einer Hof-Geißmarischen Münze, S. 40. die Stiftung auf 1011. setzt, so sieht man leicht, daß dieselbe und die Einweihung mit einander verwechselt sind.

4) am angef. O. S. 396. Da er in voriger Stelle das Jahr 1012. angegeben hat.

5) Die Urkunde steht eben das. S. 425. wo auch S. 492. diejenige sich findet, worinnen K. Conrad II. dem Abte Wino, auf Bitte seiner Gemahlin

Pabst **Eugenius** *III.* auf der Kirchenversammlung zu Rheins alle Freiheiten. 1220. überließ der damalige Abt dem Cölnischen Erzbischoffe **Engelbert** schenkungsweise die **Hälfte** der ihm zustehenden Stadt Helmershausen, um dessen Vertheidigung zu genießen, behielt sich aber das Recht der Schutzvogtey, und einige eigenthümliche Klostergüter vor. 6) Es haben die Aebte hernach öfters gesucht, sich von Paderborn, zu dessen Sprengel sie gehörten, loß zu machen; allein der Bischoff **Bernhard** hat 1326. einen gerichtlichen günstigen Ausspruch erhalten, und den Abt **Reinbold** *II.* zur Unterwürfigkeit genöthigt, ihn auch vorgeladen, um sich bestätigen zu lassen. 1337. suchten einige Mönche, ohne Vorwissen ihres Abts **Engelbert**, die Stadt nebst dem Schlosse **Kruckenberg** in fremde Hände zu spielen, nachdem sie mit dem Mainzischen Beamten in dieser Gegend, und den damals noch nicht zu Hessen gehörigen Bürgern zu Geismar, ein Verständniß errichtet hatten. Die Stadt war nemlich, ohne Zweifel zur Hälfte, vom Cölnischen Erzbischoffe **Walram** an den Bischoff **Bernhard** von Paderborn verpfändet worden, der auch vom Grafen

Her-

---

mahlin Gisela, seines Prinzen Henrichs, und des Bischoffs Meinwercs, das Zoll- und Münzrecht 1033. schenkt.

6) Erstre Urkunde steht, doch an einigen Orten mangelhaft, eben das. S. 778. die andre S. 986.

Hermann von Everstein noch ein neues Recht auf das vom Erzbischoff zur Hälfte ihm versetzte Kruckenberg erkauft, und beide Orte mit des Abts Einwilligung in seinen Schutz genommen hatte; und der Abt erklärte durch eine offene Schrift, daß gedachte Stücke zu Paderborn gehörten. Aber 1352. hat der Bischoff Balduin die Hälfte beider Orte dem Kloster um 950. Mark Silbers wieder versetzt, doch mit der Bedingung, daß das Erzstift Cöln um selbige Summe gedachte Orte wieder einlösen dürfte. 7) Ausser diesen Nachrichten habe ich nur noch eine Urkunde von 1489. gefunden, worinnen ein Bürger zu Trendelburg und seine Söhne ein Stück des Marslandes daselbsten zu rechter Meierzahl bekommen. 8) Die Reihe der Aebte liefert Strunk, 9) der anderwärts auf das Leben der Mönche dieses Klosters scharf losziehet; 10) wie sie sich dann auch nicht zu der Bursfeldischen Union hätten begeben wollen, wel-

---

7) eben das. T. II. pag. 264. 286. 328. den Vorgang von 1326. erläutert Strunk S. 127.

8) Bey H. G. R. Lennep cod. probat &c. p 803. welche so viel merkwürdiger ist, da, wie auch derselbe in dem Buche selbst S. 130. anmerkt, das auf diese Art ausgethane Marsland in Hessen nicht so sehr bekannt ist.

9) Annal. Paderborn. T. III. p. 125 – 128.

10) eben das. S. 14.

welches jedoch, wie **Bucelinus** 11) sagt, 1517. geschehen, wann anderst, wie ich nicht zweifele, das von ihm genannte **Hulmershausen** mit dem beschriebenen einerley ist. Es muß auch zu **Homburg** ein Benedictinerkloster gewesen seyn, davon sich unten an einem Orte eine dunkle Anzeige findet.

Achtes Hauptstück.

Von dem Benedictiner-Nonnenkloster zu Kaufungen, und den anderen Nonnenklöstern dieses Ordens.

§. 1.

Ursprung des Klosters zu Kaufungen.

Von dem berühmten Kloster zu **Kaufungen**, welcher Ort in alten Nachrichten Capungum, Confungen, Confunga, Chuofunge, Chuophungun, u. s. w. genent wird, hat **Paul Rappe von Nether**, nach **Crämers** Zeugniß, 1) eine besondere aber noch ungedruck-

11) German. sacr. P. II. in seiner German. topo-chrono-stemmatogr. Vol. I. pag. 47. Es bezeuget auch gedachten Beytritt Leuckfeld antiq. Bursfeld. p. 88. ohne doch das Jahr anzugeben.

1) Chron. monaster. S. Petri in monte crucis in *Paulini Syntagm. rer. German* p. 315 Die Frage wie Kaiser Henrich, ein Stifter eines Klosters in

druckte Chronik geschrieben. **Henrich Bodo** 2) glaubt, daß **Mechtild**, die Gemahlin K. **Henrichs** des Voglers, selbiges gestiftet habe. **Dilich** 3) und **Winkelmann**, 4) geben Kaiser **Ludwig** den Frommen, als den Stifter an. **Gerstenberger**, 5) und die Excerpta Riedesel, 6) zählen Kaufungen unter die Stifter, die vormals von den Ungarn und Heiden wären verstöret, und von Kaiser Henrich II. wieder erbauet worden. Es ist aber

R 2 nun

in Hessen habe seyn können, hat H. R. Bernherd in den Casselischen Anzeigen von 1751. S. 36. beantwortet, wovon aber, als einer zur bürgerlichen Geschichte gehörigen Sache, hier nichts zu erwähnen ist. Die Kaiserliche Schenkung eines Kammerguts zu Cassel an die Kunigunda von 1008. welches diese hernach wieder an Kaufungen geschenkt hat, ist die II Beil. der Beschreib. von Cassel. Bucelinus German. sacr. in der German. topo-chrono-stemmatogr Vol II. p. 200. nennet es Kaufingen, und unterscheidet es alsdann richtig von einem Mannskloster dieses Namens; Vol I. p. 50 aber unterscheidet er Kauffingen, wann er nemlich darunter das Nonnenkloster verstehet, irrig von dem pag. 23. von ihm angezeigten Confugio, welches er ganz recht vom Heßischen Kaufungen erklärt.

2) Chron. Gandershem. in *Meibomii* script. rer. Germ. T. II. p. 491.

3) Hess. Chron. Th. II. S. 106.

4) Th. VI. S. 142.

5) Hess Chron. bey H. Schminke M. H. Th. I. S. 87.

6) S. 2.

nun längst völlig ausgemacht, daß des letzteren Gemahlin **Kunigunda**, eine gebohrne Gräfin von Luxenburg, die erste Stifterin davon sey. Ihr Gemahl hielte sich öffters an diesem Orte, wegen der angenehmen Gegend, auf; und sie selbst wurde alda 1017. als sie, nach Zurücklassung ihres Gemahls in Frankfurt, dahin gereiset war, krank, und versprach Gott zu Ehren ein Kloster zu stiften, wie **Dithmar** 7) erzählt, (dessen und andrer alten Scribenten Stellen ich hier nicht alle mit ihren Worten anführen will; weil **Kuchenbecker** 8) solches schon gethan hat,) womit der *annalista Saxo* 9) übereinstimmt. Sie brachte auch die Sache nicht lange hernach zu Stande, und legte dieses Kloster zu Ehren unsers Heilandes, und dessen siegreichen

---

7) Chron. L. VII. in *Leibnitii* script. Brunf. T. I. p 413. Ich muß aber bemerken, daß die Not. 1. angezogene Urkunde schon ausdrücklich der nach Kaufungen von der Kunigunda gesetzten Nonnen erwähne. Wann ich nun nicht die ganze Zeitrechnung der genannten Scribenten umstoßen will, so weiß ich keine andere Auskunft zu treffen, als daß ich glaube, die Kaiserin habe schon 1008. einige Nonnen dahin gesetzt, mit dem Vorsatze, ein ordentliches Kloster daselbst anzulegen; welcher aber durch allerhand Verhinderungen sey vereitelt worden, bis sie solchen 1017. erneuert und würklich ausgeführet.

8) In der Nachr. von diesem Kloster Anal. Hass. coll. III. p. 119. seqq.

9) In *Eccardi* corp. histor. med. ævi T. I. p. 446.

chen Creuzes, auch der Jungfrau Maria, und des Apostels Petrus an, 10) und beschenkte es mit vielen Zierathen, wie **Monnosius** 11) bezeuget. Von dem Stiftungsbriefe, der sich, nach **Hartmanns** Zeugniß, 12) im Kaufungischen Archiv befindet, steht bey **Kuchenbecker** 13) eine teutsche, aber nicht wohl gerathene Uebersetzung, nach welchem das Kloster auch zu Ehren **aller Heiligen** errichtet worden, und unter dem Mainzischen Sprengel, auch dieses Erzstiftes Schutzgerechtigkeit stehen, und die Aebtissin

 von

10) Vit. Meinverci in *Leibnitii* script. Brunſ. T. I. pag. 556.

11) Vit. S. Kunigundæ in *Ludewig* script. Bamberg. p. 349. Monasterium in honore *salvatoris* & ejus *victoriosissimae crucis* in loco, qui *Confugia* dicitur, magnifice construxit, & ancillarum Dei, ibidem Deo, secundum *regulam S. Benedicti*, servientium congregationem decentissime ordinavit. Porro cooperante ei in omnibus imperiali majestate; idem monasterium omni ornatu decoravit. Ante principale altare iconam ex auro & lapide pretiosissimo statuit; calices aureos & argenteos, catinos, urceos, pallas (Altarstücher, du Fresne glossar. h. v.) casulas, vela, cortinas, cappas auro & gemmis prætiosis intextas, & cætera utensilia, sive vasa ministerii, tanto studio & tam sumtuosis impensis contulit, ut quicumque ea intuerentur, regiam munificentiam & miram utriusque, Imperatoris videlicet ac Imperatricis, in Deum devotionem magnopere mirari non cessent.

12) Histor. Hassor. P. I. pag. 66.

13) am angef. O. S. 124.

von den Nonnen erwählt werden sollte. Es ist aber nachgehends in diesen Stücken eine Veränderung getroffen worden, indem alle Scribenten bezeugen, daß das Klöster unter dem Paderbornischen Sprengel gestanden habe, von welcher Veränderung man aber die Zeit und die Umstände nicht weiß. Und so merkt auch Herr **Kuchenbecker** 14) aus einer ungedruckten Urkunde vom Jahre 1494. an, daß darinnen ein Advocat dieses Stifts, **Johannes** von Scharfenstein, vorkomme. Eben derselbe zeigt 15) gar recht, daß in dem Stiftungsbriefe anstatt des Jahrs 1015. 1019. stehen müsse, als welcher im siebenzehnden Jahre der Regierung dieses Kaisers, welche 1002. angeht, ist gegeben worden. Nachdem die Kaiserin sich 1017. von hier wegbegeben, kam sie 1018. zurück und richtete das Kloster ein, wie **Dithmar** 16) und **Martin Hofmann** 17) bezeugen. Der Kaiser selbst hielte sich im Jenner 1019. hier auf, und merkt **Kuchenbecker** 18) abermals an, daß der vorhergedachte Stiftungsbrief vom 10. May 1019. müsse zu Bamberg ausgefertigt seyn, weil

14) am angef. O. S. 127. not. h.

15) eben das. §. 5.

16) am angef. O. S. 423. womit der Annal. Saxo p. 449. übereinstimmt.

17) Annal. Bamberg. bey Ludewig am angef. O. S. 53.

18) §. 16.

weil der Kaiser um diese Zeit sich da aufgehalten, und der Einweihung der Stiftskirche beygewohnet; auch, daß anstatt des funfzehenden Jahrs des Kaiserthums, das fünfte darinnen müsse gesetzt werden.

§. 2.

Fernere Kaiserliche Gnade gegen das Kloster.

Der Kaiser gab nun auch dem neuen Kloster, auf Bitte seiner Gemahlin, in einem Schenkungsbrief das Westphälische Gut Herbetre. 1) Es ist derselbe den 30. December 1019. gegeben, und wann H. **Kuchenbecker** 2) sagt, daß der Name des darinnen vorkommenden Erzcapellans nicht **Friedenbold**, sondern **Erchanbald** heissen müsse, so bestärkt dieses **Eckhard**. 3) Wann es auch in diesem Briefe heißt, daß der Kaiser die Aebtissin **Uda** dem Kloster vorgesetzt habe, so ist dieses dem Stiftungsbriefe, in welchem die Wahl den Nonnen gelassen wurde, nicht entgegen, indem sich dieses bey der ersten Errichtung

1) Er steht Anal. Haff. coll. I. pag. 73. H. Falke tradit. Corbejens. p. 318. versteht darunter Herven im Herzogthum Bergen im Amte Windeck, welches aber wohl zu weit entfernt ist, als daß es mit Grunde hierher könnte gezogen werden.

2) Anal. Haff. coll. III. pag. 212.

3) Introd. in rem diplom. p. 171.

tung des Stifts freilich anderst verhalten muste. Der Römische König Henrich, Kaiser Friedrichs II. Sohn, bezeuget in einer zu Würzburg gegebenen Urkunde, so ohne Benennung des Jahrs in Kaiser Rudolphs Bekräftigung derselben von 1290. eingeruckt ist, 4) daß ein Graf, namens Friedrich, die Schutzgerechtigkeit über gedachtes Gut von dem Stift Kaufungen zu Lehn gehabt, aber durch seinen an dem Cölnischen Erzbischoff (welches der nach dem Zeugniß Levolds von Northof, 5) von einem Grafen Friedrich von Isenburg ermordete Erzbischoff Engelbert ist,) begangenen Mord verlohren habe, daher solche nicht auf seine Angewandte fallen, doch der Aebtissin frey stehen sollte, sie jemand anders zu geben. 1021. gab Henrich II. dem Kloster ein zu Hardinghusen gelegenes Gut eigenthümlich, wie das Leben des heil. Meinwerces 6) meldet. Nach des Kai-

4) Anal. Hass. coll. I. pag. 75.

5) Catal. Archiepisc. Colon. in *Meibomii* script. R. G. T. II. p. 9.

6) In *Leibnitii* script. Brunsuic. T. I. p. 556. der H. R. Hombergk von den Heßischen Erbämtern, S. 38. not. 4. überläßt zur Untersuchung, ob hier nicht Hertingshausen zwischen Rosenthal und Gemünden zu verstehen sey? Es bemerkt aber H. Kuchenbecker von den Hess. Erbhofämtern S. 159. Not. i) daß auch im Amte Cassel, unweit Niedenstein, ein Hartingshausen liege, so auch auf der Homannischen Charte von Hessen ange-

Käisers Tod bezeugte die **Kunigunda**, etwa gegen den Anfang des Jahrs 1025. demselben in einem Brief 7) ihre herzliche Liebe, schikte auch zugleich nach ihren damaligen Umständen ein kleines Geschenk, und empfahl das Andenken ihres Gemahls. Sie berief ferner zu einer feierlichen Einweihung dieser Kirche, einige Bischöffe zusammen, und ließ sich als eine Nonne einkleiden, wovon **Nonnosius** 8) zeuget. Dieses geschahe am Jahrstage von ihres Gemahls Absterben, nemlich den 13. Julius, und weil gedachter Scribent meldet, daß sie zu Kaufungen 15. Jahre eine Nonne gewesen, sie aber 1040. verstorben, so muß ihre Einkleidung 1025. geschehen seyn; und ist die erste Aebtissin **Uda**, ihrer Schwe-

---

angezeigt, und ohne Zweifel hier zu verstehen ist. Der Schenkungsbrief selbst steht in Schatens Annal. Paderborn. T. I. p. 453. In Hergotts geneal. diplom. Habsburg. T. II p. 105. steht eben dieses Kaisers Schenkung von 1019. darinnen er dem Kloster die in comitatu des Grafen Bertholds, und in den Gauen Trithira und Einefeld gelegene Orte: Asch, Windinga, Bysecke, und Tremezze, mit allem Zugehör übergiebt.

7) Bey Kuchenbecker in Anal. Hass. coll. III. p. 135.

8) am angef. O. S. 353. H. R. Teuthorn Th. II. S. 728 hat sich geirret, daß diese Einweihung vom Pabste Benedict VIII. in Gegenwart Kaiser Henrichs 1019. geschehen sey. Er hat einige Worte bey H. Kuchenbecker S. 131. unrecht verstanden, und auf das, was eben das. S. 137. steht, nicht Acht gehabt.

ster Tochter, schon 1035. 9) gestorben, wobey ich noch anmerke, daß zu dem Verzeichnisse einiger Aebtissinnen dieses Orts, welches bey Kuchenbecker 10) stehet, aus einer Urkunde von 1323. 11) eine Aebtissin Jutta beizufügen sey. In selbiger verkauft Henrich Langschenkel, ein Wapener, seine in Niederkaufungen gelegene Güter dem Stifte vor 14. Mark Silbers Casselischer Wehrung. 1294. bekennen Gottschalk Herr von Plesse, und Henrich von Homborch, 12) daß sie an dem Kaufungischen Hofe Hedeminne, außer den Vogteyrechten und gewöhnlichen Einkünften, sonst nichts zu fodern hätten; wie ihnen dann auch das Stift einige Waldungen (indagines) lebenslang, mit Vorbehalt der halben Einkünfte, überlassen hätte.

§. 3.

Einige andere Nachrichten von diesem Stifte.

Das Stift hatte seinen Gerichtsverweser, wie dann in einer Urkunde von 1379. 1) eines Chor-

9) Annal. Hildesheim bey Leibnitz am angef. O. S 727.

10) am angef. O. S 140. 141.

11) In H. R. Schminkens monim. Hass. Th. III. S. 259.

12) eben das. S. 257.

1) Beil. 21. der Nachr. von der Landcomm. Marburg; in welchem Buche auch S. 19. eine Urkun-

Chorherrn der Stiftskirche zu Cassel erwähnt wird, welcher solches Amt verrichtet; wiewohl die Peinlichkeit durch den Schultheißen zu Cassel allein ausgeübt wurde. Der Landgraf **Ludwig** gab 1224. diesem Stifte die Zehnden zu **Niederzwern**, und **Henrich** I. 1308. die Zehnden zu **Mühlenhausen**, einem damals bey Cassel gelegenen Dorfe; 2) und in demselben Jahre erläßt er, nebst seinem Sohn **Johannes**, ihm die Einkünfte der Vogteyrechte in den Dörfern **Zweren** und **Volmershausen**; 3) wie dann auch die Familie der von Bodenreich, welche Cassellische Bürger waren, 1316. ihren erbeigenen Zehnden zu **Wolfsangel** demselben verkauft hat. 4) Eine Frau von Itter, namens **Gepa**, vermacht 1132. 5) ein Stück Landes nebst sechs dazu

Urkunde von 1506. angeführt wird, woraus man sieht, daß das Stift die Landgräfliche Gerichte erkannt. Vergl. die Bemerkung des H. G. R. Kopp von der H. G V. S. 324.

2) Kuchenbecker orat. de illib. Hass. relig. p. 31. aus einer ungedruckten Heß. Chronik, welche vielleicht die in H. R. Schminkens Beschr. von Cassel öfters angeführte von der Stadt Cassel ist. Des letztren Vergleichs wird mit Beziehung auf den Landgräflichen, und zu Kaufungen vorhandenen Brief in der Conger. Heß. Gesch. S. 3. nur auf eine dunkle Art gedacht.

3) Die Urkunde hierüber wird in der Nachr. von Schiffenb. Th. II. S. 126. not. g) angeführt.

4) Conger. Heß. Geschichte Anal. Hass. coll. I. p. 3.

5) Die Urkunde steht in H. Vices Kopps Nachr. von den Herren zu Itter, S. 24.

dazu gehörigen Leuten in Grifte, welche noch vor sich zu gewisser Zeit, auf den Tag des heil. Martins, einen Zins dahin geben, und besonders unter einer Nonne stehen sollten. 1417. bekennt der Abt zu Breitenau, daß ein Einwohner zu Grifte und seine Frau eine Hufe Landes daselbst, gegen eine jährliche Abgabe an Frucht, die nach des Mannes Tode von dessen Erben noch mit einem Viertel sollte vermehrt werden, vom Kloster Kaufungen zu Landsiedel genommen habe. 6) Bey dem H. von **Gudenus** steht ein Kaufbrief von 1235. 7) worinnen das Capitel zu Speier sein Gut zu Eschwege an die Mainzische Kirche verkauft, jedoch die Abtey dieses Orts und die in Kaufungen ausnimmt. Was es nun eigentlich vor eine Bewandniß mit ersterer, in Rücksicht auf Speier, habe, kann ich nicht für gewiß anzeigen. Von der leztren aber findet sich eine Erläuterung, bey dem H. R. R. Würdtwein. 8) Es hat nemlich Kaiser Henrich *III.* diese Abtey dem Stifte Speier 1086. übergeben, wie die daselbst stehende

6) Beil. 216. bey dem H. G. R. Lennep, Abhandl. von der Leihe zu Landsiedelrecht.

7) Cod. diplom. T. I. pag. 536.

8) Subsid. diplomat. T. IV. p. 327. Vergl. eben das. T. V. p. 266. 267. (wo man auch S. 253. sieht, daß die vorhin gedachte Abtey zu Eschwege ein Nonnenkloster gewesen sey) Der Sache selbst hat schon Simonis gedacht, in der Beschreib. aller Bischöffen zu Speier, S. 50.

hende Urkunde ausweist. Auf was vor eine Art sie wieder davon abgekommen, weiß ich nicht; doch ist es ohne Zweifel vor der Reformation geschehen. Bey eben demselben 9) steht eine Verbindung dieses Stiftes mit drey anderen Heßischen von 1339. und eine weit ansehnlichere mit vielen Heßischen Stiftern, und der ganzen zu der Probstey Fritzlar gehörigen Geistlichkeit von 1386. gegen alle die, so die Verbündeten auf einige Art in ihren Rechten stören würden.

§. 4.

Kloster Lippoldsberg.

Von dem Kloster Lippoldsberg an der Weser, hat H. Kuchenbecker eine geschriebene Chronik besessen. 1) Von Urkunden aber sind sehr wenige im Druck vorhanden. Schon in den Jahren 1149. und 1151. komt der Probst **Günther** daselbst in zwo von dem Mainzischen Erzbischoffe **Henrich** ausgestellten Urkunden vor, 2) und nach dem Auszug einer anderen von 1200. 3) hat der Graf Erepo

9) Diœces Mogunt. comm. X. p. 408–412. Eben das. S. 527. kann man eine Anzeige von dasigen Altären finden.

1) Dieses meldet der H. von Senkenberg proleg. T. V. Selectorum jur. & histor. p. 52.

2) Bey dem H. von Gudenus cod. diplom. T. I. p. 191. 206

3) In H. Schminkens monim. Hass. Th. IV. S. 642.

Crepo von Beilstein, mit seinen Brüdern einiges dahin geschenkt, weil das Kloster der Tochter eines seiner Vasallen eine Präbende ertheilt hatte. Landgraf **Ludwig** *IV.* ertheilte ihm 1227. seinen Schutz, und die Befreiung von allen Diensten, mit der Zollfreiheit auf der Werra und Fulda vor alle seine Bedürfnisse; welches Landgraf **Henrich** 1229. wiederholte. 4) 1273. verkaufte der Graf **Ludwig** von Dassel die Vogtey über die Klostergüter an das Erzstift Mainz. 5) 1317. hat es eine **Mühle** bey **Ritte** mit dem Zubehör verkauft; und 1521. einen Hof zu **Nortgeismar** einem Bürger der Stadt Geismar, gegen eine jährliche Abgabe an Frucht übergeben. 6) 1464. bekräftigte der Mainzische Erzbischoff **Adolf** *II.* die Verordnung seiner Vorfahren, des Probstes, der Priorissin, und des Convents daselbst, wegen des Gottesdienstes zu Godesborn, einem Mainzischen Dorfe, wohin damals große Wallfahrten geschehen, und der dahin gemachten Schenkun-

4) Die erstere Urkunde ist die 3. Beil. der Nachr. von der Landcommende Marburg, und die andere die 4. Beil. bey H. Ruchenbeckers Abhandl. von den Hess. Erbhofämtern.

5) Bey dem H. von Gudenus am angef. O. S. 751.

6) In dem cod. probat. zu H. G. R Lennep Abhandlung von der Leihe zu Landsiedelrecht, S. 652. 804.

kungen. 7) Es hat dieses Kloster in der Bursfeldischen Union gestanden. 8)

§. 5.

Kloster Nortshausen.

Das Cistercienserkloster zu Nortshausen, einem Dorfe nicht weit von Cassel, worinnen 24. Klosterjungfern gewesen, soll Albrecht von Wallenstein 1262. gestiftet haben; 1) welches aber irrig ist, indem schon im Jahre 1200. ein ungenannter Graf von Waldenstein es mit einer Hufe Landes beschenkt hat. Der Graf Albrecht zu Waldenstein hat ihm 1207. die Kirche zu Oberzweeren, und die dazu gehörige Capelle zu Northausen 2) geschenkt, welches der Mainzische Erzbischoff Gerlach bestätigt hat: und

1270.

---

7) Die Urkunde so Johannis not. ad *Serar.* p. 781. schon gebraucht, steht verkürzt beym H. von Gudenus am angef. O. T. IV. p. 373.

8) Die designat. monast. congregat. Bursfeld. in *Leibnitii* script. Brunſ. T. II. p. 973. nennt es zwar nicht; es wird aber von Leuckfeld antiq. Bursfeld. p. 151. dazu gerechnet.

1) *Conger.* Heſſ. Geſch. S. 2. H. R. Estor differt. de Comit. Hass. provinc. p. 52. der Ausg. in 8.

2) Nachr. von den Klöstern Nortshausen ꝛc. in den Marburg. Beytr St. II. S. 257. wo sich auch S. 259 zur Erläuterung eine Anmerkung von den adelichen Grafen in Hessen findet.

1270. schenkte ein Graf zu Waldenstein den halben Zehnden zu Nortshausen, und den Zehnden zu Wallsporn dahin. 3) 1288. vereinigte das Erzstift Mainz die Kirche zu Benungen mit den Präbenden zu Nortshausen, daher das Kloster jährlich 2. Pfund Wachs an die Mainzische Kirche versprach. 4) Von Gütern findet sich eines zu Altenbauna, welches 1518. zu Landsiedel verliehen worden, 5) und ein 1318. zu Waltrecht verliehener Hof zu Algroßhausen (dem Ansehen nach Elgershausen) 6) 1508. ist dieses Kloster, welches außer der Aebtissin einen Probst hatte, 7) vom Mainzischen Erzbischoff Jacob reformirt worden, 8) und es gehörte zur Bursfeldischen Union. 9)

§. 6.

---

3) am angef. O. S. 258.

4) In des H. von G[illegible]nus cod. diplom. T. II. pag. 255. wo das Kloster novum opus in Nortsen genennt wird, welches fast die Vermuthung machen sollte, daß bey der Urkunde von 1200. ein Fehler in der Jahrzahl läge.

5) In des H. G. R. Lennep cod. probat. &c. pag. 649.

6) Anal. Hassor. coll. III. p. 196.

7) Marburg. Beitr. am angef. O. S. 258.

8) Johannis not. ad *Serarium* pag. 817.

9) Leuckfelds antiquit. Bursfeld. pag 152. indem es allem Ansehen nach das da gedachte Nordtsassen in Hessen ist.

§. 6.

Kloster Heida.

Der Ursprung des Cistercienser-Klosters Heida ist unbekannt. Doch thut dessen, wie in den **Marburgischen Anzeigen** 1) gemeldet wird, bereits eine Urkunde von 1248. Meldung. In einer von 1265. schenken ihm die Landgräfin **Sophia**, und ihr Sohn, das Patronatsrecht einer Kirche, wo es Monasterium de *Merica* heißt, welches Wort in den mittleren Zeiten eine Heide, oder wüsten Ort bedeutete. 2) Der Landgraf **Henrich** *II.* ließ wegen einiger, unter der Gerichtbarkeit des dabey liegenden Dorfes gelegener Güter, eine sogenante Landscheidung vornehmen, und was ihm darinnen zugefallen war, schenkte er 1353. seiner, in diesem Kloster als eine Nonne befindlichen, Prinzeßin **Margaretha** zu ihrem Unter-

---

1) Auf das Jahr 1764. 23. St. S. 180 H. R. Teuthorns Vermuthung Hess. Gesch. B. III. S. 197. von der Ursache, warum dieses Kloster Heida genannt worden, komt mir zu weit hergeholt vor.

2) Die Urkunde steht, doch mit Auslassung des Namens der Kirche, eben das. wo auch die gedachte Bedeutung des Wortes Merica aus dem cod. diplom. zu des H. Wilke Ticemanno p. 17. bemerkt wird, wovon ich nachher ebenfals Beyspiele gefunden. Vergl. die Erläuterung zweyer Bisch. Halberstädtischen Urkunden für die Augustiner Eremiten &c. in denen 1751. zu Halle gedruckten Historisch. Sammlungen zur Teutsch. Gesch. St. II. 136. u. f.

Unterhalte, nach deren Tode es an das Kloster fallen sollte. 3) Es ist mit dem in Thüringen zwischen Gotha und St. Georgenthal gelegenen, gleiches Namens, nicht zu verwechslen, wie in der *Thuringia sacra* geschieht, 4) wo diesem etwas zugeschrieben wird, welches doch auf das Heßische Kloster Helda gehet. Dann da in der Urkunde daselbst der Probst, die Aebtissin, und der Convent 1318. bezeugen, daß der Erzbischoff **Peter** von Mainz die Pfarrkirche zu **Altenmorsen** dem Kloster einverleibt habe, und sie daher dem Mainzischen Capitel jährlich auf Martinstag zwey Pfund Wachs liefern wollten, so ist offenbar das Heßische zu verstehen, als bey welchem ein Dorf dieses Namens liegt. Des Landgrafen **Hermanns** Gemahlin **Margaretha** hat, nach der Bekänntniß der Aebtissin **Hiltegund**, und des Convents von 1400. 5) ein ewiges seelig (Seelen-) Geräthe, ohne Zweifel durch die da gedachte Lösung einer Monstranz, auf die ganze Zeit als das Kloster stünde, mit demselben gemacht, daher es sich verbindet, jährlich in den beyden Quatembern, in dem Advent und in der Fasten, für selbige, auch ihren Gemahl und Kinder, zu bäten, und sie aller seiner guten Werke theilhaftig zu machen. 1493. refor-

3) Die Urkunde steht eben das. St. 17. S. 132.

4) S. 600.

5) Nachr. von der Comm. Schiffenberg, Th. I. Beil. 195.

reformirte es Landgraf **Wilhelm** der Mittlere, und verschrieb dazu einige Jungfrauen aus der Grafschaft Mark, und dem Kloster Kentorpe, gab selbigen ersteres, mit allen dazu gehörigen Freiheiten, Gütern und Renten ein, nahm es in seinen Schutz, und befreyete es von den Diensten nach Spangenberg und anderen Beschwerden, wobey es jedoch seinem Weinmeister zu Morsen eine Präbende geben mußte; es sollte auch, so lange es bey dieser Reformation blieb, bey allen Freiheiten des Ordens gelassen werden. 6) Es ist dieses diejenige Reformation, um welche der Landgraf den Erzbischoff **Berthold** zu Mainz ersucht hat, der ihre Vollziehung am 11ten Merz dieses Jahrs dem Abte zu Walkenried, und dem Pater (Prior) zu St. Johannisberg oder Asperg aufgetragen hat: 7) und zu deren Bevestigung es hernach in die Bursfeldische Union ist gegeben worden. 8) Seine Güter betreffend, so habe ich nur eine Urkunde von 1469. gefunden, worinnen dessen Hof zu

6) Beil. 186. eben das. wo die folgende 187 eine gleichlautende des Landgrafen Wilhelms I. von demselben Tage ist, welches aus dem bekannten damaligen Zustande von Niederhessen ganz begreiflich fält.

7) Johannis not. ad *Serar*. pag. 805.

8) Leuckfelds antiquit. Bursfeld. p. 150. indem es allem Ansehen nach das da gedachte Heiden ist, obschon das Land, worinnen dieses gelegen, nicht genannt wird.

Schwerzelforte zu Landsiedel gegeben, und nebst der Aebtissin und Priorin, auch des Vormunds gedacht wird. 9) In zwo Urkunden von 1434. und 1450. 10) kommt dieses Kloster als ein Fuldisches Lehen vor, so den Grafen von Ziegenhain, und nachher dem Landgrafen von Hessen ertheilt worden.

§. 7.

Kloster zu Kaldern.

Das **Cistercienserkloster zu Kaldern**, einem nicht weit von Marburg liegenden Dorfe, war dem **heil. Nicolaus** gewidmet, und ist, nach **Winkelmanns** 1) unbestimmten Berichte, von der Landgräfin gestiftet worden. Die Landgräfin **Sophia** hat es in ihren Schutz genommen, und ihm die Capelle daselbst geschenkt; 2) auch nebst ihrem Herren Sohn 1278. alle dessen Güter, so es zur Zeit der Aebtissin **Gertrud** alda, und zu **Brungershausen** erkauft hatte, von allen Diensten befrei-

9) In H. G. R. Lennep cod. probar. &c. p. 465.

10) Probat. zu Schannats Fuldischen Lehnhof, S. 207. 208. nr. 29. 30.

1) S. 222. H. H. Teuthorns Muthmasung von seinem Ursprunge, ist in der Hess. Gesch. Th. VI. S. 694. zu lesen.

2) Beil. 13. der Nachr. von der Landcommende Marburg.

befreiet. 3) Landgraf **Henrich** der Eiserne, wierderholte dieses nebst seines Vaters Bruder, dem Bischoffe **Ludwig** zu Münster, 1336. und befreiete es mit seinen Gütern, an den genannten Orten und zu **Bercheim**, von allen Beschwerungen und Abgaben, 4) wie er es dann auch, nach **Winkelmanns** 5) Anzeige, 1370. mit vortreflichen Gütern begabt hat. **Milchling** von Nordecken und **Henrich** von Griedeln haben ihm 1255. ihre Güter zu **Brungotzishausen**, (von welchem Orte ich es muß dahin gestelt seyn lassen, ob er mit dem einen der vorhin genannten einerley sey) vor 36. Cölnische Mark verkauft. 6) Es besaß ein Gut zu **Ganwilshausen**, bey dessen Verlandsiedelung 1359. unter andern ausgemacht wurde, daß den Nonnen und den ihrigen daselbst Herberge und Kost, und ihren Pferden das Futter gegeben werden sollte; und ein Gut zu **Bidenkap**; desgleichen eines zu **Amenau**, bey dessen Verlandsiedelung 1428. alle ehemalige Rechte von Weinkaufen, dem besten Haupte und Gewand, u. dgl. dem

3) Beil. 14. eben das. sie steht auch in **Liebknechts** bina sanctar. Elisabethar. in Hassia memoria p. 51.

4) Beil. 15. eben das. sie steht auch aus dem Originale in **Herts** differt. de jactitata ordin. Cisterc. libertate, Comment. Vol. II. T. II. p. 141.

5) am angef. O. S. 000.

6) Beil. zu **Kuchenbeck**. Abhandl. von den Hess. Erbhofämtern, S. 135.

Stifte vorbehalten werden. 7) Einer Schenkung Sigfried Frilings und seiner Frau 1318. von einigen Gütern zu Brungershausen, gedenkt Ayrmann. 8) Seine Güter zu Girmesse hat es 1337. an das Kloster Arnsburg kauflich überlassen, wie man bey dem H. von Gudenus findet. 9) Wegen gewisser Güter zu Brungershausen, so der Besitzer des sogenanten Fronhofes an das Teutsche Hauß zu Marburg vermacht hatte, mußte Kaldern an letzteres acht Malter, theils Hafer, theils Waizen, jährlich liefern. 10)

§. 8.

Kloster Botzebach nachher Georgenberg.

Das der Jungfrau Maria gewidmete, und in der Herrschaft Itter gelegene Cistercienserkloster Botzebach, oder Butzkirchen, ist, nach dem Berichte des H. Vicek. Kopp, 1) von Conrad Herrn von Itter 1242. gestiftet, mit verschiedenen Gerechtigkeiten versehen, das Vog-

7) Beil. zu H. G. R. Lennep cod. probat. &c. S. 47 54. 163.

8) Anal. Hass. coll. VII. pag. 78. not. a. Vergl. eben das. S. 17.

9) Cod. diplom. T. IV. pag. 1046.

10) Beil. 32. des Entdekt. Ungr.

1) In der Nachricht von den Herren zu Itter, S. 44.

Vogteyrecht darüber aufgegeben, und **Hermann** von Bertelinchtorp zum Provisor darüber bestelt worden. Dieses bekräftigt eine Urkunde, 2) deren Innhalt schon **Winkelmann** 3) angeführt hat, in den Worten: ut religiosæ personæ Deo serviture colligantur. Das Dorf **Albernincbusen** (Albrechtshausen) war mit den Weiden und dem Gehölze dazu geschlagen. Es wurde aber dieses Kloster 1245. durch den Landgraf **Henrich**, mit Bewilligung der Herren von Itter, **Reinhards** und **Conrads**, vor Frankenberg auf den **Georgenberg**, davon es auch den Namen bekommen, verlegt: 4) und obwohl diese beyde Herrn diesem Orte nach der Verlegung den **Hof** zu **Botzebach** genommen hatten, so gaben sie 1252. ihm doch denselben wieder; in welchem Jahre auch gedachter **Reinhard** ihm, zur Erneuerung des Andenkens seines Vater **Conrads**, einige Güter zu Botzebach übergab, und ihm vor 103. Mark einen Zehnden so lange als ein Pfand überließ,

2) Beil. 19. eben das. welche auch in des H. G. R. Estor kleinen Schriften, Th IX. unter den Urkunden von der Herrschaft Itter und dem Kloster Georgenberg, S. 41. stehet.

3) S. 235.

4) Beil. 20. bey H. Vicek. Kopp, und bey H. G. R. Estor, am angef. O. S. 42. welcher ein Anhang ohne Benennung der Zeit beygefügt ist, worinnen Reinhard allein die Schenkung an das verlegte Kloster bestätigt.

ließ, bis der Lehensherr desselben ihn an das Kloster geben würde. 5) Die Landgräfin Sophia bezeuget in einer zu Marburg gegebenen Urkunde, wie sie zu derjenigen, so das Kloster von ihrem Gemahl erhalten, ihre Einwilligung, ihm auch die Freiheit, wo es wolle, zu bauen, ertheil: 6) und nach Gerstenbergers Berichte 7) hat sie auf erhaltene Nachricht, daß das Kloster Georgenberg, als welches aus dem zu Botzebach entstanden war, sey zu bauen angefangen worden, etliche Güter und Zinsen dazu gegeben; auch von dem Stadtrathe zu Frankenberg begehret, daß die Frankenbergische damals zu dem nicht weit davon gelegenen Dorfe Geismar gehörige Kirche dem Kloster zu gut kommen sollte; da dann auch jene von der Geismarischen 1253. abgesondert, und vestgesetzt worden, daß erstere von dem Probste zu Georgenberg sollte regiert werden, und ihre Nutzungen und Gefälle dem Kloster zufallen, auch, daß kein Probst daselbst sollte angenommen werden, als mit Willen gedachter Stadt. Es ergiebt sich auch aus dem vorhergehenden, daß Gerstenberger 8) die

---

5) Beil. 25 26 an erstrem Orte.

6) Bey H. G. R. Estor S. 43.

7) In der Frankenb Chronik Anal. Hass. coll. V. pag. 173.

8) In der Hess. Chronik S. 413. So ist auch in H. Engelhards Erzählung, Erdbeschr. der Hessencassel. Lande, Th. II. S. 530 verschiedenes aus dem vorhergedachten zu bessern.

die Erbauung des Klosters Georgenberg zu spät auf 1249. setze; man müsse denn solches von der Vollendung verstehen, indem nicht wohl zu glauben ist, daß von 1245. an vier Jahre verflossen wären, bis dasselbe vor den von Botzebach dahin verlegten Convent sey angelegt worden. Wie dieses Kloster und das vorhergehende zu **Kaidern**, als Cistercienserklöster, die Exemtion von der Erz- und Bischöfflichen Gerichtbarkeit vorgegeben, hat H. G. R. **Kopp** 9) angemerkt.

§. 9.

Güter desselben, und andere Nachrichten davon.

Der Cölnische Erbischoff **Conrad** bestätigte, ohne Zweifel in der, in der Urkunde angezeigten Qualität eines Legaten des Apostolischen Stuhls, 1248. dem Kloster den Platz, und alle auch noch künftige Güter; trug auch dem Dechanten zu Fritzlar 1249. auf, zu verhindern, daß dasselbe nicht im Besitze des seinigen möge gestöhrt werden. Der Graf **Widekind** von Battenberg stund ihm und allen in seinem Bezirke liegenden Gründen 1256. die Freiheit von allen Abgaben zu, doch so, daß Streitigkeiten vor seinem Gerichte sollten abgethan werden: und der Pabst Alexan-

S 5 der

9) Von der Verfass. der Geistl. und Civilgerichte in den Hessencassel. Landen, 1. Th. S. 172.

der *IV.* bestätigte in einer Bulle von 1255. das vom Landgraf **Henrich Raspe** ihm verliehene Patronatrecht über die Frankenbergische Kirche. 1) Der Erzbischoff **Gerhard** von Mainz bestätigte 1291. letztres Recht, so daß das Einkommen der Kirche nach Abzug dessen, was der Priester dabey brauchte, dem Stifte gehören sollte. 2) 1254. schenkte ihm der Abt des Klosters St. Alban bey Mainz einen **Zehnden zu Dornbrechtsdorf**, wogegen es die Atzungskosten bey der Sende zu **Ruthine**, (worunter nicht das Dorf **Roda** bey Rosenthal, wie **H. G. R. Kopp von der Hess. Ger. Verfass. Th. I. S.** 172. anfänglich geglaubt, sondern wie **H. R. Schminke eben das. in den Zus. und Verbess. so dem 3. und 4. St. angehängt sind**, wahrscheinlicher macht, **Rödenau** Amts Frankenberg zu verstehen ist) übernahm, und an jene Kirche jährlich auf Martinstag zwey Pfund Wachs zu liefern versprach; wobey auch eine fernere Mittheilung aller guten Werke beider Kirchen unter einander, und der Rückfall gedachten Zehndens, auf den Fall, wann das Georgenbergische Stift sollte ver-

1) Alle diese Urkunden stehen bey **H. G. R. Estor** am angef. O. S. 44. 45. 49. 56.

2) Bey **H. R. Würdtwein** diœces. Mogunt. comment. IX. pag. 335. wo auch S. 337. eine Recognition desselben von 1337. steht, wegen gedachter Einverleibung jährlich zwey Pfund Wachs an die Mainzische Kirche abzugeben.

verändert, oder an einen andern Ort verlegt werden, vorbehalten wurde. 3) 1263. verkaufte ihm **Gumpert von Imhof** zween Höfe zu **Heldershausen** um 62. Mark; an welchem Orte auch das Kloster 1270. die Güter von denen von Eilharshausen und Lindtorf zu **Eilharshausen** um 24. Mark Pfennige verkaufte: desgleichen 1271. von **Volpert** von Wickersdorf seinen **Zehnden** auf dem Berge **Calloch**, wobey jedoch der Verkäufer vorbehielt, daß er nicht vor die Nonnen überhaupt, sondern nur vor die Kranken dienen sollte; und 1272. von denen **von Wolff** ihre Güter zu **Geismar**. 4) 1270. übergaben ihm **Conrad Neil** und **Lenfried** den ganzen (ihnen ohne Zweifel vorher zuständigen) Platz, worauf die Nonnen gebauet hatten, mit einem kleinen in Viehe bestehenden Zehenden, der in Urkunden **Ochteme** hieß, (s. **Haltaus** Glossar. german. **unter d. W.**) mit Vorwissen der Lehensherren von letztrem. 5) Es findet sich auch ein Verkauf eines Hofs zu Bru-

3) Beil. 27. bey H. G. R. Kopp von der Verfass. der Gerichte in den Cassel. Landen; wo auch die Beil. 71 Th I. St. 3. 4. einen Verkauf bezeuget, den Adelheid von Reseberg und ihre Söhne von einem Gute zu Geismar an das Kloster 1249. gethan haben.

4) Beil 7 10. 11 bey H. Kuchenbecker von den Hess. Erbhofämtern.

5) Bey H. G. R. Lennep cod. probat. &c. S. 710. und H. R. Würdtwein am angef. O. S. 333.

Brunighausen, und eines zu Beldersberg an das Kloster, beyde von 1249. und eine Uebergabe der Gesträuche auf dem Gasberge von 1520. an dasselbige; auch eine Zuwendung von Gütern zu Brunstad, die die Aebtissin Richmudis 1255. deswegen that, um zu ersetzen, was aus dem Vermächtniß eines Fritzlarischen Chorherrn, Volperts von Burken, zum Nutzen des Klosters hatte müssen verwendet werden, und also demselben eine anderwärtige jährliche Consolation (s. Dufresne Glossar. unt. d. W. Consolatio) zu stiften: nebst ein paar andern hierher gehörigen Urkunden. 6) Ferner eine Erlassung von jährlichen 7. Schillingen, die ihm der Commenthur Hermann zu Wisenfeld 1283. und eine Schenkung von Güter zu Meytherdorf, so Henrich von Münchhausen 1293. that. Die Erkaufung gewisser Güter zu Rudenehe (ohne Zweifel obgedachtem Rödenau) 1291. und zu Vronendorf 1297. und noch ein paar andre Uebergaben von Gütern und Zehnden. 7) 1291. ertheilte der Rath zu Frankenberg, mit Einwilligung des Landgrafens, dem Convente die Freiheit, allerhand Tücher machen zu lassen, und selbige, wie die Kaufleute dieses Orts, auf öffentlichen Markte zu verkaufen. 8) 1272. schenkte Reinhard von

6) eben das. S. 329 — 333.

7) S. 333 — 337.

8) Die Urkunde steht in der Nachr. von Schiffenberg, Th. II. S. 89. not. f)

von Itter den **Burgberg**, und bekräftigte die Schenkungen seiner Vorfahren; wie er schon 1267. die **Güter der Capelle in Itter** hierher geschenkt, und dagegen die **Kloster**güter zu **Brungerhec** (in der Brungerhecken) erhalten hatte. Seine Söhne, **Dieterich** und **Henrich**, deren letzterer 1298. gelebt, bekräftigten alle Schenkungen ihrer Vorfahren. 9) Von den Altären in der Kirche dieses Klosters etwas zu gedenken, so wurde der Altar des heil. Kreuzes 1313. von **Eccard** von Helfenberg, und der Altar der heil. Barbara nicht lange darnach von einem Frankenbergischen Bürger, **Zerst Raben**, gestiftet. 1337. wurde die neue Kapelle des Klosters und zween Altäre darinnen gebauet, und 1341. der Altar aller Heiligen bestätiget. 10) Wann oben ist gemeldet worden, daß der Probst zu Georgenberg die Frankenbergische Kirche habe regieren sollen, so wird vom **H. G. R. Estor** 11) eine Urkunde von 1302.

9) Beil. 52. 31. bey H. Vicek. Kopp in der Nachricht von den Herren zu Itter. Die letztre hier angeführte Urkunde aber steht, doch ohne Anzeige der Zeit, in diesem Buche selbst S. 72. Daß auch Henrich von Beltershausen Güter zu Brunstath dem Kloster verkauft, zeigt die Bekräftigung seiner Brüder von 1298. Beil. 80. zu H. G. R. Kopps Nachricht von der Hess. Ger. Verfass. Th. I. St. 3. und 4.

10) Gerstenberg. Frankenberg. Chronik, S. 187. 194. 196.

11) Origin. jur. publ. Hassor. pag. 300.

1302. angeführt, worinnen die Aebtissin daselbst sich verpflichtet, daß bey dem jedesmaligen Abgange eines Pfarrers zu Frankenberg, sie zu dessen Collatur die Burgemeister und Schöppen ziehen wolle, doch daß derselbe Pfarrer dem Landgrafen zufördetst präsentirt werde, um zu erkennen, ob er zu solcher Probstey tüchtig sey. Wie das Kloster sich eines Rechts auf die Frankenbergische Kirche begeben habe, ist oben schon Hauptst. *V*. §. 2. nebst der Folge davon, angezeigt worden. Landgraf **Wilhelm** ertheilte diesem Kloster 1490. einen richtigen Gnadenbrief, worinnen er denen dahin gesetzten Nonnen von strengerer Observanz verspricht, alle Handschulden, so sie gefunden, zu bezahlen; sie von der Möllenzinse und allen Diensten zu befreyen; zu suchen, alle Renthen und Güter wieder an das Kloster zu bringen, und die Klosterjungfrauen bey aller geistlichen Gerechtigkeit und Freiheit, als andere geistliche Untersassen zu beschützen. 12) Auf gleiche Art lautet der vom Landgr. **Philipp** noch 1524. ertheilte Gnadenbrief. 13) Man möchte denken, die erstere Urkunde werde vom **Gerstenberger** 14) verstanden, wann er sagt, gedach-

12) Bey H. Estor an dem oben angef. O. S. 52. und Beil. 16 der Nachr. von der Landcomm. Marburg.

13) eben das. S. 55.

14) am angef. O. S. 234.

dachter Landgraf habe denen 1487. nach Frankenberg gekommenen Sustern (Schwestern), die alda einen Convent unter der Augustinerregel errichtet, einen Freiheitsbrief gegeben, und geboten, daß sie sich von ihrer Handarbeit nähren sollten. Allein ausser der Anzeige der Augustinerregel steht im Wege, daß er anderwärts sagt, 15) selbige wären aus Westphalen hergekommen; da sie dann ohne Zweifel von denen gewesen sind, die nach Art dessen, was unter den Mannspersonen die **Kugelherrn** gethan, sich zwar in Gesellschaften, doch ohne Klostergelübde, zusammen begeben haben: welche wenige Nachricht dann als ein Zusatz zu dem anzusehen ist, was unten von diesen Gesellschaften vorkommen wird. Das Kloster hat auch das Patronatrecht über die Kirchen in **Niederasphe** und **Untersimmtshausen**, mit den adelichen Familien von Fleckenbühl, genant Bürgel, und von Dersch, gemeinschaftlich besessen. 16)

Neun-

15) In der Hess. Chronik, S. 454.

16) S. Ledderhose Beschreib. des Kirchenstaats der Hessencassel. Lande, S. 331.

Neuntes Hauptstück.

Von dem Augustiner-Nonnenkloster zum Ahnaberge in Cassel, und den andern, besonders Nonnenklöstern, dieses Ordens.

§. 1.

Stiftung des Ahnaberger Klosters.

Die Anlegung des **Ahnabergerklosters**, als des ältesten und berühmtesten zu Cassel, schreibet die Congeries Hess. **Geschichte** 1) dem Grafen **Henrich** von Hessen, einem Sohn des Landgraf **Ludewigs** *I.* in Thüringen und Besitzers von Hessen, und des letztren Wittbe **Hedwig** zu, mit dem Zusatze, daß Kaiser **Friedrich** *I.* diese Stiftung 1154. bestätiget habe. Eben diese Chronik meldet auch, daß gedachter **Henrich** ihm eine Kirche in der alten Stadt eingegeben habe. 2) Sie irret aber in ersterem Stücke; dann das Kloster ist von verschiedenen andächtigen Personen erbauet worden, und haben anfänglich sowohl Mön-

che

1) Welches ohne Zweifel die von H. R. Schminke öfters angeführte Casselische Chronik ist, bey Hartmann hist Hass. P. I. p. 80.

2) Wie Kuchenbecker de illibata Hassor. relig. 32. anzeigt.

che als Nonnen sich darinnen befunden. 3) Die dazu gehörige Kirche aber ist vor dem Jahre 1148. zu Ehren der Jungfrau Maria, allerdings von den beiden vorhin gemeldten Fürstlichen Personen gestiftet, und den Nonnen ein gewisser Bezirk an dem Ende der Stadt, und an dem Ahnebach bis zu dessen Einfluß in die Fulda, eingegeben worden, wie die Bestätigung **K. Friedrichs** *I.* von 1154. bezeuget, worinnen auch ausdrücklich verordnet wird, daß kein Advocat über diese Kirche solle bestellt werden, er wäre dann von den jedesmaligen Kaisern damit belehnt worden. 4)

§. 2.

Die Pfarrkirche zu Cassel wird damit verbunden, und wieder davongenommen. Andere Nachrichten von diesem Kloster.

Eben gedachter Graf **Henrich** schenkte 1152. dem Kloster das Patronatrecht der auf dem jetzo so genannten Marställerplatze zu Cassel stehenden Pfarrkirche, mit Bewilligung **K. Conrads** *III.* welches der Erzbischoff **Henrich** von Mainz bestätigte. 1) Die Land-

T gräfin

3) H. Schminke Beschr. von Cassel, S. 343. und Beil. 8 das. S. 28.

4) Beil. 9. eben das.

1) Beil. 8. eben das.

gräfin **Sophia**, und ihr Sohn Landgraf **Henrich** I. erneuerten die Schenkung dieses Rechts, 2) welches sich sogar ausser der Stadt erstrekte. Dann als der Landgraf **Hermann** 1383. eine Capelle vor dem Zwehrenthore auf seinem eigenthümlichen Grund und Boden bauen wollte, mußte solches mit des Klosters Erlaubniß geschehen; 3) und diese St. Marien- und heil. Kreutzescapelle war dem Kloster untergeben. 4) Es hat aber Landgraf **Ludewig** I. 1469. die Veränderung damit getroffen, daß er, als er bey dem Schloß ein Collegiatstift angelegt, gedachte Pfarre, wo nun anstatt der alten Kirche 1325. eine neue zu Ehren des heil. Cyriacus war errichtet worden, 5) dem Kloster abtauschte, doch mit Ausnahme der Pfarrleute auf der Ahne, und der Pfarre in der Neustadt; wogegen er ihm die Pfarre nebst hundert rheinischen Gulden ertheil-

---

2) So sagt H. R. Schminke am angef. O. S. 344. mit Beziehung auf des H. R. Estor orig. jur. publ. Hassor. p 161. aber alda steht nur diejenige Urkunde, so der H. Vicek. Kopp als die 7. Beil. seiner Ausführ. des Hessencassel. Erbrechts auf Brabant geliefert hat, und worinnen erwähnter Landgraf 1266. nur überhaupt alle Verfügungen seiner Frau Mutter wegen dieses Klosters bestätigt.

3) H. R. Schminke S. 344. aus der geschriebenen Cassel. Chronik.

4) eben das. S. 349.

5) eben das. S. 333.

ertheilte. 6) Schon 1371. haben der Landgraf **Henrich**, und sein Vetter **Hermann**, einen Vergleich zwischen dem Martinsstifte und dem Kloster genehmigt, die darüber stritten, daß das Stift in der Terminey der Cyriacskirche lag, und hat jenes diesem die Hälfte des großen Zehnden zu **Waimar** deswegen überlassen. Auch verglich sich das Kloster 1395. mit letzteren Herren wegen der Ernennung zu den Pfarrkirchen in der Alt- und Neustadt zu **Cassel**, zu **Waimar**, **Simtshausen**, und **Spele**, auch den in deren Bezirke liegenden Altären und Capellen, die jeder Theil sich zueignete; da dann der Landgraf die Ernennung zu ermeldeten drey letztren Kirchen, das Kloster aber die zu denen in Cassel behielt. 7) Noch vor allem diesem findet sich 1322. daß der Convent zu einer Schenkung von Lichtern, die **Conrad** von Gudensberg nebst seiner Frau, und **Gertrud** von Allendorf, an die Todengruft der Pfarrkirche vermacht, seine Einwilligung gegeben; und sollte nach der schenkenden Tode die Präsentation zum Altar des heil. Kreutzes in dieser Kirche, woran vor die eben erwähnte täglich eine Messe sollte gehalten werden, dem jedesmaligen Probste des Klosters; auf den Fall aber, daß er

6) Beil. 4. bey H. Schminke am angef. O.

7) Die Urkunden stehen in H. G. R. Lennep cod. probat. zu der Abhandlung von der Leihe zu Landsiedelrecht, S. 781. 783.

er nach einer monatlichen Vacanz nicht besetzt würde, den Casselischen Schöffen zustehen. 8) 1294. ist zwischen diesem Kloster und den Carmelitern zu Cassel eine Irrung entstanden, die vom Landgrafen **Henrich** I. auf den es beide Theile ankommen lassen, ist beygelegt worden, wiewohl die eigentlichen Streitpuncte nicht angezeigt werden. 9) Der Landgraf **Otto** war jenem Stifte sehr gnädig. Dann als es mit der Stadt wegen der Abgaben von seinen, noch vor dieses Herrn Regierung besessenen Gütern und Zinsen, in Streit gerieth, so brachte er es bey der Stadt dahin, daß sie 1315. diese Abgaben dem Kloster erließ, es auch auf beständig davon frey sprach. In Ansehung der Güter aber, die das Kloster seit seiner Regierung bekommen hatte, oder noch bekommen würde, unterwarf es sich der Gunst der Stadt. 10) Dieser Herr schenkte ihm auch 1319. die freie Wirthschaft auf seinem Hofe, in dem nicht weit von Cassel liegenden Dorfe **Waimar**, und bekam dagegen zwo demselben gehörige Mühlen bey **Milsungen**, nebst den dazu gehörigen Zinsen. 11) Er liegt

8) eben das. S. 610.

9) Der Auszug dieser Urkunde steht in den Anal. Hass. coll. IX. p. 191. not. a)

10) Beil. 164. des II. Th. der Nachricht von Schiffenberg.

11) Anal. Hass. am angef. O. S. 201. Man muß hiermit eine Urkunde, so den Tag vor dieser ist aus-

liegt auch nebst einigen andern Personen seines Fürstlichen Hauses daselbst begraben. 12) Die hier befindliche Nonnen, adelichen und bürgerlichen Standes, hatten einen Probst, eine Priorissin, und Unterpriorissin zu Vorgesetzten. 13) Das jetzige steinerne Gebäude ist 1512. auf des Klosters Kosten neu erbaut. 14)

§. 3.

Güter und Gefälle desselben.

Von den Gütern und Gefällen dieses Klosters hat man sonsten wenig oder nichts gewußt, bis der vortreffliche Codex probationum, den der H. G. R. Lennep zu seiner **Abhandlung von der Leihe zu Landsiedelrecht** hat drucken lassen, diesen Mangel ersetzt hat, woraus ich also hier das Vornehmste in einem Auszug mittheilen will. 1323. verleiht das Kloster einen **Platz bey dem Kirchhofe der Pfarkirrche** zu Cassel, an der Stadtmauer, gegen eine jährliche

 Sum-

ausgefertiget worden, vergleichen, bey H. G. R. Lennep am angef. O. S. 761.

12) H. Schminke am angef. O. S. 344.

13) In einigen Urkunden bey H. G. R. Lennep am angef. O. werden auch nach der Priorin eine Altpriorin oder Mater, und nach der Subpriorin eine procuratrix; auch S. 549 550. und anderwärts der Vormund angeführt.

14) *Conger.* Hess. Gesch. Anal. Hass. coll. I. p. 29.

Summe von fünf Schillingen Pfennige, an Conrad von Hohenberg, so daß, wann derselbe diesen Platz mit dem darauf aufzuführenden Gebäude, zu einem Altar in gedachter Pfarrkirche würde gegeben, und den Altar dotirt haben, der diesen versehende Geistliche solche Pension beständig zahlen sollte. Würde aber ermeldeter **Conrad** vorher sterben, ehe er den gedachten Platz und Gebäude an den Altar geschenkt, so sollten diese Stücke zum Besten der Seele **Conrads** und seiner Eltern dem Kloster beständig verbleiben. Das hier erwähnte wurde 1328. zwar bestätigt, doch mit dem Zusatze, daß, wann mehrgedachter **Conrad** den Platz nicht an einen Altar besagter Kirche geben wolle, er ihn mit dem Gebäude, an wen er wolle ertheilen könne: geschehe dieses auch nicht, so sollte er nach seinem Tode auf seine nächste Erben fallen, doch daß alsdann der künftige Besitzer 25. Schillinge Pfennige, zum besten vorgedachter Seelen, dem Kloster zahlen solle. 1) 1329. schenkten **Conrad** von Gudensberg und seine Frau, ihr **Haus und Platz am Franciscanerhause**, an **Gertrud** von Altendorph auf lebenslang, so daß diese Stücke nach ihrem Tode an jene zurückfallen sollten: und sollte das Kloster aus selbigem Hause eine jährliche Pension von sechs Schillingen Casselischer Pfennige bekommen, wogegen es eine eben so starke

1) am angef. O. S. 529. 531.

starke von **Johannis** von Hohenberg Hause loß gab. Würde erwähntes Haus **abgebrochen** werden, so solle die Pension **auf dessen** Platze haften, und der Priorin und den Nonnen, aber nicht dem Probste und den Conversis, zufallen. Auch sollte auf den Zahlungstermin das jährliche Gedächtniß der **Christine** von Aldendorf, ohne Zweifel einer nahen Verwandtin von vorgedachter **Gertrud**, von den Nonnen begangen werden. 1342. verliehe das Stift das **Dotalhaus und Hof** seiner **Pfarrey in der Altstadt** an zween Brüder **Segewitzen auf lebenslang**, gegen eine jährliche Pension von einem Pfund Casselischer Pfennige, die nach Verlauf von zehen Jahren anfangen solle; wie dann auch nach ermeldter Brüder Tode, Haus und Hof mit aller Besserung frey an das Kloster zurückfallen sollten. 2) 1385. gab der Landgraf **Hermann zwey Häuser in Cassel gegen dem Kloster** über mit ihrem Zubehör von allem Geschoß und Diensten frey, und dem Kloster zu beständigem Besitz, leistete ihm auch Gewähr vor den Schaden, den es durch Abbrechen und Graben vor der Stadt an seinen Vorwerke erlitten. 3) 1395. wurde von zwo Kammern in der Altstadt, eine jährliche Gülde von 5. Schillingen Pfennige zu einem ewigen Lichte vermacht; und 1412. von

 einem

2) S. 532. 534.

3) S. 535.

einem Casselischen Scheffen, Modenbuch, seiner Frau und ihren Erben eine andere von drey Pfund aus dreyen Aeckern Wiesen in der Feldmark zu dem Voltham gegeben, wovor der Convent jährlich vor ihre, ihrer Eltern und Erben Seelen, den nächsten Freytag vor Pfingsten die Vigilien und Messe sollte halten lassen. 4) 1398. nehmen die Casselische Wollenweber auf der Freiheit die Walkmühle zwischen der Grabe- und der Neustädter Mühle, vom Kloster erblich an, gegen eine jährliche Zahlung von 5. Pfund: und 1403. ein Herrschaftlicher Kelner dreysig Acker auf dem Quelhobe auf lebenslang, gegen Versprechung des Zehnden, und noch einer jährlichen Abgabe von dem auf jeden Acker gesäeten. 5) 1422. bekennt Johannes Sasse, einen Acker vor dem Molnhäuserthore gegen eine jährliche Abgabe an Geld, empfangen zu haben: und 1420. verliehe das Stift an einen Casselischen Bürger, dessen Frau und Sohn, den Baumgarten vor dem Hohenthore, gegen eine jährliche Gülde von zween Gulden, der aber nach dieser Personen Leben an das Stift zurückfallen sollte. 6) 1427. empfangen einige Casselische Bürger zween Acker Land vor dem Zwerenthore, gegen eine jährliche Abgabe von sechs Schillingen

4) S. 537. 545.

5) S. 538. 541.

6) S. 553. 552.

lingen Pfennige von jedem Acker, wobey nach ihrem Tode ihre nächste Erben diese Stücke um einen Weinkauf wieder bekommen sollten: welche leztre Bedingung sich auch findet, als 1431. ein halber Acker bei der **Rodemühle vor Cassel**, einem Landgräflichen Gärtner gegen jährliche zehen Schillinge Pfennige verliehen wurde: und 1434. verliehe das Kloster einen **Weinberg an dem Münchberge** auf sechzig Jahre, gegen ein jährliches Pfund Pfennige und den Zehnden davon. 7) Dieses besaß auch einige Höfe vor dem Ahnabergerthore zu beiden Seiten des Weges **nach Wolfshangel**, welche Gegend den Namen der **Carthausen** hatte, so einige Bürger aus Cassel nach Waldrecht innen hatten, worüber das Stift mit dem Stadtrathe in Streit gerith, der durch Schiedsrichter 1438. so beigelegt wurde, daß bey der Erledigung eines jeden davon dem Kloster von einem Acker Hofes drey Gulden zu einem Weinkaufe und Recognition, und bey anderen Höfen vor Cassel zween Gulden erlegt werden, und die im Hofe gebohrne Erben einen Acker um ein halbes Viertel Wein empfangen sollten; würde aber eine Erledigung von den Erben verschwiegen, und der Hof in einem Jahre nicht empfangen, so wurde ein doppelter Weinkauf vestgesezt. In demselben Jahre empfieng der Casselische Schultheiß **Watten-**

T 5 **berg**

7) S. 557. 560. 561.

berg, mit seiner Frau und Söhnen, acht Acker Landes auf dem Steinbule auf 60. Jahre, gegen den Zehnden, und noch eine jährliche Abgabe an Frucht, nebst anderthalb Aeckern Weingarten vor dem Ahnabergerthore, auf ihrer aller Lebenszeit, gegen eine jährliche Gülde von dreyen Pfunden Pfennige. 8) 1480. bekamen die Frau und Kinder eines ehemaligen Vormundes des Convents einen von demselben innen gehabten Baumgarten bey der Ahne auf Lebenslang, gegen jährliche dreyßig Schillinge. 1517. empfiengen ein Casselischer Bürger und seine Frau, eine Wiese bey den Siechen auf Lebenslang, gegen jährliche drey Pfund Pfennige Casselischer Wehrung, und so, daß nach erstrer beyder Tode die Wiese zurückfallen sollte. 9) 1521. verkaufte der Convent an einen Casselischen Bürger und dessen Frau, einen Hof, gegen eine jährliche Abgabe an Geld, und so, daß er nach beider Tode zurückfallen sollte, doch, daß noch ein Kind von ihnen denselben, gegen einen Weinkauf, Lebenslang behalten könne: und in demselben Jahre geschahe ein Verkauf eines Gartens gegen dem Schafhofe (ohne Zweifel dem noch sogenannten Schäferhofe) über, an eien Casselischen Bürger und seine Frau, gegen eine jährliche Zahlung daraus von drey Pfund

8) S. 563. 567. 568.

9) S. 583. 591.

Pfund Casselischer Wehrung, und Vorbehalt des Rückfalles nach ihrem Tode; wollten auch erwähnte beide den Garten bey ihrem Leben an jemand anders verkaufen, so sollte solches nur auf zweener Menschen Leben gehen, die vor die Erlaubniß zween Gulden zahlen, und gedachte Zinse auf sich nehmen sollten. 1525. kauften ein Bürger daselbst und seine Frau, auf Lebenslang vier Aecker **Wiesen über der Rodenmühle**, um einen jährlichen Zinß von sechs Goldgulden. 10).

§. 4.

Fortsetzung des vorigen.

Ausser diesen vor Cassel gelegenen Grundstücken, und verschiedenen Gefällen von **Häusern in der Stadt**, 1) besaß das Kloster einiges Land zu **Berkshausen**; ein Gut vor **Bettenhausen**; eine Wiese zu **Eilerhagen**, wovor dem Probste einsmal zwölf Jahre nacheinander jährlich 300. (irrdene) Schüsseln bezahlt werden sollten; einen Garten zu **Heiligenrode**; und ein Gut zu **Umbach**. 2) **Henrich** von Berkodeshausen und seine Frau, schenkten die Hälfte aller ihrer Güter zur **Waldau**, und die Frau übergab selbige

1293.

10) S. 593. 595. 601.

1) am angef. O. S. 571. 576. 578. 584.

2) S. 607. 609. 614. 615. 622.

1293. zum Besitz, mit Vorbehalt der Einkünfte auf Lebenszeit, und der Freiheit sie sogar im Nothfalle zu verkaufen. Ob letzteres geschehen sey, oder nicht, kann ich nicht sagen: indessen ist gewiß; daß das Kloster in der folgenden Zeit Güter an erwähntem Orte besessen habe, woraus von den Landsiedeln ansehnliche Abgaben an Geld, Frucht und Federvieh entrichtet wurden: und da 1463. einer der letztren zwo Hufen heimlich versetzt, und seine Schwäger, welchen dieselbe mit zu Landsiedel gegeben waren, solches zugelassen und verschwiegen hatten, so wurden diese Stücke vor verfallen gehalten, aber auf des Landgrafen und anderer Personen Vorbitte, erstrer wieder beliehen, und letztre bey ihrem Theil gelassen, doch daß selbiges bey Ermangelung des richtigen Abtrags der Zinse jenem zufallen sollte. 3) Ferner gehören hieher **Güter** in den Feldern **vor Hertingshausen**, und **zu Uffeln**; ein **Gut zu Rotenditmold**, und einige Aecker an dem Wege nach **Velmar.** 4) Ueber einige **Güter zu Rimundshausen** entstund ein Streit mit dem St. Albansstifte zu Mainz, indem sie zu dessen Kirche zu **Waimar** gehörten, und das Ahnabergerkloster sich ihrer angemaßt hatte. Es erfolgte aber 1209. durch Erzbischöfliche Vermittelung ein Vergleich dahin, daß letztres diese Güter von der Wai-

---

3) S. 627 - 629. 631. 633.

4) S. 635. 640. 640. 644. 646. 653.

Waimarischen Kirche mit Erbrechte besitzen, und an dessen Vorsteher jährlich dreisig Schillinge zahlen, ihn auch der völligen Brüderschaft geniesen lassen sollte: und da ein Bürger zu Witzenhausen dem Kloster einige zwischen den Feldern eines dem Kloster zugehörigen Hofs daselbst liegende Aecker zum Besten seiner und seiner Eltern Seelen, und zu Gunsten dreier mit ihm verwandten Nonnen, gekauft hatte, so wurde 1331. diesen dreien, und wann zwo davon los wären, der dritten allein, aus demselben Hofe eine Pension von zehen Schillingen zugesagt. 5) 1366. kaufte der Pfarrer zu Volmershausen vor den Convent **Güter zu Ritte**, die er Testamentsweise zur Begabung einer beständigen Vicarey des Altars St. Johannis in dem Kloster, den er und **Conrad** von Braun gestiftet und dotirt hatten, anwieß. Es solte daher in jeder Woche die eine Hälfte von sieben Messen durch den Klosterprobst oder seinen Capellan, die andre aber durch einen besonderen Vicarius gehalten werden. Der Official der Probstey zu Fritzlar solte auch die in Haltung säumige suspendiren, excommuniciren, und ihnen den Genuß entziehen können; der Specialvicarius aber auf gleiche Art durch den Ahnaberger Probst dazu können angehalten werden. 6) 1395. gab **Otto Gropen** von

5) S. 651. 652.

6) S. 663.

von Gudenburg (aus welcher Familie 1373. verschiedene mit dem Convente einen Streit, wegen des Kirchlehnes zu **Simanshausen** gehabt, der aber vor Geistlichem Gerichte zu dieses Vortheile geendigt war, wogegen ihrer und ihrer Eltern Gedächtniß jährlich an zween Tagen solte begangen werden,) eine Hufe Landes zu **Simtzhausen**, (so ohne Zweifel mit dem eben gedachten Orte einerley ist) mit Vorbehalt jährlicher Vigilien und Seelenmessen, auf die vier Quatember vor ihn, seine Eltern und Freunde. 7) Als 1355. zwischen dem Probste und einem Einwohner zu **Haroldshausen**, (**Harleshausen**) wegen eines dem Kloster zinsenden Gutes Streit entstand, so wurde bey der Söhnung ausgemacht, daß von zwo löthigen Mark, die von letztrem an den Probst solten gezahlt werden, die eine zum Nutzen der Pfarre in der alten Stadt zu Cassel verwendet werden solle. So finden sich auch Klostergüter zu **Heckershausen** und **Iringshausen**, von welchen letztren dasselbe 1479. einem Casselischen Bürger, auch seiner Frau und Tochter auf Lebenszeit, eine jährliche Gülde an Frucht verkaufte, und bey einem zufälligen Verluste derselben, sie aus seinen anderen Gütern zu ersetzen, und ihnen jeden Sonnabend zwölf Präbendebrode im Kloster zu liefern versprach: desgleichen zu **Rotwersten**. 8) Das vorhin gedachte

St.

---

7) S. 703. 706.

8) S. 731. 734. 738. 746. 749.

St. Albanskloster zu Mainz verkaufte 1302. dem Ahnaberger seinen Dinkhof (curiam dominicalem) zu **Waimar** mit allem Zubehör, und dem Patronat der Kirche daselbst, vor 50. Mark Silbers erb- und eigenthümlich. Es verkaufte auch 1307. **George** von Meynse demselben die Vogtey über die zu ermeldetem Hofe gehörige Güter, die er von den Herren von Gudenberg zu Lehen gehabt, von welchen auch das Kloster das Eigenthum erhielt, nachdem ihnen erwähnter Meynse die genannte Stücke resignirt hatte. 9) An eben diesem Orte wurden auch 1343. von einer Einwohnerin zu Fritzlar ihre Güter an ihres Bruders Tochter, und nach deren Tode an ihre eigene zwo Schwestern, die zusammen in dem Kloster Nonnen waren, dergestalt geschenkt, daß sie nach aller dieser Personen Tode an dieses fallen solten; wie dann auch dasselbe alda von verschiedenen Personen Aecker und Zehnden an sich gekauft hat. 10) 1351. verkaufte ein Bürger zu Cassel an zwo Nonnen daselbst zween Höfe, den einen zu **Wolfsangel**, den andern bey dem **Mezelstein** an der Fulda, die nach dieser Nonnen Tode an den Convent fallen, dieser aber davor

9) S. 753. 756 — 759.

10) S. 763. 767 — 778. wo S. 772. sich eine Anzeige findet, wie sorgfältig man gewesen sey, die völlige Richtigkeit von dergleichen Briefschaften darzuthun.

davor jährlich das Jahrgedächtniß einer Schwester der Käuferinnen, und aller verstorbenen Gläubigen, mit Vigilien, Messen, und übrigen guten Werken begehen solte. 11) Daß der Herzog **Albrecht** der Fette von Braunschweig dem Kloster den nicht weit von Cassel liegenden Cragenhof 1312. geschenkt habe, meldet **H. R. Ledderhose.** 12)

§. 5.

Kloster Weissenstein.

Vom Kloster **Weissenstein**, so nicht weit von Cassel vor dem Habbichswalde gelegen, kan man jetzo nur weniges sagen, welcher Mangel aber ersetzt werden wird, wann **H. R. R. Schminke**, wie man zu hoffen hat, eine vollständige Nachricht davon, **im fünften Theile der** Monimentorum Hassiacorum liefern wird. Anfangs war es ein Mönchskloster, oder vielmehr nach des **H. von Gudenus** Bemerkung, 1) ein Stift vor reguläre Chorherrn, nachher aber ein Augustiner-Nonkloster, so einen Probst und Priorissin, auch wie einige Urkunden anzeigen, 2) einen Vormund

11) S. 787.

12) Beyträge zur Beschreib. des Kirchenstaats der Hessencassel. Lande, S. 48.

1) Cod. diplom. T. I. pag. 149.

2) Bey H. G. R. Lennep am angef. O.

mund hatte. Die Einwohner des Dorfs Thiermelle, (des einen von den beiden heutigen Dörfern, Rothen- und Kirchdietmold) übergaben, auf Anrathen eines Fritzlarischen Magisters **Bovo**, den Ort Wizenstein an diesen Convent, welchem der Mainzische Erzbischoff **Henrich** 1143. die Bestätigung darüber ertheilte; zu welcher Zeit das Kloster auch soll seyn errichtet worden. 3) Daher ist es gekommen, daß **Winkelmann** dem gedachten **Bovo**, den er **Bovinius** nennt, die Stiftung desselben zuschreibt. 4) Der Landgraf **Ludwig** von Thüringen nahm 1217. dieses Kloster in seinen Schutz, und gab ihm die Zollfreiheit wegen seiner Bedürfnisse in allen seinen Städten. 5) Landgraf **Henrich I.** ertheil-

---

3) H. R. Schminke Beschr. von Cassel, S. 415. aus der geschriebenen Cassel. Chronik, wo auch gemeldet wird, daß die feierliche Einweihung der zu Ehren der Jungfrau Maria und aller Heiligen erbaueten Kirche 1145. von ermeldetem Erzbischoff geschehen sey.

4) Beschreib. von Hessen, S. 227. Ihm fällt noch H. H. Teuthorn Hess. Gesch. Th. III. S. 195. bey.

5) Beil. 2. der Nachr. von dem Teutsch. Hause und Landcommende Marburg. Daß sonst die Grafen von Scauenburg die Vogtey darüber gehabt, meldet H. R. Ledderhose in den Beyträg. zur Beschr. des Kirchenstaats der Hess. Cassel. Lande, S. 51. not. a). Von dieser Familie steht eine kurze Nachricht in dem Versuch einer Beschreib. von Cassel, S. 290.

ertheilte ihm 1298. die Freiheit in Ansehung seines Hofs zu Altenfelden, daß selbiger von Niemanden solte bedrängt werden; wobey er sich aber einige Bewirthungen und Fuhren vorbehielte, auch daß das Kloster die dem Landgrafen dienstbare Leute in diesem Hofe nicht zu dessen Zehndung brauchen solte. 6) Landgraf **Ludwig** erließ ihm 1466. das Pferd so es vorher jährlich in der Erndte auf dessen Zehnden halten, oder einen Gulden davor erlegen müssen. 7) 1444. bekam das Kloster einen Streit mit **Conrad** von Ernbretchesvelde darüber, daß es von seinem Vater eine Hufe zu **Oberzweeren** ohne seine Einwilligung gekauft hätte, welcher aber, als das Kloster diese Einwilligung bewiesen, zu seinem Vortheile vom Fritzlarischen Dechanten, im Namen des Probstes daselbst, entschieden wurde: und 1365. klagte **Cuno** von Hertzenrade, daß, da er mit dem Kloster einen Tausch wegen Ländereien zu **Schilderade** (einem nun ausgegangenen Orte nicht weit von Cassel, s. **Engelhards Hess. Erdbeschr. Th. I. S.** 182.) und zu **Beldershausen** getroffen, der Probst dennoch ihm diejenigen Gefälle, in deren ruhigen Besitz er ihn, den Kläger, gesetzt,

6) Beil. 175. des II. Th. der Nachr. von Schiffenberg.

7) Beil. 162. eben das. H. R. Schminke am angef. O. S. 416. gedenkt auch noch andrer von den Landgrafen 1312. und 1483. ertheilter Freiheiten, doch ohne ihren Inhalt zu melden.

setzt, in diesem und vorigen Jahre entzogen habe, und bat daher bey dem Fritzlarischen Official, daß derselbe den Probst zu der Zahlung davon anhalten möchte; allein der Spruch fiel, weil er seine Klage nicht bewiesen hätte, gegen ihn aus. 8)

§. 6.

Güter desselben.

Von den Gütern dieses Klosters giebt der oben angeführte Codex Probationum des H. G. R. Lennep viele Nachrichten. Es besaß dergleichen an Höfen und Ländereien zu **Wickersdorf, Bodegerne, Besse,** und **Kirchbauna**, an welchem letztren Orte 1299. einige Einwohner fünf Hufen zu Waldrecht auf beständig empfingen, so daß, wenn einer davon stürbe, fünf Schillinge Pfennige vor das Haupt (optimale) gegeben werden solten: welche letztre Bedingung auch beygefügt, und die Lösung auf zehn Schillinge gesetzt wurde, als 1398. eine Uebergebung einiger Aecker zu **Kirchditmold, Todenhausen, Haroldshausen,** (**Harleshausen**) an einen Einwohner an letztrem Orte geschahe. 1) 1317. kaufte

8) Beyde Urkunden sind die 20. und 24. Beylagen bey H. G. R. Kopps Nachr. von der Verfass. der Geistlichen und Civilgerichten in den Hess. Cassel. Landen.

1) am angef. O. S. 495. 507. 517. 638. 641.

eine adeliche Frau, **Hedwig** zu Esenrode, eine von dem Kloster Lippoldsberg verkaufte Mühle bey **Nitte**, vor das zu Weisenstein, behielte aber vor sich und zwo Enkelinnen den Genuß auf Lebenszeit vor: und 1284. übergaben zween Herren von Elben ihr Eigenthum über drey Hufen zu **Ruchotsen** (**Rockedessen**) hieher, ohne jemals davon Dienste zu fordern. 2) Ferner finden sich Klostergüter an Aeckern und Wiesen **vor der Tönche, im Luckenrade, bey dem Hellenbole, bey dem Eckardsborn, unter dem Kylesberg** und **zu Waldolfshausen** (**Wahlershausen**); an welchem letztren Orte 1377. und 1378. Güter dergestalt verliehen wurden, daß das beste Haupt theils mit fünf, theils mit zehen Schillingen gelöset werden solte. 3) Nicht weniger bey der Kelberwiese, **bey den Birken, an der Heyde, zu Welheyden, Niederzweeren**, und **Niedersimshausen**. 4) 1298. bekamen die Bewohner des Hofs **Aldenfeld** daselbst 26. Hufen um einen jährlichen Zins an Frucht und Federvich, solten aber nach zwölf Jahren den Zehnden von ihrem Viehe liefern, und vor das beste Haupt fünf Schillinge Pfennige zahlen. Das Kloster

---

2) S. 662. 668.

3) S. 669 — 688.

4) S. 692. — 707.

ster gesteht hier, daß der Landgraf nicht leiden wolte, daß es der Landgräflichen Dienstleute auf diesem Hofe sich bedienen solte. Es gieng auch die Aldenfelder Capelle von dem Kloster zu Lehen. 5) Auch finden sich dergleichen Güter zum Neuenhofe, zu Velmar, zu Obervelmar, und zu Zierenberg; an welchem leztren Orte 1321. zween Gärten an drey Nonnen dergestalt verkauft wurden, daß der Verkäufer sie von denselben wieder zu Waldrecht nahm, und von denen davon fallenden vier Schillingen Pfennige die Hälfte der einen Nonne, und nach deren Tode der Priorin, und den Versorgern der Armen zum beständigen Jahrgedächtniß dieser Nonnen; die andere Hälfte aber den beiden andren zufallen, und nach deren Tode zum Jahrgedächtniß vor sie dienen solte. 6) Endlich kommen vier Morgen vor, so dieses Kloster im 12 Jahrhundert zu Sigersen, sonst Sigressen (einem ausgegangenen Orte nicht weit von Cassel) erkauft, deren Eigenthümer die Einwilligung seiner Verwandten zum Verkauf, durch eine Summe Geldes erhalten hatte. 7)

U 3 §. 7.

5) S. 708. 725.

6) S. 745. 751. 752. 795. — 798.

7) Beil. 48. zu H. G. R. Kopps Nachr. von der Gerichtsverf. in den Hess. Cass. Landen, Th. I. St. 3. und 4.

§. 7.

Kloster Höckelheim.

Das zur Herrschaft Plesse gerechnete Kloster **Höckelheim**, ist aus einer vormaligen Burg von den Herren ersteren Namens **Poppo**, **Gottschalk** *V.* und **Ludolph** I. 1242. mit Einwilligung des Herzogs zu Braunschweig **Otto** des Kindes, zu Ehren der Jungfrau Maria vor adelichen Personen gestiftet und begütert, auch gedachten **Gottschalcks** Tochter zur ersten Priorissin (ausser welcher auch ein Probst hier gewesen) angesetzt worden. **Berward** von Medeheim hat bald hernach, da er auf einen Tag drey Töchter in dasselbe gebracht, etliche von gedachtem Herren zu Lehen gehabte Güter, mit dessen Einwilligung 1244. dahin geschenkt: und da das Geschlecht von Medenheim erloschen, so hat eben derselbe Herr das ihm dadurch heimgefallene Dorf **Radenhausen**, wie es heist, gleichfals dem Kloster geschenkt, doch mit Vorbehalte der Vogtey und der dem Stifte Gandersheim daselbst zustehenden Gerechtigkeit. 1) Ausser der vom **Winkelmann**

1) Letzner in Meiers origin. & antiq. Pleff. pag. 208 – 213. der auch die gute Haußhaltung alhier rühmt und S. 209. die Urkunde wegen Radenhausen von 1242. liefert, wobey aber sogleich, als wiedersprechend einleuchtet, daß einer von Medenheim 1244. eine Schenkung hieher gemacht,

mann 2) angeführten fernerer Begüterung durch vorgedachte Herrn **von Plesse** von 1273. schenkten ihm die Herrn **von Hardenberg** 1270. ihre Güter zu **Herbreckterode**, und 1272. die **von Adelepsen** die ihrigen zu **Herbergerode**, welche beide Namen, dem Ansehen nach, einem Orte sind beigelegt worden. 3) Der 1252. verstorbene vorgedachte Herzog **Otto**, ertheilte dem Kloster noch andere Freiheiten und Gerechtigkeiten, und nahm es in seinen Schutz, wie **Rehtmeier** bezeuget. 4) 1301. traf das Kloster mit **Amelunxborn** einen Tausch, dem es sechszehen Aecker bey dem Ablaufe des Baches Crumele, gegen eben so viele andere, so theils zwischen Hö-

macht, und Radehausen erst nach dieser Familie Abgang, und doch schon 1242. hieher soll gekommen seyn; wie dann H. Scheid in den Anmerkungen über des H. G. R. von Moser Braunschw. Lüneburg. Staatsr. S. 308. diese Urkunde mit guten Gründen vor eine Letznerische Hirngeburt erklärt.

2) Beschreib. Hessenl. S. 322.

3) Beyde Urkunden stehen unter den Beweisthümern zu H. Kuchenbeckers Abhandl. von den Hess. Erbhofämtern, S. 10. 14. Winkelmann S. 322. sagt, daß die eben genannte Plessische Herrn das Kloster reichlich beschenkt, damit nicht die Besitzer aus Mangel des Unterhalts sich ihrer Herrschaft entziehen möchten; und daß bey der Plessischen Lehnsübergabe an Hessen es im Verzeichnisse obenan gestanden habe.

4) Braunschweig Lüneburgische Chronik, S. 483.

ckelheim und Bercholtesbausen, theils bey Rudolfshausen lagen, abtrat. 5) Die Herren von Plesse hatten in diesem Kloster ihr Erbbegräbniß. 6)

§. 8.

Kloster zu Immichenhain.

Das Kloster zu Immichenhain, einem Orte zwischen Neukirchen und Alsfeld, ist nach Gerstenbergers Berichte, 1) gegen 1173. erbauet. Die wenige Nachrichten, so ich davon gefunden, sind diese. 1310. schenkt ihm Heinemann von Itter Güter zu Stelinyngen, nebst einem Walde der Strant oder Kulesberg genannt, und begehrt der guten Werke desselben theilhaftig zu werden. 2) 1339. thun die Gebrüder Heinbrad, Henrich und Hermann von Beimelburgk zu dessen Gunsten Verzicht auf die bisher streitig gewesene Güter zu Stanrode, und versprechen, es in deren Besitze nicht mehr zu beunruhigen. 3) Es besaß einen Hof zu Wolkers-

5) In Falkens addit. ad tradit. Corbej. pag. 882. wo S. 891. auch ein älterer Tausch beyder Stifter von 1276. sich findet.

6) Meiern am angef. O. S. 213.

1) In der Hess. Chronik, S. 259.

2) Beil. 72. bey H. Vicek. Kopps Nachricht von den Herren zu Itter.

3) Anal. Hass. coll. IX. pag. 207.

kersdorf, Länderey zu Kaltbach, und ein Gut zu Schrecksbach; über welche Stücke sich in den Jahren 1446. 1337. und 1355. Landsiedelbriefe finden. 4) 1508. hat der Erzbischoff Jacob zu Mainz, eine Reformation hier vorgenommen. 5)

§. 9.

Kloster zu Grünberg.

Die beschlossene Clause der Clauserinnen zu Grünberg kommt zuerst 1472. vor in einem Briefe, den Ayrmann anführt: 1) und weil dieser Convent bey der Paulskirche in der Neustadt lag, so trägt er auch öffters den Namen St. Pauls. 1493. ertheilte Landgraf Wilhelm der Jüngere ihm seine

4) Bey H. G. R. Lennep, am angef. O. S. 191. 256. 257.

5) Johannis, not. ad. *Serar.* pag. 817.

1) Ber. von der Stadt Grünberg S. 74. Clausner und Clausnerinnen hießen diejenige Ordens-Personen so sich in enge Zellen eingeschlossen hatten, und nur im höchsten Nothfalle darausgiengen. Rivius Puritanus S. 301. meint es sey dieser Name allen Ordenstertiarien gemein gewesen; welches aber mit der Beschaffenheit der Tertiarien eben nicht überein zu kommen scheint; man müßte dann dergleichen verstehen, als von dem Franciscanerorden Rivius Puritanus S. 251. u. f. und die histoire du Clergé seculier & regulier, Amst. 1716. T. I. p. 388. beschreiben.

Bestätigung zum Besitz der in der Urkunde genannten Güter an Hofstätten, Gärten, und Gefällen, wogegen diese Regularissen, die er seine geistliche Untersassen nennt, vor seine und seiner Eltern Seelen beständig alle Fronfasten oder Quatember beten, auch keine liegende Güter mehr ankaufen, und in ihrem Hause mehr nicht als zwölf Personen, ausser dreien Ausgängerinnen, so die Sachen ausser dem Hause zu verrichten hätten, halten solten, bey Verlust dieser Bestätigung. 2) Als das das Kloster mit der Stadt, wegen der weltlichen und schoßhaften Güter, die es an sich gebracht, Streit bekam, ließ eben gedachter Herr denselben durch seine Räthe gütlich mit beider Partheyen Wissen und Willen 1494. so belegen, daß das Kloster von seinen weltlichen bisher besessenen, und in dem Landgräflichen darüber gegebenen Freiheitsbriefe (ohne Zweifel dem eben erwähnten) besonders ausgedrückten Gütern, jährlich auf Martinstag zween Gulden Grünberger Wehrung auf das Rathhauß zu gemeinem Nutzen zahlen solte. 3) 1495. machte ein Erfurthischer Bürger Niclaus Streben eine Stiftung, daß die Nonnen in der Paulskirche beständig auf jeden Mittwochen, oder, wenn auf selbigen ein hohes Fest einfiel, den Dienstag vorher, eine Messe durch einen Pfarrer singen lassen, und davor jähr-

2) Beil. 182. der Nachr. von Schlitzenb. Th. II.

3) Beil. 165. eben das.

jährlich anderthalb Gulden Frankfurther Wehrung empfangen solten. 4)

§. 10.

Kloster Wirberg.

Den Ursprung des Klosters zu **Wirberg** oder **Werberg**, etwa eine Stunde von Grünberg, in einer schönen Gegend auf einem Berge, nicht weit von der Strase nach Giesen, so der Jungfrau Maria gewidmet war, hat **Ayrmann** 1) unrecht angegeben. Dann da eine ihm aus dem Darmstädtischen Archive mitgetheilte Deduction sagt, es sey ohne Zweifel von einem Landesherrn angelegt worden, so schreibt er die Stiftung davon einem Thüringischen Landgrafen, in dem Anfange des dreizehnden Jahrhunderts, oder wohl noch eher, als wahrscheinlich zu. Es ist aber vielmehr von einer Gesellschaft adelicher Frauens-Personen aus ihren Mitteln gestiftet worden; und weil der Ort hoch lag, räumte der Abt **Anton** zu Elevenstadt, oder, wie es jetzo heist, **Ilmstadt**, ihnen zu ihrer Bequemlichkeit ein nahe bey dem Kloster gelegenes Vorwerk, **Buollenbach**, ein, wozu der Erzbischoff **Henrich** von Mainz 1149. seine Einwilligung gab.

---

4) Beil. 12. bey Ayrmann am angef. O.

1) In der Nachr. davon Anal. Hassor. coll. VI. pag. 441. seq.

gab. 2) Es fällt daher Ayrmanns auf die Stärke der Mauren gegründete Muthmassung, daß das Gebäude etwa vorher zu einem Schlosse sey angelegt gewesen, hinweg: obschon auch Herr Bernhard, 3) der eines vornehmen Herrn in der Wetterau, Menagolds, der das Schloß Wirberg besassen, und vielleicht zum Geschlechte derer von Münzenberg gehört habe, Tochter Aurelia, so im 12ten Jahrhundert gelebt, vor die Stifterin hält, auch glaubt, daß gedachtes Schloß in das Kloster verwandelt worden. 1323. nahm dieser Convent, mit verschiedenen anderen Wetterauischen, des Landgrafen Henrichs I. Prinzessin Mechtild, und ihren verstorbenen Gemahl Philipp von Falkenstein, in die Brüderschaft aller ihrer geistlichen Uebungen auf. 4) 1497. hat Landgraf Wilhelm der jüngere dieses Kloster beschlossen, das ist, zu einer strengeren Verfassung gebracht. 5) Ayrmann

2) Diese Urkunde, davon schon Kuchenbecker auf der letzten Seite der Vorrede des VII Theils der Anal. Hass. einen Auszug gegeben, steht beym H. von Gudenus cod. dipl. T. I. p. 189.

3) Beschr. des Klosters Nieder-Ilmstadt in den Marburg. Beyträg. St. III. S. 145. vergl. mit S. 106. 107.

4) Der Auszug dieser Urkunde steht bey dem H. von Gudenus Syll. I. varior. dipl. p. 646.

5) Excerpta Riedesel. pag. 97. Gerstenberg. Hess. Chronik, S. 566.

mann 6) muthmaset, es sey gegen die Mitte des fünfzehnden Jahrhunderts durch Brand oder anderes Unglück sehr herunter gekommen, und habe wenigstens alle alte Briefschaften verlohren, in dem ausser einem hieher gehörigen, gleich hernach vorkommenden Buche, nichts davon vorhanden sey, welchen Unfall man auch aus den übrigen Steinhaufen der meisten Gebäude abnehmen könne. Wann es aber nicht schon vor der Reformation verfallen, so müsse solches in den letzten deutschen Kriegen geschehen seyn, welches letztere auch fast eher zu schliesen sey, weil bey der Reformation noch sehr viele Personen darinnen gewesen. Er liefert auch von den Pröbsten, (von welchen, und von einer Meisterin und Subpriorin das Kloster besorgt wurde,) und einigen andern Personen desselben mehrentheils aus ungedruckten Briefschaften ein Register. 7)

§. 11.

---

6) am angef. O. S. 445. 455.

7) eben das. S. 449 — 453. wobey ich anmerke, daß der von ihm bey dem Jahre 1226. aus des H. von Gudenus letztrem Buche S. 588. nur mit dem ersten Buchstaben angeführte Probst W. ohne Zweifel der Wiegand sey, der 1227. in einer Urkunde, in des H. Vicek. Kopps Lebensproben Th. II. S. 260. genannt wird. Ein von ihm übergangener älterer Probst, Bernhelm, kommt 1190. vor in einer Urkunde, in des H. K. R. Würdtweins diœces. Mogunt. comm. IX. pag. 354.

§. 11.

Güter desselben.

Ayrmann giebt ferner 1) aus einem 1453. neu verfertigten Buche von des Klosters Gefällen ein Verzeichniß der Orte, wo der Convent etwas besessen hat, worunter auch **Bulißfeld** ist, wo es 1471. zwey Güter zu Landsiedelrechte verliehen hat. 2) In dem Dorfe **Sassen** hat es 1277. von Fürstlichen Unterthanen mit des Landgrafens **Henrichs** I. Bewilligung einige Güter auf die Bedingung gekauft, daß es künftig dieselben Rechte tragen müßte, so darauf bisher gehaftet hatten. 3) Zu **Blidenrot** hatte es von **Friedrich** von Langenstein, und dessen Frau und Erben, einige Güter gekauft, auch zwölf Jahre ruhig besessen. Gedachten Mannes Sohn **Rubert** aber wolte hernach selbige an sich ziehen, weil er nicht besonders in solchen Kauf gewilliget hätte; daher einige Personen sich der Sache annahmen, da dann **Rubert** 1289. dahin gebracht wurde, daß er gegen Empfangung von drey

---

1) am angef. O. S. 446. — 448.

2) **Ayrmanns** observat. hassiacæ ad contractum & jus colonar. in den Anal. Hass. coll. III. p. 108. wo auch S. 109. eine Urkunde von 1513. steht, worinnen des zu Landsiedel verliehenen Hofs zu St. Vitzberg gedacht wird.

3) Beil. 167. des II. Th. der Nachr. von Schiffenberg.

drey Mark dem Kloster den ruhigen Besitz zustund. 4) Die zu Hückeln gelegene, und vom Wilde verdorbene Ländereien, hat der Probst **Wiegand** an das Kloster Haina verkauft. 5) 1293. verkaufte **Johannes Ritter** von Buseck seinen Hof zu **Queckborn** an dieses Stift. 6)

§. 12.

Augustiner-Mönchsklöster zu Eschwege, Alsfeld, Marburg, und Witzenhausen.

Der Mönchsklöster dieses Ordens sind so wenig, und davon so wenige Nachrichten vorhanden, daß ich selbige hier nur in einem Anhange zusammenfasse. Zu Eschwege war ein solches, dessen schon **Winkelmann** 1) gedacht hat. Nun ergiebt sich aus einer Urkunde von 1509. daß **Augustiner-Eremiten** darinnen gewesen sind, die Länderey in der Feldmark zum **Langenhaine**, und eine **Wiese** beym **Galmansborn** gehabt. 2) Sonst kann ich nichts

---

4) Beil. 152. eben das.

5) Der Kaufbrief steht bey dem H. von Gudenus cod. dipl. T. I. p. 492.

6) Die Urkunde hat Winkelmann S. 214. angeführt.

1) S. 304.

2) Bey H. G. R. Lennep am angef. O. S. 402.

nichts davon sagen, ausser daß der berühmte Johann Zachariä sich darinnen befunden habe, den nach andern H. C. R. Walch 3) bekannt gemacht hat. Das zu Alsfeld ist, wie die Heßische Chroniken sagen, 1244. angelegt worden. 4) 1493. hatte der Landgraf Wilhelm III. eine Reformation damit vor. 5) Es ist auch eines zu Marburg gewesen; dann ich bin mündlich glaubwürdig berichtet worden, daß es nicht weit vom Franciscanerkloster, an dem Platze, der jezo der Plan heist, gestanden habe, wo ein Gebäude noch seine ehemalige Beschaffenheit nicht undeutlich anzeigt: und daß die dahin führende Strase die Augustinergasse genennet worden, welcher Name aber nunmehr verloschen ist. Hieher gehört auch das Wilhelmiterkloster zu Witzenhausen. Dann die Wilhelmiter waren reformirte Augustiner-Eremiten, so in Frankreich im dreizehnden Jahrhundert entstanden, und von ihren Stifter, dem Herzog Wilhelm von Guienne, der 1157. gelebt, den Namen hatten, und herauch

3) Præfat. ad monim. med. ævi, fasc. III. pag. 17—25.

4) Excerpt. Riedes. pag. 6. Gerstenberger in der Thüring. und Heſſ. Chronik in Ayrmanns syll. anecd. S. 158. setzt 1243. aber in H. R. Schminkens monim. hass. Th. II. S. 405. 1244.

5) Besage eines unten vorkommenden merkwürdigen Briefs dieses Herrn von 1493.

nach auch in Teutschland bekannt wurden. 6) **Gerstenberger** 7) gedenkt dieses Klosters gegen 1312. und sagt, daß dessen Mönche nebst verschiedenen andren Heßischen Klöstern eine Terminey oder Wohnung zu **Frankenberg** erlangt, und einen Mönch dahin gesetzt hätten, der in den Fasten des Morgens am Montage predigen müssen. 1426. kaufte dasselbe von einem Bürger zu Witzenhausen, mit Einwilligung des Landgraf **Ludwigs**, eine Mühle nahe bey dem Kloster mit ihrer Zugehörung, wovon es aber Geschoß, Wachten, Dienste, und Steuren, wie weltliche Bürger, geben mußte: es versprach auch zu vier Zeiten im Jahre, (ohne Zweifel Quatembern) vor den Landgrafen, seine Familie, Vorfahren und Erben, Vigilien und Messe zu halten. Es hatte von **Conrad** und **Berthold**, Gebrüderen von Höxter, einen Zehnden zu **Blickerhausen** erkauft, den es dem Landgrafen, wie es 1345. versichert, wieder überlassen wolte, wann er ihm eine gewisse Summe würde gezahlt haben. 8)

Zehn-

---

6) Rivius Puritanus S. 54. u. f. wo sich auch ein Register ihrer Klöster in Teutschland findet. Aus gedachtem Jahre der Stiftung des Ordens vermuthet H. Teuthorn Hess. Gesch. III. B. S. 196 das hier gedachte müsse gegen 1160. seyn gestiftet worden.

7) In der Frankenberg. Chronik, S. 188.

8) Beil. 168. 169. des II. Th. der Nachr. von Schiffenberg.

Zehntes Hauptstück.

Von dem Carthäuserkloster St. Johannesberg, so vorher Eppenburg hieß.

§. 1.

Von dem **Carthäuserorden** kommt nur dieses einzige Kloster vor, so nicht weit von Felsberg lag. Die Excerpta Riedesel. und **Gerstenberger** 1) sagen, Landgraf **Ludewig** I. habe die **Carthaus** erbaut, und die **Prämonstratensernonnen** daraus vertrieben; da dann die erstren Worte nichts anders heissen können, als daß er nach letztgedachter That das Gebäude ausgebessert, und bey Einsetzung eines anderen Ordens in dasselbe, auch den Namen davon etwa verändert, und es die **Carthaus**; (indem es noch das einzige Carthäuserkloster war, und also eben keinen anderen Namen nöthig hatte) genennet habe, wie es auch **Hartmann** 2) erklärt hat. Von den ehedem darinnen gewesenen Nonnen, finden sich zwo Urkunden. Die erstere von 1322. 3) ist eine Vergleichung zwischen ihnen

1) Jene S. 52. dieser S. 543.

2) Hist. Hass. pag. 196.

3) Der Auszug davon steht in den Marburg. Anzeig. von 1764. 12 St.

ihnen und denen zu St. Georgen bey Homberg, über etliche Güter in den Feldmarken zu **Mombergehausen** und **Ruckeshausen**, nach welcher die letztre diese, von ersteren **als der Mutter** bisher zu ihrem Gebrauche innen gehabte Stücke, wieder an jene übergeben solten, wobey auch ausgemacht wurde, daß die Gefälle der Güter zu **Lützelwick** zwischen beiden Conventen solten getheilt werden, die Leihe davon aber dem zu Eppenberg allein zustehen. Die andere Urkunde von 1342. zeigt, daß sie ein Gut zu **Gensungen** besessen haben, als welches sie zu Landsiedel gegeben. 4) Das Jahr, worinnen die gedachte Veränderung vorgegangen, ist nicht ausdrücklich aufgezeichnet; doch schreibt der **Herr von Gudenus** 5) nicht ohne Grund, daß sie gegen 1440. geschehen sey. Dann es ist ohne Zweifel derjenige Brief Landgraf **Ludwigs I.** von 1438. 6) hieher zu ziehen, worinnen er

4) Bey H. G. R. Lennep am angef. O. S. 502. Es ist mir auch noch ein Auszug einer anderen von 1268. vorgekommen, worinnen dieses Kloster Güter an einem nicht ausgedrückten Orte, an das zu Breitenau verkauft, in H. R. Schminckens Monim. Hass. Th. IV. S. 662.

5) In einer Anmerkung cod. diplom. T. IV. p. 526.

6) Beil. 185. des II. Th. der Nachr. von Schiffenb. Es kommt mir vor, als wann der H. von Gudenus auf diese Urkunde gesehen habe, indem er einer besondern Zuneigung dieses Landgrafen, gegen den Carthäuserorden erwähnt, welche Worte sich in dieser Urkunde befinden.

an einen ungenannten Oberen, ohne Zweifel den Provincial des Carthäuserordens, schreibt, daß er selbigen, der bisher noch keinen Convent in Hessen besitze, ein fast eingegangenes (desolatum) Nonnenkloster, nebst allen Rechten und Einkünften, mit Bewilligung derer die es angehe, zuwenden wolle. Er bittet daher um diese Bewilligung, und um Commißion auf den Carthäuserprior zu Erfurt, daß derselbe den Ort besehen, sich von allem unterrichten, ihn nach Gutbefinden annehmen, Mönche seines Ordens dahin setzen, und sonst alles nöthige anordnen möchte, da er dann, was er könne, zu diesem Werke beitragen wolle. Er hat auch diesen Ort 1443. von allen Diensten, die er bisher leisten müssen, befreiet. 7) Und nun wurde derselbe **St. Johannesberg** genennt, wie man aus einer Urkunde Landgraf **Ludwigs** *II.* von 1460. sieht, 8) worinnen er seine Amtleute, Burgemeister, und Schöffen der Städte anweist, den Bedienten des Klosters, die vor selbiges etwas bey ihnen zu suchen hätten, in allem hülfliche Hand zu leisten. Indessen kommt der ehemalige Name noch 1506. vor; indem es in einem Auszuge von dem Testamente Landgraf **Wilhelms** des Mittleren heist: **zur Carthaus zum Eppenberge.** 9)

Eilf-

7) eben das. Beil. 159.

8) eben das. Beil. 155.

9) In den Anal. Haff. coll. XI. pag. 120.

Eilftes Hauptstück.

Von dem Antoniterhause, zu Grünberg.

§. 1.

Ursprung der Antoniter.

Der Orden der **Antoniter** hat gegen das Ende des eilften Jahrhunderts in Frankreich seinen Ursprung genommen, da bey einer gefährlichen Krankheit, das heilige oder hernach Antonius-Feuer genannt, von vielen daran niederliegenden zu der Capelle bey Vienne, worinnen des heil. **Antonius** Cörper ruhen solte, um durch dessen Vorbitte davon befreiet zu werden, ein großer Zulauf entstund. Ein vornehmer Mann aus der Provinz von Vienne namens **Gasto**, der nebst seinem Sohn **Guerin** auch daselbst gesund worden war, stiftete deswegen mit diesem 1095. ein Hospital, wozu sie alle ihre Güter widmeten, um die viele dahin gekommene Kranke desto besser zu verpflegen, welches Amt sie selbst, und anfangs noch acht andere, bald auch mehrere auf sich nahmen, da dann der Pabst **Urban** *II.* diese Gesellschaft auf der Kirchenversammlung zu Clermont 1095. bestätigte, und ihr verschiedene Freiheiten schenkte, wiewohl sie noch von anderen Gelübden frey war. Gedachter **Gasto** war anfangs das Haupt derselben: ihr siebender Vorsteher **Falco** erhielte 1218. vom Pabste **Honorius** *III.* daß die Glieder die ordentliche Mönchsgelübde annehmen dürften, und noch vor der gleich zu erwähnenden Exemtion, war schon diese Gesellschaft durch die Schenkungen andächtiger Leute bereichert, und durch mehrere Länder ausgebreitet worden. **Bonifacius** *VIII.* befreiete sie 1297. von der Herrschaft des Benedictinerklosters montis Majoris, (Montmajor) worunter sie bisher gestanden hatten, und gab der Kirche des heil. Antonius, so bisher ein Priorat gewesen, den Titel einer Abtey, welcher er gedachtes Hospital nebst allen Gliedern an allen Orten einverleibte, und dem ganzen Orden die **Augustinerregel** gab, mit dem Befehl, sich canonicos oder fratres S. Antonii zu nennen. 1) Die zu Amsterdam 1716. gedruckte histoire dn Clergé seculier et regulier, 2) rechnet mit **Helyot** deswegen die Antoniter zu den Canonicis, welchen beyzustimmen

---

1) *Helyot* histoire des ordres monast. T. II. pag. 108–111. Reimbolds unter Kappens Vorsitze 1737. zu Leipzig gehaltenen Dissertation de Antonianis §. 4. 5.

2) T. I. pag. 192. Ich muß hieben bemerken, daß auch Schelhorn in den Ergötzlichkeiten aus der Kirchenhistorie und Litteratur, B. I. S. 37. 244. (wo zur Erläuterung S. 240–243. zu vergleichen) B. II. S. 38. 700. verschiedene wichtige Päbstliche Bullen, so den ganzen Antoniterorden angehen, habe drucken lassen.

men ich doch daher bedenken trage, weil sie wirklich die ordentliche drey Mönchsgelübde auf sich genommen haben, daher gedachter Name nicht so genau zu nehmen ist. Gedachter Pabst unterwarf auch das Kloster, mit dem Hospital und allen Gliedern, unmittelbar dem Päbstlichen Stuhle, und schrieb einen Habit vor, worauf sie das schon vorhin geführte Zeichen T. ferner tragen solten, wovon **Reimbold** 3) eine ohne Zweifel ungegründete Ursache aus dem **Natalis Alexander** anführt. **Ayrmann** 4) meint, die Glieder dieser Gesellschaft (ehe noch ein Orden daraus entstanden) hätten sich ohne Zweifel eines in Gestalt eines Hammers formirten Kreutzes und daran unten hangenden Glöckleins, welches dem heil. Antonius als ein besonderes Zeichen zugeschrieben worden, zu Sammlung der Allmosen vor Nothleidende bedienet; welches er dann, allem Ansehen nach, als die Ursache des hernach bey dem Orden eingeführten vorgemeldten Zeichens ansieht. Der Orden besaß am Ende des funfzehnden Jahrhunderts nachdem er sich in Italien, Frankreich und Teutschland ausgebreitet, 364. Klöster und Hospitäler. Seine Glieder trugen ein schwarzes Kleid mit einem blauen T. auf der linken Seite,

3) Am angezogenen Orte §. 5. Helyot führt dieselbe an S. 109.

4) In der Nachricht von dem Antoniterhause zu Grünberg, in den Anal. Hass. coll. IV. p. 391.

wie **Reimbold** 5) anzeigt, welcher auch von ihrem übrigen Zustande, und wie derselbe noch heutiges Tags in Frankreich beschaffen sey, Nachricht ertheilt. **Ayrmann** 6) merkt an, daß ihre Convente insgemein Antonies- oder Thöngeshäuser, und deren Vorgesetzte Præceptores oder Magistri, die Häuser auch Præceptoriæ, und die Ordensbrüder Antonies- oder Thöngesherren genennet worden. Ferner, daß die gedachte Häuser nach ihrer Lage in gewisse Balleien abgetheilet, und deren Vorgesetzte Præceptores generales, und ihre Residenzen Præceptoriæ generales betitelt gewesen; auch daß solche Häuser nach den verschiedenen Bißthümern, worinnen sie gelegen, eingetheilt worden, jedoch ihrer ordentlichen Gerichtbarkeit unbeschadet, indem sie noch 1426. und in den folgenden Jahren durch eine Päbstliche Bulle dieses erhalten, daß alle Streitigkeiten unter ihnen durch den Abt zu St. Antoine und das Generalcapitel solten abgethan werden.

§. 2.

Anfang des Antoniterhauses zu Grünberg.

Das Thöngeshauß zu **Grünberg** war nun eine solche Generalpräceptorey, so, wie die

5) §. 7. 8. Hist. du Clergé &c. 198. Helyot S. 114.
6) S. 392. 393.

die vorhandenen Urkunden bezeugen, worauf sich **Ayrmann** besonders beziehet, unter dem gedachten Abte und Generalcapitel stund. **Winkelmann** setzt 1) den Anfang davon ins Jahr 1193. welches aber deswegen einen Zweifel hat, weil der eigentliche Antoniterorden erst nach dem Anfange des dreizehnden Jahrhunderts aufgekommen ist; man müßte dann **Ayrmanns** Erklärung annehmen, der davor hält, 2) daß zuerst ein Hospital (vermuthlich also nach dem Muster des zu St. Antoine) daselbst sey angelegt worden, und hinzusetzt, daß schon vor der Mitte des gedachten Jahrhunderts Antoniter zu Grünberg gewohnt hätten, auch vor nicht unwahrscheinlich hält, daß Landgraf **Ludwig** *IV.* nebst seiner Gemahlin der heil. **Elisabeth**, diese dahin gebracht habe. H. **Bernhard** 3) meldet, daß ein Herr von Hanau die ersten Antoniter von Vienne herausgebracht, und ihnen in **Rosdorf** Unterhalt gegeben habe,

1) S. 197. In des H. von Senkenberg select. jur. & hist. T. V. prolegom. p. 55. wird zwar Arnoldi Schrift von den Grünberger Antonitern, Giess. 1726. 4. angezeigt; sie scheint aber mit der von Ayrmann am angef. O. S. 391. genannten desselben einerley zu seyn, in welcher nichts besonders von dem Hause zu Grünberg stehen muß, indem Ayrmann nur einmal S. 394. etwas hieher gehöriges daraus anführt.

2) am angef. O. S. 394.

3) Antiquit. Wetterav. pag. 116.

da sie dann in Teutschland ihre erste Präceptorey angefangen, und sich weiter in der Wetterau und anderwärts ausgebreitet, so daß von diesen alle Antoniter ausser Frankreich ihren Ursprung hätten. Indessen erzählt **Ayrmann** ferner, daß das Hauß zu Grünberg nicht auf einmal erbauet worden, und die Kirche vor der Mitte des gedachten Jahrhunderts nicht könne gestanden haben, weil auf einer Grabschrift der Provisor dieses Hauses, **Nicolaus**, ihr Stifter genannt, und das Jahr 1300. beygefügt wäre, da dann der Bau wohl keine fünfzig Jahre vor des Erbauers Tode könne vollführt worden seyn. Die Beschreibung dieses Gebäudes steht bey eben demselben. 4) Weil nun die Ordens-Brüder öfters abwesend waren, um Allmosen zu sammlen, den hohen Altar aber nicht zu allen Messen hielten, so wurden ausser dem Chore der Kirche, auf dem dem heil. Sebastian aufgerichteten vier Messen vom General-Capitel 1493. zu halten erlaubt, welche ihrer Stiftung nach auf dem hohen Altar hätten müssen gehalten werden. 5)

§. 3.

Güter dieses Hauses.

Der Schenkungen zu gedenken, welche nach Ayr-

---

4) S. 359 — 397.

5) Beyl. 8. bey Ayrmanns Berichte von der Stadt Grünberg in den Anal. Hass. coll. VII. p. 89.

Ayrmanns 1) Bericht diesem Hause gemacht worden, so befreiet Graf **Berthold** zu Ziegenhain 1242. dessen Güter zu **Ringeshausen**; und die Landgräfin **Sophia** ihre Güter zu **Queckborn**, wobey sie selbigem allenthalben den Gebrauch der Holzungen vergönnte. **Ulrich** von Münzenberg schenkte 1251. seinen Wald bey **Wedderfelle**, und Landgraf **Hermann** 1387. den Hospital vor der Neustadt zu Grünberg und alle Zubehörungen, so daß die Spitalspersonen von diesem Hause solten unterhalten werden. Er befreiete auch alle zu diesem Hospital gehörige Güter. Die Grafen **Otto** und **Philipp** zu Waldeck, schenkten 1481. das Kirchlehu und die Kirche zu **Schmidelinghausen** mit den Zubehörungen, ausser dem Halsgericht und der hohen Jagd; und, wann ich eine Stelle vom **Schurzfleisch** recht verstehe, so hat auch der Graf **Otto** ihnen **Arolsen**, das ist ohne Zweifel einige Güter daselbst, mit der Befreiung von Beschwerungen 1493. gegeben. 2) Landgraf **Wilhelm** schenkte 1500. den Hain zu **Grünberg** vor der Antoniter Pforte. Die Familie der von **Sassen** hat diesem Hause beson-

---

1) S. 400. 401.

2) Anal. diplom. ad histor. Waldec. in des H. von Senkenberg Select. jur. & histor. T. VI. p. 436. Otto — Edelvogt in Aroldessen a servitiis exemit hoc, & Antonitis in Grenberg immune dedit. Incipit: Wir Otto, eltester Gr. zu Waldeck &c. 1493.

besonders Vieles zugewendet, wovon **Ayrmann** in einer kleinen Schrift 3) Nachricht giebt, welche ich hier einrücken will, weil diese Schrift nun in weniger Händen seyn dürfte. So schenkte 1214. **Wiegand** von Sassen ein großes Guth ausser Grünberg, nebst den meisten Wiesen bey **Merlau**; und **Junge** von Sassen verkaufte 1374. seinen Wald nahe bey **Stockhausen**. **Volpert** und **Ludewig** von Sassen verkauften diesem Hause ihren dabey stehenden Hof; und **Niclaus** den dritten Theil der Hälfte des Waldes, das **Judenholz** genannt, so an dem Merlauer Buchholze lage; auch letztrer nebst seinem Bruder **Ludewig** 1420. ihren Wald bey **Bartenbach**. Nach **Thilemanns** von Sassen Absterben, so vor dem Jahr 1504. erfolgt ist, bekamen die Antoniter dessen Hauß in Grünberg. Ueber dieses hatten sie vor ihr Geld in und bey Grünberg, eine Menge von Gütern und Häusern erlangt, und führt **Ayrmann** 4) eine Urkunde von 1507. an, nach welcher der Stadthalter an der Loyne, **Ludwig** von Boyneburg, die Antoniter und den Rath zu Grünberg wegen etlicher Bürgergüter, so erstre an sich gebracht hatten, so verglichen, daß jene jährlich drey Gulden von

3) Consilium de genealogiis familiarum Hassiæ nobilium conscribendis, exemplo familiæ de Sassen declaratum. Giessen 1729. 4.

4) Nachricht vom Antoniterhause zu Grünberg, S. 402.

von allen Gütern, so sie von den Bürgern erkauft, auf das Rathhaus erlegen solten, nebst zehn Gulden, so Landgraf **Ludewig** 1431. den Grünbergern zugetheidiget hatte. Doch mußte sich endlich der Rath nach einer Urkunde von 1513. gefallen lassen, ihnen aus den Stadtgefällen 24. Gulden Frankfurter Wehrung jährlicher Zinse zu verschreiben, welche jedoch in zehen Jahren wieder konten gelößt werden. Und daher war es dann kein Wunder, daß diese Antoniter dem Kloster Arnspurg, als dieses durch einen Brand in den äussersten Ruin gerathan war, 8000. Gulden vorschießen konnten, wogegen sie bey 300. Gulden Zinsen nach der Bulle des Pabstes **Innocentius** *VIII.* von 1489. 5) von demselben erkauften. Weil aber die Einlösung nicht geschahe, und die Zinsen das Kloster Arnspurg druckten, so vermittelte Landgraf **Wilhelm** als **Landesfürst**, wie er selbst sagt, 1489. einen Vertrag, worinnen die Antoniter gegen ihre Forderungen von gedachtem Kloster dessen Güter zu **Grünberg**, im **Buseckerthal**, und andere in der **Hüttenberger Terminey** gelegene mit allen darauf haftenden Freiheiten bekamen; wie dann der Landgraf sie dabey zu erhalten versprach, und seinen Bedienteten befahl, sie dabey zu beschützen, und deshalben nicht zu bedrängen; 6) wo-

---

5) Ein Auszug hiervon steht eben das. S. 403.

6) Beil. 179. des II. Theils der Nachricht von Schiffenberg.

wozu der Pabst in gedachter Bulle seine Einwilligung gab, jedoch so, daß vorher eine Commißion zu Untersuchung dieser Sache verordnet wurde; da dann der Kauf 1491. zur völligen Richtigkeit kam, und die Güter in dem Amte **Grünberg**, dem **Buseckerthal**, und zu **Wetzlar**, erblich an die Antoniter gelangten. 1380. bekennet der Gebieter dieses Hauses, **Dronet**, daß er den Landgrafen Hermann, um einen Einwilligungsbrief zu einem Verkaufe gebeten, da dieser Convent einer Frankfurter Bürgerin hundert Gulden jährlicher Gülde, auf seinem Gotteshause und allen dessen Gütern und Gefällen, um 1500. Gulden verkauft habe, die er zum Nutzen desselben verwaudt, und binnen den nächsten vier Jahren wieder einlösen wolle. 7) 1324. hat oftgedachtes Haus seinen Hof zu **Brunigshausen**, und die Gerichtbarkeit zu **Brunigsheim**, mit allem dazu gehörigen, an das Antoniterhaus zu Rosdorf, und **Ulrichen** Herren zu Hanau verkauft, da dann einige von Adel, und Scheffen zu Grünberg die Gewährleistung übernahmen, daß das zu Grünberg binnen einem Jahr und vier Monaten die Bewilligung dazu von dem Antoniter Abte zu St. Antoine, (dann dieser ist nach meinem Urtheile zu verstehen, wo in dem Abdruck der Urkunde vycini dyoceseos anstatt Vienn. durch einen Fehler gelesen wird) beibringen solte.

---

7) eben das. Beil. 183.

solte. 8) Von allen Orten, wo solche überhaupt etwas besessen haben, giebt Ayrmann 9) ein Verzeichniß.

§. 4.

Kirchen welche von diesem Hause versorgt werden. Einige andere Nachrichten von demselben.

Ferner muthmaßt **Ayrmann** 1) aus einer Urkunde, daß das Antoniterhauß zu Höchst, in der Grafschaft Erpach, zu der Grünbergischen Generalpräceptorey gehört habe, welches er jedoch anderwärts 2) von Höchst am Mayn erkläret. Es hat nemlich der Mainzische Erzbischoff **Theodorich** den Antonitern zu Höchst 1441. eine Wohnung und die Pfarrkirche eingegeben, auch ihr schon oben gedachtes Haus zu Roßdorf auf beständig damit

---

8) Die Urkunde ist die 89. Beil. zu der 1720. gedruckten höchst seltenen Beschreibung der Hanau-Münzenbergischen Landen.

9) am angef. O. S. 404. 405. Man muß hierbey noch 3. Urkunden vergleichen, so in des H. G. R. Lennep cod. probat. zu der Abhandl. von der Leihe zu Landsiedelrecht, S. 30. 32. 37. stehen.

1) am angef. O. S. 407.

2) Im Berichte von der Stadt Grünberg, S. 71.

damit verbunden, 3) daher noch in späteren Zeiten diese beide Häuser zusammen als eines in Urkunden von 1505. und 1525. angesehen werden. 4) Eines besonderen Vorfalles mit dem Grünberger Hause, gedenkt eine Urkunde von 1349. 5) Es sammleten nemlich dessen ausgeschickte Brüder im Braunschweigischen Almosen ein, und geriethen darüber mit den Augustiner-Nonnen zu **Fredesle** in einen Streit, wegen einer auf dem, letzterem Kloster zugehörigen Hofe zu Edlershausen befindlichen, und unter andern zu Ehren des heil. Antonius errichteten Capelle, indem letztere daher Gelegenheit nahmen, ebenfals auf des Antonius Namen herum zu gehen, und Vieh als ein Almosen einzusammlen. Man nahm deswegen den Herzog **Ernst** von Braunschweig zum Schiedsrichter an, der den Ausspruch that, daß der Grünbergische Convent diesen Rechtshandel fallen lassen, gedachte Nonnen aber nicht mehr herum gehen solten, um erwähnte Gattung von Almosen einzusammlen, wobei ihnen jedoch unverwehrt seyn dürfte, die zu gedachter Capelle und der Bildsäule

---

3) Auf diese Urkunde beruft sich schon Johannis Script. Mogunt. T. I. p. 757. Sie steht nun in des H. von Gudenus cod. diplom. T. IV. p. 276.

4) Beil. 185. und 138. zur Beschreibung der Hanau-Münzenberg. Landen.

5) Diese steht in Scheids Vorrede des cod. diplom. zu den Anmerkung. über des H. von Mosers, Braunschw. Lüneb. Staatsrecht, S. 37.

säule des heil. Antonius daselbst künftig einkommende übrige Geschenke einzunehmen. Dieses Grünbergische Haus mußte die Peterskirche ausserhalb der Neuen Stadt erhalten. 6) Es wurde ihm auch die Besorgung der Capelle zu **Münzenberg** aufgetragen, daher sich zween Geistliche desselben beständig in Münzenberg aufhalten solten. Die Ursache war, weil **Werner** von Falkenstein die Kirche zu **Amenau** mit dem Antoniterhause verknüpfet, und diesem das Patronat derselben gegeben hatte. Die Bestätigung des Mainzischen Erzbischoffs **Gerhards** von 1291. steht bey dem **H. von Gudenus,** 7) nebst der von dem Antonitergeneral **Haino**; bey welchem auch 8) eine Urkunde von einem Vicarius der Kirche zu **Berstatt**, Namens **Ruppert**, vorkommt, worinnen er im Jahr 1312. unter andern verordnet, daß dieses Grünbergische Haus dem Domcapitel zu Mainz 30. Mark Pfennige, so es ihm schuldig wäre, und noch jährlich so lange er leben würde, auf Martinstag 15. Mark zu Erkaufung einiger Einkünfte vor Seelmessen vor ihn bezahlen solte. Nach einer andern 9) stelt ein Mönch dieses Klosters,

6) Ayrmanns Nachr. rc. S. 406.

7) Cod. diplom. T. I. p. 846. T. II. p. 261.

8) Tom. III. pag. 83.

9) Beil. 7. bey Ayrmanns Ber. von der Stadt Grünberg.

sters, **Peter** von Ingelnheim 1465. dem Abt zu St. Antoine **Benedict** de Monteferando vor, er habe selbiges von einigen jährlichen Zinsen, die es bezahlen müssen, frey gemacht, und solche in ein victalicium auf seine Lebenszeit verwandelt, (so ohne Zweifel von Bezahlung nur gewisser Zinsen an ihn zu verstehen ist) und vermächte ferner alle seine Güter dazu, so daß er die Nutzung davon haben, und eine beständige Messe davon errichtet werden solte, welche er selbst nebst seinem Bruder Lebenslang, nachher aber einer der Brüder dieses Hauses versehen solte. Was auch ausser dem Lebensunterhalt des gedachten **Petrus** übrig blieb, solte zu den Zierathen und Büchern dieser Kirche, und allenfals zu ihrer, auch der Peterskirche und des Hospitals ausser der Stadt Ausbesserung, oder anderem Nutzen des Hauses verwendet werden, zu welchen Absichten auch gewisse Fruchtg-fälle von gedachten Brüdern vermacht wurden. Eine andere 10) Urkunde bezeuget, daß das ausser der Mauer von den Landgrafen gestiftete alte Hospital, so von den Antonitern abhieng, und fast verfallen war, von solchen wieder in Stand gesetzt worden; und der damalige Präceptor dieses Hauses, **Jacob Ebelson**, bat, daß in letzterem und den davon abhangenden Häusern das Fest der heil. Anna möchte eingeführt, und zugleich an selbigem die Einwei-

10) eben das. Beil. 9.

weihung des Hospitals gefeiert werden, wozu er selbst eine Stiftung machen wolte. Dieses wurde 1493. von dem Generalcapitel zugestanden, jedoch daß gewisse Stiftungen von den Präceptoren, die es thun wolten, dazu vermacht würden. Zwischen diesem Ebelson und einigen Brüdern dieses Hauses war ein Streit entstanden, wegen einer gewissen Erquickung durch bessere Speisen (pictancia) 11) so ein Bruder, **Gerhard Emichin**, gestiftet hatte, da dann diese Brüder 1497. sich so verglichen, daß sie gedachtes Recht an den Präceptor abtraten, dagegen er ihnen 500. Gulden zu Erkaufung jährlicher Einkünfte, oder einen Zinsbrief von 20. Gulden geben solte, damit sie frey verfahren könnten. Auch solte er in den Fasten an jeden Sonn- und Festtagen einem jeden Bruder den vierten Theil von einem Maas Wein, auch von einer jeden Schenkung an das Kloster, jährlich einen Rheinischen Gulden zu der Brüder Gebrauch geben. 12) Endlich ist noch anzumerken, daß zwo Urkunden von 1381. und 1477. 13) vorkom-

11) Man kann hiervon ausser dem du Fresne u. d. W. Köhlers Münzbelust. Th. XVI. S. 384. nachsehen.

12) Beil. 10. bey Ayrmann am angef. O.

13) Anal. Hass. coll. II. p. 291–293. die letztre davon findet man auch vollständiger als die 20. Beil. zu der Nachr. von der Landcomm. Marburg, und aus dem Original als die 158. Beil. des II. Th. der Nachr. von Schiffenb.

kommen, woraus der Antoniter Unterwürfigkeit unter den Landesherrn erscheinet, in derer letzteren **Sirinus Martini** bekennet, daß er sein Amt als Gebieter dieses Hauses, mit Verwilligung des Landgrafen **Henrich** I. dem solche Bekräftigung als **Landesfürsten** nach altem Gebrauch gebührte, angenommen habe, auch solchem gehorsam und igewärtig seyn wolle, und sich zu gewissen Amtspflichten verbindet, desgleichen, daß er keinen Walen (Fremden) in das Haus aufnehmen, noch zu eines solchen Gunsten sein Amt aufgeben wolle. Einige Nachricht von den Präceptoren und Ordensbrüdern giebt **Ayrmann**. 14)

Ich besinne mich auch, irgendwo gelesen zu haben, daß ein **Antoniterhof** in **Grebenstein** gewesen sey, habe aber vergessen die Stelle anzumerken, und weis auch nicht, ob ein besonderer Convent daselbst gewesen, oder jener Hof zu einem eines anderen Orts gehört habe.

Zwölf-

14) Anal. Hass. coll. IV. pag. 407—410. Daß dieses Kloster eine geistliche Exemtion vorgegeben, bemerkt H. G R. Kopp von der Verfassung der Geistl. und Civilger. in den Hessencassel. Landen, Th. I. S. 172.

Zwölftes Hauptstück.

Von den Dominicaner- Franciscaner- und Carmeliterklöstern.

§. 1.

Dominicanerkloster zu Marburg.

Von diesen Orden finden sich in Hessen wenige ehemalige Klöster, und von denselben wenige Nachrichten. Von dem ersteren war ein Kloster zu Marburg. **Winkelmann** 1) setzt dessen Erbauung ins Jahr 1212. welches aber irrig ist, indem gedachter Orden damals noch nicht gestiftet war. Es ist also **Gerstenbergers** Nachricht 2) mehr zu trauen, daß der Landgraf **Henrich** *I.* diese Mönche 1291. dahin gebracht, und ihnen eine Stätte zu einem Kloster eingegeben habe, welches sie dann auch, doch das Chor davon erst neun Jahre hernach, erbauet hätten. Ich finde davon nur zwo besondere Nachrichten. Die erstere ist, daß sie bey einem ergangenen Interdicte 1381. ihren Gottesdienst dennoch bey offenen Thüren gehalten haben, wovon der Erzbischoff **Adolf** zu Mainz sie abmahnen ließ, und diejenigen, so bey solcher Zeit ihren Gottesdienst besuchen würden, mit dem Banne beleg-

1) S. 219.

2) Hess. Chron. S. 433.

belegte 3) Die andere betrift einen Streit desselben, mit dem Franciscanerkloster daselbst, am Ende des funfzehnten Jahrhunderts, da sonderlich das Fest der Empfängniß der Jungfrau Maria in den Kirchen beider Orden mit predigen, singen und lesen nach zweierley wiederwärtigen Meinungen gehalten wurde. Um alle weitere daraus unter dem gemeinen Manne zu befürchtende Irrungen zu vermeiden, so setzte sie der Landgraf Henrich *IV.* 1479. auseinander, und wieß besonders die Dominicaner an, dieses Fest nicht anderst zu halten, als es die Kirche gesetzt, und die Päbste bestätigt hätten; es auch in dem Erzstifte Mainz, und zu Marburg in der Pfarrkirchen und dem Franciscanerkloster bisher wäre gehalten worden; und zwar solte es einmüthig unter den Namen conceptionis, nicht sanctificationis, gehalten werden. Die Dominicaner liessen sich solches für sich und ihre Nachfolger gefallen. Der Landgraf gebot auch ausdrücklich, daß sie seinem Ausspruche, bey Vermeidung der Stadt Marburg, nicht entgegen handeln solten. 4) Sonst finde ich nur noch

---

3) Diese Urkunde steht bey dem H. von Gudenus cod. diplom. T. III. p. 545. Es entstund dieser Zwist bey Gelegenheit des Streits der beiden Mainzischen Erzbischöffe Ludwigs und Adolfs unter einander, wovon, auch mit Absicht auf Hessen, Johannis redet T. I. scriptor. rer. Moguntiac. p. 693. seqq.

4) Beil. 26. der Nachr. von der Landcommende Marburg.

noch zwo Urkunden von diesem Kloster angezeigt, die der **Herr von Uffenbach** 5) besessen hat. Es ist aber die eine von 1370. nur ein Revers desselben, über ein von einem Marburgischen Schöffen ihm verschaftes Almosen; und die andere von 1452. ein Revers des Priors Johannes Andreas und des Convents, über hundert von dem Pfarrer zu Schweinsberg ihm verschafte Gulden, so ohne Zweifel ebenfals ein Almosen gewesen sind.

§. 2.

Historische Erläuterung des vorgedachten Streits der beiden Orden.

Ich hoffe verschiedenen meiner Leser einen Dienst zu leisten, wann ich, zur Erläuterung des vorhin gedachten Streites zwischen den beiden Mönchsorden, folgendes anmerke. Es war das Fest der unbefleckten Empfängniß der Jungfrau Maria, nach einiger Vorgeben, schon im eilften Jahrhundert in England aufgekommen, wiewohl es in der That im zwölften zuerst in den Morgenländern, und hernach erst in England ist bekannt gewesen. Zu Lyon in Frankreich fieng es gegen das Jahr 1138. an gefeiert zu werden. Der **heil. Bernhard von Clairvaux** setzte sich dagegen, und behauptete nur, die Jungfrau Maria

5) Catal. bibl. Uffenbach. T. III. p. 647. 648.

ria sey nach ihrer Empfängniß geheiliget, das ist ohne Zweifel so viel, als vor wirklichen Sünden bewahrt worden. Von dieser Zeit an, wurde über diese Sache häufig gestritten, da sonderlich die Dominicaner sich vor Bernhardo, die Franciscaner aber vor die gegenseitige Meinung erklärten. Ich will hiebey ausser dem, was der Pabst Benedict *XIV.* in seinem berühmten Werke 1) de festis b. Mariæ virginis geschrieben hat, auf Schmidt, 2) Hornbeck, 3) Maresium 4) u. H. Walch, 5) ob-

---

1) P. 253 - 266. 275 - 281. der Lateinischen Würzburgisch. Ausg. 1751. 8. Ich muß hierbey die Gefälligkeit des H. R. R. Buttinghausen rühmen, der mir nicht nur durch die Gütigkeit seines Collegen, des H. geistlichen Raths und Professors Jung, aus gedachter Ausgabe des Werke Benedicts XIV. das mir nöthige mitgetheilt, sondern auch von einer prächtigen 1745. zu Padua in fol gedruckten Ausgabe, ebenfals nach der Lateinischen Uebersetzung M. A. von Giacomellis, Nachricht gegeben, die ihm H. Hofr. Lamey angezeigt hat. Was die Schriftsteller von der Tridentinischen Kirchenversammlung von gedachter Streitigkeit angemerkt haben, ist bekannt.

2) Prolus. Marian. VI. pag. 90 — 94.

3) Comment. ad constitut. Urbani VIII. de observantia festorum p. 251 - 253.

4) Diss. de origine, progressu, - controversiæ in commun. Rom. agitatæ, circa immaculatam conceptionem B. Virginis, syllog. Dispur. select. P. II. pag. 715. seq.

5) Einleitung in die Religions-Streitigkeiten, Th. II. S. 954 — 958.

obschon diese alle Protestanten sind, die catholische Schriftsteller aber hier allerdings vornehmlich müssen gehöret werden, mich berufen; weil doch die wenigsten das erstre wichtige Buch werden einsehen können. Auch muß ich noch den besonderen Vorfall anmerken, der sich in den Jahren 1387. und 1388. mit einem Parisischen Lehrer der Theologie, **Johann** von Moncon, (de Montesono) einem Dominicaner, in dieser Sache zugetragen hat, wovon ausser denen von **Benedict** *XIV*. 6) angeführten, guten theils kostbaren Schriftstellern, **Maimbourg** 7) und **Baluzius**, 8) auch in der Kürze **Basnage** 9) und **Dupin**, 10) zu lesen sind. Die Baselische Kirchenversamlung befahl die Lehre von der unbefleckten Empfängniß der Jungfrau Maria zu glauben, und deren Fest allenthalben zu feiern. Dem ungeachtet dauerte der Streit fort, wovon neben anderen **Hottinger** 11)

---

6) S. 259.

7) Hist. du grand schisme d'Occident, T. I. pag. 236 — 241. der Ausg. in 12.

8) Vit. Papar, Avenion. T. I. pag. 521. 1375. 1376. und die dazu gehörige Urkunden, T. II. pag. 991 — 1008.

9) Hist. de l'Eglise, T. II. p. 1083.

10) Biblioth. des aut. ecclef. T. XII. p. 141. seq.

11) Christl. Wegweiser, (welches 1647. zu Zürch gedruckte Buch jetzo eben nicht sehr bekant, aber noch von gutem historischen Nutzen ist) Th. II. S. 161 — 165.

kann nachgesehen werden. Der Pabst Sixtus *IV.* bestätigte das Fest durch eine Verordnung von 1476. 12) und verliehe denen, so es begehen würden, Ablaß; druckte sich aber, welches nicht alle Schriftsteller bemerkt haben, in der That nicht deutlich aus, indem er nur von einer mira conceptione immaculatæ virginis redet; ja in einer Verordnung von 1483. 13) belegte er diejenigen Lehrer verschiedener Orden mit dem Banne, so ihre Gegner in diesem Lehrpuncte einer Ketzerey beschuldigen würden, weil die Kirche darinnen noch nichts vestgesetzt habe. Die Dominicaner feierten daher das Fest der Empfängniß der Jungfrau Maria nur überhaupt, und brauchten auch zuweilen statt des Worts conceptio den Ausdruck sanctificatio.

§. 3.

Klöster zu Geismar und Treyse.

Es war auch ein Dominicanerkloster zu **Geismar**, welches, nach **Winkelmanns** 1) Be-

12) Extrav. commun. Lib. III. tit. XII. de reliq. & vener. sanct. cap. I.

13) eben das. Cap. 2.

1) S. 312. Doch glaube ich fast, daß, da H. R. Schminke in dem Anhange zur Beschreibung von Cassel S. 438. nichts davon gedenkt, ein Dominicaner statt eines Franciscanerklosters gesetzt sey.

Berichte, von der adelichen Familie von Hanstein mit einigen Einkünften zum Unterhalte der Armen ist versehen worden: desgleichen eines zu Treyse bey Ziegenhain, dessen der H. R. Estor 2) gedenkt. Ich habe aber von beiden keine weitere Nachrichten gefunden.

§. 4.

Franciscanerkloster zu Marburg.

Von dem **Franciscanerorden** war ein Kloster zu **Marburg**. Oben ist bereits bemerkt worden, daß Landgraf **Conrad** 1233. diesen Mönchen, nachdem er ihre andere Capelle den Deutschen Herrn übergeben, eine bessere und größere Kirche gebauet habe. 1) Es irren daher die excerpta Riedesel. 2) und **Winkelmann**, 3) wann sie sagen, daß der Landgraf **Henrich** *I.* diesen Orden 1291. nach

---

2) Orig. jur. publ. Hass. p. 234. **Es kommt auch** vor in einem hernach zu erwähnenden Schreiben des Landgrafen Wilhelms III. von 1493. wo man sieht, daß ihm und der Dominicaner ihrem zu Marburg, eine Reformation bevor gestanden habe.

1) Gerstenberg. Hess. Chronik, S. 379.

2) In den Anal. hass. coll. III. p. 11.

3) S. 218. In H. R. Teuthorns Hess. Gesch. B. III. S. 391. ist also ein Fehler, wann das Jahr 1191. gesetzt wird. Er hat ihn aber selbst B. IV. S. 531. gewisser maßen verbessert.

nach Marburg gesetzt habe; wo offenbar eine Vermischung dessen, und der Dominicaner geschehen ist: man wolte dann sagen, daß Conrad zwar eine Ersetzung versprochen, selbige aber nicht so gleich zu stande gekommen sey, sondern erst unter Henrich I. daher man geglaubt, unter ihm sey der Orden zuerst nach Marburg gekommen; wiewohl die erstere Erklärung ohne Zweifel natürlicher ist. Dieses Kloster besaß ein gegen über gelegenes Haus, welches, wie unten wird gemeldet werden, an Godert von Treißpach, und von diesem 1517. an die Kugelherrn gekommen ist. Ohne Zweifel hat es dieses als eine Communität schon besessen, ehe in das Kloster Observanten sind gesetzt worden. Es melden nemlich Gerstenberger 4) und die excerpta Riedesel. 5) daß Landgraf Wilhelm der Jüngere oftgedachtes Kloster 1497. reformirt, und Observanten hineingesetzt habe. 6) In der That aber berichtet dieser Herr in einem in verschiedener Rücksicht sehr merkwürdigen Briefe an den Pabst Alexander IV. 1493. 7) daß er dasselbe schon

---

4) am angef. O. S. 566.

5) am angef. O. S. 67.

6) Von der Beschaffenheit dieser Observanten handelt zwar nebst vielen andern auch Puritanus S. 232. u. f. Weit gründlicher aber vom Ursprunge des Streits unter den Franciscanern an, der H. von Mosheim instit. histor. christ. der Ausg. in 4. S. 521–527. 580–588.

7) Beil. 193, der Nachr. von Schiffenb. Th. II.

schon in 3. Jahren viermal reformiren lassen; so bald aber, als der Provincial weg gewesen, wäre das letzte ärger als das erste geworden. Endlich wären die besten weggegangen, und Observanten worden, und die schlimmsten geblieben, weswegen er den vorigen Pabst um eine Remedur gebeten, als er eben gehört, daß ein Commissarius, namens **Raymund**, mit völliger Gewalt, alle Klöster zu reformiren, angekommen sey, der dann auf sein Ersuchen den übrigen Prälaten eine solche Reformation befohlen, und würklich eine hierzu hinlängliche erhaltene Gewalt vorgegeben habe. Es habe aber der Vicarius des Klosters eingewendet, es schiene eine hieher sich beziehende Bulle des Pabstes **Pauls** *II.* in des ersteren Auftrage nicht genugsam von Wort zu Wort abgeschaft zu seyn: Daher er, der Landgraf, den Pabst 1490. gebeten, **Raymunds** Indult zu bestätigen, und das in der neuern Bulle fehlende zu ersetzen. Es habe aber geheisen, es könnten nur einige Klöster von Regularissen, als worauf die Bulle lautete, ersterer ungeachtet, reformirt werden: weswegen der Landgraf 1492. einen Abgeordneten an den Römischen Hof abgeschikt, auch erfahren habe, daß derselbe die verlangte Unterzeichnung erhalten, welcher aber nebst dem Pabste verstorben sey. Der Landgraf klagt daher heftig, wie oft er hintergangen, und wegen seines Unternehmens verspottet sey: Daher er bittet, daß der Pabst, besonders in

Anse-

Ansehung gedachter Bulle, helfen möchte; sonst würde er glauben müssen, man habe ihn mit Fleiße verspottet, und werde er genöthiget werden, sein weltliches Schwerd, bey ermanglender geistlicher Hülfe, wider die Klöster zu brauchen, indem ein solches Leben, als darinnen geführet werde, gegen die Absicht der Stiftung laufe. Der Landgraf Henrich *IV.* hatte in seinem Testamente den Prediger- und den Barfüßermönchen zu Marburg, den Augustinern zu Alsfeld, und den Frauenbrüdern (Carmelitern) zu Cassel 700. rheinische Gulden vermacht, so unter diese vier Klöster zu gleichen Theilen solten ausgetheilet werden. Es stelte daher dessen Bruder Hermann, als executor des Testaments 1487. eine Urkunde an gedachte Barfüßer besonders aus, worinnen er ihnen ihren vierten Theil von 175. Gulden in so weit gab, daß davon die Zinsen aus den Herrschaftlichen Gefällen zu Blankenstein, jährlich auf den Tag der heil. drey Könige fallen solten. Wann ein Rentmeister daselbst in Bezahlung derselben saumhaft seyn würde, so solten jene ihn mit solchen Arten der Forderung, so dem geistlichen Stande gemäß wären, darum erinnern dürfen, ohne eines Frevels gegen den Landesherrn beschuldigt zu werden, wie dann jeder Rentmeister bey seiner Ansetzung schwören solte, diesem nachzukommen. Dagegen mußte der Convent einen Revers ausstellen, vor den Landgrafen Henrich und seine Eltern, wie es gegen Landesdesfürsten sich gebühre, jährlich viermal auf allezeit Begängniß zu halten, nemlich auf Montags Abend nach jeglichen Fronfasten mit Vigilien; und auf Dienstags Morgen gleich hernach mit Seelmessen und anderen guten Werken, oder wann es zu gemeldeten Zeiten wegen anderer hohen Feste nicht geschehen könnte, auf die nächste Werkeltäge. Würde man hierinnen nachlässig seyn, so solten Capital und Zinsen verfallen seyn, und an andere Geistliche, die vorerwähntes besser in Acht nähmen, gegeben werden, ohne daß jene durch einen Päbstlichen oder Kaiserlichen, dem Orden ertheilten Freiheitsbrief, sich schützen könnten. Es solte auch die Landesherrschaft Macht haben, vorgemeldete Zinsen durch baare Zahlung der 175. Gulden nach Belieben wieder einzulösen, doch so, daß alsdann letztre Summe mit Herrschaftlichem Wissen und Willen angelegt, und davor eine gewisse Zinse erkauft werden solte. 8) Daß dieses und das **Marburgische Dominicanerkloster** eine Exemtion von der Erz- und Bischöflichen Gerichtbarkeit vorgegeben, bemerkt **H. G. R. Kopp.** 9)

§. 5.

Franciscaner Tertiarien-Schwestern.

Man findet auch **Schwestern** des **Hauses Nazareth von der dritten Regel Francisci**

---

8) Beil. 238. eben das.

9) Von der Verfassung der Geistl. und Civilger. in den Cassel. Landen, Th. I. S. 172.

cisci daselbst, welcher Name aus dem zu begreifen ist, was oben von den Tertiarien des Franciscanerordens ist gemeldet worden. Dann wie es auch Franciscaner- oder besser zu reden, **Clarissennonnen** gab, die von der heil. **Clara**, des heil. Franciscus guter Freundin, ihren Namen führten, so hatten auch diese ihre Tertiarien. Diese Marburgischen sielten 1523. nebst ihrem Aufseher oder Gardian dem Landgrafen **Philipp** ihren Entschluß vor, ein geistliches und reformirtes Leben nach dem Inhalte ihrer Regeln zu führen, und auf ihre Nachkommen zu bringen, und baten deshalben um Vergünstigung und Bestätigung. Der Landgraf erklärte ihr Leben und Betragen, wobey sie tägliche Handarbeit trieben, vor ehrbar, bestätigte diese Reformation, und nahm sie in seinen Schutz. Der Marburgische Gardian mußte ihnen die Beichte abnehmen, und sie mit Messen, Predigen, und anderen Gottesdienstlichen Dingen versehen. Es solten aber in diesem Convente nicht über zwanzig Personen, und darunter bey der Aufnahme keine unter fünf und zwanzig Jahren seyn, es wäre dann, daß er oder seine Nachkommen hierinnen etwas anderes verordnen würden, als welches er sich vorbehielt. Sie solten auch nicht mehr zu den Kranken in der Stadt gehen, doch allezeit vier oder sechs von ihnen ihren zeitlichen Geschäften ausser dem Convente nachgehen dürfen. Da sie auch, wie bekanntlich, damals andere zur

Erbau-

Erbauung dienliche Gesellschaften ebenfals thaten, ihren Unterhalt mit Weben verdienten so erhielten sie zu dem halben Webestuhl, den ihnen schon Landgraf **Wilhelm** der mittlere zugestanden hatte, noch einen ganzen, wogegen die Leinweberzunft nichts einwenden, auch der wegen des halben Stuhls mit derselbigen etwa gemachte Vertrag aufgehoben seyn solte. Sie wurden auch von allen Abgaben und Stadtdiensten befreiet, so fern sie keine bürgerliche Güter an sich brächten; wo sie aber deren hätten, oder einige zufälligerweise erhalten würden, so solten sie selbige in einem Jahre hernach verkaufen, und so lange ihr Besitz dauerte, die darauf haftende Abgaben, wie andere Bürger, erlegen. Wer an ihnen eine Forderung hätte, der solte selbige an den Landgräflichen Gerichten anbringen. 1)

§. 6.

Franciscaner zu Grünberg.

Der Ursprung des **Franciscanerklosters zu Grünberg** ist ungewiß; doch sagt **Ayrmann**, 1) daß dessen in Briefen des vierzehnden Jahrhunderts schon gedacht werde, und es allem Ansehen nach vor der Reformation

1) Beil. 190. des II. Theils der Nachricht von Schiffenberg.

1) Im Berichte von der Stadt Grünberg in den Anal. Hass. coll. VII. p. 74.

zu Grunde gegangen sey, weil von der alten Mauer nur noch wenige Stücke vorhanden wären. In dem bey eben demselben 2) vorkommenden Briefe von 1427. vermacht der Fritzlarische Dechant **Niclas** von der Kra sechs Gulden zu einem neuen von ihm gestifteten Altare, zur Ehre der Jungfrau Maria, der Aposteln Petrus, Paulus, Philippus und Jacobus, und aller Heiligen, und einige güldene Geschirre die nicht solten veräussert werden; wogegen auf diesem Altar wöchentlich drey Messen solten gelesen, und des Stifters und seiner Eltern und Freunde Gedächtniß jährlich begangen werden. 1497. reformirte Landgraf **Wilhelm** der Jüngere dieses Kloster, und setzte Observanten hinein; 3) wie er dann schon einige Jahre vorher, nach Ausweisung des §. 4. gedachten wichtigen Briefs eine Reformation damit vorgehabt hat.

§. 7.

Franciscaner zu Frankenberg, Grebenstein, Geismar und Cassel.

Gerstenberger 1) meldet, daß die Brüder 1494. nach Meyterdorf bey Frankenberg gekommen wären, und da zu bauen angefangen

2) S. 100.

3) Gerstenberg. S. 566. Excerpta Riedesel. S. 67.

1) In der Hess. Chronik, S. 555.

gen hätten, welches er anderswärts 2) von Franciscanertertiarien (doch vielleicht in einem besonderen Sinne dieses Worts, vergl. was oben Hauptst. *IV*. §. 2. *not*. 6. erinnert ist) ohne Zweifel selbst erklärt, wo er sagt, daß die Brüder einen dergleichen Convent zu **Edendorf**, so jetzo **Weidendorf** heisse, angelegt hätten; da er dann in ersterer Stelle ohne Zweifel den neuern Nawen des Orts gesetzt hat, der aber im Abschreiben in vorgedachten ist verändert worden. Von den **Franciscaner-Conventualen** (die den oben erwähnten Observanten entgegen stehen) zu **Grebenstein** führt **Kuchenbecker** 3) eine Urkunde an, nach welcher Johann von Malsburg gegen 1455. dem Altare ihrer Kirche 300. Gulden gegeben hat. Daß zu **Geismar** ein Franciscanerkloster gewesen, bezeugt **Schaten**, 4) der die Einweihung von dessen Kirche auf 1238. setzt. Es müssen auch zu **Cassel** die Franciscaner einen Convent gehabt haben, indem eine Urkunde von 1329. des Hauses der fratrum minorum daselbst erwähnt, 5) wovon ich aber sonst nirgends einige Nachricht habe finden können.

2) In der Frankenberg. Chronik, Anal. Hassor. coll. V. pag. 235.

3) In der 1720. zu Cassel gehaltenen Rede de illibata Hassor. relig. p 34.

4) Annal. Paderborn. T. II. p. 35.

5) In des H. G. R. Lennep codice probat. zu der Abhandl. von der Leihe zu Landsiedelr. S. 532.

§. 8.

Carmeliter zu Cassel und Spangenberg.

Von **Carmeliterklöstern** finden sich nur zwey, das eine zu **Cassel**, und das andere zu **Spangenberg**. Des letzteren gedenkt der **H. G. R. Estor** 1) Das zu Cassel, oder das sogenannte **Brüderkloster**, in dem die Mönche nach der Gewohnheit ihres Ordens sich fratres domus in Cassele ordinis beatæ Mariæ de monte Carmeli schrieben, ist vom Landgraf **Henrich** *I.* 1262. gestiftet worden 2) und nicht, wie die congeries **Hess. Gesch.** 3) sagt, 1272. indem das beygefügte zweite Jahr des Pabsts **Urban** *IV.* der es bestätigt hat, nicht darmit, wohl aber mit ersterem Jahre zusammen stimt. Nur findet sich der Zweifel, daß **H. R. Schminke** 4) der doch auch das eben erzählte anführt, meldet, es habe der Erzbischoff **Gerlach** von Mainz 1292. den Carmelitern die Erlaubniß gegeben, ein Kloster, mit Bewilligung des Landgrafen, in der Stadt Cassel zu erbauen, wo sie 1293. eine

---

1) Origin. jur. publ. Hassor. p. 234.

2) Beschreib. von Cassel, S. 345. aus der geschriebenen Cassel. Chronik.

3) Anal. Hass. coll. I. p. 2. diejenige congeries, die Hartmann Histor. Hass. P. I. pag. 128. anführt, und die ich mit der gedachten Cassel. Chronik vor eins halte, nennt ebenfals dieses Jahr.

4) am angef. O. S. 346.

eine Behausung und Hof zum Wohnhause um hundert Mark erkauft hätten; man müsse dann etwa eine Vereinigung der Zeit dieser Nachrichten so angeben, daß der Orden 1262. seine Wohnung vor der Stadt bekommen habe, welche im letzteren Jahre in die Stadt selbst verlegt worden. Wann diese Erklärung richtig ist, so würde die Urkunde von 1272. 5) nach welcher das Kloster einen Hof unter der Mauer zu Cassel gekauft, wovon es jährlich dem Landgrafen zehn Mark Silbers geben solte, vielleicht von einem Platze nahe vor der Stadt müsse verstanden werden. Es mußte auch versprechen, keine ihm vermachte Güter ohne Landgräfliche Bewilligung anzunehmen, und keinen Casselischen Einwohnr vor einem geistlichen Gerichte, sondern zuvor bey dem Schöpenstuhl daselbst zu verklagen. Die noch stehende Kirche dabey ist nach Ausweisung eines bey dem Eingange in Stein gehauenen Verses 1376. erbauet worden. 6) 1360. ist in diesem Kloster ein Generalconvent des ganzen Ordens gehalten worden: und die Mönche verrichteten 1300. täglich den Gottesdienst in der Schloßcapelle. 7) 1328. stiftete Heimerod von Elben einen Altar in dieses Klosters Kirche, um daran vor den Landgraf Otto an seinem Jahrtage beständig eine Messe zu

5) Bey H. Estor am angef. O. S. 399.

6) Winkelmann S. 284. Doch macht das vorhin gesagte hier auch Schwierigkeit.

7) H. R. Schminke am angef. O. S. 346. 99.

zu lesen. 8) Auch stiftete ein Bürger aus Cassel, **Cyriacus Bermenter**, und seine Ehefrau, eine jährliche Almosen und zwo Messen an dem Altar des heil. Jodocus in dieses Klosters Kirche, worüber die Erzbischöfliche Mainzische Bestätigung von 1498. bey **H. R. Würdtwein** 9) sich findet. Ein Herr von Itter, Namens **Heinemann**, war sehr gut vor selbiges gesinnet, daher dieses 1346. ihn aller seiner guten Werke, auch jährlicher 200. Messen, nemlich hundert zur Vorbitte der Jungfrau Maria in seinem Leben, und der anderen vor seine und seiner Voreltern Seelen theilhaftig machte. 10)

Dreyzehntes Hauptstück.

Von den Prämonstratenserklöstern.

§. 1.

Kloster Spiescappel.

Recht genau zu handlen, so müßte ich die **Prämonstratenser** nicht zu dem Mönchsorden zählen, indem sie, eigentlich zu reden, nur Chorherrn (canonici) sind. Weil sie aber doch

8) Anal. Hass. coll. XII. pag. 395.

9) Dioeces. Mogunt. comm. X. p. 537.

10) In H. Dieck. Kopp Nachr. von den Herren zu Itter, S. 121.

doch gemeiniglich zu den Mönchen gerechnet, auch die Vorsteher dieser Stifter in Urkunden mit dem Namen **Abt** bezeichnet werden, so wird eben nichts darauf ankommen, wenn ich dieser Gewohnheit folge.

Von dem nicht weit von Ziegenhain liegenden, und Johannes dem Täufer gewidmeten Kloster **Spiescappel**, welches, nach dem Berichte der Excerpt. Riedesel. 1) von zwenen Gebrüdern, **Engelbert** und **Engelbold**, Rittern von Dorenberg, oder wie andere melden, von Tenneberg oder Dannenberg, erbauet worden, findet sich die erste Nachricht in einer Urkunde des Mainzischen Erzbischoffs **Henrichs** von 1143. 2) worinnen er dasselbe in seinen Schutz nimt, und ihm seine Zehnden von den neu angelegten Aeckern in dem Walde **Hochholz** genannt, übergiebt. Ein Thüringischer Landgraf **Ludwig** ertheilte ihm die Zollfreiheit von allen Bedürfnissen, welche es von Cassel, Münden, Kreutzberg, Eisenach, Gotha, und Breitungen würde kommen lassen; und obschon bey der Urkunde kein Jahr steht, so glaubt doch **Kuchenbe**-

1) In den Anal. Hass. coll. III. p. 14.

2) In des H. von Gudenus cod. diplom. T. I. p. 148. wo S. 149. in der Anmerk. ohne Noth gezweifelt wird, ob solcher Ort zu Hessen, oder zu der Nachbarschaft, und vielleicht zu dem Braunschwigischen zu rechnen sey.

cker 3) aus guten Gründen, daß selbige vom Landgraf **Ludwig** *II.* und also im zwölften Jahrhundert gegeben sey. 1235. verliehe der Landgraf **Conrad** diesem Kloster viele Freiheiten, unter andern, daß dessen Abt über gewisse Verbrechen zu **Limsfeld** richten, alle dessen Güter in den in dieser Urkunde genannten Orten ihre alte Freiheit, und dasselbe die Landgräfliche Rechte in dem Dorfe **Hustede** haben solte. 4) 1223. bekräftigte der Abt **Conrad** von Fulda die Uebergabe eines Zehnden, welche **Giso** Ritter von Schrebersbach von seines Großvaters Gütern zu **Wildesberg** und **Falkenhagen**, nach des letzteren Beyspiele, dahin vermacht hatte. 5) 1263. gab ihm die Landgräfin **Sophia** die Freiheit, daß alle dessen unter ihrer Gerichtbarkeit gelegenen Güter von ihren Bauren mit keinen ungewöhnlichen Diensten solten beschwert werden. 6) 1345. gab ihm der Graf **Gottfried** von Ziegenhain die geraubte Schutzgerechtigkeit zu Falkenhagen wieder. 7) Vielleicht ist auch dieses Stift zu verstehen, wann der Convent

---

3) Von den Hess. Erbhofämtern, S. 31. wo diese Urkunde die 1. Beil. ist.

4) Anal. Hass. coll. IX. p. 154. und Beil. 22. der Nachr. von der Landcomm. Marb.

5) eben das. Beil. 152.

6) Beil. 172. des II. Th. der Nachr. von Schiffenberg.

7) Anal. Hass. am angef. O. S. 209.

vent zu Cappel 1265. einige Güter zu **Huchelheim** an den Altenburgischen verkauft. 8) Von den Gütern dieses Stifts kommen noch diese Nachrichten vor, daß 1232. dasselbe mit Einwilligung des Landgrafen **Conrads** ein Gut zu **Limsfeld**, und einen Hof an einem ungenannten Orte zu Waldrechte verliehen habe: 9) wie es dann auch 1253. einige ungenannte Güter auf fünf Jahre zu Landsiedel verliehen, so daß, wann der Landsiedeler innerhalb dieser Jahre sterben würde, das Stift dessen Erben zwey Pfund; wann selbiger aber die Landsiedeley lebenslang fortsetzen wolte, diesen ein Pfund zahlen wolte. 10) 1252. wurde ein **Pfannentheil in den Soden**; 1360. ein **Vorwerk** zu **Maden** auf sechs Jahre, welches jedoch das Kloster in gedachter Zeit solte verkaufen, oder auf andere Art veräussern dürfen; und 1372. ein Gut zu **Waßmuthshausen** verlandsiedelt. 11) 1470.

8) Bey dem H. von **Gudenus** T. II. p. 154.

9) Beil. 1. bey H. Vicek. Waldschmidts Dissert. specimen. antiq. in Hassia jurium de bonis zu Waldrecht.

10) Beil. 26. bey H. G. R. Kopp von der Verfass. der Ger. in den Cassel. Landen, Th. I. wo auch die Beilage 51. von 1251. eine Bestätigung des Grafen Bertholds zu Ziegenhain, über die Klosterrechte zu Wolreshausen und Leinbach enthält. Auch geht die Beil. 60. das. von 1256. dieses Kloster an.

11) In H. G. R. Lennep cod. probat. &c. pag. 415. 424. 485.

verkauften der Abt und der Convent eine **Wiese und einen Acker zu Lencorf**, doch daß der Käufer ihnen jährlich auf Michaelistag einen Gulden zahlen solte: und 1485. verliehe der Abt **Wernher** eine Wiese zu Waldrecht, gegen eine jährliche Zahlung von sechszehn Heßischen Schillingen; auch 1503. auf gleiche Art einen **Garten zu Homburg im Grumbache**. 12) 1501. hatte es einen merkwürdigen Rechtshandel, den ein Treisischer Bürger, **Heine Merren**, mit ihm wegen verseßener Zinsen und deshalb verschriebener Güter, führte; da dann der Official zu Fritzlar gegen ersteren sprach, der daher an den Stuhl zu Rom appellirte. Der Schultheiß und Rath zu Treisa ermahnten darauf unterm 26ten Junius selbigen Jahrs den Abt, die geistliche Forderung in dieser Sache abzustellen, und erboten sich zu einer auf Landgräfliche Verordnung gegründeten Rechtspflege; wie sie dann im Weigerungsfalle die Anzeige davon an den Landesherrn thun müßten. Es muß aber der Abt dieser Vorstellung kein Gehör gegeben haben. Dann am 26. Julius befahl der Landgraf dem Abte, von der erhobenen geistlichen Klage abzustehen, und verwieß ihn damit an das Stadtgerichte zu Treisa. Hierauf wurde die Sache von den Fürstlichen Räthen vor die Kanzley zu Marburg gezogen, und nach gehaltenem Verhör dergestalt

12) Beil. 2–4. bey H. Waldschmidt am angef. O.

stalt gesprochen, daß dem Abt zur vorgängigen Befriedigung 72. Gulden erlegt, oder eine bessere Verschreibung gegeben werden solte; in der Hauptsache aber ein anderer gütlicher Tag angesetzt, und wann der beklagte Theil daran nicht erschiene, alsdann erst dem Abt erlaubt wurde, seine geistliche Forderungen weiter fortzusetzen. 13) Wegen der Präsentation zur Pfarrey zu **Grosen Englis** hatte das Kloster mit dem Petersstifte zu Fritzlar Streit, welcher 1314. dahin verglichen wurde, daß man hierinnen abwechslen, und letztres Stift bey dem nächsten Falle den Anfang machen solle. Dem ungeachtet fanden sich 1521. von beiden Patronen präsentirte bey dem Probste des Petersstiftes ein, und erhielten beide Bestellungsbriefe, welche Urkunden, doch ohne den Ausgang des neuen Streits zu melden, **H. R. R. Würdtwein** 14) liefert. 1301. auf den Abend vor der Himmelfahrt Maria, ist das Kloster mit allen Zierathen durch eine Feuersbrunst verzehrt, 15) und hernach wieder aufgebauet worden. Hernach soll

13) Die Urkunden sind die Beilagen 40 — 44. bey H. Kopp am angef. O. der auch in dem Buche selbst S. 172. 173. aus einer Handschrift zeigt, daß das Kloster eine würkliche geistliche Gerichtbarkeit über seine Hintersassen, und ein eigenes Sendgericht gehabt, auch eine geistliche Exemtion vorgegeben habe.

14) Diœces. Mogunt. comm. X. p. 520 – 523.

15) Excerpt. Riedesel. am angef. O. S. 14.

soll es von den Sternern seyn ruinirt worden. 16) Anderwärts aber bey älteren, 17) wird nur einer Beraubung gedacht. Es wird auch das Münzrecht des Abtes daselbst 18) angemerkt, indem man in diesem Jahrhunderte eine, von dem Pfarrer **Ungar** zu Spießcappel an den Herren Landgrafen **Carl** übersendete, güldene Münze gefunden, so die Aufschrift hat: **Conrad** von Gilse, Abt zu Spießcappel. Von einer jährlichen Abgabe an Früchten, wozu sich das Kloster an den Priester eines Altars in der Kirche zu Fritzlar 1281. verbindet, ist H. **Würdtwein** nachzusehen. 19)

§. 2.

St. Georgenkloster bey Homburg.

Das **Nonnenkloster St. Georgen vor Homburg** in Niederhessen, ist nach **Zeilers** 1) und **Winkelmanns** 2) Berichte von einem Ritter

16) Dieses wird in eines ungenannten Schreiben in H. Estors Opusc. de Comit. & ordin. Hass. provincial. p. 136. der Ausg. in 8. gesagt.

17) Excerpt. Riedesel. p. 26. und in Gerstenbergers Hess. Chronik, S. 492.

18) In vorgedachtem Schreiben.

19) Diœces. Mogunt. comm. X. pag. 455.

1) In der Heßischen Topographie, S. 53.

2) S. 254. wo auch eine Urkunde von 1506. angeführt wird, worinnen das Kloster eine Wiese in der Hallenbach versetzt.

Ritter **David** von Homberg 1314. gestiftet worden. Es hat aber der Mainzische Erzbischoff **Gerhard** schon 1293. dem Dechanten der Fritzlarischen Kirche befohlen, nicht zuzulassen, daß dasselbe von jemanden, besonders von dem Abte zu Hersfeld, der sich unterstehen wolte, einen Probst dahin anzusetzen, beschwert werde. 3) Es ist mit dem von **Leuckfeld** 4) gedachten zu Humburg in Hessen, das zur Ehre der Heiligen, Christophorus und Mauritius, errichtet war, nicht einerley, indem dieses ein Benedictinerkloster muß gewesen seyn, davon man aber weiter nichts findet. 1487. verlandsiedelt es ein **Gut zu Sundheim**, wobey es aber jährlich ein Pfund Wachs an die Abtey zu Hersfeld zahlen solte; auch solte der Streit, der unter den Erben des Landsiedelers etwa entstehen möchte, von dem Kloster beigelegt werden. 5) Ein Vergleich desselben mit dem Kloster **Eppenberg** von 1322. ist schon oben angeführt worden. Ausser diesen habe ich keine Nachrichten davon gefunden.

§. 3.

---

3) **Marburg.** Beyträge, St. II. S. 258.

4) Antiquit. Bursfeld. pag. 96.

5) **H. G. R. Lennep** codex probat. &c. S. 483. wo S. 484. eine gleiche Urkunde von 1515. vielleicht auf eben dasselbe Gut geht.

§. 3.

Kloster zu Hachborn.

Der Stifter des **Nonnenklosters** zu **Hachborn** (Habecheburne) einem nicht weit von Marburg liegenden Dorfe, ist, wie **Winkelmann** 1) sagt, **Giso** Herr von Merenberg gewesen. Wie er aber eine Urkunde von 1215. anführt, worinnen **Hartrad** und **Giso** von Merenberg demselben den **Balgescheidwald verehren**, so wird in einer anderen 2) **Hartrad** von Merenberg als der Stifter angegeben. Es hatte das Kloster mit der St. Stephanskirche zu Mainz, wegen des Patronatsrechts zu **Eblitzdorf**, so der Stifter dem Kloster verliehen, Streit bekommen, den der Mainzische Erzbischoff **Siegfried** in erwähnter Urkunde so beilegte, daß die Stephanskirche dieses Recht haben, jedoch der Probst zu Hachborn die Kirche zu Eblitzdorf, auf der Chorherrn Präsentation, erlangen solte. Das vorhin gesagte bekomt durch andere Urkunden einiges Licht, ob mir schon der eigentliche Stifter dadurch noch nicht ausgemacht zu seyn schein. Dann nach einer von 1189. kauften die Gebrüder **Hartrad** und **Giso** von Merenberg ein Stück, so eine Frau, namens **Ermentrud**, zu **Hestenchem** (vielleicht dem

1) S. 223.

2) In Chron. eccles. colleg. S. Stephani in Johannis script. rer. Mog. T. II. p. 527.

dem jetzigen Orte Heskemen, nicht weit von Hachborn) und ihr Sohn Berthold, im Walde Hulenckesceth genannnt eigenthümlich besassen, und schenkten es der Kirche zu Hachborn. Eben so machten sie es auch mit den eigenthümlichen Stücken dieses Waldes, so der gedachten Frauen Schwester Söhne, Sibold und Heithold, auch einer namens Volpert, besassen. In demselben Jahre gedenkt der Erzbischoff Siegfried zu Mainz, daß erwähnter Giso die Hachbornische Probstey an die Mainzische Kirche durch vorgenannten Hartrad dergestalt übergeben habe, daß kein Laie, sondern der jedesmalige Mainzische Erzbischoff die Schutzvogtey daselbst haben solte. Er verordnete auch, mit Einwilligung des Pfarrers, zu dessen Kirche als Mutter der gedachte Ort gehörte, daß jene Kirche die Begräbniß, Taufe und Seelsorge daselbst, und die Brüder (eine Anzeige, daß wenigstens Anfangs Mannspersonen da gewesen sind) den Augustinerorden (als zu welchem die Prämonstratenser gehörten) haben, und weisse Röcke unter den Oberröcken tragen, der Ort auch von aller Forderung frei seyn solte. 3) 1215. bekräftigte der Erzbischoff Siegfried die oben genannte bereits von seinem Vorfahren Conrad bestätigte Schenkungen: und das Domcapitel bezeugte an dem-

3) Beil. 233. 234. b. des II. Th. der Nachr. von Schiffenberg.

demselben Tage, daß, als daß Kloster bey Siegfried um den Mainzischen Schutz gebeten, wie mehrgedachter **Giso** schon dem Erzbischoff **Conrad** solchen aufgetragen, so habe jener dieses bekräftigt, und alle weltliche Vogtey und Beschwerungen ausgeschlossen. 4) 1280. forderte der Landgraf **Henrich** vom Kloster einen Zehnden, den es vom Stephansstifte zu Mainz hatte, und über sechszig Jahre besessen, auch darüber seine Urkunden aufweisen konnte; ließ es auch deshalben pfänden. Dieses Capitel that deswegen bey dem Landgrafen Vorstellung, erklärte auch, deswegen einen Abgeordneten in kurzem an den Landgrafen abzuschicken; 5) wiewohl ich den Ausgang nicht gefunden habe.

Vierzehntes Hauptstück.

Von dem Servitenkloster zu Bach.

Da die Bewohner dieses Klosters in denen Urkunden bey **Schannat.** 1) **Marienknechte**, fratres servi S. Mariæ Ord. S. Augustini genannt werden, so sieht man, daß sie von dem bekannten **Servitenorden** gewesen, von wel-

4) Beil. 234. a. 234. c. eben das.

5) Beil. 253. a. eben das. wo ausdrücklich die Nonnen dieses Stifts genannt werden.

1) An dem anzuführenden Orte.

welchen **Helyot** 2) handelt. Die Stiftung desselben schreibt **H. H. Teuthorn** 3) dem Fuldischen Abte **Henrich** *IV.* der in der Mitte des 13ten Jahrhunderts gelebt, durch eine Muthmasung zu, weil nemlich selbiger bemüht gewesen, den Oertern seines Stiftes, wozu damals auch Vach gehörte, ein mehreres Ansehen, und einen äusserlichen Glanz zu verschaffen, wozu die Klöster damals vieles beitragen können. Aber der **H. A. R. Engelhard** 4) siehet den Inhalt der gleich anzuführenden Urkunde, als einen anscheinenden Grund dargegen an. Es lag nemlich das Kloster anfänglich nur auf dem platten Lande, und daher konnte es ja noch nicht als ein die Stadt verschönerndes Gebäude angesehen werden! Weil es aber vielen Räubereien ausgesetzt war, so bat es den Abt **Henrich** um seine Verlegung nach Vach, als einen vesten Ort, welches dann auch der Abt zustund, davon die Urkunde von 1368. bey **Schannat** 5) sich findet, da es dann vor das Oberthor gedachten Orts gelegt wurde. Diese Urkunde zeigt, daß es vor der Verlegung **Mariengarten** (hortus S. Mariæ) geheisen; und **Engelhard** sagt, es solle auch, ohne

2) Hist. des ordr. monast. T. III. p. 296. seqq.

3) Gesch. der Hess. B. V. S. 436.

4) Erdbeschr. der Hessencassel. Lande, Th. I. S. 319.

5) Diœcesi & hierarch. Fuld. cod. probat. p. 316.

ohne Zweifel nach der Verlegung, manchmal der Weißpoppenmarkt heisen; davon aber die Ursache nicht anzugeben sey. **Schannat** 6) nennt auch aus Urkunden von 1396. und 1453. ein paar Wohlthäter desselben, nemlich, die Ritter **Hartung** von Buttlar, und **Johann** von Bibra: und berichtet, daß nicht lange hernach das Kloster mit fast der ganzen Stadt abgebrannt sey, daher man wieder bey dem Abte um Hülfe zu seiner Wiederherstellung angehalten habe; der dann, besage einer Urkunde von 1457. nicht nur selbst dazu reichlich gesteuert, sondern auch alle seine Unterthanen zu einem gleichen ermuntert habe, ob man schon von dem guten Erfolge nichts melden könne. Also ist es allem Ansehen nach bey **Engelhard** 7) ein Irrthum, wann ein solcher Brand auf 1467. gesetzt wird, worinnen ihm **Zeiler** 8) vorgegangen ist. Den Ursprung des Klosters weis **Schannat** weder hier noch anderwärts anzugeben; welches ich als einen neuen Grund gegen **H. Teuthorns** Gedanken ansehe; indem doch wohl, wann solcher richtig wäre, in den Fuldischen Nachrichten sich einige Anzeige davon finden würde.

Funf-

---

6) am angef. O. S. 319. Von einigen von der Familie von Völkershausen dahin geschenkten Höfen s. Engelhard am angef. O. Th. II. S. 902.

7) S. 318.

8) Topogr. Hass. pag. 137.

Funfzehntes Hauptstück.

Von einigen Klöstern, deren Umstände unbekannt sind.

§. 1.

Klöster Creutzberg und Merkshausen.

Ich muß noch einiger Klöster gedenken, davon theils die Orden, zu welchen sie gehört, theils fast alle übrige Umstände unbekannt sind. Dahin gehört das schon oben bey Hersfeld angezeigte Kloster **Creutzberg**, nicht weit von Bach, welches von einem Thüringischen dieses Namens, wohl zu unterscheiden ist; wie man dann diesen Unterschied noch auf den Landcharten wahrnehmen kann. Seiner wird dem Ansehen nach schon 1124. gedacht, 1) wo nicht etwa letzteres zu verstehen ist, auf welches ohne Zweifel verschiedene Urkunden bey **H. Kuchenbecker** 2) gehen. **Winkelmann** 3) sagt, daß das Heßische dieses Namens ehedem ein adeliches Nonnenkloster gewesen sey, und hernach von Pröbsten sey regieret worden, da doch letzteres schon bey dem ersteren bestehen kann. Vielleicht hat ihn eine mit diesem Kloster vorgegangene Veränderung zu diesem Ausdrucke verleitet. Da inzwischen dessen

1) In den Excerpt. chron. Riedesel. p. 3.

2) Anal. Hass. coll. IX. p. 163 — 180.

3) S. 265.

Vorsteher Capitularen zu Hersfeld gewesen, so geht darauf ohne Zweifel eine Urkunde von 1237. 4) wo der Abt **Berthold** zu Creutzberg, mit Einwilligung des Hersfeldischen, eine halbe Hufe Landes zu **Tutleben** an das Kloster Reinhardesbrunn verkauft.

Zu Merkshausen, nicht gar weit von Gudensberg, war nach **Dilichs** 5) Berichte erst ein Nonnenkloster, dessen Jungfrauen aber wegen ihres wilden Lebens ausgejagt, und Mönche an ihre Stelle eingesetzt worden. Der Probst und Convent daselbst verkaufen 1327. 6) ein Stück Landes zu **Obervorschütze**, so die Herren von Elben dahin vermacht, an zween Gebrüder dieses Geschlechts vor dreisig Pfund Casselischer Pfennige, wobey doch das Kloster, die auf selbigem, aus vorgedachter Verordnung haftende Beschaffenheit, auf eines seiner eigenen Stücke zu **Aldendorf** zu Seelmessen vor die von Elben übertrug. Ein Vergleich wegen Abgabe der Zehnden an Frucht und Vieh an das Petersstift zu **Fritzlar** mit letzterem, von 1248. steht bey H. **Würdtwein**. 7)

§. 2.

4) Thuring. sacra pag. 112.

5) Hess. Chron. Th. I. S. 134. H. Teuthorns Gedanke Th. II. S. 735. daß wahrscheinlicher weise es von den Herren von Gudensberg gestiftet worden, komt mir nicht gegründet vor.

6) Anal. Hass. coll. IX. p. 200.

7) Dioeces. Mogunt. comm. X. p. 573.

§. 2.

Klöster zu Walhausen, St. Cyriaci bey Eschwege, Gehülfensberg zu Burggemünden, Jacobsberg, Hirzenhain, und Abterode.

Das Kloster zu **Walhausen** lag in einem Heßischen Orte dieses Namens im Amte Grebenstein. Es liegen nemlich zween Orte in Hessen die so heissen, der eine im Amte **Grebenstein**, der auch **Willhelmshausen** genant wird, der andere im Amte **Sababurg**, welchen Unterschied vor **H. Engelhard** 1) schon **H. O. C. R. Büsching** 2) wohl bemerkt hat. **Winkelmann** 3) verirrt sich in diesem Stück selbst. Daß aber das Kloster in den Ort des Grebensteiner Amtes zu setzen sey, hat **Engelhard** richtig angegeben; indem sich das alte Gebäude noch da findet: wiewohl das Kloster nicht ehedem der Familie von **Uffeln**, wie er an einem Orte 4) sagt, gehört hat, sondern, wie der von ihm angeführte **Zeiler** 5) richtiger es ausdrückt, selbiger, die ihr Stammhaus in der Gegend hat, jetzo das Gebäude zu-

1) Erdbeschreib. der Hessencassel. Lande, Th. I. S. 361. 378.

2) In der neuen Erdbeschr. Th. III. S. 1121, und 1122. der vierten Ausg.

3) S. 311. 312.

4) S. 361.

5) In der Hess. Topogr. S. 96.

zustehet. H. H. **Teuthorn** 6) setzt auch das Kloster **Wilhelmshausen** richtig in das Amt Grebenstein, nennt aber **Walhausen** gar nicht. Auch hat er aus seinem Namen vermuthen wollen, daß es zum Wilhelmiterorden gehört, von dessen Stifter den Namen erhalten, und gegen 1160. gestiftet worden. Ich kann mich aber deswegen dessen nicht überreden, weil das Kloster ja an einem Orte lag, der gedachten Namen führte. Der Mainzische Erzbischoff **Gerhard** befreite es 1293. von der Mainzischen Gerichtbarkeit, und übergab es dem Kloster **Hersindehausen**, welches dem Ansehen nach in der Nähe gelegen, zum Besitz, wogegen aber von den Gütern des ersteren Orts 24. Husen zu **Folprechtsen**, **Helpeldesen** einer jetzigen Wüstung (**Engelhards Hessencassel. Erdbeschr. Th.** *I.* **S.** 399.) und **Udenhofen** zum Besitze der Mainzischen Kirche abgegeben wurden. 7) Die Erbauung des Klosters des **heil. Cyriacus** bey Eschwege schreibt **Winkelmann** 8) dem Kaiser **Carl dem Großen** zu, der ihm auch große Freiheiten ertheilt habe, und beruft sich auf ein glaubwürdiges Zeugniß, so er aber nicht an-

---

6) Hess. Gesch. III. B. S. 196.

7) Bey dem H. von Gudenus cod. dipl. T. II. pag. 280.

8) S. 303. Dilich in der Hess. Chronik, Th. II. S. 105. nennt Ludwig den Frommen den Stifter, der es auch mit vielen Gütern begabet habe.

anführt. Er setzt auch zu, daß die viele dahin geschehene Walfahrten die Gelegenheit zur Erbauung der Stadt gegeben hätten. Des Klosters **Gehülfensberg** nicht weit von Eschwege, eines **Nonnenklosters zu Burgemünden** nicht weit von Grünberg, und des Klosters **Jacobsberg** nicht weit von Creutzberg, gedenkt der **H. G. R. Estor**, 9) von welchen allen aber ich keine weitere Nachricht gefunden habe. Man findet auch in Heßischen Nachrichten Erwähnung von einem Kloster zu **Hirzenhain**, in der sogenannten Fuldischen Mark, über welches, nach dem Zeugnisse des **H. von Senkenberg**, 10) die Landgrafen von Hessen ehemals viele Rechte ausgeübt haben, die aber Landgraf **Ludwig** 1579. an einige benachbarte Grafen abgetreten hat. Weil aber dasselbe jetzo nicht mehr unter Heßischer Hoheit liegt, so wird genug seyn, zu melden, daß mir nur zwo Urkunden davon vorgekommen sind. 11) Es findet sich endlich noch ein Kloster zu **Abterode** nicht weit von Eschwege, wo das Stift Fulda viele Güter besaß. Der Abt **Ruthard** widmete

 selbi-

---

9) Originib. jur. publ. Hass. p. 218. 219. 222. 234.

10) Select. jur. & histor. T. II. p. 463.

11) Die eine steht bey H. Schminke monim. Hass. Th. III. S. 286. die andere ist die Beilage 180. Th. II. der Nachr. von Schiffenberg. Den Stiftungsbrief hat Ayrmann besessen, wie man bey dem H. von Senkenberg am angef. O. T. V. proleg. p. 39. findet.

selbige zu dem, von ihm daselbst 1077. zur Ehre des heil. Vincentius errichteten Mönchskloster, so einen Probst zum Aufseher hatte. Es entstunden wegen dieses Klosters allerley Streitigkeiten mit den Grafen von Beilstein, weswegen der Graf **Otto** 1301. versprach, den Aebten und denen von ihnen präsentirten Pröbsten künftig wegen des ruhigen Besitzes und aller Einkünfte beförderlich zu seyn. 11) Sonst habe ich keine gedruckte Nachricht davon gefunden.

Sechszehntes Hauptstück.

Vom Kugelhause zu Marburg, und anderen Canonicatstiftern.

§. 1.

Ursprung der Geistlichen, so Kugelherren geheissen.

Den beschriebenen Klöstern muß billig die Nachricht von denjenigen Stiftungen in Hessen, die mit jenen eine Aehnlichkeit hatten, beigefügt werden, nemlich von solchen, deren Glieder unter dem Namen der Canonicorum oder Chorherren vorkommen; und unter diesen stehen allerdings die Häuser der Kugelherrn oben

12) Schannat diœces. & hierarch. Fuldens. p. 91. 92. und Beil. 100. S. 300.

oben an. Diese waren nemlich keine Mönche, sondern, wie es einige ausdrücken, eine Art von Chorherrn, welche sich fratres communis vitæ nenneten. Ihr erster Sifter war *Gerhardus Magnus*, welcher Name ihm von dem deutschen Wort **Groot** gegeben ist. 1) Diesen, der 1340. gebohren, und als Diaconus in seiner Geburtsstadt Deventer 1384. gestorben ist, rühmt **Trichemius** 2) sehr, wegen seiner Geschicklichkeit und guten Lebens; wegen seiner Schriften, davon er zum Theil die Titel anführt, und der darinnen gezeigten Belesenheit; und wegen seiner Gottseligkeit. Er hatte, wie **Revius** aus guten Nachrichten meldet 3) zu Paris in der Sorbonne studirt, und in seinem achtzehnten Jahr die Magisterwürde erlangt, bezeigte aber weder zu einem

 höhern

1) Daß eine Familie dieses Namens lange vorher am Rheine bekannt gewesen, hat Heumann consp. reip. liter. p. 135. unter anderen aus einem Briefe des berühmten Johannis angemerkt.

2) Catal. script. illust. Germ. pag. 147. des I. Th. seiner Werke, und catal. script. eccles. eben das. S. 329. Von seinen Schriften kann ausser dem Miräus auctar. de script. eccles. in *Fabricii* Biblioth. eccles. p. 82. Oudin comment. de script. eccles. T. III. col. 1174. nachgesehen werden.

3) Daventr. illustr. pag. 29–31. 34–36. Das andere aus diesem Buche hier angeführte steht S. 37—40. 84. Ich wünsche, daß ich das Leben dieses Groot, so im I. Th. von Dumbars analectis, Deventer 1719. steht, hätte einsehen können.

höhern Grad, noch zum Disputiren, als mit welchen beiden Dingen zu der Zeit der ärgste Mißbrauch vorgieng, Lust; gab auch seine Präbenden, die er zu Utrecht und Acken hatte, auf, behielt von seinem ansehnlichen Vermögen nur einen Theil zu seinem nöthigen Auskommen, und begab sich drey Jahre lang in das Carthäuserkloster bey Monkhuisen in Geldern, wo er die Bibel fleißig laß. Hierauf wendete er seine in allen Wissenschaften erlangte Geschicklichkeit zum Unterrichte anderer an, predigte, nach der vom Bischoffe **Florentius** zu Utrecht erhaltenen Erlaubniß, unter der Würde eines Diaconus, in verschiedenen Niederländischen Städten, und ermahnte zur Busse. Da er aber auf das Leben der Geistlichkeit eifrig loßzog, wurde er bey erwähntem Bischoffe verklagt, der ihm das Predigen und öffentliche Lehren verbot; wie man ihn dann auch bey dem Pabste **Urban** *VI.* wegen irriger Lehren anzuschwärzen suchte. Indessen ertheilte er einigen Schülern Privatunterricht, und gab denen, so sich dazu schikten, die Schriften der Kirchenväter abzuschreiben; ließ sich auch, ungeachtet er sich des Widerstandes der Bettelorden vermuthete, durch einen Vicarius zu Deventer, Namens **Florentius**, bewegen, mit diesem und seinen Schülern in ein gemeinschaftliches Leben zu treten, so daß jedoch keiner davon betteln, sondern sich von seiner Handarbeit nähren solte. Diese Lebensart brei-

breitete sich bald in Holland, Geldern, Brabant, Flandern, Friesland, Westphalen, und Sachsen aus, veranlaßte aber auch vielen Streit mit den Bettelorden, worüber sonderlich **Gerhards** Freunde zu Campen leiden mußten. Gedachter **Florentius** legte 1391. zu Deventer, unter Begünstigung des Stadtraths, ein zu dieser Lebensart schikliches Haus an, so noch im vorigen Jahrhundert das reiche Fraterhaus hieß; und nun entstanden aus dieser Einrichtung collegia canonicorum, als welche **Revius** von der ersten Anordnung zu unterscheiden scheint, an verschiedenen Orten der jetzigen vereinigten Niederlande. **Florentius** starb im Jahr 1400. und unter denen die nachher in dem von ihm errichteten Hause berühmt wurden, war sonderlich **Gerhard Zerbolt** von Zütphen, der zur Erklärung der Heil. Schrift fleißig ermunterte, und in einer besonderen Schrift, davon **Revius** einen Auszug giebt, die Rechtmäßigkeit von dergleichen Gesellschaften vertheidigt hat. Es könnte billig der Zweifel entstehen, ob nicht durch einen Irrthum der Name von Chorherrn diesen Gesellschaften beigelegt worden sey, indem bey der Anordnung zu studiren und zu unterrichten das wesentliche jener, nemlich der Bestimmung gewisser Stunden zu Gottesdienstlichen Uebungen, nicht gedacht werde. Allein der **H. von Leibnitz** 4) zeigt den

4) Introduct. ad Tom. II. scriptor. Brunſ. p. 40.

den Weg solchem abzuhelfen, indem er eine zweifache Absicht **Gerhard Groots** unterscheidet, nemlich vorerst gedachte Chorherrn zu verbessern, und darneben eine andere auf die Betreibung der Studien gerichtete Gesellschaft zu errichten. Ersteres zeigen auch, wenigstens in Ansehung eines besonderen Gebäudes, die Worte des **Thomas von Kempen.** 5) Die nach **Groots** Willen 1386. angelegte Stiftung zu **Windesem** in der Welau, nicht gar weit von Deventer, wird bey dem **Revius** ausdrücklich monasterium canonicorum regularium genennet, von anderen Häusern aber, wo die letztere Absicht hauptsächlich galte, findet man dieses nicht. Und wann **Miräus** 6) anzeigt, wie er zwar in dem Vorberichte des zu Venedig, Löwen, und anderwärts gedruckten officii ecclesiastici der Augustiner Eremiten, wo alle Augustiner-Stämme benennt werden, ausdrücklich gefunden, daß der vom **Gerhard** gestiftete ordo vitæ communis sub regula S. Augustini vom Pabste **Gregorius** XI. 1376. sey bekräftiget worden, ihm aber dieses einen Zweifel zu machen scheint, daß der berühmte **Thomas von Kempen** (a Kempis) und **Massäus**

---

5) vit. Gerardi Magni, im III. Theile seiner Werke, S. 25. §. 3. der Ausg. von 1660.

6) Chron. pag. 335. welches mit einigen alten von ihm edirten Schriftstellern 1608. 4. zu Antwerpen zusammen gedruckt ist. Des Massäus Buch ist 1540. zu Antwerpen fol. gedruckt.

säus, welcher selbst unter der lehrenden Gesellschaft, so vom **Gerhard** herkommt, gewesen, in seiner **Chronik** nichts davon gedenken; so vermuthe ich fast, daß vorerwähnte Distinction auch hier, wenigstens was den **Massäus** angeht, eine Vereinigung geben könne, so daß der Pabst, nachdem er **Gerhards** Absicht in Ansehung der Chorherren vernommen, selbige alsbald, und ehe noch einmal ein Gebäude dazu angelegt worden, gebilligt; **Massäus** aber dieses nicht auf die Einrichtung der lehrenden Gesellschaft habe ziehen wollen, und daher verschwiegen. Des **Thomas** Stillschweigen aber kann keinen Grund zu dem vorgetragenen Zweifel abgeben, dessen Worte ich vielmehr vorhin bemerkt habe; ob er schon hinzufügt, daß **Gerhard** an seinem Vorhaben (das heißt wohl, an der völligen Ausführung davon,) durch den Tod sey verhindert worden. Der gemeldete Unterschied, wird von **Schaten** 7) dargethan. Mich wundert, daß der

H.

7) Annal. Paderborn. T. II. p. 474. aus des Buschius Chron. Windesem. einer hieher gehörigen 1463. geschriebenen, aber sehr seltenen Hauptschrift, wovon der H. von Gudenus selbst die 1621. zu Antwerpen durch den gelehrten Jesuiten Rosweid besorgte Ausgabe, aller angewandten Mühe ungeachtet, nicht gesehen, und deswegen aus einer Handschrift in der Bibliothek des Mainzischen Domcapitels, die Vorrede mit einer Recension dieser Schrift, in der in 8. gedruckten Syll. I. varior. diplomatar. p. 387 – 400. mitgetheilt hat. Revius hat dieses Buch vielfältig angeführt.

H. von **Mosheim**, der doch den **Schaten** anderwärts gebraucht, und hier einiges aus ungedruckten Nachrichten meldet, 8) solchen nicht beobachtet habe, sondern diejenigen, so **Groots** Absichten ausgeführt, überhaupt fratres und clericos vitæ communis sub regula Augustini militantes nennt. Nach seiner Erzählung, trieben die besonders wohnende fratres illiterati Handarbeiten und mechanische Künste, stunden aber mit den gelehrten (literatis) zusammen in einer Gesellschaft; und diese, die neben ihrem Fleiße in den sogenannten humanioribus, Bücher abschrieben, und wo sie hinkamen, Schulen errichteten, hatten mit jenen den Unterhalt und alle Güter gemein. Die sogenannten Schwestern lebten nach eben dieser Einrichtung, und wendeten ihre vom Gebäte und Lesen übrige Zeit auf Unterweisung der Mädchens, und auf andere vor ihr Geschlecht schikliche Arbeit. Wie die Gelehrten dieser Gesellschaft in ihren damals so berühmten Schulen fast alle diejenigen,

---

8) Institut. hist. christ. p. 625. 626. Es wäre zu wünschen, daß die von demselben gebrauchte ungedruckte Nachrichten noch einmal in öffentlichem Drucke erschienen, als welche, wie er sagt, die Einrichtung und die Schicksale dieser der Christenheit und den Wissenschaften größtentheils so nützlichen Gesellschaft in ein helleres Licht setzten, als die gedruckte Schriften, und selbst Helyot, der Gerhards Leben, und den Anfang der von ihm gestifteten Gesellschaft beschreibt, Hist. des ordr. relig. T. III. p. 340—343.

nigen, so die Litteratur in Teutschland und den Niederlanden hergestelt, gebildet haben, und **Miräus** die meisten dieser Schüler auch als Gehülfen der sogenannten Brüder in Unterrichtung der Jugend angiebt, so ist von ihren Anstalten nach Aufkunft der Jesuiten jetzo nur weniges mehr übrig; wie dann diese Gesellschaft auch damals mit dem, so vielen Partheien gemeinen Namen der **Beghar-den** und **Lollarden**, benennt zu werden pflegte. 9) Die gelehrte Männer **Thomas von Kempen** und **Gabriel Biel** sind Glieder davon gewesen. **Rivius Puritanus**, oder wie der eigentliche Namen ist, **Lauterbach** 10) bemerkt, daß sie auch die mystische Studien (welches Wort man aber nach dem Zusammenhang hier in dem eigentlichen Verstande, den die Kirchengeschichte erläutert, und nicht in dem manchmal damit verknüpften guten Begriffe nehmen muß) getrieben, aber durch ihr Wachen und Fasten in wunder-

9) Von der wahren Bedeutung dieser Namen, hat ausser Streit der H. von Mosheim am angef. O. S. 530—534. 589—591. am gründlichsten gehandelt; wiewohl des älteren H. Walchs Dissert. de Lollardis. im III. Theil seiner Miscellaneorum sacrorum pag. 645. seq. noch brauchbar bleibt, wann sie nach jenem Buche beurtheilet wird.

10) Histor. monast. Occid. p. 384. Man kann mit dem was er in diesem Capitel hat, S. 27—34. vergleichen.

derliche Einbildungen verfallen wären. Sie hießen Hieronymiani, wovon **Revius** 11) zur Ursache angiebt, weil der heil. **Hieronymus** ihr Patron gewesen wäre; **Gerhards** Namen aber hätten sie nicht haben wollen, weil selbiger nicht einmal ein Priester, geschweige dann ein Heiliger worden. **Miräus** 12) giebt den Unterschied an, daß einige unter diesen Brüdern, davon gar viele exemplarisch gelebt, Hieronymiani, andere aber Gregoriani geheißen, gesteht aber, daß er den Grund davon nicht wisse. Im deutschen hießen sie zuweilen schlechtweg die **Fratres**, und ihre Häuser **Fraterhäuser**. Der Name Kugelherren ist ihnen von der Decke des Kopfes, die sie trugen, gegeben worden, als welche, nach **Wachters** Anzeige, 13) Kugel hieß; wie dann in den **Marburgischen Beiträgen** noch bestimter 14) bemerkt wird, daß die-

11) am angef. O. S. 70.

12) am angef. O. S. 335.

13) Glossar. german. col. 864. Man findet dieses auch in **Emmrichs** Frankenberg. Rechten, in H. K. **Schminkens** monim. hass. Th. II. S. 747.

14) St. I. S. 15. Indem ich in den Marburg. Anzeigen von 1764. St. 34. fand, daß das, was im deutschen Kogel oder Gugel hieß, im Niederländischen Lüre-püpe, cauda caputii, im englischen Liripoop, und auf lateinisch liripipia genennet worden, und dadurch veranlaßt wurde, des du Fresne glossarium nachzuschlagen, so kam mir da eine eben aus dem chronico Windesemensi ange-

dieses Wort in der teutschen Bibel Ezech. *XXIII.* v. 15. von einem breiten und lang herabhangenden Kopfzierathe gebraucht werde. **Puricanus** 15) sagt, daß sie Anfangs sich nicht in der Tracht von den Laien unterschieden, und daher verachtet, ja verunehrt worden; weswegen einige die Tracht der Canonicorum secularium angenommen, wie eine Bulle des Pabstes **Eugenius** *IV.* von 1439. bezeuge. Ueberhaupt war ihre Tracht nicht einerley, wovon **Liebknecht** 16) eine Stelle aus **Sebast. Frankens** Chronik anführt. Wie

angeführte Stelle vor, wo das erwähnte lateinische Wort in eben der bestimten Bedeutung vorkomt, als vorhin aus Luthers Uebersetzung ist angemerkt worden. Ich muß aber gestehen, daß die vom du Fresne angezogene Stelle aus den Reformationsgesetzen der Universität zu Paris von 1215. mir nicht deutlich mache, was alda das Wort liripipiatos heisse. Indessen vermuthe ich, daß das Wort Cleripipium, dessen Erklärung in den angeführten Anzeigen St. 25. gewünscht wird, mit Liripipia eins sey; es mag nun diese Aenderung durch ein Versehen im Schreiben, oder daher gekommen seyn, daß die Geistlichen die beschriebene Kopftracht vielfältig trugen. Letzteres Wort komt auch noch als eine Kleidung gewisser Geistlichen in England vor, in den canonibus eccles. Angl. von 1604. in Benthems Engl. K. u. St. Staat S. 669. 679. der Ausg. von 1732.

15) am angef. O. S. 385.

16) Diss. I. de evangel. verit. in Hassiæ confessor. pag. 49.

Wie auch viele Glieder dieser Gesellschaft, wie vorhin erwähnt ist, sich nicht zum Abschreiben, Lehren, und den Verrichtungen der Chorherrn schikten, und in besonderen Häusern, und zwar, wie **Puritanus** sagt, als Franciscaner-Tertiarien lebten, 17) so waren, nach eben desselben Zeugnisse, dieser Gebäude mehr als hundert. 18) Eben die guten Absichten und Anstalten dieser Geistlichen machten, daß in kurzem eine große Menge von dergleichen Conventen in den Niederlanden, und in Teutschland angelegt wurde, wie dann oftbelobter **Puritanus** von ihren Gymnasien in Niederteutschland und den daraus gekommenen

---

17) Von der Bedeutung dieses Worts will ich mich, der Kürze wegen, nur auf den H. von Mosheim am angef. O. S. 530. not z berufen, der auch S. 624. anmerkt, daß im vierzehnten Jahrhundert die Begharden und Lolharden, um den Verfolgungen zu entgehen, sich als Tertiarien in die Mönchsorden begeben hätten: wo er aber ohne Zweifel unter diesen Namen so wenig die hier beschriebene Gesellschaft, indem selbige damals erst entstund, als besonders unter ersterem die in besonderem Sinne sogenannte Begharden versteht, als welche letzteren in diesem Sinne schon Tertiarien einer Gattung von Franciscanern, nemlich der so genannten Fratriceller, waren, von denen Mosheim eben das. S. 528—530. und in den Anmerkungen zur Geschichte des Apostelordens S. 383—388. am gründlichsten handelt.

18) am angef. O. S. 387. aus dem Chronico Windesem.

menen berühmten Männern, 19) Nachricht giebt. Was ihnen die Päbste vorgeschrieben, und auf ihren Generalcapiteln dazu gekommen, ist in eine Sammlung gebracht worden, deren Titel aus einer Handschrift der Uffenbachischen Bibliothek in deren Verzeichnisse 20) angeführt wird. Ich muß hierbey erwähnen, daß Reinhard 21) die in der folgenden Zeit berühmte Bursfeldische Union, als eine Nachahmung der hier beschriebenen Gesellschaft ansehe: wiewohl er in der Zeitrechnung unrichtig ist, da er **Groots** Reformation des Klosters Windesem schon auf 1376. setzt, zu welcher Zeit dieses Stift noch nicht erbauet war; auch den Unterschied zwischen Mönchen und Chorherren nicht in Acht genommen. **Helyot** 22) sieht die vorgedachte Stiftung von Windesem als den eigentlichen Anfang der Chorherrischen Einrichtung an, indem **Groot** vorher zwar einige Geistliche zu einem gemeinschaftlichen Leben gebracht habe, doch ohne letztre Bestimmung; den Unterschied aber bey dieser neuen Gesellschaft zwischen Chorherrn und Lehrern, hat er gar nicht bemerkt. Den berühmten **Biel** will er auch nicht zu der Congregation von Windesem, sondern nur un-

19) S. 393 — 395.

20) Catal. biblioth. Uffenb. T. III. p. 534.

21) De jure Principum German. circa sacra ante Reformat. p. 138.

22) am angef. O. S. 344.

unter die clericos vitæ communis rechnen: Wie er dann auch von ihren übrigen Einrichtungen, und von einigen der ebengenannten Stiftung einverleibten Congregationen 23) handelt. Von denen zu dieser Gesellschaft gehörigen Frauenspersonen kann man, ausser Helyot, 24) auch die mehr angeführte histoire du Clergé 25) nachsehen.

§. 2.

Convente zu Münster, Cöln und Wesel.

Unter den Conventen dieser Gesellschaft ist sonderlich derjenige berühmt, welchen ein Münsterischer Chorherr **Henrich Ahus**, der zu Deventer unter **Gerhard** und **Florentius** studirt hatte, 1400. zu Münster anlegte. Nach **Schatens** 1) Berichte, ließ er ein Haus und eine Capelle auf einem Platze bey dem Springbrunnen (ad fontem salientem) genannt, aufbauen, wozu hernach, bey der Vermehrung der Gesellschaft, eine Kirche gethan wurde; auch bald dergleichen zu Cöln, auf dem so genannten Weitenbach, und zu Niederwesel anlegen, deren Bewohner den Na-

23) S. 345—347. 349—353.

24) S. 348.

25) T. III. pag. 346.

1) am angef. O. S. 474.

Namen der Capellanorum hatten; wie dann die oftgenannte Geistliche ihre Kirchen vorher nur Capellen nennten, daher ihnen auch der Name des Käplerordens gegeben worden. Diese fiengen einigermaßen an, sich von andern zu unterscheiden, sowohl in der Tracht, als dadurch, daß sie sich Canonicos collegiatos, ihre Capellen Collegiatkirchen, und ihre rectores præpositos nenneten. Die Bettelorden wolten diesen Geistlichen die Verrichtung priesterlicher Dinge, als des predigens und beichtens, streitig machen. Allein erstere wurden von dem Cölnischen Erzbischoff **Theodoricus**, und der Costnitzer Kirchenversammlung, auf **Johann Gersons** Vermittelung, geschützt, auch die Gesellschaft vom Pabste **Martinus** *V*. bestätigt, und mit den Freiheiten der übrigen Geistlichen versehen, welches **Eugenius** *IV*. und andere Päbste bekräftigten. Ja viele aus derselben wurden zu der Reformation anderer Geistlichen gebraucht, auch nach dieser Art Convente von Weibspersonen angelegt. **Schaten** 2) erzählt alles dieses; und merkt **R. Puritanus** 3) an, daß sie auch selbige in ihrem Bezirk, jedoch mit einer abgesonderten Mauer, aufgenommen hätten, (welches aber zu vielen Verläumdungen

2) eben das. S. 532. u. f. Man kann auch den **Revius** S. 66—70. und ausser **R. d. Hardt**, Act. concil. Constant. T. III. p. 107–120. **Natalis Alexanders** hist. eccl. T. VIII. p. 98. lesen.

3) am angef. O. S. 396.

Anlaß gegeben) wie dann daher diese Gesellschaft, die gemeiniglich den Namen der clericorum vitæ communis führt, eigentlicher fratres & sorores in commune viventes hätte heisen sollen.

§. 3.

Erläuterung des Vorganges zu Costnitz.

Zur Erläuterung des Vorganges zu Costnitz, muß ich folgendes anführen. Derjenige, der damals vornemlich den Kugelherrn zu schaffen machte, war ein Dominicaner, **Matthäus Grabov** oder **Grabon**, von Ratzeburg, oder wie andere sagen, von Wismar, wiewohl **von der Hardt** lieber Waimar verstehen will, welches damit mehr übereinkommt, daß er als einer aus der Merseburgischen Diöces angegeben wird; und Lector zu Gröningen. Er wurde zu Costnitz nebst seinem Buche zum Feuer verdammt, wiewohl er vor seine Person, auf Bitte der angegriffenen selbst, noch davon kam. Diejenigen, so von den Kugelherrn zu Vertheidigung ihrer Sache dahin geschikt worden, waren der Prior von Windesem, **Johannes Wall**, der von Schwoll, **Johannes Voß**, (wiewohl **Schaten** S. 474. den Prior des erstren Orts **Johann** von Huestenden, und des andren seinen **Johann** von Wael nennet,) und der von Münster, **Henrich Ahus**. **Gerson** selbst, der nebst **Peter von Alliaco**, und anderen Commissarius

rius war, hat zur Vertheidigung dieser Gesellschaft, in einer noch vorhandenen Schrift gegen den **Grabon** gezeigt, daß das Mönchsleben die christliche Vollkommenheit nicht ausmache, und man auch ausser demselben in einer gewissen Gemeinschaft und Brüderschaft leben könne. **Grabon** mußte auch aus den Niederlanden sich entfernen. Die Bulle **Eugenius** *IV*, zum Besten der oftgedachten Gesellschaft, die **Revius** liefert, ist von 1437. Es sind aber, wie die 1716. **zu Amsterd.** gedruckte histoire du Clergé regulier & seculier, 1) meldet, vom erwähnten Pabste auch an einige alda genannte Häuser derselben, und zwar vom lehrenden Theile, besondere Freiheiten ertheilt worden; und wird in diesem Buche 2) der vorgedachte Unterscheid der Glieder dieser Gesellschaft richtig bemerkt, auch vom neueren Zustande der einen Classe, nemlich der Chorherrn, Nachricht gegeben: wiewohl dasjenige, was eben das. 3) bey der Vereinigung der drey Convente zu Münster, Cöln und Wesel zu der Congregation vom Springbrunnen (de la Fontaine jaillissante) gesagt wird, und wo vorgemeldeter **Ahus** de Huys heist, in Ansehung der Zeit von der Stiftung des Hauses zu Münster, aus dem oben erzählten muß verbessert werden, woraus

1) P. I. pag. 370.

2) S. 371—376.

3) S. 397.

auch **Helyot** 4) zu beurtheilen ist. Einige haben den **Grabon** unter die damaligen Zeugen der Wahrheit gerechnet, weil er ein Buch contra perditos clericorum mores geschrieben habe. Es ist aber ohne Zweifel dies kein anderes, als das gegen die Kugelherrn zu Costnitz übergegebene, und hat **Gerdes** 5) die Sache besser eingesehen. Aus **Lenfants** 6) und **Dupins** 7) Vortrage kann ich nichts anderes schließen, als daß beide eben so gedacht haben. Die 25. aus **Grabons** Buche gezogene, und bey dem **Natalis Alexander** 8) stehende Sätze, wurden theils als irrig, theils aber gar als ketzerisch angesehen. Was **Harenberg** 9) von ihm geschrieben hat, ist mir noch nicht zu Gesicht gekommen.

§. 4.

Von Stiftung des Kugelhauses zu Marburg.

Ich muß aber auch nun auf das Marburgische Kugelhaus kommen; von welchem Ayrmann

4) S. 354.

5) Histor. evangel. renovati P. III. p. 5.

6) Hist. du Concile de Constance, T. II. p 601. 604.

7) Biblioth. des auteurs eccles. T. XII. p. 72.

8) am angef. O.

9) In der Abhandl. von den Ketzern des 15. Jahrhunderts, B. II. Th. I. des Theol. Magaz. Gotha 1762.

mann bereits eine besondere mit Urkunden belegte Nachricht geliefert hat. 1) Der Stifter desselben war ein bemittelter Mann, **Henrich** genannt **Rode**, Magister der Künste und baccalaureus decretorum, welcher hierzu sein Haus und Hof, an dem Fuße deß Berges **an der Löwenbach** einräumete, und daselbst beschloß, eine Collegiatkirche nach Art der vorgedachten zu Münster, Cöln, und Wesel, mit Bewilligung des Landgrafen **Henrichs**, anzulegen und zu begaben. Er bat deswegen den Pabst um Erlaubniß, daß er dieselbe zu Ehren des Evangelisten Johannes, beider Jacobs, und der heil. Anna stiften dürfte. **Sixtus** *IV*. bewilligte solches, schlug sie zu den gedachten vereinigten Kirchen, erlaubte eine Glocke, Thurn und Kirchhof, und gab ihr alle Freiheiten, die gedachte Kirchen hatten, oder noch bekommen würden, als wann sie dieser ausdrücklich gegeben wären, mit der besonderen Vergünstigung, die in der Kirchengeschichte sehr merkwürdig ist, daß die Messe nicht nach Art der Römischen, sondern der Mainzischen Kirche darinnen solte gehalten werden. Ein Chorherr bekam die Seelsorge dieser Versammlung, doch der Pfarrkirche, und einer jeden anderen ohnbeschadet. Der Landgraf **Henrich** bekräftigte ebenfals diese Stiftung 1476. 2) machte die dazu gewidmete

Bb 5 Gü-

1) Im VII. Th. der Anal. hass. S. 1 — 62.

2) Beil. 156. des II. Theils der Nachricht von Schiffenberg.

Güter frey, und versprach dem Convente seinen Schutz, wie anderen Geistlichen, und unverzügliche Hülfe, wann einige seiner Unterthanen etwas dahin schuldig seyn würden. Was sie aber jetzo an Gütern erhielten, so ihm steuerbar wären, oder noch erhalten würden, solte bis auf Erhaltung neuer Gnadenbriefe diese Beschaffenheit behalten. Er sagte ihnen auch seine Beförderung in Geschäften ausser Landes zu, **wie seinen übrigen geistlichen Untersassen.** Dagegen solten sie vor ihn, seine Voreltern und Erben fleißig bäten, und ihr Gedächtniß begehen. Solte die Stiftung in Verfall gerathen, so wolte er mit Rath und Anweisung des Abtes zu Bursfeld, und des Carthäuserpriors zu St. Johannesberg, die auf selbige Aufsicht haben, sie visitiren, und im Nothfalle reformiren solten, sie anderen Geistlichen, die ihre Regel besser hielten, zuwenden; wie dann auch von deren Gütern nichts solte veräussert werden. Hierauf schenkte der Stifter den 1. October 1477. vor sich, seine Frau **Elisabeth** gebohrne von Treyspach, und sämtliche Erben, den von oben gedachtem Münsterischen Convente berufenen Geistlichen, so Runghe, zur Borden, und Sprackel hießen, sein oberes und unteres Haus und Hof, mit noch zween zur Seiten stehenden Häusern und Höfen, nöthigem Hausgeräth, und hundert Rheinischen Gulden jährlicher Einkünfte, zu einem beständigen collegio canonicorum, setzte die gedachdachte Geistlichen, und die, welche sie noch annehmen, und nach ihnen kommen würden, zu seinen Erben ein, verordnete auch, daß von allen diesen Gütern, nichts solte veräusert werden. Nachdem nun gedachte Geistliche dieses alles in Besitz genommen, so liessen sie dem Stifter und seiner Frauen das unterste Haus an der Mauer auf lebenslang. Dem Stiftungsbrief von 21. Oct. 1477. ist die Päbstliche Bulle vom 1. May desselben Jahrs eingerückt; und des Stifters Wittwe bekräftige zur Verbesserung des Gebäudes den Besitz aller ihrer Güter. 3)

§. 5.

Erregte Streitigkeit. Altäre dieser Kirche. Ferner erhaltene Güter.

Es waren aber diese neue Geistliche nicht lange zu Marburg gewesen, als sie mit dem Teutschen Hause, wegen der demselben einverleibten Pfarrkirche in Marburg, als in deren Bezirke sie zu bauen angefangen, Streit bekamen, weil sie in selbiger Rechte solten eingegriffen haben. Es wurde deswegen ein Vertrag geschlossen, daß alle Irrungen aufgehoben, der Bau des Kugelhauses vollführt werden, und die Kugelherrn dem Pfarrer an der ordentlichen Kirche, auf keine Weise in sei-

3) Beil. 1. und 6. bey Ayrmann.

seinem Amte Eintrag thun solten. Sie solten auch keine weitere Pfarrverrichtungen, ausser bey den Personen ihres Hauses ausüben, und alle Jahre der Pfarrkirche vor ihre Rechte in der Osterwochen ein Pfund Geldes Marburger Währung zahlen. 1) 1482. wurde die Capelle durch den Mainzischen Generalvicarius **Johann Lasphe**, zu Ehren der Heil. Dreyeinigkeit eingeweihet, auch an den Gedächtnißtagen der Einweihung und der Patronen der Capelle, und der Altäre dieser Kirche, 40. Tage Ablaß verheißen. Es wurde hernach noch ein Stück an diese Kirche angebauet, und 1485. am Tage des heil. Remigius, von dem eben gedachten **Lasphe** eingeweihet, nebst vier Altären und einem neuen Theile des Kirchhofs, welcher zwischen der Kirche und den nächsten Häusern lag; und wurde ebenfals an diejenigen, welche gedachte Altäre an den Tagen ihrer Einweihung, und ihrer Patronen besuchen, oder fünfmal um den Altar gehen würden, vierzigtägiger Ablaß versprochen. Es war auch damals schon in dem vor die Kranken errichteten Gebäude ein Altar errichtet: weil aber darüber nichts schriftlich verfasset war, und also die Namen derer Heiligen, welchen er gewidmet war, vergessen

1) Dieser Vertrag steht verkürzt als die 97. Beil. bey dem Histor. Diplomat. Unter. vom Teutschen Hause, vollständig aber bey Ayrmann am angef. O. als die Beil. 2.

gessen waren, so wurde derselbe 1514. von dem Mainzischen Vicarius **Paulus** allen Heiligen als Patronen gewidmet, das Fest seiner Einweihung auf den nächsten Tag nach dem Feste aller Seelen, den 3. Nov. gesetzt, und denen, die ihn alsdann, oder am Tage seiner Patronen besuchen würden, ein Ablaß von gleicher Zeit ertheilet. 1495. bekam der Convent von einem Marburgischen Bürger, **Herme Armbroster**, ein Eckhaus über dem ihrigen, wogegen dieser aber vom Convent eine Wiese zu **Dilshausen** bekam. Weil auch auf den Gebäuden dieser Geistlichen eine Erbzinse von 7. Pfund haftete, so kauften sie selbige 1505. der Stadt Marburg für 100. Rheinische Gulden ab, wobey sich doch die Stadt den Wiederkauf vorbehielt. 2) 1517. vermachte ihnen **Godert** von Treisbach ein Haus, gegen dem Observantenkloster zu Marburg über, welches er von den Observanten gekauft hatte, und behielt sich und seiner Frauen lebenslang den Sitz darinnen vor, wann selbige nicht wieder heirathen würde; und haben sie auch ein Haus in der sogenannten Untergasse besessen, welches sie 1484. einem Marburgischen Büger gegen einen gewissen Zins zu Lehn gaben. 3)

§. 6.

2) Beil. 3. 4. 5. 9. 10. an letzterm Orte.

3) Beil. 7. 8. eben das.

§. 6.

Einige andere Nachrichten von diesem Hause.

Es findet sich ferner, daß, als Kaiser Maximilian *I.* den geistlichen Conventen und Personen in der Mainzischen Diöces die Freiheit gegeben, daß wer an ihnen einige Forderung machte, solche bey dem geistlichen Richter anbringen solte, der Pabst Alexander *VI.* solches auch bekräftiget, und unter anderen den Dechant zu Paderborn zum Aufseher darüber gesetzt habe, die Kugelherren, als sie einen solchen Streit bekommen, an den letzteren gegangen seyen, der dann auch ihnen zum Besten den 5. Oct. 1515. ein Verbott an ihre Gegner gethan. Es wird aber nicht gemeldet, worinnen der Streit bestanden. 1) Aus der darüber gestelten Urkunde und anderen ersieht man, daß dieser Convent die Titel geführet: Præpositus ac alii domini de capitulo domus fratrum Riuileonis, vulgo zum Löwenbach; Pater und gemeine Priester und Brüder; Pater und Convent, oder Capitel, des Fraterhuses zu Löwenbach; Pater, presbyteri, canonici ac ceteri clerici & fratres ecclesiæ sancti Johannis Evangelistæ ad rivum Leonis. Von ihren Bemühungen um die Gelehrsamkeit giebt Ayr-

1) Beil. 12. bey Ayrmann.

Ayrmann 2) einige Nachricht, wie man dann auch findet, daß sie mit Abschreibung alter Bücher vieles erworben haben. 3) Endlich ist noch zu bemerken, daß dieser Convent die Präsentation zum Altar St. Barbarä in der Pfarrkirche zu Goßfelden gehabt, welche aber an das Teutsche Haus zu Marburg gekommen ist, welches Recht der Erzbischoff Ariel letzterem Hause 1509. bestätigt hat: 4) und daß er seinen Theil zu der Schatzung habe geben müssen, so der Landgraf **Philipp** in den Sickingischen Händeln auf die Klöster gelegt hat; daher er von einem Frankfurter Schöppen, **Ludwig Martorf**, 500. Goldgulden sich auszahlen lassen, und selbigem dagegen zwanzig Goldgulden jährlichen Zins von seinen Gefällen wiederkäuflich verkauft hat. 5)

§. 7.

Weiser Hof zu Cassel.

Eben diese Kugelherrn besassen schon vorher einen Convent zu **Cassel**, indem der Landgraf

2) am angef. O. S. 22.

3) Beil. 11. eben das.

4) Die Urkunde, worauf schon Johannis scriptor. rer. Mogunt. T. I. pag. 820. sich bezogen hat, steht bey dem H. von Gudenus cod. diplom. T. IV. pag. 575. und findet sich das. S. 576. auch vorgedachte Benennung.

5) Beil. 13. bey Ayrmann, so auch die Beil. 54. bey der Nachr. von der Landcomm. Marb. ist.

graf **Ludwig** *I.* ihnen daselbst die Wohnung des 1391. wegen Verrätherey hingerichteten Bürgers **Conrad Seheweisens** eingegeben hat, 1) die daher den Namen des Kugelhofes erhielte. Diese Stiftung wurde vom Pabste **Innocentius** *VIII.* 1488. 2) und vom Erzbischoff **Berthold** zu Mainz 1498. bestätigt, und die Visitation davon dem Mainzischen Commissarius zu Fritzlar, dem Abte von Bursfeld, und dem Prior der Carthaus zum Eppenberge aufgetragen. 3) Nachdem ich das vorhergehende schon geschrieben hatte, fiel mir die wichtige Urkunde bey **H. R. R. Würdtwein** 4) in die Augen, welche die Beschaffenheit dieses Stiftes in ein Licht setzet. Dann ich habe keine Ursache hier zwo verschiedener Stiftungen anzunehmen, zumal die hier vorkommende Benennungen mit denen bey

1) *Congeries* Hess. Geschich. am angef. O. S. 18. Die Gewißheit davon giebt der Landgraf Henrich in der Bestätigung der Marburgischen Stiftung.

2) Dieses wird in der Mainzischen Bestätigung angeführt.

3) Diese Urkunde steht in des H. von Gudenus cod. dipl. T. IV. p. 525. Der Convent wird hier genennet collegium Presbyterorum & clericorum in Curia, vulgariter zu dem Weisenhof. Daß er auch das Stift St. Georgien geheissen, zeigt eine Urkunde von 1503. in H. Schminkens monim. Hass. Th. IV. S. 680. wo auch ein Procurator genannt wird.

4) Dioeces. Mogunt. comment. X. pag. 530.

bey dem H. von Gudenus, und H. R. Schminke einerley sind. Es hatte nämlich Landgraf **Ludwig** *I.* die Capelle im Weisenhof den Kugelherrn eingegeben, um eine solche gutgeartete geistliche Gesellschaft zu haben, als sich in Hildesheim befande; wie dann auch die Visitation davon zu gewissen Zeiten schon den beiden letztren Herren, als in der Urkunde beym H. **von Gudenus** vorkommen, aufgetragen war. Es hielten aber die zu dieser St. Georgencapelle gesetzte Geistliche 1458. bey dem Pabst **Pius** *II.* an, solche zu desto sichererem Bestande zu einer Collegiatkirche zu erheben, der dann auch die Commission dazu dem Abte **Johann** zu Breitenau ertheilte, so derselbe 1459. ausrichtete; wobey jedoch das neue Stift an das zu St. Martin, als wozu die Capelle vorher gehört hatte, jährlich auf Ostern ein Pfund dasiger Münze abzugeben verbunden, ihm aber auch eine Altarsstelle bey dem Ahnaberger Kloster zu Cassel, von deren Präsentation der Landgraf zu Gunsten des Stiftes abgestanden, ertheilt wurde.

§. 8.

Convent zu Butzbach.

Auch hatten sie einen Convent zu Butzbach, der nach **Winkelmanns** 1) Anzeige

1468.

1) S. 189. bey H. **Estor** origin. jur. publ. Hass. p. 218. ist 1408. ohne Zweifel durch einen Druckfehler gesetzt worden.

1468. vom Grafen **Otto** von Solms, und **Eberhard** Herr von Epstein, ist angelegt, und in demselben Jahr vom Pabste **Paul** *II.* bestätigt worden, da man ihm dann die Pfarrkirche als eine Collegiatkirche gegeben. Zufolge eines Siegels, welches **Liebknecht** 2) beschreibt, führte er den Namen des **St. Marxenstiftes**, und hat nach der Reformation noch bis 1550. gestanden, doch so, daß die mehresten Glieder davon selbige angenommen haben. Von einem ähnlichen **Frauens-Convente zu St. Georgenberg** ist oben Nachricht gegeben worden.

§. 9.

Stift Germerode.

Das an dem Meisnerberge nicht weit von Eschwege liegende, und der Jungfrau Maria gewidmete Stift **Germerode** hatte Chorherrn und Chorfrauen nach Art der Prämonstratenser. Es findet sich eine Bulle des Pabst **Cälestins** mit der Jahrzahl 1114. 1) worinnen er dasselbe nach dem Vorgange seines Vorfahren **Lucius** in seinen Schutz nimmt, ihm alle gegenwärtige und zukünftige Güter bestätigt, und die Erlaubniß giebt, bey einem vor-

---

2) In der I. **Dissertat.** de evangel. verit. in Hass. confessor. p. 50.

1) Anal. Hass. coll. IX. p. 148.

vorfallenden Interdicte den Gottesdienst, doch bey verschlossenen Thüren und ohne Klang zu halten. Die Schutzvogtey solte bey dem ältesten der Familie des Stifters verbleiben. Hier hat **Gebhardi** 2) erstlich richtig angemerkt, daß das Jahr 1114. falsch, und an dessen statt 1195. zu setzen sey, weil die angegebene dreizehnde Indiction auf solches passet; und der genannte Pabst **Cälestin**, wie der Umstand von seinem Vorfahren **Lucius** anzeigt, (es mag nun **Lucius** *II.* oder der *III.* welches wahrscheinlicher ist, zu verstehen seyn) kein andrer als der dritte dieses Namens seyn kann. Er urtheilt 3) auch, weil der Graf **Rucker** von Beilstein, wie in dieser Bulle steht, es mit verschiedenen Gütern begabt hat, so sey derselbe vor den Stifter, oder doch vor dessen Sohn zu halten, und er habe vor des Pabsts **Lucius** Zeit gelebt, weil dieser das schon eingerichtete Kloster bestätigt, und zwar um die Mitte des zwölften Jahrhunderts, in welchen letztren Worten er, doch ohne gnugsamen Grund, den Pabst **Lucius** *II.* andeutet. Indessen vermuthet er, daß es derselbe sey, der

 sich

2) Von den Grafen von Beilstein an der Werra, in den Historisch-Genealog. Abhandl. Th. III. S. 105. Durch diese Anmerkung ist also der Zweifel des H. R. R. Engelhards in der Erdbeschr. der Hessencassel. Lande, Th. I. S. 207. beantwortet.

3) eben das. S. 106.

sich 1151. in einer Urkunde 4) findet. 1347. schenkt der Landgraf **Henrich** diesem Stifte 36. Acker Landes, in dem Felde von **Niederhonde**, so eine Frau in Eschwege nebst ihren Söhnen von ihm zu Lehen gehabt, eigenthümlich; 5) das Stift Fulda übergab 1308. diesem Kloster vier Hufen Landes zu **Obernhonde**, die **Henrich** von Beilstein von jenem zu Lehen gehabt; dem er dagegen vier andre eigenthümliche zu Albungen übertrug. 6) Ein Beyspiel von Ausübung der Landesherrlichen Rechte über dieses Kloster, gegen den Anfang des 15ten Jahrhunderts, findet man bey dem **H. von Gudenus**, 7) wo es Germanrod genennt wird.

§. 10.
Stift Wetter.

Das Stift zu **Wetter** hatte, wie der **H. von Gudenus** bemerkt, 1) reguläre Canonissinnen.

---

4) In Schötgens und Kreysigs diplomatar. & script. rer. germ. P. III. p. 540.

5) Beil. 154. der Nachr. von Schiffenb. Th. II. Hier werden nur die Jungfrauen dieses Stifts genannt.

6) Die Urkunde steht im Codice probat. zu Schannats Fuldischem Lehnhof, S. 273.

7) Cod. diplom. T. IV. pag. 28.

1) Syll. I. diplomat. p. 600. aus dem Syllabo Prælator. & canon. eccles. Metropol. Mogunt. in Johannis script. Mogunt. T. II. p. 391.

sinnen. Zeiler und **Winkelmann**, 2) geben zwo Damen aus Königlich Schottischem Geblüte, Namens **Almudis** und **Dickmudis**, als die Stifterinnen auf das Jahr 1015. an; welcher Nachricht Richtigkeit ich aber gewißlich muß dahin gestelt seyn lassen. In denen 1769. gedruckten **Nachrichten von der Stadt Wetter**, 3) wird zwar die Erbauung der Kirche durch die genannten Personen auf gedachtes Jahr, die von der Stiftswohnung aber von adelichen Jungfrauen schon um das Jahr 1000. gesetzt. Den Grund dieser Meinung weis ich nicht. Wie in den mitleren Zeiten, bekannter maßen, viele Britannier nach Teutschland gekommen sind, und verschiedene zur Religion gehörige Anstalten gemacht haben, so könnten wohl freilich zwo ansehnliche Schottische Frauenspersonen in diese Gegend gekommen seyn, und das Stift angelegt haben, welche man dann hernach, um dieser Stiftung einen grösseren Glanz zu geben, vor so viele Vornehmere ausgegeben hat. Die Aebtissin (aus welchen Namen man doch nicht auf eigentliche Nonnen schliesen muß) **Liutrud** bekennt 1247. von ihren Amtsvorfahren

 gehört

2) Jener in der Hess. Topograph. S. 84. (wobey ich erinnere, daß man den wahren Verfasser davon aus H. Engelhard am angef. O. S. 215. Vergl. mit S. 9. der Vorrede, kennen lerne) dieser S. 228.

3) S. 4. 17.

gehört zu haben, daß von Anfang der Stiftung die Vogtey dem Erzbißthume Mainz zugehört, bis ein Erzbischoff einen Thüringischen Landgrafen damit beliehen habe, dessen Erben sie so lange behalten, bis der Landgraf **Ludwig** (der Dritte) ohne männliche Erben verstorben, daher dieses Amt erledigt gewesen, und der Erzbischoff **Conrad**, es dem Grafen **Wernher** zu Witgenstein, in seinem Namen zu versehen übergeben, bis er den Landgrafen **Hermann**, seines Bruders Schwiegersohn, wieder damit belehnt habe. Nun habe zwar letztrer dieses Amt 1197. im gelobten Lande gedachtem Grafen vor eine Summe Geldes versetzt, aber auch nach der Zurückkunft wieder eingelößt, dessen Erben dasselbe bis auf die oben genannte Zeit von Mainz zu Lehen hätten. 4) Es möchte zwar scheinen, als wann in gedachter Stelle die Rede nur von der Vogtey über die Stadt Wetter sey, allein die Urkunde des Landgraf **Hermanns**, worinnen er sich ausdrücklich das patrocinium advocatiæ suæ über das Stift zu Wetter beylegt, bewegt mich, an jenem Orte, wo nicht erstere auszuschliesen, doch wenigstens die Stifts-Vogtey mit darunter zu verstehen. Der **H. von Gudenus** sagt, 5) er wisse nicht was damit nach Abgange des Landgräflichen Mannstam-

4) Die Urkunde steht bey dem H. von Gudenus am angef. O. S. 596.

5) am angef. O. S. 600.

stammes weiter vorgegangen, (welches ich als ein Zeichen ansehe, daß er meine eben vorgetragene Meinung billige; weil ihm ja nicht unbekannt seyn konnte, wem nach 1248. die Stadtvogtey zugekommen sey) und es scheine, daß das Stift schon vor der Reformation eingegangen sey, welches aber irrig ist. Indessen hat gedachter Landgraf **Herrmann** in einer Urkunde, 6) worinnen er sich gedachtes Amt ausdrücklich beigelegt, einen Tausch des Stifts mit dem Kloster Haina, oder wie es damals hieß, Aulisburg, bestätigt, wodurch ersteres dem letztren ein ihm nahe gelegenes **Gut zu Grusin** (ohne Zweifel Grußen nicht weit von Gemünden) überläßt, und dagegen das ihm besser gelegene zu **Schwarzenborn** erhält. Weil aber das erstere nur vier Schillinge, das letztre aber fünfe, und noch dazu sechs Pfennige bey der Visitation bezahlte, so mußte das Wetterische Stift an das zu Haina achtzehen Pfennige so lange zahlen, bis es vom letztren etwa ein Gut erhielte, so nicht mehr als vier Pfennige zahlte. 1302. bezeugt die Aebtissin **Ludgard**, daß sie und der Convent dem Teutschen Hause zu Marburg wegen alter Freundschaft erlaubt habe, Güter, so zu dem Stifte Wetter gehörten, von dessen eigenthümlichen Leuten und Vasallen zu kaufen, und solche sogleich ohne weitere Requisition in Besitz zu nehmen, doch daß alsdann die jähr-

 liche

6) **Beil. 1. der Nachr. von der Landcomm. Marb.**

liche Zinsen davon gehörig abgetragen würden: und 1304. erklärt die Aebtissin **Cunigund**, daß sie einen Hof zu Oberwetter, den vormals ein Chorherr, **Henrich** genannt von Nixren, dem Stifte vermacht, und dessen Besitzer ihm jährlich einen gewissen Zins gab, dem Teutschen Hause, als dem er von gedachtem Manne hernach vermacht worden, abgetreten, dabey aber den erwähnten Zins vorbehalten habe. 7) 1380. verpflichtet sich die Aebtissin **Hillegard** von Elle, nebst dem Convente und vier dazu erbetenen Weltpriestern, von den Stiftgütern, sowohl beweglichen als unbeweglichen, nichts zu versetzen, zu verkaufen, und um Zins oder Pacht auszuthun, ohne Wissen und Rath des Landgraf **Herrmanns**. Dieser solte auch einen Stiftsamtmann setzen, der die sämtlichen Gefälle einnehmen und dem Landgrafen und dem Stifte jährlich verrechnen, der Aebtissin und den Stiftsjungfrauen ihre Gebühr auszahlen, und wann mehr Präbenden gegeben werden könnten, mehrere der letzteren aufnehmen solte. Das Siegel des Capitels solte in eine Kiste gelegt, und selbige mit vier Schlüsseln verschlossen werden, davon der Amtmann den vierten haben solte; wie dann auch nichts ohne Landgräfliches Wissen und Willen damit besiegelt werden, und ohne solches eine Gültigkeit haben solte. Es solten auch dem Amtmann alle Güter

7) Beil. 33. und 34. des Entdekt. Ungrunds.

Güter und Briefe des Stiftes übergeben oder angezeigt werden, und der Landgraf selbigen nach seinem Willen an- und absetzen können. 8) H. **Ledderhose** 9) meldet, daß dieses Stift ehedem solle das Patronatrecht über die nicht weit davon liegende Kirche in **Unterrosphe** besessen haben. Daß es auch ein solches Recht auf die Pfarrey in **Wetter** gehabt, sieht man aus der Urkunde von 1506. bey H. **Würdtwein.** 10)

Siebenzehntes Hauptstück.

Von dem Martinsstifte zu Cassel, und einigen andren Collegiatkirchen.

§. 1.

Anfang des Martinstifts.

Nachdem von den Heßischen Klöstern und ähnlichen Stiftungen Nachricht ertheilt worden, so ist noch übrig, von einigen Collegiatstiftern eine Beschreibung zu geben. Das vornehmste davon ist das zu **Cassel**, so vom H. **Martin** den Namen führt, von welchem ich aber fast nichts mehr, ausser dem erzählen

 kann

8) Beil. 181. der Nachr. von der Comm. Schiffenb.

9) Beytr. zur Beschreib. des Kirchenstaats der Hessencassel. Lande, S. 328.

10) *Dioecef. Mogunt. P. IX. pag. 325.*

kann, was H. Ruchenbecker in seiner Nachricht davon in den Anal. Hass. coll. V. p. 1. seq. bereits mitgetheilt hat, wovon ich jedoch die Urkunden in einem etwas weitläuftigeren Auszug anführen will. Es war dieses zuerst eine Pfarrkirche, welche von dem Landgrafen Henrich dem Eisernen, zugleich nebst demjenigen Theile der Stadt Cassel, der noch den Namen der Freiheit führt, erbauet, und zur Pfarrkirche dieses Theils der Stadt bestimmt worden: und ob man schon das eigentliche Jahr der Erbauung nicht angeben kann, so ist doch gewiß, daß sie schon im Jahr 1343. gestanden habe, wie aus einem Ablaßbrief des Mainzischen Weihbischoffs Henrici de Appoldia von gedachtem Jahre erhellet — wo denen, so dieselbe Kirche an gewissen Festen besuchen würden, reichlicher Ablaß ertheilt wird. 1) Es beschloß aber der Landgraf Henrich mit seinem Sohn **Otto**, zu Ehren Gottes, der Jungfrau Maria, des heil. Martins, und der heil Elisabeth, welche drey Personen die Schutzheiligen wurden, selbige zu erweitern, und zu einer Collegiatkirche zu erheben; und verordnete daher, daß sie zwölf Chorherren, worunter einer Dechant, und einer Scholaster seyn solte, haben, diese sich innerhalb eines Jahrs

1) Beil 1. der Ruchenbeckerischen Schrift, wo aber erwähnter Weihbischoff irrig episcopus ecclesiæ S. Matensis heist, indem es heissen muß Lavacensis, wie auf dem letzten Blatt der Vorrede der 7. coll. Anal. Hass. erinnert wird.

Jahrs nach ihrer Antretung zu Priestern weihen lassen, und einer von denselben die Seelsorge bey dieser Kirche führen, und zu seiner Präbende alle zu der ehemaligen Pfarrstelle gehörige Rechte und Einkünfte besitzen solte. Er verordnete ferner, daß der Dechant von dem Capitel gewählet, und von dem Probste der Peterskirche zu Fritzlar bestätigt werden solte, als welcher bisher den Pfarrer dieser Kirche eingesetzet; der Dechant und der Scholaster solten einen aus ihrem Mittel zu der Seelsorge vorschlagen, und die Präsentation zu den übrigen Stellen vor den Landgrafen, die Einführung gedachten Seelsorgers aber vor den Probst, und der anderen ihre vor den Dechant gehören. Es stiftete auch der Landgraf vor den Dechant eine Präbende von 60. Goldgulden, vor den Scholaster eine eben so starke, und vor einen jeden Chorherrn eine von 40. Goldgulden aus einigen um Cassel gelegenen Orten. Er ließ auch vor sie bequeme Wohnungen bey gedachter Kirche bauen, und gab ihnen das Patronatsrecht zu **Heiligenroda, Schwarzenberg** und **Witzenhausen**, und bey zween Altären in der Elisabether Capelle. Der Pabst **Urbanus** *V*. gab in einer Bulle vom 30. März 1365. dem Bischoff zu Halberstadt Commißion, dem Landgrafen die Erlaubniß hiezu zu ertheilen, und alles nöthige bekannt zu machen, ohne vorher denjenigen Herrn, unter dessen Sprengel Hessen stund,

darum

darum zu befragen. 2) Die Dechaney gegen dem Kirchthurn über ist im Jahr 1483. von dem Heßischen Kanzler Stein, der zugleich Chorherr bey diesem Stifte war, erbauet worden. 3) Gedachter Bischoff Ludewig war nun damals in Avignon, und erklärte in demselben Jahr, nachdem er den Landgräflichen Stiftungsbrief eingesehen, die erwähnte Kirche zu einer Stiftskirche, machte den weiteren Inhalt der Päbstlichen Bulle bekannt, und gab dem Official der Probstey zu Fritzlar, und dem Pfarrer zu Fromershausen bey Strafe des Bannes Befehl, sich innerhalb sechs Tagen nach Cassel zu begeben und alles auszurichten. 4) Wie die Congeries etl. Hess. Geschichte 5) meldet, so ist 1364. das neue noch stehende Gebäude zu bauen angefangen, und innerhalb drey Jahren vollendet und am Sonntage vocem jucunditatis eingeweihet worden. 6) Weil auch der Landgraf Ludwig I. nach seiner Zurückkunst aus dem gelobten Lande dem Stift

---

2) Diese Bulle, worinnen das vorstehende erzählt wird, ist die Beil. 2. eben das.

3) Conger. etl. Hess. Geschichte in den Anal. Hass. coll. I. p. 24.

4) Beil. 3. eben das.

5) am angef. O. S. 6.

6) Beil. 30. der vorgedachten Schrift, wo auch der bey diese Kirche von den Päbsten Martin V. und Eugenius IV. gestiftete Ablaß beschrieben wird.

Stift ein Stück vom Kreuz Christi 1440. geschenket, 7) so hat dieses Stift in einigen nach dieser Zeit gegebenen Urkunden, auch den Namen zum heiligen Creutz gehabt. 8)

§. 2.

Fernere Rechte und Freiheiten desselben.

Der Landgraf **Henrich** selbst bestätigte dem Stifte 1368. das Patronatrecht zu **Witzenhausen** besonders, und gab Erlaubniß noch mehrere Chorherrn anzunehmen, und nach derselben Tode ihre Gefälle wieder zur Verbesserung der ersteren anzuwenden. Es wurde auch die Sache wegen desselbigen Rechts zu **Schwarzenberg** dadurch richtig, daß Johann

---

7) Beil. 30. und 31. eben das. Es wurde auch hier die güldene Rose verwahrt, welche Landgraf Ludewig I. 1429. vom Pabste bey seiner Anwesenheit zu Rom erhalten hatte. Beschreibung der Stadt Cassell, S. 352. not. i. wo S. 353. auch das Kirchengebäude nebst den Thürnen beschrieben wird.

8) Dieser Name kommt z. B. in der angef. Beil. 30. vor. Daß man nicht vergessen habe, dieser Kirche Geld zuzuwenden, zeigt unter anderen die Beil. 125. bey H. Kopps Nachr. von der Gerichtsverfass. in den Hessencassel Landen. Dann als 1371. zween Mainzische Geistliche als gewählte Schiedsrichter einen Injurienstreit zwischen zween Casselischen Bürgern endigten, so wurde dem Uebertreter des Ausspruchs auferlegt, zehen Mark Silbers an gedachte Kirche zu zahlen.

hann von Schwarzenberg auf solches so er bisher gehabt, Verzicht that. Nichtweniger hatte das Stift die Präsentation zu Eiterhagen. 1) Noch bey Lebzeiten dieses Herren bekräftigte auch dessen Nachfolger Hermann 1371. alle seine Freiheiten, welches er 1376. wiederholte, seine Einwilligung in die Uebertragung des Patronats der Kirche zu Witzenhausen, dem Richter des heil. Stuhls zu Mainz bekannt machte, und dabey bat, den präsentirten Pfarrer einzusetzen, weil man den Probst zu Heiligenstadt, (welcher also auch in Hessen, und zwar in der Gegend an der Werra zu geistlichen Verrichtungen muß berechtigt gewesen seyn) hierzu nicht haben könnte, man auch nicht wisse, wie sich derselbe (neimlich bey den damaligen Unruhen zwischen zween Mainzischen Erzbischöffen) gegen den Erzbischoff Ludewig verhalte. Im Jahr 1383. bestätigte er die Präsentation zum St. Catharinenlehen in der Pfarrkirchen zu Witzenhausen, auch zu den Lehen einiger Capellen in und vor Cassel, so daß die Priester derselben sich nach dem Gottesdienste des Stifts richten, auch Präsenzgelder haben solten. 2) In demselben Jahr ertheilte er ihm sieben Mark Heßischer Pfennige aus der Pfarrkirche und ihren Zugehörungen in und vor Witzenhausen. Der Mainzische Erzbischoff bekräftigte dieses 1393. und

1) Beil. 5. 10. und 44. am angef. O.

2) Beil. 7. 12. und 15. eben das.

und gab auch der damalige Pfarrer zu Witzenhausen seinen Willen dazu. 3) Um diese Zeit bekam der Pfarrer dieser Stiftskirche einen Streit mit dem Priester der Elisabether Capelle. Dann es hatte das Kloster zum Ahnaberge vorher das Elisabether Hospital, wobey die erwähnte Capelle gehörte, besorgt, solche Besorgung aber dem Priester derselben überlassen, welcher sich dann unterstanden, auch anderen, die im Bezirke dieses Hospitals wohnten, die Sacramente zu reichen, und die Gebühren davon zu erheben; Sie nahmen also den Fritzlarischen Probst zu ihrem Schiedsrichter an, der den Streit 1389. zum Vortheile des Stifts beilegte, und dem Priester der Capelle nur erlaubte, sich dieser Rechte bey den Kranken, und andern, die das ihrige dem Hospital geschenkt hätten, zu bedienen. 4) Weil auch das Stift sowohl, als einige einzelne Personen verschiedene Stiftsgüter anderen Geistlichen und Weltlichen, theils auf lebenslang, theils auf eine gewisse Zeit überlassen hatten, so befahl der Pabst *Nicolaus V*. 1454. denen Dechanten der Peterskirche zu Fritzlar, und des Johannesstifts zu Amöneburg, diese Güter wieder an das Stift zu bringen, und die Zeugen, welche mit der Wahrheit nicht heraus wolten, durch den Bann dazu zu bringen. 1422. bekräftigte Landgraf **Ludwig** *I*. diesem Stifte

3) Beil. 16. 19. 20. eben das.

4) Beil. 17. eben das.

Stifte durch einen Gnadenbrief alle Freiheiten, Nutzen und Würde, so der Pabst und seine Voreltern ihm verliehen hätten, mit Versprechung seines Schutzes. 5) **Ludewig** *II.* wiederholte dieses vor sich, seine Brüder und Erben 1458. und 1468. 6) Eben dieses thaten Landgraf **Henrich** vor sich, und als Vormund seiner beiden Vettern, die den Namen **Wilhelm** führten, 1473. Landgraf **Hermann** in demselben Jahre, und Landgraf **Wilhelm** der ältere vor sich und seinen Bruder gleiches Namens 1484. 7) wobey noch nachzuholen ist, daß der Landgraf **Henrich** der Eiserne dem Stifte die Erlaubniß gegeben, mit dem Lehen derjenigen Altären und Kirchen, die diesem Stifte einverleibet wären, wann sie ledig würden, nach Gutbefinden zu verfahren. 8)

§. 3.

Ausbesserung dieser Kirche, und bey derselben gestiftete Altäre.

Etwa 8. Jahre nach der Erbauung dieses Stifts war ein Stück der Kirche eingefallen, und

5) Die Päbstliche Bulle ist die Beil. 34. eben das. und der Landgräfliche Brief steht in den Anal. Hass. coll. IX. p. 217.

6) Die erstre dieser Urkunden steht Anal. hass. coll. XI. p. 109. und die leztre eben das. coll. IX. p. 218.

7) Diese fast mit einerley Worten abgefaßte Gnadenbriefe stehen an leztrem Orte S. 221. u. f.

8) eben das. S. 210.

und hatte viele Menschen getödet oder beschädigt. Um diesen Schaden auszubessern, schickte das Capitel den Chorherrn **Matthias Treysse**, und den Landgräflichen Arzt **Leonhard von Schweinfurt**, einen bekehrten Juden, 1440. mit einem Schreiben aus, um gegen einen gewissen Ablaß Geld dazu einzusamlen. 1) Dieser Ablaß war erst auf diejenigen gegangen, die dem leztren der abgeschikten Allmosen geben würden, welche dieser aber, weil er sich von seiner Kunst nähren konnte, nicht annahm. Man brachte auch hierdurch so viel zusammen, daß man dieses Werk noch in demselben Jahre anfangen konnte, wie eine an dem einen Thurn dieser Kirche in Stein gehauene Aufschrift beweißt. 2) Es hatte auch der Landgraf **Ludewig** den Pabst **Eugenius** *IV*. gebeten, weil er denjenigen nur eine einzige Absolution in der Todesstunde durch ihren Beichtvater zugestanden hatte, die die gedachte Kirche an dem Fest des heil. Martins auf das folgende Jahr, und noch an vier anderen Festen desselben, deren jedes allemal nach fünf Jahren fallen würde, besuchen würden, wogegen sie jedoch fünf Goldgulden an die Armen geben solten: so möchte er verordnen,

1) Dieses Schreiben und die Landgräfliche Bekräftigung, sind die Beil. 30. 31. der Kuchenbeckerischen Abhandlung.

2) *Congeries* Hess. Geschicht. in den Anal. Hassiac. coll. I, pag. 16.

ordnen, daß nur die Hälfte davon den Armen ausgezahlt, die andere aber zur Verbesserung der Kirche angewendet würde. Es hatte auch gedachter Pabst den 18. Merz 1435. ihm solches zugestanden; weil aber dessen Bulle nicht war ausgefertigt worden, so gab ihm der Pabst **Nicolaus** *V.* zur Ersetzung eine andre vom 19. Merz 1446. Es vermachte auch ein Chorherr **Henrich** von Uffeln, zu dem mehrgedachten Bau 1451. in seinem Testamente 30. Gulden. 3) Im Jahr 1417. stiftete der Casselische Burgermeister **Hermann Eckemann** einen neuen Altar in dieser Kirchen zu Ehren des Heil. Leichnams Christi und seines Leidens, des heil. Andreas, und verschiedener heil. Jungfrauen, mit einigen in und um Cassel gelegenen, und von seiner Schwägerin Ilude von Velmare dazu im Testament vermachten Gütern. Die Präsentation dazu an den Dechant wurde dem gedachten **Eckemann** und seinen Erben gelassen, und solten an diesem Altar wöchentlich drey Messen gelesen werden, jedoch der Pfarrkirche selbst ihre Rechte verbleiben. 4) 1457. stiftete ein Priester, **Conrad Haberkorn**, einen Altar zu Ehren Gottes, der Jungfrau Maria und verschie-

3) Beil. 32. und 33. zu vorgedachter Schrift.

4) Diese Stiftung nebst der Bestätigung des Landgrafens, und der von dem Jecheburgischen Probste Adolf von Nassau, der von dem Mainzischen Erzbischoff Johann dazu bevollmächtigt war, stehen eben das. Beil. 24–26.

schiedener Heiligen, um wöchentlich zwo Messen daran zu halten, und vermachte nicht allein verschiedenes hiezu, sondern setzte auch, weil derjenige, so ihn versehen würde, an den Präsenzgeldern Theil haben solte, verschiedenes dazu aus. Wann auch von seinen Angewandten keiner zu diesem Amt sich fände, so solten die Landgrafen das Recht haben, den zu präsentiren, um welchen das Stift bitten würde. 5) Ueberhaupt werden 13. Altäre in dieser Kirchen angegeben; 6) und daher war es leicht, daß zwischen dem Capitel und den Priestern derselben wegen Haltung der Messen, Austheilung der Präsenzgelder, und anderer Stücke ein Streit entstund, welcher 1496. den 23. März dahin verglichen wurde, daß den letzteren solche Gelder ferner solten ausgezahlt, und die dazu gehörige Briefschaften in einen gemeinen Kasten gelegt werden, wozu ein jeder Theil zween Schlüsseln haben solte. Den Priestern wurde angewiesen, welche Messen sie lesen solten, da ihnen dann die damit verknüpfte Gefälle zukommen solten; doch solte von denen ordentlichen Präsenzgeldern einer dieser Priester weniger als ein Chorherr haben, ausser am Fronleichnamstage, wo die

 Thei-

5) Das Vermächtniß, nebst der Einwilligung des Landgrafens, und des Maintzischen Erzbischoffs Diethers, sind eben das. die Beilagen 36–38.

6) Beil. 30. eben das. Verschiedene davon werden genennt bey S. A. Würdtwein Diœces. Mogunt. comment. X. p. 526.

Theilung gleich geschehen solte. 7) Von den Dechanten und Chorherrn, von welchen sich eine Anzeige findet, auch den Stiftssiegeln, ist in der angeführten Nachricht 8) einiges angemerkt. Nur muß ich anzeigen, daß die Resignation des Dechanten **Wingartten** durch einen Druckfehler auf 1420. gesetzt sey, indem die zum Beweise angeführte Urkunde, das Jahr 1430. angiebt: und daß sein Nachfolger **Nordirshausen** schon 1435. in diesem Amte gestanden. 9)

§. 4.

Collegiatkirche des Schlosses zu Cassel. Stifter zu Grebenstein und Geismar.

Daß die **Schloßkirche zu Cassel** ein Collegiatstift ehedem gewesen sey, hat schon die *Congeries* **Heßischer Geschichte** angezeigt, 1) wo der Anfang der horarum canonicarum auf 1470. gesetzt wird. Nun ist aber die Sache in mehrerer Gewißheit, da **H. R. Schminke** 2) eine hieher gehörige Ur-

7) Beil. 43. eben das.

8) S. 21 — 26.

9) H. G. R. Lennep Codex probat. zu der Abhandlung von der Leyhe zu Landsiedelrecht, S. 562. wo auch eine andere S. 551. das vorhin von mir erwähnte bestätigt.

1) Anal. Haff. coll. I. pag. 20.

2) Beil. 4. der Beschreib. von Cassel.

Urkunde von 1469. bekannt gemacht hat, die einen dahin sich beziehenden Tausch des Landgrafen **Ludwigs** *II.* mit dem Ahnabergerkloster enthält, und oben schon ist angeführt worden. Man sieht daraus, daß dasselbe zu Ehren der Heil. Dreyeinigkeit, der Jungfrau Maria, der heil. Elisabeth, und alles himmlischen Heers sey angelegt, und mit dreyzehn Chorherrn und zwölf Vicarien sey besetzt worden. Als 1502. ein Theil des Schlosses eingezogen wurde, betraf solches auch die Kirche, wodurch das Chor in eine der Heil. Dreyeinigkeit gewidmete Capelle verändert wurde. 3) Eines andern **Collegiatstifts** zu Cassel ist bereits Hauptst. *XVI.* §. 6. gedacht worden. Des **Stifts zu Grebenstein** gedenkt nicht nur die angeführte Congeries auf das Jahr 1355. 4) sondern es wird auch bey dem H. G. R. **Estor** 5) einer Urkunde von 1356. erwähnt, so die Landgrafen **Henrich** und **Hermann** dem Capitel daselbst gegeben haben.

Zu **Geismar** komt schon 1151. ein Probst **Lampert** als Zeuge vor. 6) Nach H. R. **Schminkens** 7) Anzeige, ist das Collegium

3) eben das. S. 100.

4) S. 6.

5) Originib. jur. publ. Hass. p. 306.

6) In des H. von Gudenus cod. dipl. T. I. p. 206.

7) am angef. O. Anh. S. 438.

der Chorherrn alda vom Erzbischoff **Mathias** in die Heil. Geistskirche nach Nordgeismar, einem Städtgen, so nicht weit von der Stadt Geismar gelegen, vom Erzbischoff **Henrich** nach Gottesbühren, und endlich vom Erzbischoff **Gerlach** mit Einwilligung Landgraf **Henrichs** *II.* 1355. nach Grebenstein verlegt, und der Pfarrkirche zu Gottesbühren einverleibt worden; woraus dann also der Ursprung des eben gedachten Stiftes zu Grebenstein sich ergiebt. Ich finde aber hierbey den Zweifel, daß **Johannis** 8) einen Brief von ungefähr 1459. anführe, worinnen allen Pfarrern, Vicarien und Diaconen, der Geismarischen und einiger anderen Probsteyen befohlen wird, dahin zu sehen, daß die profanirte Kirchen und andre geistliche Orte, innerhalb eines Monats von dem Mainzischen Vicario in pontificalibus, dem Bischoffe **Hermann** zu Chitro, wieder geweihet würden, man müßte dann sagen, daß diese Probstey nur nach dem Namen ihres ehemaligen Ortes genennet würde, wann sie schon an einen andern verlegt worden.

§. 5.

Collegiatstift zu Rotenburg.

Von dem **Collegiatstifte zu Rotenburg** an der Fulda hat **H. R. R. Hombergk** ein Char-

8) Not. ad *Serar.* pag. 773.

Chartarium vom Jahre 1352. an besessen, wie der **Herr von Senkenberg** berichtet, 1) dessen Ausgabe sehr zu wünschen wäre; wie dann auch in des bekannten **Lucä**, Dechants daselbst, eigenhändiger **Beschreibung von der Stadt und Amte Rotenburg**, so in der Fürstlichen Bibliotek zu Cassel verwahrt wird, 2) ohne Zweifel gute Nachrichten davon sich finden. Es hat seinen Ursprung dem Landgrafen **Henrich** *II.* 1352. zu danken. 3) Und meldet auch **H. Ledderhose**, 4) daß die Stiftungs-Urkunde von dem Landgrafen und seinem Prinzen **Otto**, den Tag nach Nicolaustag d. i. den 7. Decemb. gedachten Jahrs, ausgestelt sey. Er hat davon eine beglaubte Abschrift vor sich gehabt, aber solche, weil alda auf die Beibehaltung der Schreibart nicht genug gesehen worden, nicht drucken lassen. Gedachter Landgraf hat ihm auch einen Gnadenbrief 1368. gegeben, 5) Kraft dessen

 alle

1) Select. jur. & hist. T. V. proleg. p. 51.

2) Beschreibung der Stadt Cassel, S. 216.

3) Dilichs Hess. Chronik. Th. I. S. 114.

4) Beytr. zur Beschreib. des Kirchenst. der Hessencassel. Lande, S. 180.

5) In Paulini Hist. colleg. Visbecc. p. 100. der stark vermehrten Ausgabe von 1699. die sowohl besonders gedruckt ist, als auch bey dessen comment. de pagis antiq. Germaniæ, wo sie mit neuen Seitenzahlen anfängt. Dann die in seinem 1694. gedruckten Dissertat. historicis beträgt nur drey Blätter.

alle dazu gehörige Personen bey ihrer geistlichen Freiheit bleiben solten, doch daß das Capitel keine Schulmeister oder Glöckner annähme, die dem Landgrafen eigenthümlich unterworfen wären, und keine bewegliche oder unbewegliche steurbare Güter besitze. Doch solten die Capellane (welches Wort hier ohne Zweifel in weiterem Verstande zu nehmen ist) vierzehen, theils schon angeschafte, theils noch künftige Wohnungen in der Stadt mit ihrem Zubehör, auch alle Dotationsgüter frey besitzen, der Chorherrn, Vicarien, Schullehrer und Glöckner bewegliche Güter von allen Abgaben und Diensten befreiet seyn, sie auch aller gewöhnlichen von geistlichen und weltlichen gegebenen Freiheiten geniesen, und kein Landgräflicher Bedienter sie deswegen bedrängen. Er und seine Nachfolger wolten auch der Güter der verstorbenen Stiftsglieder sich nicht anmaßen, es sey dann, daß auf selbige ihnen oder der Stadt das Recht einer Beschwerung oder Steuer zustände. Es ist aber damals das Gebäude der Kirche noch nicht vorhanden gewesen, indem, wie **Dilich** und **Winkelmann** sagen, 6) der eine Theil davon 1370. der andere aber 1484. erbauet worden. 1397. machte das Stift mit Landgraf **Hermann** einen Vertrag, darinnen einige Artickel des noch ungedruck-

6) Ersterer am angef. O. letzterer S. 268. welcher beyfügt, daß die Stiftung auf einen Dechant, zwölf Chorherrn, und vier Vicarien gemacht worden.

druckten Stiftungsbriefs geändert wurden. Dann da nach letzterem jeder neuer Chorherr seiner Präbende zwey Jahre entbehren solte, so wurde dieses dahin geändert, daß ein solcher nur zehen Mark zu des Stifts Nutzen, oder den Kirchenzierathen zahlen solte. Es wurde auch die Stelle daselbst, daß die abwesende Chorherrn keine Präbenden geniesen solten, nur von denen erklärt, so nicht in des Landgrafen Diensten wären, indem die darinnen befindliche keinen Urlaub fordern, und keine Gewohnheit des Stifts halten dürften; (welches mich noch mehr in den Gedanken bestärkt, daß unter den obgedachten Capellanen, die der Landgraf **Henrich** nostros nennt, die Chorherrn selbst zu verstehen seyen, und deren verschiedene nach Cassel zum Gottesdienst manchmal gefordert worden, worinnen mich selbst **du Fresne u. d. Worte, am Ende** bestärkt.) Es solte auch der Landgraf, der die Capitularen präsentirte, zu der Wahl eines jedesmaligen Dechanten, oder anderer Stiftsprälaten, gebeten werden. Das Stift wolte auch gegen diese neue Articke keine Verordnungen machen, noch einige Briefe von Päbsten, Kaisern, einem Erzbischoffe zu Mainz, oder jemanden anders sich geben lassen, oder einiger rechtlichen Wohlthaten dagegen sich gebrauchen. 7) Es hatte dieses

7) Beil. 184. des II, Theil. der Nachricht. von Schiffenberg.

Stift das Patronatrecht über die Pfarrkirche zu Rotenburg. 8) Noch ein mehreres ergiebt sich aus der bey H. Ledderhose 9) befindlichen Urkunde der Stiftspersonen vom 19. Januarius, (wann nicht etwa im Original Epiphania steht; dann alsdann komt, wann man Haltaus 10) und die Anal. Hass. 11) zusammen vergleicht, ein anderer Tag, nemlich der 6te heraus) 1359. nach welcher eben gedachter Kirche auch über die zu Henebach (ohne Zweifel Hönebach nicht weit von Rotenburg) und einige Capellen das Patronatrecht dem Stifte ist verliehen worden. Auch werden selbigem verschiedene Rechte in Ansehung der Unterobrigkeiten, und der Gewalt der Sterbenden, ihrer Güter wegen zu verfügen, mit Versicherung des Landgräflichen Schutzes, ertheilt. Auf der anderen Seite verbindet sich das Stift zu verschiedenen Pflichten gegen den Landesherrn, besonders in Absicht auf die Vermächtnisse, so dasselbe erhalten würde, und auf die Besetzung der Canonicate durch denselben. Auch ein neu eintretender Chorherr, solte nicht nur zehen Mark Silbers zahlen, sondern auch seiner Prä-

8) Dieses zeigt eine letztre angehende Urkunde von 1308. in H. R. Würdtweins Diœces. Mogunt. comm. X. pag 540. wo auch S. 529. man die Namen von dasigen Altären finden kann.

9) am angef. O. S. 181.

10) Calend. med. ævi pag. 33.

11) Coll. XI. pag. 105.

Präbende zwey Jahre entbehren: in welchem Stücke also dem Stiftungsbriefe zugesetzt, hernach aber die vorhergehende Aenderung getroffen wurde.

§. 6.

Collegiatkirchen zu Butzbach und Grünberg.

Daß die **St. Marxkirche zu Butzbach**, im funfzehenden Jahrhundert in ein **Collegiatstift** sey verwandelt worden, meldet der **H. G. R. Estor.** 1) Dergleichen war auch die der Jungfrau Maria, und dem heil. Georgen, gewidmete Pfarrkirche der **alten Stadt Grünberg**, welche scheinet ein doppeltes Chor gehabt zu haben, und worinnen verschiedene Altäre waren, welche **Ayrmann** 2) nennet. 1353. gab der Landgraf **Henrich** *II.* seine Einwilligung zu einer von dem Pfarrer und Altaristen, die nebst den Chorherrn Stiftsglieder waren, und die der Landgraf seine Capellane nennt, errichteten Brüderschaft (welche aber **Ayrmann** 3) sich nicht getrauet mit der in derselben Kirche im folgenden Jahrhundert befindlichen Brüderschaft St. Josten vor eine

---

1) Origin. jur. publ. Hass. p. 218. Es ist aber eben dieselbe, die oben als die den Kugelherrn eingegebene, und eben dadurch zu einer Collegiatkirche gewordene angezeigt ist.

2) Im Ber. von der Stadt Grünberg, Anal. Hass. coll. VII. p. 71. 72.

3) am angef. O. S. 73.

eine zu halten) erlaubt ihnen das zu behalten, was sie testamentsweise bekommen würden, verbietet seinen Bedienten und Unterthanen, diese Brüderschaft zu stöhren, befreiet sie von weltlichen Gerichten, und verweiset sie, wenn sie selbst zu klagen hätten, an seinen Beamten zu Grünberg, und einen Burgmann oder Schöppen, die binnen 15. Tagen ohne gerichtliche Weitläuftigkeit die Sache abthun solten. 1356. bestätigte der Erzbischoff **Gerlach** zu Mainz die Errichtung von zwo Pfründen bey dem Altar, der misericordia domini hieß. 4) Daß aber, wie Ayrmann 5) sagt, diese Kirche von den Landgrafen zu Lehen gegangen sey, kann ich nicht sehen. Dann in der von ihm zum Beweise angezogenen Urkunde von 1453. 6) heist es, daß der Pfarrer in der Neustadt zu Grünberg in **derselben Pfarrkirche von unserer lieben Frauen** eine wöchentliche Messe, die der Landgraf als Lehnsherr hier bestätigt, gestiftet habe; da doch die Collegiatkirche in der alten Stadt lag: wiewohl ich auch den Zweifel nicht bergen kann, den ich wünsche gehoben zu sehen, daß die Kirche in der Neustadt die Paulskirche hieß; man müßte dann sagen, sie sey der Jungfrau Maria, und dem Apostel Paulus zugleich gewidmet gewesen, und führe daher verschiedene Namen. Bey vorgedachtem Worte derselben das Wort Stadt einzurücken, dürfte ebenfals Schwierigkeit haben.

Erster

4) Diese beyde Urkunden stehen eben das. S. 79–82.
5) S. 72.
6) eben das. S. 83.

Erster Anhang.

Nachlese einiger Anmerkungen über die bey dem Irenäus, und dem Tertullian vorkommende Stellen, von den christlichen Kirchen in Germanien an dem Ende des zweiten Jahrhunderts.

§. I.

Absicht dieser Abhandlung.

Ueber gedachte, in der vorhergehenden Schrift *II.* Hauptstück §. I. von mir angezeigte Stellen, sind zwar schon viele gelehrte Erläuterungen vorhanden, zu welchen sich freilich nicht vieles dörfte zusetzen lassen; wie dann der berühmte **Köhler** über die Stelle des **Irenäus** besonders eine gelehrte **Disputation** 1747. herausgegeben hat: jedoch ist mir dadurch noch eine neue kleine Nachlese übrig geblieben, daß viele Gelehrten, welche diese Stelle richtig erklären, doch die andere bey dem **Tertullian**, als einen unumstößlichen Beweiß ansehen, daß das Christenthum am Ende des zweiten Jahrhunderts nicht nur in dem Theile von Gallien, welchen die Römer mit dem Namen des diesseitigen Germaniens belegt haben, sondern auch in dem jenseitigen, dem großen Teutschlande, müsse bekannt

kannt gewesen seyen. Daher ist vornemlich meine Absicht, diesen Grund zu untersuchen, und die Beweise, welche aus letztrem Schriftsteller angeführt werden, einigermaßen zu entkräften.

§. 2.

Von welcher Gegend Irenäus rede.

Irenäus redet von den christlichen Kirchen in Germanien in der mehreren Zahl, in Germaniis. Nun ist bekannt, daß, nachdem viele deutsche Völker über den Rhein gegangen waren, die von solchen bewohnte Gegend nachmals von den Römern das disseitige Teutschland, nemlich von Gallien aus zu rechnen, sey genennet, und unter der Regierung des Kaiser **Augusts** in das **obere** und **untere** eingetheilt worden. Zu dem von **Köhler** 1) bemerkten gelehrten Schriftstellern, welche diese Gegenden beschrieben haben, ist nun noch vornemlich **H. R. Schöpflin** zuzusetzen, welcher 2) gar schön davon gehandelt, und 3) zur Gränze der von den Römern genannten Germaniæ superioris und inferioris den Fluß Aar setzt, welcher zwischen Bonn und Coblenz in den Rhein fält, als welcher erstere der vom **Pto-lomäus**

---

1) am angef. O. S. 12.

2) Alsatia illustrata pag. 145 — 148.

3) S. 147. §. 3.

lomäus zur Gränze beyder Theile angegebene Fluß Obringa sey. Er bemerkt auch, daß, als diese beide Gegenden bey der unter **Constantin** dem Großen gemachten neuen und bekannten Eintheilung einigermaßen ihre Namen geändert, und Germania prima und secunda genennet worden, sich die Gränzen nicht sonderlich verändert haben. Von diesen Gegenden verstehen nun die meisten Gelehrten die Stelle des **Irenäus**, als: **Beatus Rhenanus**, 4) **Ursinus**, 5) **Hachenberg**, 6) **Cellarius**, 7) **Köhler**, 8) Spanheim, 9) wie es scheinet, **von Mosheim**, 10) Schöpflin, 11) (welcher wohl bemerkt, daß die Griechen und Römer niemals das grose Teutschland mit dem Namen Germanien in der mehreren Zahl belegt, sondern darunter allezeit die oftgedachte beide disseit Rheins gelegene Provinzen verstan-

---

4) Rer. german. L. II. p. 159. 160. der Ausgabe von 1610.

5) De eccles. germ. orig. & progr. p. 20.

6) Germ. med. diss. 8. p. 207.

7) Diss. de initiis cultioris Germ. pag. 593. seiner zusammen gedruckten Dissertationen.

8) am angef. O. S. 9—14.

9) Histor. eccles. pag. 603.

10) Comment. de rebus christ. ante Constant. M. pag. 211.

11) am angef. O. S. 328.

standen hätten;) **Harzheim**, 12) gegen welchem der H. **von Hontheim** die Vorrede zu dem anderen Theile seines prodromi histor. Trevirensis 13) gerichtet hat, aus welcher ich **Harzheims** Sätze, als dessen Schrift selbst mir nicht zu Gesicht gekommen ist, ersehen habe; und H. Abt **Grandidier**. 14) **Mascov** 15) ist deswegen noch etwas ungewiß. **Conring** 16) meinet zwar, daß aus den gedachten Stellen des **Irenäus** und **Tertullians** so viel erhelle, daß wenigstens in dem den Römern zuzugehörenden Germanien müßten Christen gewesen seyn, doch ohne die Gegend genauer zu bestimmen. **Bebelius** 17) aber

12) In der zu Cöln 1750. gedruckten Dissert. critica, qua comparantur testes affirmantes & negentes, catholicam fidem primo & secundo seculis Galliis & Germanis prædicatam fuisse.

13) S. 731 — 738.

14) In der Abhandlung von der Pflanzung des Christenthums im Elsaß, so dem im Jahr 1776. zu Straßburg in 4. gedruckten ersten Bande seiner Histoire de l'Eglise & des Eveques-Princes de Strasbourg vorgesetzt, und in einer Uebersetzung in H. O. K. R. Schneiders Bibliothek der Kirchengesch. B. I. St. 2. S. 229 — 260 ganz eingerückt ist; S. 244 — 249. der Uebers.

15) Differt. de primat. metrop. & rel. German. episcopis, p. 16.

16) De constitut. episc. Germ. unter den exercitationibus de republ. imp. Germ. p. 329.

17) Antiq. German. primæ & eccles. Argentor. evang. p. 34.

aber glaubt, es sey keine Ursache, warum man beide Stellen nicht auch von dem großen Teutschlande verstehen solte, und H. R. Walch 18) fält dem Grabe bey, der in den Anmerkungen über den Irenäus, wegen der von solchem ausgedruckten mehreren Zahl, auch das große Germanien hier verstehen will. Bucherius 19) weiß nicht, ob er das dißseitige oder jenseitige Germanien verstehen solle. Wir sehen also, daß die meisten diejenige Erklärung annehmen, welche mit der Lage des Orts, wo Irenäus geschrieben, und mit den Umständen der Zeit am besten übereinkomt, und deswegen vor anderen gegründet ist; ob ich schon freilich den unrichtigen Ursprung dieser Kirchen aus dem ersten Jahrhundert nicht annehme, welchen die vom Mosheim angeführte gelehrte Männer Tillemont, Bolland, Calmet, und von Hontheim, nebst dem Bebelius und Köhler, 20) genugsam bestritten haben. Man hat auch des H. C. R. Walchs schöne Abhandlung vom heil. Maternus, 21) davon ich aber hier nach meiner Absicht keinen Gebrauch machen kann.

§. 3.

18) Histor. eccles. N. T. p. 366.

19) Belg. Roman. L. VI. p. 192.

20) S. 21. und f.

21) In den Commentat. Societ. Reg. Scient. Goetting. p. A. 1778. recit. Vol. I.

§. 3.

Einwendung des H. von Hontheim; und Beantwortung derselben: Auch fernerer Einwurf, und Antwort darauf.

Ehe ich aber nun zum **Tertullian** fortgehe, muß ich zuvor anzeigen, aus welchen Gründen der **H. von Hontheim** 1) diese Erklärung der Worte des **Irenäus** bestreite. Er sagt, es sey nicht wahrscheinlich, daß derselbige in Herzählung der Christlichen Kirchen, von den beiden disseitigen Germanien den Anfang machen, von dar einen Sprung nach Spanien thun, und endlich wieder nach dem andern Theile von Gallien zurückgehen solle; sondern es würden unter dem Worte Germaniæ überhaupt die von Teutschen bewohnte Oerter verstanden. Nun setzt Irenäus freilich erst die Kirchen in den Germanien, hierauf die in Spanien, und hernach die unter den Celten; wobey Schöpflin 2) bemerkt, daß das griechische ἐν Κελτοῖς in der alten Uebersetzung unrichtig gegeben sey: in Galliis, weil die Celten und Gallier als das ganze und ein Theil von einander unterschieden waren: wiewohl er 3) erwie-

1) In der Abhandlung de æra fundat. episc. Trevir. so dem ersten Theile seiner histor. Trevir. vorgesetzt ist, S. 10.

2) S. 328. §. 3.

3) In dem excursu de Celtis am ang. O. S. 110. u. f.

erwiesen hat, daß der Namen Celten eigentlich und ursprünglich nur den Galliern sey gegeben worden, (worauf jedoch eben der Uebersetzer wird gesehen haben) wobey er aber auch zugiebt, daß er in der Mitte des zweiten Jahrhunderts von einigen griechischen Scribenten den Teutschen beigelegt sey. Nun will ich aber setzen, Irenäus nehme hier die Celten in einer so weitläuftigen Bedeutung, so würde es vergebens gewesen seyn, die Teutschen, welche der H. von Hontheim unter dem Namen Germanien verstehen will, besonders anzuführen. Gesetzt ferner, daß dieses nicht folge, wie man dann freilich erst das ganze, und hernach einen Theil benennen kann; oder daß Irenäus das Wort Celten nicht in der neuen, und nicht gar gewöhnlichen Bedeutung nehme, folglich darunter allein die Gallier verstehe, so wird es doch allemal ein Sprung seyn, den Irenäus begangen hat, wann er erstlich von Völkern redet, die den Galliern auf der rechten Seite lagen, hierauf sich nach Spanien wendet, und hernach die zwischen den Spaniern und Teutschen gelegene Gallier nennet. Wann aber der H. von Hontheim zusetzt, Irenäus würde sonst auch die von Tertullian angezeigte Stücke ausgelassen haben, so gründet sich solches darauf, daß letzterer nothwendig von dem großen Teutschlande müsse verstanden werden, wovon sich sogleich die nöthige Erinnerung finden wird; und wann ja auch die Worte des Tertullians nicht an-

 derst

derst könnten gedeutet werden, so könnte doch zur Antwort dienen, daß vielleicht innerhalb der Zeit, da **Irenäus**, und da **Tertullian** geschrieben, einige Teutsche auf der andern Seite des Rheins wären bekehrt worden. Der **H. von Hontheim** (dem der Recensent seines Buchs in des **H. D. Ernesti** Theol. Bibl. 4) beifält) sagt zwar, 5) daß man unter dem Worte Germanien in der mehreren Zahl nicht die Gallischen Provinzen am Rheine, sondern die Teutschen Lande gegen Osten verstehen müsse, weil die Lehrer, so zu denen Zeiten geschrieben, als das Römische Reich noch aufrechts stund, gewohnt gewesen, die rheinischen, oder deutlicher zu sagen, die gallobelgische Kirchen, die Gallischen, nicht aber die Teutschen zu nennen, davon **Athanasius** 6) den Beweiß gebe, als der selbst in Trier gelebt, und die Gewohnheit zu reden und zu schreiben am besten müsse gewußt haben. Ich weiß aber nicht, ob sich aus einem Schriftsteller des vierten Jahrhunderts schliessen lasse, daß ein im zweiten lebender gedachtes Wort in

---

4) B. I. S. 549. u. f.

5) Prodr. hist. Trevir. am angef. O. S. 67.

6) Epist. ad solitariam vitam agentes, doch ohne Anzeige der Seite und Ausgabe, wo Cöln metropolis superioris Galliæ genennt werde. Ich muß aber sagen, daß ich alda diese Worte nicht habe finden können; ich müßte sie denn übersehen haben. Indessen hat Hontheim auch andre Stellen vor seinen Satz angeführt.

in eben demselben Verstande genommen habe. Indessen räumt der **H. von Hontheim**, der 7) den **Irenäus** aus dem Tertullian erklärt, ein, daß **Irenäus** zwar von den (nächsten) östlichen Gegenden Teutschlandes (von Gallien aus) rede, aber dessen mitternächtige und übrige abendländische Theile, erst nach einigen Jahrhunderten (gänzlich) zum Christenthum wären bekehrt worden, und rettet sich damit gegen die Beschuldigung des **H. von Mosheim**, der 8) ihm Schuld gegeben, als wann er nach **Irenäus** Anleitung geglaubt hätte, daß damals das Evangelium schon im ganzen Teutschlande sey ausgebreitet worden.

§. 4.

Verstand der Worte Tertullians, den einige angeben, mit ihren Gründen, und Beantwortung derselben.

Was nun die Stelle des **Tertullians** betrift, so wollen viele, und selbst solche, welche den **Irenäus** richtig erklären, sich dieselbe nicht nehmen lassen, wann sie behaupten, das Christenthum sey schon im zweiten Jahrhundert in dem disseitigen Germanien (nach unserer Lage) bekannt gewesen, und den Beweiß davon an diesem Orte zu finden vermeinen.

 So

7) S. 68.

8) In dem oben angeführten Buche, S. 212.

So machen es **Cellarius**, 1) **Mascov**, 2) und der **H. von Hontheim**. 3) Ihre Gründe sind folgende: **Tertullian** setze die Germanier zwischen die **Dacier** und **Scythen**, welche von den zu Gallien gerechneten, und mit dem Namen **Germanien** belegten Ländern weit entfernt gewesen wären; das **erste** und **andre Germanien**, sey von ihm schon unter den von ihm angezogenen diversis Galliarum nationibus verstanden; er rede auch von solchen Völkern, welchen bisher noch nicht von den Römern wäre erlaubt worden, aus ihren Gränzen in die Römische Provinzen zu gehen. Eben also verstehe auch **Hieronymus** in dem bekannten Briefe ad Suniam & Fretellam, unter **Germanien** das jenseitige große Teutschland, weil die von ihm damit verbundene **Geten** nicht mit dem disseitigen Germanien gegränzt hätten. Allein diese Gründe sind so wichtig nicht, daß man sie nicht solte beantworten können. Dann erstlich hat der **H. von Mosheim** 4) überhaupt bemerkt, daß die so oft gedachte Stelle des **Tertullians**, wo er ein langes Register der damals schon zum Christenthum bekehrten Völker giebt, gewaltigen Schwierigkeiten unterworfen sey, indem der Verfasser hier, wie mehrmalen, allzu

1) am angef. O. S. 594. u. f.

2) S. 18.

3) De æra fund. episc. Trevir. p. 10.

4) am angef. O. S. 205.

zu rednerisch handelt, und unrichtige Dinge vorgiebt, auch überhaupt dem ungewissen Gerüchte zu viel folget; wie unter andern daraus erhellet, daß er von bekehrten verschiedenen Gallischen Nationen redet, da doch nach dem Geständniß der französischen Scribenten selbst, die gallische Kirche damals noch gar klein, und vielleicht in die Gränzen einer einigen Nation ist eingeschlossen gewesen. Hernach ist augenscheinlich, daß er sich an keine gewisse geographische Ordnung binde; wie er dann überhaupt das ganze Register der **Apost. Geschich.** II. vorkommenden Völker einrückt. Erst nennet er die Egyptier und andere Afrikaner, hernach die Juden zu Jerusalem, (der vor die Juden gesetzten Römer nicht zu gedenken, weil die Worte: Romani & incolæ den Sinn haben dürften, daß die letztre die alten National-Einwohner der erwähnten Afrikanischen Gegenden, erstere aber die dahin geschikte Römische Colonien wären) und dann komt er wieder auf die **Getuler** und **Mauren** in Afrika. Hat er also zwischen die Afrikanische Völker die Juden zu Jerusalem eingeschoben, so hat er auch eben sowohl die disseitige Teutsche zwischen die **Dacier und Scythen** einrücken können, wie dann auch selbst die jenseitige nicht zwischen den gedachten beiden Nationen ihren Sitz gehabt haben. Auch **Harzheim** glaubt, daß **Irenäus**, von dessen Worten ich aber vorher geredt, und **Tertullian** alles untereinander geworfen hätten, um nur

Zeugen vor ihren Satz zusammen zu bringen, worauf der H. von Hontheim 5) nur dieses antwortet: sie hätten zwar die Lage der von ihnen erwähnten Völker nicht genau bestimmen wollen, doch litten die Regeln einer richtigen Auslegung nicht, ihnen eine tumultuarische Schreibart anzudichten. Und da Herr Neller bey dem H. von Hontheim, 6) ob er schon den Namen der **Germanien** beym **Irenäus** mit auf das große Teutschland bringt, weil dieser Scribent jenen den **Celten** oder **Galliern** entgegen setze, doch gesteht, daß **Tertullians** Zeugniß einen Fehler habe, indem dieser von ihm unbekannten Gegenden rede; so deucht mich, daß eben dieses ein Grund sey, auf dessen Zeugniß nicht viel zu bauen. Ueber dieses wäre **Tertullian** der einzige, und wegen seiner Wohnung gar zu entfernte Zeuge. Von seiner Anführung der diversarum nationum gallicarum ist schon vorhin etwas erinnert worden, und folget über dieses nicht, daß er die beiden disseitigen **Germanien** mit darunter verstehe; und wann solches auch wäre, so könnte es doch nicht befremdlich seyn, daß er als ein übertriebener Redner erst des ganzen, und hernach eines Theils Erwähnung gethan hätte. Ferner redet er zwar gleich in folgendem von Völkern, welche noch nicht in die Römische Provinzen wä-

5) Prodr. hist. Trevir. S. 735.

6) eben das. S. 741.

wären eingelassen worden; wann er aber darunter auch die **Teutschen** verstehet, so verräthet er seinen Irrthum; dann damals hatten selbige schon würklich Einfälle über die Donau in die Römische Provinzen gethan, und hatten bis an Aquileja gestreift, wie man ja nur in **Mascovs Geschichten der Teutschen**, 7) mit angeführten Beweisen sehen kann. Gesetzt auch, daß die angeführte Stelle des **Hieronymus** auf das große Teutschland gehe, wie ich eben nicht gänzlich läugnen will, so ist doch das, was ein Schriftsteller des vierten Jahrhunderts sagt, ganz anderst beschaffen, da wir wissen, wie sehr zu solcher Zeit die christliche Religion sich ausgebreitet habe. Indessen waren auch damals die Kirchen im **ersten** und **andren Germanien** nicht unbekannt; wie **Mascov**, 8) auch **Köhler**, 9) erweisen.

§. 5.

Fernere Beantwortung.

Ausser den angebrachten Erinnerungen gegen das Ansehen des **Tertullians** in dieser Materie, bin ich noch auf die Muthmasung gefallen, ob etwa derselbe in diesem Stück nur

7) Th. I. S. 146. 149.

8) In der ang. Dissert. S. 17.

9) S. 30.

dem **Irenäus** nachgegangen sey, und die Nachricht von den Kirchen in Germanien aus solchem genommen habe. Viele besondere Nachrichten von der Ausbreitung der christlichen Lehre in einem jeden Lande muß er nicht gehabt haben. Dann die Namen der ersteren vielen von ihm benannten Völker sind aus dem zweiten Capitel der Apostelgeschichte genommen, und er gesteht selbst, daß er von vielen entlegenen Orten, denen er doch die Erkenntniß Christi zuschreibt, nichts wisse; daher das, was er von den Teutschen schreibt, vielleicht nur von ihm aus dem **Irenäus** könnte seyn entlehnt worden. **Köhler** 1) behauptet die schon von vielen angenommene Meinung, daß **Irenäus** gegen das Ende des zweiten Jahrhunderts, und zwar nach dem Jahre 184. geschrieben habe, indem er der Uebersetzung des Juden **Theodotions** gedenkt, welche von vielen zu diesem Jahre gebracht wird; und **Nourry** 2) ist der Meinung, wann des **Irenäus** Bücher nicht auf einmal geschrieben wären, so müßten doch die beiden letztren unter des Römischen Bischoff **Victors** zu Rom seinem Nachfolger **Eleutherius**, seyn verfertigt worden. Ob nun wohl **Clericus** 3) und **Carpzov**, 4) wegen des Umstandes

1) am angef. O. S. 7–9.

2) Appar. ad biblioth. Patr. max. diss. VI. p. 572.

3) Hist. eccles. I. & II. sec. p. 742.

4) Crit. S. vet. testam. p. 562.

des von dem **Theodotion** Schwierigkeiten machen, indem dessen Uebersetzung früher gemacht sey, und also Irenäus nicht nothwendig erst nach dem Jahre 184. müsse geschrieben haben; wie dann **Carpzov**, oder der von ihm angeführte **Hody**, (indem nicht zu unterscheiden ist, wessen Worte da vorkommen, und ich das letztre nun gar seltene Buch nicht einsehen kann) eben aus dem früheren Alter des **Irenäus** auf ersteres schließt: so ist doch einmal gewiß, daß selbiger in Ansehung des **Tertullians** ein früherer Scribent sey, und wenn er würklich noch vor dem angezeigten Jahre sein Buch verfertiget, so würde solches meine Muthmasung gewißlich nicht schwächen: Und nun hat ja auch **H. Stroth** 5) gezeigt, daß **Theodotions** Uebersetzung schon vor den Zeiten Justins des Märt. da gewesen sey. Gedachtes Buch vom **Tertullian** wird vom **Baronius** 6) gegen 210. (nicht, wie Allix 7) sagt, gegen 208.) **Dupin**, 8) und **J. W. Hofmann**, 9) gegen das Jahr 210. ge-

5) Im zweiten Theil des Repertorii vor die Biblische und Morgenländische Litteratur, Nr. 3. S. 75. u. f.

6) Annal. eccles. Tom. II. col. 394. der Mainzischen Ausg.

7) De vita & script. Tertul. p. 56.

8) B. d. A. E. Tom. I. p. 92. der Ausgabe von 1693.

9) In der Dissertation: Tertulliani omnia quæ supersunt in Montanismo videri scripta, p. 43.

gebracht, und vom Cave, 10) auf 208. wogegen aber H. D. Nösselt 11) wichtige Gründe beigebracht hat. **Basnage**, 12) will zwar nichts gewisses bestimmen, bringt es aber doch überhaupt zu den Schriften, so der Verfasser als ein Montanist geschrieben. Und also könnte es wohl seyn, daß er hier den **Irenäus** vor Augen gehabt habe.

§. 6.

Schluß = Erinnerung.

Ja wann dann auch alle bisherige Erinnerungen unzulänglich seyn solten, daß Zeugniß des **Tertullians** entweder überhaupt, oder wenigstens in Ansehung des disseitigen Germaniens (nach unserer Lage) zu verwerfen; und wann solches als ein gewisser Beweiß gelten solte, daß an dem Ende des zweiten Jahrhunderts in unserem großen Teutschlande Christen gewesen wären; so würde doch nicht daraus folgen, daß schon damals ganze Gemeinden daselbst wären angelegt gewesen, welches vor **Schöpflin** schon **Conring** erkannt, und daher beweißt, weil alle Teutsche, so bald hernach in die Römische Provinzen gegangen, Heiden

10) Histor. liter. script. eccles. Tom. I. pag. 93. der Basel. Ausgabe von 1741.

11) De vera ætate scriptorum Tertull. diss. 3. §. 12.

12) Annal. polit. eccles. Tom. II. p. 216.

den gewesen; und beweisen auch die Gedanken des Ursinus (welcher sonst den Tertullian, wie ich, erkläret) daß nemlich doch schon damals die Römer in das innere Teutschland gekommen, und die dem Rheine und der Donau nahe gelegene Orte mit Schlössern und Besatzungen versehen, noch nicht, daß dadurch, wie er glaubt, ganze christliche Kirchen daselbst gestiftet worden.

Zweiter Anhang.

Anmerkung von den Frohnfasten, und dem darauf folgenden Montag, an welchem das Hofgericht zu Marburg im Jahr 1500. zum ersten mal, und hinführo jedes Jahr viermal hat sollen gehalten werden.

§. 1.

Ungewisser Ursprung der Frohnfasten.

Da in der ersten Hessischen Hofgerichts-Ordnung, in dem Titel: **Wo und wie dicke des Jahrs das Hovegericht solle gehalten werden**, verordnet wird, daß die auf jedes Vierteljahr angesetzte Eröfnung dieses Gerichts am Montag in der Woche nach der Frohnfasten solle gehalten werden; so ist gewiß, daß unter

unter diesen Fasten, wie hernach wird gezeigt werden, keine andre als die Quatemberfasten, welcher Name vom Lateinischen quatuor temporum gemacht ist, zu verstehen seyen: und daher wird zur Erläuterung gemeldeter Stelle nicht undienlich seyn, eine kurze Nachricht von dem Ursprung dieser Fasten, und denen in der Folge bis auf das 16. Jahrhundert damit vorgegangenen Veränderungen zu geben, womit vielleicht denjenigen, welche nicht darüber vieles nachschlagen können, ein Dienst geschehen wird. Den Ursprung dieser Fasten setzt **Spanheim** 1) in die Zeit des Pabsts **Leo** des Grossen, der in der Mitte des fünften Jahrhunderts von 440. bis 461. dem höchsten geistlichen Amt zu Rom vorgestanden; und hat **Dalläus** 2) dargethan, daß sie weder aus dem ersten Jahrhundert herzuleiten seyen, noch **Leo** der Große selbst solches bezeuge, noch aus demselben ihre Allgemeinheit zu seiner Zeit zu beweisen sey. Nun hat zwar **Philastrius**, der im 4. Jahrhundert geschrieben, schon von vier Fasten gedacht, 3) doch so, daß zwar die auf Weih-

---

1) Histor. christian. maj. S. 856.

2) De jejuniis & quadrag. S. 746–753. 755–757. 762–768. Es hat auch Basnage annal. polit. eccles. Tom. II. pag. 283. 284. gezeigt, daß ihr Alter nicht in die ersten Zeiten der Kirche zu setzen sey.

3) De hæres. S. 319. 320. der Ausgabe des Fabricius, dessen Anmerkungen zu vergleichen sind; wo

Weihnachten und Ostern, wenigstens was Italien betrift, aus ihm erhellen, hingegen die im Herbst verschwiegen, und der gegen Pfingsten auf eine gar unverständliche Art gedacht, auch eine, die er in Epiphaniam setzt, beigefügt wird. Gewiß ist zwar, daß gedachter Pabst Leo von vier Fasten redet, 4) welche auf die vier Jahrszeiten in Rom feierlich begangen wurden; aber es ist eine andre Frage, ob er dadurch die hernach eingeführte eigentliche Quatemberfasten verstehe, und, wenn solches wäre, ob die damalige Zeit der leztren mit derjenigen, so noch heutiges Tages gilt, völlig überein treffe; indem er nur überhaupt die Frühlingsfasten in die gewöhnliche Fastenzeit vor Ostern, die Sommerfasten auf die Pfingsten, die Herbstfasten in den September, und die Winterfasten in den December sezt. Der H. Canzl. Böhmer 5) erklärt zwar

wo er jedoch den Blondel nicht bestimt genug wiederlegt, daß solcher von vier Fasten vor den Zeiten des Pabstes Leo nichts wissen wollen; dann leztrer redet zum theil anderst davon als Philastrius, aus dessen Worten auch noch keine solche Quatember, als hernach gegolten, zu beweisen sind.

4) Serm. VIII. de jejun. decimi mensis, Bl. 10. b. der Cölnisch. Ausg. s. Werke von 1569. Diese Stelle ist in die geistliche Rechtsbücher c. 6. distinct. 76. eingerückt.

5) Jur. eccles. Protest. Tom. III. S. 912. wo man auch S. 911. dessen Gedanken vom Ursprunge der Quatemberfasten nachsehen kan, und wo seine ganze

zwar den allda angeführten siebenden Monat vom October, und den zehnden vom Januarius; es mag aber dieses ohne Zweifel dadurch gekommen seyn, daß er die unter der angeführten Stelle des Pabstes **Leo** in dem **geistlichen Recht** stehende Worte nicht recht verstanden hat. Ueberhaupt aber hält **Dalläus** 6) nicht ohne Grund davor, daß unter den letzten dreien Fasten nichts anders als eine genauere Befolgung der in den älteren Zeiten nicht unbekannten, aber nicht durch ein Kirchengesetz befohlenen, und daher auch von den meisten nicht

---

ganze 1722. gedruckte Dissertat. de jure circa jejunantes eingerückt ist.

6) am angef. O. S. 758–761. Ich sehe daher nicht, daß **Pertsch** im Versuch einer Kirchenhist. 4. Jahrh. II. Th. S. 171. recht geschrieben habe, daß die Vier-Zeiten-Fasten im 5. Jahrhundert in Ordnung gebracht worden. Vergl. **Binghams** Origin. eccles. vol. IX. S. 244. der eine andre Veranlassung als **Dalläus** anzugeben scheinet, sich aber doch mit solchen vergleichen läßt. **Hildebrands** Meinung lib. de diebus festis, p. 67. daß die Quatember an die Stelle der beständigen wochentlichen Fasten an gedachten drey Tagen gekommen wären, würde anzunehmen seyn, wann das Aufhören der Fasten dieser drey Tage in das siebende oder achte Jahrhundert könnte gesetzt werden; wogegen **Dalläus** am angef. O. S. 721. 722. nachzusehen ist; der jetzigen Gewohnheit zu geschweigen. Vergl. was bey der Recension von der Ballerinischen Ausgabe der Werke **Leo** des Großen, in des H. D. **Ernesti** Theol. Biblioth. IV. B. S. 589. 592. ist bemerkt worden.

nicht in jeder Woche so genau in Acht genommenen Fasten am Mittwochen, Freitag, und Sonnabend, zu gewissen Zeiten zu verstehen sey. Ich will nicht läugnen, daß bereits der Verfasser der sogenannten **Apostolischen Constitutionen** 7) einer Fasten in der zwoten Woche nach Pfingsten gedenke; es bleibt aber dennoch ungewiß, ob Leo solche verstehe. Denn die Morgenländische und Abendländische, besonders Römische Gebräuche waren nicht allezeit einerley.

§. 2.

Erste deutliche Nachricht davon.

Es ist aber in der Folge geschehen, daß ausser allen andern Fasten auf ein jedes Vierteljahr ganz besondre sind angesetzt worden; ob

7) L. V. cap. 20 S. 326. in Coteler. Patr. Apostol. Vol I. der Ausgabe von 1698. wo die Anmerkungen zu vergleichen sind. Ich nehme an, daß von dieser Schrift bereits im 4. Jahrhundert einiger Anfang da gewesen seye, wovon auch Ittig Hist. eccles sec. I. select. capit. S. 53. handelt; vergl. Mastricht Histor. jur. eccles. S. 110. und daß etwa gedachte Stelle möchte gleich anfangs da gewesen seyn. Was überhaupt vom Alter dieser Schrift vor ein Streit sey. kann in allen neuern Werken von der Kirchenhistorie, und von den Schriftstellern der ersteren Jahrhunderte nachgesehen werden, und ist bekannt genug. Ich erwähne nur noch der Dissertationen von dieser

ob man schon die Zeit nicht eigentlich angeben kann, wann dasjenige, was desfalls zu des Pabsts **Leo** Zeit in der Kirche zu Rom einiger masen gegolten, mit einer näheren Bestimmung in andern Kirchen ist ausgeübt worden. Die erste Nachricht davon findet sich zum theil in dem zweiten Schluß der im Jahr 517. zu **Gironne** in Spanien gehaltenen Kirchen-Versammlung, 1) wo es heist, daß nach den Pfingstfeiertagen in der folgenden Woche drey Tage vom Donnerstag bis auf den Sonnabend solle gefastet werden. Dir Kirchen-Versammlung zu **Macon** von 581. verordnet zwar im neunten ihrer Schlüsse, 2) von Martini Tag bis auf Weihnachten alle Montage, Mittwochen, und Freytage zu fasten; dessen nicht zu gedenken, was auf der Versammlung zu **Tours** 567. 3) den Mönchen besonders gegen Pfingsten und Weihnachten vorgeschrieben worden: man sieht aber leicht, daß zu **Macon** keine eigentliche Quatember, son-

Materie, welche Gottl. **Wernsdorf** gegen den Engelländer **Whiston** zu Wittenberg 1739. und J. F. Cotta 1746. zu Tübingen geschrieben haben.

1) In Harduins act. concil. T. II. S. 1043.

2) eben das. T. III. S. 452. und in Sirmonds Concil. Gall. T. I. p. 372.

3) eben das. T. III. S. 360. und bey Sirmond am angef. O. S. 334. Wie diese Verordnung von der Beschaffenheit der Vierzeitenfasten abgehe, hat Basnage am ang. O. S. 284. genau bemerkt.

sondern eine größere Fasten vorgeschrieben worden sey, dergleichen vielleicht schon **Leo** gemeint. Im 7. Jahrhundert findet sich, daß der Bischoff **Isidocus von Sevilien** 4) einer canonischen auf einen Tag nach Pfingsten angehenden Fasten, aber keiner früheren, ausser der gewöhnlichen vor Ostern, so quadragesima hieß, 5) gedenke; wobey er die dritte auf den zehnten September setzt, zu der Zeit der vierten aber den ersten November, und also auf

4) L. I de offic. eccles. cap. 36–38. Th. II. der Paris. Ausg. s. Werke von 1589. Bl. 112. a.

5) Ich nehme hier dieses Wort in seiner ersten und eigentlichen Bedeutung. Dann daß es in der Folge ein Namen mehrerer Fasten gewesen, wann solche auch nicht vierzig Tage gewährt, hat Dalläus am angef. O. S. 485. u. f. auch noch aus dem 9. Jahrhundert gezeigt, wie auch solches sein Gegner, der Engelländer Beveregius cod. can. eccles. primit. illustr. welche Schrift beym Cotelerius Th. II. wieder gedruckt ist, S. 143 nicht läugnet, ob er wohl in Bestimmung der Ursache, warum gedachtes Wort eine weitläuftigere Bedeutung bekommen, nicht mit ihm eins ist, noch seyn konnte. Die unter den Fränkischen Königen im Gang gewesene vierzigtägige Fasten vor Weihnachten von Martini an, welche auch Böhmer in den Anmerkungen zu des Fleury instit. jur. eccles. S. 315. aus einer Stelle der Capitularien bemerkt, war würklich von einerley Zeitlänge mit der großen Fasten vor Ostern. Gonzal. Tellez comm. ad decret. Tom. III. p. 952. not. c. hat die Stellen des Rabanus Maurus und andrer von erstrer bemerkt, und gesteht, daß sie in Ansehung der Zeiten und Orte verschieden gewesen.

auf jedes der beiden letztren male nur einen Tag, angiebt. Die erste deutliche Nachricht von den besondren Vier Zeiten-Fasten komt in 34. Schluß der Versammlung der Geistlichen zu **Mainz** von 813. vor, 6) wo es heist, daß viermal im Jahr, nemlich in den Anfangsmonaten der vier Jahrszeiten, eine gemeine Fasten seyn solle, als im März in der ersten Woche, im Junius in der zweiten, im September in der dritten, und im December in der vollen Woche vor dem letzten Tage, der vor Weihnachten hergeht, und zwar beide erstre am Mittwochen, Freytag, und Sonnabend, welche Tage auch ohne Zweifel bey den beiden andren

6) Bey Harduin T. IV. p. 1015. und in Harzheims Concil. German. Tom I. p. 411. Die Erinnerung, so gegen diesen Schluß in der unter dem Namen Micrologus bekannten liturgischen Schrift (wo aber ein gewaltiger Verstoß in dem Namen des Kaisers ist) gemacht wird, kann man beym Basnage am angef. O. S. 284. lesen. Vergl. den Ordinem Romanum, eine schon damals bekante Schrift, (von welcher die in Köchers Biblioth. liturg p. 707. angeführte Schriftsteller zu lesen sind) Bibl. Max. Patr. Tom. XIII. pag. 672. den antiquum ordinem Romanum, der fast tausend Jahr alt ist, in Martene Thes. Anecd. T. V. p. 103. wo in Ansehung der ersten Quatemberfasten der Umstand erfordert wird, daß die erste Woche des Märzes in die grose Fastenzeit falle; und wegen der zwoten die erste Woche nach Pfingsten überhaupt vorgeschrieben wird; und eine alte Urkunde in Baluzii append. act. veter. ad Reginon. de discipl. eccles. S. 604. am Ende.

andren malen zu verstehen sind; zumal in einer Homilie eines ungewissen Verfassers, welche **Baluzius** 7) ganz hat drucken lassen, bey beiden letztren Fasten ausdrücklich diese drey Tage angeordnet werden. Wie man es im achten Jahrhundert in England gehalten, zeigt des Erzbischoffs **Egbert** zu York dialogus de institutione ecclesiast. 8) wo, zum Theil mit Beziehung auf die Vorschrift des Pabsts **Gregorius** des Großen, angezeigt wird, daß die englische Kirche die erste dieser Fasten, allezeit in der ersten Woche der großen Fasten vor Ostern, (so verstehe ich wenigstens die Worte) die zwote auf den zweiten Sonnabend des vierten Monats, die dritte in der vollen Woche vor dem æquinoctio des Herbsts, und die vierte in der vollen Woche vor Weihnachten, und zwar letztre auf den Mittwochen, Freytag und Sonnabend halte. Aus eben dieses Mannes

7) Append. ad Tom. II. Capitular. R. F. p. 1376. vergl. Tom. I. pag. 854. Von einem besonderen in der angeführten Versamlung von Tours vorkommenden jejunio Epiphaniæ, so aber von dem, dessen **Philastrius** gedenkt, unterschieden ist, s. **Bingham** am angef. O. S. 248. und **du Fresne** u. d. Worte: Jej. Kal. Januar.

8) In **Harduins** Act. Concil. T. III. pag. 1984. 1985. Die Kirchenversamlung zu Cloveshoven in England von 747. befiehlt im achtzehnten Schluß in **Spelmanns** Concil. Britann. T. I. pag. 256. und bey **Harduin** am angef. O. S. 1957. nur überhaupt, die Fasten des vierten, siebenden, und zehnten Monats genau zu halten.

nes excerptionibus ex patribus 9) sieht man auch, daß er gewolt, es solle die Ordination der Priester und Diaconen auf den Sonnabend der Quatember geschehen.

§. 3.

Fernere Bestimmung davon im 11. Jahrhundert.

Weil aber die Anfangstage der Monate nicht auf einen gewissen Tag der Wochen fallen, und also die drey Fasttage nicht allezeit in einem Monat und einer Woche zusammen kamen, so entstund manchmal eine Schwierigkeit, in welcher Woche jeden Monats die gedachten Fasten zu feiren wären. Es verordnet daher der 2. Canon der zu Seligenstadt 1022 gehaltenen Kirchen-Versamlung 1) zu Abstellung dieser Ungewißheit, daß, wann der 1. März auf einen Mittwochen, oder einen

9) Can. 97. eben das. S. 1970.

1) Bey Harduin Tom. VI. p. 1. S. 828. und im geistl. Rechte cap. 3. dist. 76. In Harzheims Concil. German. Tom. III. p. 55. ist diese Verordnung zusammen gezogen, und die algemeine Verordnung wegen der Sommer- und Herbstfasten ausgelassen, doch die Clausel wegen der ersteren beibehalten; auch nach der Vorschrift wegen der Frühlingsfasten zugesetzt worden, daß es wegen der andren drey Quatember eben so solte gehalten werden. Einiger Veränderungen in der lateinischen Schreibart nicht zu gedenken.

einen andern Wochentag vorher fiel, die Fasten in derselbigen Woche, im gegentheiligen Falle aber in der folgenden solle gehalten werden. Würde der 1. Junius auf einen Mittwochen oder vorher in der Woche einfallen, so solle die Fasten in der folgenden, (welche nur in diesem Falle als die zwote des Junii angesehen wurde) sonst aber in der dritten Woche angestellt werden, jedoch so, daß, wann sie nach der gedachten Verordnung auf den Tag vor Pfingsten treffe, sie nicht alsdann, sondern in der Pfingstwoche solle gehalten werden. Die Herbstfasten solle, wann der 1. September auf einen Mittwochen oder früher in der Wochen fiel, in der dritten Woche des Septembers, sonst aber in der vierten gefeiret werden. Im December aber solle zu der Fasten der nächste Sonnabend vor dem nächsten Tag, der vor Weihnachten hergeht, bestimt seyn, weil solche nicht könne auf ein Vorfest (vigilia) gehalten werden; wie denn auch schon in den älteren Zeiten auf Festtage, davon die Vorfeste eine Gattung waren, keine Fasten gehalten wurden. Diesem ungeachtet setzte es besonders wegen der Sommerfasten noch Schwierigkeiten, daher der 1129. noch lebende Abt **Gottfried** von Vendome sich beym Bischoff **Hildebert** von Mans erkundigte, auf welche Zeit solche fallen müßte, über welchen Brief der in der Kirchenhistorie mittlerer Zeiten vortreflich erfahrne Jesuite **Sirmond** eine Erläuterung lie-

liefert, welche man auch ganz beym Dallåus z) nachsehen kann, und woraus sich ergiebt, daß man, wenigstens in Frankreich, sich nicht allenthalben nach dem Seligenstädter Schluß von 1022. gerichtet habe, biß der Pabst Gregorius *VII.* und die Kirchenversamlung zu Costnitz 1094. auch eine von Auvergne, (von welcher ich aber nähere Nachricht wünschte, so ich noch nirgends gefunden,) die Woche nach Pfingsten, gleichwie zu der ersten Fasten die erste Woche der grossen vor Ostern, angesetzt habe; wiewohl auch diese Verordnung nicht allenthalben auf einmal angenommen worden. Von dem Schlusse, den Gregorius *VII.* 1078. auf einer Römischen Kirchenversamlung soll gemacht haben, habe

z) am angef. O. S. 744 745. In Sirmonds Anmerkungen zu gedachten Gottfrieds Werken, in der Biblioth. Max. Patr. Tom. XXI. steht sie S. 105. Die damalige unbestimte Zeit oftgedachter Fasten erkennen auch der Cardinal Bona rer. liturg. L. II. pag. 359. der Sammlung s. Werke in fol. und von Espen comment. in P. I. Gratiani oper. T. III. pag. 568. der Ausg. von 1777. Was das gedachte Concilium zu Auvergne angeht, so kann es dasjenige nicht seyn, das Martene Thes. anecdot. Tom. IV. p. 120. hat drucken lassen, wie der Augenschein ausweiset. Sirmond führt es aus einer Sammlung des Lambertus von Arras an. Diesen Mann und seine Schriften kenne ich wohl aus Oudins Comment. de scriptorib. eccles. Tom. II. p. 880. und andern Schriftstellern, wo ich aber nichts von gedachter Sammlung finde.

habe ich keine andre Nachricht, als im Leben des Paderbornischen Bischoff **Meinwercs** gefunden, 3) wo S. 551. vorgedachter Seligenstädter Schluß ebenfalß zu lesen ist, und in welcher Ausgabe man diesen Unterschied wahrnimt, daß in dem Falle, wo der erste Junius auf einen Donnerstag oder folgenden Wochentag fält, die Sommerfasten in die dritte oder vierte Woche solle verschoben werden. Hier giebt nun der **Verfasser der gedachten Lebensbeschreibung** erstlich eine Critik über die Seligenstädter Bestimmung der Frühlingsfasten, wo er deren beständige Ansetzung in den März daher bestreitet, weil erstlich solche zur Einweihung der zum geistlichen Stande gewidmeten Personen bestimt gewesen, **Gelasius** aber und andere Päbste ja auch im Februarius dergleichen verrichtet, mithin die Quatember schon damals zu Rom in letztgedachtem Monate müßten seyn gebräuchlich gewesen, welches dann allenthalben nachzuahmen sey. Da auch die große Fasten vor Ostern vielfältig schon im Februarius anfängt, so könne man die Quatember nicht allezeit bis in den März versparen; u. s. f. Daher hat nun, wie es alda ferner heist, **Gregorius** *VII.* in Gegenwart von fast hundert Erz- und Bischöffen, nicht nur in Ansehung der Frühlings- und Sommerfasten das schon angeführte, sondern auch von den Herbstfasten dieses verordnet, daß

3) In *Leibnitii* script. Brunsuicens. T. I. p. 553.

daß selbige im September solten gehalten werden, doch so, daß, wann der erste September auf einen Montag, Dienstag, oder Mittwochen fiel, man die dritte; wenn aber besagter Tag auf einen andren Wochentag falle, die vierte Woche dieses Monats dazu nehmen solte. Da aber die Bestimmung dieser leztren Fasten als eine Bestätigung dessen, was schon Leo und Gelasius vorgeschrieben, angegeben wird, so ist dieses von nichts anders, als denen Stellen zu verstehen, die §. 1. not. 4. und §. 5. not. 3. angemerkt sind, als welche man in den mittleren Zeiten von den Vier-Zeiten-Fasten verstanden: wiewohl es auch fast scheint, daß dasjenige, was gedachter Schriftsteller von der Sommer- und Herbstfasten meldet, von ihm nicht so wohl als eine Gregorianische Verordnung, sondern vielmehr als eigner Gedanke angeführt werde. Es ist aber auch auf einer teutschen Nationalversamlung der Geistlichen zu Quedlinburg 1085. 4) das vorhin gemeldte wiederholt worden, so daß die Frühlingsfasten in die erste Woche der grossen Fasten vor Ostern, die Sommerfasten aber auf Pfingsten, doch also mit einem nicht recht bestimmten Ausdrucke, gesetzt werden. Wann aber auch die Richtigkeit von der wirklichen Ver-

4) Aus *Bertholdi* Constant. chron. in *Urstisii* scriptor. rer. German. T. I. pag. 356. bey Harduin am angef. O. S. 1615. wo gedachter Schluß der sechste ist; und in des H. von Erath Cod. diplom. Quedlinb. pag. 77.

Verordnung **Gregorius** *VII.* gesetzt, daß sie nicht auf einer Kirchen-Versamlung gegeben sey, ausser Zweifel wäre, so könnte doch vielleicht der Ausdruck infra hebdomadem pentecostes die Ursache gewesen seyn, daß der oben gedachte Abt **Gottfried** sich nicht zu finden gewußt, und vor nöthig gehalten, Nachricht einzuholen; ja noch im 13. Jahrhundert wurde, wie man aus dem achten Schlusse der Versamlung zu **Oxford** 1222. 5) ersieht, in England diese Fasten von einigen in der Woche nach dem Himmelfahrtsfest, von andern in der Pfingstwoche begangen, gleichwie auch alda die vierte Fasten in der ganzen Woche vor Weihnachten gehalten wurde.

§. 4.

Schriftwechsel darüber zwischen zwo Kirchen.

Besonders aber ist hier eines hieher gehörigen Briefwechsels zu gedenken, welchen die beiden Kirchen zu Trier und Lüttich gegen das Jahr 1100. mit einander geführt haben, und welcher zu erst von dem gelehrten Benedictiner in Frankreich, **Edm. Martene,** 1) ist ans Licht gestellt, und aus solchem von dem vortreflichen Geschichtschreiber, dem **H. von Hont-**

5) Bey Harduin Tom. VII. S. 117.

1) Thes. nov. anecdot. Tom. I. S. 192–306.

Hontheim 2) wiederholt worden. Es fragten neimlich die Geistlichen zu Lüttich bey denen von Trier an, ob man auf den ersten Sonnabend im März fasten solle, wann schon solcher Monat auf einen Freitag oder Sonnabend anfange, oder ob alsdann erst der folgende Sonnabend hierzu zu bestimmen sey? Die letztern antworteten: man müsse allezeit den Mittwochen des Märzens erwarten, weil die den Mittwochen anfangende, und auf den Sonnabend zu Ende gehende Fasten nicht zum Februarius, sondern ganz zum März gehöre, als in welchem müsse gefastet werden, weil er der erste Monat von Anfang der Welt sey. Sie führten auch eine mystische Ursache an, warum man allezeit von einer der gedachten Fasten im Jahr bis zur andern vierzehn Wochen zählen müsse, und urtheilten, daß, wann das Vorfest vor Weihnachten auf einen Sonnabend einfiel, alsdann die Quatemberfasten die Woche vorher zu halten sey: wobey sie die Unbequemlichkeiten vorstellten, welche aus der gegentheiligen Rechnung bey der Märzfasten erwuchsen. Es gab aber der bekannte Geschichtschreiber **Sigebert von Gemblours**, hierauf eine lange Antwort im Namen der Geistlichen zu Lüttich, worinnen er auf alles, was im Trierischen Schreiben vorgebracht war,

2) Histor. Trevir. diplom. T. I. S. 452–464. Den Nutzen der erstern dieser Urkunden in der teutschen Zeitrechnung bemerkt Haltaus cal. med. ævi S. 29.

war, nicht ungeschickt antwortete. Es läßt sich davon allhier kein Auszug geben, und bemerke ich daher nur dieses, daß er sich auf einen vorgewesenen Schluß einer zu **Tribur** gehaltenen Versamlung, welches die von 1031. ist, beruft, kraft welcher, wann die erste Quatemberfasten nach derjenigen Woche einfallen würde, in welcher die große Fasten auf Mittwochen angeht, beide Fasten zusammen mit einem Hohen Amt solten begangen werden, wowider aber einige Niederländische Geistliche sich gesetzt, und vielmehr erhalten hätten, daß die erstere gedachte Fasten in der andern Woche, worinnen das Hohe Amt gehalten wird, nach alter Gewohnheit begangen werden solte. 3) Mit

3) Auf gleiche Weise erzehlt Sigebert dieses in seiner Chronik, in Pistor. scriptor. R. G. pag. 831. Der zu eben derselben Zeit lebende Geschichtschreiber Balderich berichtet es in seinem höchst seltenen chron. Camerac. woraus die Stelle in Harduins act. Concil. Tom. VI. P. I. S. 895. eingerückt ist, etwas anderst, und beschreibt den vorgewesenen Schluß so, daß, wann die Quatemberfasten in die erste Woche der größeren, wie es zu geschehen pflege, falle, beide mit einem Hohen Amt begangen werden sollten. Was würklich erfolgt sey, beschreibt er eben so wie Sigebert. Es ist Schade, daß wir von dieser Versamlung zu Tribur keine andre, als die kurze Nachrichten der genannten beiden Männer haben, welche zu gleicher Zeit gelebt, und wovon keiner sich in einem Umstand befunden, der seine Glaubwürdigkeit über des andern seine erhebt. Wann ich indessen bedenke, wie es nach **Balderichs** Erzehlung scheine, daß kein Wider-

Mit vorgedachter Antwort war man nun zwar zu Trier wohl zufrieden, bezeugte aber nur einen Zweifel, ob die Regel des bekannten Abts **Berno von Reichenau**, welcher in seiner Schrift von den Vierzeitenfasten 4) denen zu Trier zum Führer ihrer Meinung gedient hatte, einer Ungleichheit in der Berechnung der einen dieser Fasten zu der andern, mit Recht könne beschuldigt werden? worauf aber **Sigebert** wiederum ausführlich antwortete, und zeigte, daß dessen auf allegorische Gründe erbauete Rechnung nicht mit den zwey und fünfzig Wochen des Jahrs überein treffe, folglich solche durch den entstehenden Zeitraum von zehn Wochen von der letzten Fasten an bis zur ersten Quatemberfasten des folgenden Jahrs seinen eigenen Satz, von der einen zur

---

Widerspruch habe entstehen können, so scheue ich mich nicht, dem Sigebert zu folgen; und daß solcher in seinen Nachrichten beide mal nicht in, sondern infra geschrieben, ergiebt der Zusammenhang mit demjenigen, was in seinem Schreiben kurz vorher geht: wobey sich also von selbst verstehet, daß infra nicht, wie sonst manchmal, z. E. in dem 27. Clermontischen Schluß, wann er mit S. 1737. bey Harduin T. VI. P. II. verglichen wird, so viel als innerhalb, sondern nach heisse.

4) Diese ist vom gelehrten Benedictiner Bernh. Pez seinem Thes. anecd. Tom. IV. P. II. p. 55. einverleibt worden. Daß oben gedachter Schluß von Seligenstadt nach der Vorschrift dieses Berno eingerichtet sey, bemerkt Pez Dissert. isagog. in Tom. IV. Thes. Anecd. p. 8.

zur andern jedesmal vierzehn Wochen zu zählen, umstoße. Ueberhaupt ist nun vom Ende des 11. Jahrhunderts an diese Zeit der Quatemberfasten nach der Verordnung des Pabsts Gregorius *VII.* welche Urban *II.* im 14. Schluß der Kirchenversamlung zu Piacenza 1095. bestätigt, und auf der zu Clermont in demselben Jahre 5) wiederholt, so gehalten worden, daß die erste in die erste Woche der großen Fasten vor Ostern, die zwote in die Woche der Pfingsten, die dritte in die dritte Woche des Septembers, und die vierte in die dritte Woche des Decembers gefallen, welche Zeiten noch jetzo in der Römisch-Catholischen Kirche gelten, wie z. E. was die zwote Fasten betrift, aus des Pabst Benedicts *XIV.* institution. eccles. 6) kann ersehen werden.

§. 5.

---

5) Beym Harduin Tom. VI. P. II. p. 1715. 1719. In Teutschland besonders wurde auf die Versamlung der Geistlichen zu Nordhausen 1105. wegen der erstern beiden Zeiten ein gleiches beschlossen, wie der Urspergische Chronist Chronic. p. 186. der Ausgabe von 1609 berichtet. Ich brauche hier den gewöhnlichen Ausdruck. Dann ich weiß wohl, was nach Struven in Observat. sel Halens. Tom. I. pag. 304. seq. der H. P. Schumacher in den Beyträgen zur Teutschen Reichshistorie, III. Betracht. S. 38. u. f. gründlich bemerkt hat.

6) Institutione IV. p. 12. der Lateinischen Ausg. von 1751. Mit den Herbst- und Winterfasten hat es jetzo noch dieselbe Beschaffenheit, wie Durandus rational, divin. offic. L. VIII. fol. 472. a. der

§. 5.

Ursache des teutschen Namens Frohnfasten.

Es wird zu unserm Zweck unnöthig seyn, von vier berühmten jährlichen Fasten Nachricht

---

der Antwerp. Ausg. von 1614. dieselben angiebt, daß nemlich erstre auf den Mittwochen nach Creuzerhöhung, und letztre auf den Mittwochen nach Lucientag fält. Mit dem Durandus sind die Synodalschlüsse einiger französischen Kirchen von 1289. in Martene Thes anecd. Tom. IV. p. 766. und eine andere Schrift ohne Jahr, Manuale Henrici, Sistaricens. Episcopi in synodo Sistaricensi (zu Sisteron) approbat. eben das. S. 1088. einstimmig, wo sich auch der bekannte Vers: *Vult crux &c.* findet. In den über sechshundert Jahre alten Antiquior. consuetudinib. Cluniacensis Monasterii in Dachery Spicileg. veter. script. T. I. pag. 657. der Ausg. des de la Barre wird gesagt, daß die zwote Fasten nie vor Pfingsten gehalten werde, obschon ihre eigentliche Zeit, (terminus regularis) nemlich ohne Zweifel die zwote Woche des Junius, eher fiele; falle solche aber in die Pfingstwoche, so werde sie nicht aufgeschoben. Wann erstres, wie es scheint, als etwas besonders zu Cluany angegeben wird, so läßt sich daher leicht schliesen, wie es in diesem Stücke anderswo manchmal noch gehalten worden. Bey Durand L. VI. fol. 263. b) 264. und in Harduins Concil. Tom. III. pag. 1983. 1984. kann man eine Probe lesen, was vor Ursachen von den Vierzeitenfasten man in den mittleren Zeiten sich vorgestelt habe; worinnen jener dem guten theils folgt, was Berno am ang. O. S. 59. hat. Vergl. *Chemnitii* exam. concil. Trid. P. IV. p. 158.

Daß

richt zu geben, welche in den mittleren Zeiten in der Griechischen Kirche, ausser der vor Ostern, gewöhnlich gewesen, als welche von den Quatembern in der Abendländischen Kirche gänzlich verschieden sind; und ich will mich also desfalß auf die Schrift des bekannten Schriftstellers im 12. Jahrhundert, Theod. Balsamons 1) davon berufen. Ich komme viel-

Daß in der Englischen Kirche die Ordination der Priester und Diaconen noch auf die nächste Sonntage nach den Quatembern geschehen, bezeugt Benthem im Englischen Kirchen- und Schulenstaat, S. 382. der Ausg. von 1732. Nun sagt er zwar nicht deutlich, daß diese Fasten selbst noch gebräuchlich wären, man sieht es aber aus denen von ihm eingerückten, noch geltenden canonibus eccles. Anglic. von 1604. S. 653. und zeigen die S. 383. benannte Sonntage, daß gedachte Fasten in England in Ansehung der Zeit mit den Römischen entweder einerley sind, oder doch sehr nahe damit zutreffen. Cosinus de eccles. Anglic. religione discipl. &c. welche Schrift seinem Leben in Th. Smiths vitis erud. & illustr. viror. beigedruckt ist p. 50. setzt diese Fasten auch noch auf den Mittwochen, Freitag und Sonnabend. Daß in der Römischen auf solche Zeiten die Ordinationen geschehen, ist bekannt. Man sehe die Erinnerung des vom Espen jur. eccles. univers. Oper. T. I p. 511 *a*. der ang Ausg.

1) In des Coteleriius Monumentis eccles. Græcæ, Tom. II. p 492 514. womit die Anmerk S. 687 zu vergleichen. Wer es noch deutlicher zu wissen verlangt, kann älterer Schriftsteller nicht zu gedenken, den du Fresne am ang. O. u d.

 Wort

vielmehr auf die teutsche Benennung der Vierzeitenfasten, da man solche **Frohnfasten** genennt. Daß sie diesen Namen gehabt, auch **Weichfasten** und **Goldfasten** geheissen, hat **Haltaus** 2) bemerkt, und von der Ursache des Namens **Weichfasten** die gegründete Erklärung gegeben, daß solche von den auf diese Zeit verordneten Einweihungen der Geistlichen herzuleiten sey, dergleichen schon der Pabst **Gelasius** I. 3) am Ende des 5. Jahrhunderts auf die vier Fasten des Jahrs, vor Ostern, im Junius, September, und December, da solche noch so unbestimmt als unter **Leo** dem Großen waren, wie §. I. und II. gezeigt worden, gebotten hat. Was aber das Wort **Frohnfasten** betrift, so möchte jemand auf die Gedanken kommen, es heisse so viel als streng gebottene Fasten, die man keineswegs unterlassen dürfe, wie denn würklich einige Lateinische Scribenten, wovon **Haltaus** 4) Bey-

---

Wort Quadrages. den Allatius de perp. occid. & orient. eccles. cons. pag. 1045. und des Heineccius Abbild. der Griech. Kirche, Th. III. S. 391. nachsehen.

2) Cal. med. ævi, pag. 14.

3) Dessen Worte aus einem seiner Briefe in das geistliche Recht c. 7. dist 75. gesetzt sind. Vergl. Bingham am angef. O. S. 250. und Vol. II. pag. 177–180.

4) am angef. O. Die von Mabillon itin. German. p. 88. der Fabricischen Ausg. angegebene Ursache dieser Benennung lasse ich dahin gestellt seyn.

Beispiele giebt, solche angarias nennen. Allein ausser dem, daß nicht zu begreifen ist, warum die Quatemberfasten diese Benennung besonders solten bekommen haben, indem damals alle andere Fasten mit solchen gleiche Verbindlichkeit hatten; so ist von denen, die so gedacht, die significatio adjectiva des Worts **Frohn** ausser Acht gelassen worden. Daß solches so viel als heilig, vortreflich geheissen, hat **Haltaus** 5) schon bewiesen, **Wachter** 6) aber diese Bedeutung viel bestimter, mit Absicht auf ihren Ursprung dargethan. Dann da es anfangs so viel sagen wollen, als dominicus, vom Fränkischen **Fron**, ein Herr, und hierauf so viel als prächtig geheissen, cultu & splendore Domino similis, so bedeutete es ferner so viel als vortreflich, ja auch als öffentlich und fiscalis. Daß es auch die Bedeutung von heilig gehabt, leitet **Wachter** daher, weil die Personen und Sachen der Fürsten allenthalben heilig gehalten worden; und aus dieser letzteren Bedeutung

5) am angef. O. S. 105. 106.

6) Glossar. German. Tom. I. pag. 496. 497. Er bemerkt auch, daß in den zusammen gesetzten Worten Frohn-Leichnam und Frohn-Altar das erstere nicht substantive sondern adjective zu geben sey, corpus dominicum, obschon die Sache selbst eins ist. Haltaus ist glossar germ. p. 533. mit ihm wegen der Bedeutung des Worts Fron in der Hauptsache eins, ob er schon die Abstammung davon anderst angiebt.

tung ist zu begreifen, was **Haltaus** anführt, daß **Frohndienste** erst diejenigen genennt worden, welche an heilige Orte mußten geleistet werden, von dar diese Bedeutung überhaupt auf alle Dienste überbracht worden; wiewohl **Wachter** in diesem Stück andrer Meinung ist, nach welcher die Bedeutung gedachten Worts vielmehr von andern Diensten auf die, so man heiligen Orten schuldig war, übergegangen wäre. Wann nun die Vierzeitenfasten durch den Namen Frohnfasten, mit dessen Bedeutung das Wort Goldfasten übereinstimt, wie **Haltaus** 7) gezeigt, als vor andern besonders heilige und vortrefliche angegeben worden, so ist die Ursache ohne Zweifel diese, weil eine jede aus drey Tagen bestund, welche die drey Monate eines jeden Vierteljahrs vorstellten, folglich diese zwölf Tage sich auf die zwölf Monate des Jahrs bezogen, und ihr Gutes solchen mittheilten. Auf diese Art sind die Zeiten, das Marburgische Hofgericht zu halten, in der gleich anfangs angegebenen Stelle, in den Februarius oder März, den May oder Junius, den September, und den December gesetzt worden. Da auch die erste H. Ger. Ordnung auf Montag Bartholomäi, d. i. den 24. August 1500. datirt ist, so ist in Ermangelung genugsamer Nachrichten zu vermuthen, daß noch in demselben Jahr nach der Herbstquatember die-

7) am angef. O. S. 104.

dieses Gericht zu sitzen angefangen habe. Daß aber zu den Hofgerichten mehrmalen die Zeiten die Quatember angeordnet worden, siehet man z. E. daraus, daß nach dem Zeugniß des **H. Consist. R. Grupens** 8) das Calenbergische Hofgericht, welches ehedem zum Ronnenberge, und zwar schon 1466. aufgerichtet gewesen, anfänglich das Quatertember-Gericht geheissen, und jährlich viermal gegen die gedachte Zeit gehalten worden; und zweifele ich nicht, daß sich mehrere dergleichen Beispiele finden lassen, worüber ich aber gegenwärtig nicht ein mehreres nachschlagen kann. Nur be-

8) Observ. de judic cur. Brunſ. Luneb. so dessen discept. foreps. beygefügt ist, S. 570. 630. Daß man auch damals zu andern öffentlichen Geschäften, so jedes Vierteljahr zu wiederholen waren, die Zeit gegen die Frohnfasten angesetzt habe, ersieht man z. B. aus der 202. Beil. des II. Th. der Nachr. von der Commende Schiffenberg, die von 1370. ist. So wird auch in des H. von Gudenus cod. diplom. Tom. V. pag. 722. in einer Speierischen Urkunde von 1389. die Zahlung gewisser Gefälle an die Frohnfasten gebunden. Auch zu den Seelmessen und Vigilien wurden manchmal die Quatember genommen; wie bey dem H. von Erath am angef. O. S. 447. 587. 846. in H. R. Würdtweins Diœces. Mogunt. comm. X. p. 540. und in Quentins Nachr. von der Kalands-Brüderschaft zu Münden S. 29. zu finden ist; wovon man etwas ähnliches bey dem H. von Gudenus am angef. O. S. 811. lieset.

merke ich noch, daß in derjenigen Stelle aus Gerstenbergers Frankenb. Chronik, welche in den Marburg. Anzeigen von 1763. St. *VI.* S. 55. bemerket, und wo das Wort Frohnfasten gefunden wird, das allda angezeigte in die Woche falle, welche im Jahr 1382. mit dem 23. Februarius angefangen, wie sich solches aus des H. Rabe calendar. fest. dierumque mobil. & immob. leicht berechnen läßt.

Regi-

Register

merkwürdiger Namen, Personen, und Oerter, derer Erwähnung geschehen.

A.

Ahna-

B.

Brei-

H.

Her-

J.

K.

Kugel-

Lude-

M.

Mar-

N.

O.

Otto,

S.

T.

U.

V.

W.

Wahr-

Z.

Druck-

Druckfehler, nebst einigen Zusätzen.

S. 32. Z. 13. statt: der, l. zu der.

S. 76. Z. 20. statt: todte, l. Tode.

S. 103. Anmerk. 7. Z. 8. ist zuzusetzen: Einen, die Grafen von Gleichen angehenden Hersfeldischen Lehnbrief, hat noch neulich H. Ledderhose in den Marburg. Anzeigen von 1781. St. 19. S. 147. bekannt gemacht.

S. 112. am Ende not. 9 ist zuzusetzen: man zween verschiedene Orte mit einander vermischt habe; wiewohl auch unser Hersfeld allerdings in der Halberstädtischen Gegend Güter besessen hat.

S. 113. Z. 10. ist: über, auszuthun.

— — not. 11. Z. 1. statt: wie, l. wo.

— — — — Z. 8. 9. statt: histor. l. histor.

S. 117 Z. 19. statt: Namen, l. Nonnen.

S. 119. Z. 25. statt: geraumen, l. geraume.

S. 120. Z. 9. statt: mit Grunde, l. nicht mit G.

S. 124. Z. 6. statt: ansetzte, l. ansetzten.

S. 125. Z. 17. statt: befindet, l. geschehen ist.

S. 128. Z. 19. statt: Ketters, l. Retters.

S. 143. Z. 20. statt: den, l. dem.

S. 216. not. 14. Z. 3. statt: Urkunden, l. Beilagen.

— — — — Z. 6. statt: gemachten, l. gethanen

— — — — Z. 8. statt: bestätigte Schenkung, l. bestätigten Verkauf.

— — — — eben das. statt: Harpprechhausen, l. Harpprachhausen.

S. 223. Z. 19. statt: Kesseberg, l. Keseberg.

S. 269. §. 3. muß an das Ende beygesetzt werden: das Stift besaß auch das Patronatrecht über die Kirchen in Niederzweren und Halse. 10) und die Note 10. H. R. Ledderhose hofe Beitr. zur Beschreib. des K. St. der Hessencassel Lande, S. 53. 58.

S. 282. not. 1. ist beizusetzen: In der letztern scheint, wegen des vorhin erzählten, der Name des gedachten Landgrafens ein Fehler zu seyn.

S. 298. Z. 2. von unten: statt: einen, l. einem.

S. 344. not. 1. Z. 7. statt: Werke, l. Werkes.

S. 352. lin. ult. ist nach bekanntlich das comma auszuthun.

S. 369. Z. 17. ist statt ! ein . zu setzen.

S. 373. Z. 3. nach Gehülfensberg ein , zu setzen.

S. 384. Z. 13. statt: Fratres, l. Fraters.

S. 389. not. 2. Z. 2. statt: N. l. von.

S. 395. Z. 11. statt: bekräftige, l. bekräftigte.

S. 397. Z. 10. statt: Herme, l. Henne.

S. 409. §. 1. Z. 4. ist nach Stiftern ein , und zu zusetzen: welche selbst Canonicatstifter sind.

S. 419. Z. 20. statt: Schlüsseln, l. Schlüssel.

S. 432. not. 12. Z. 2. statt: negentes, l. negantes.

S. 445. §. 1. Z. 2. ist nach Ordnung zu setzen: von 1590.

Anzeige des Verlegers

der Religions-Vereinigungs-Schrifften.

Da, bey dem gegenwärtigen Religions-Vereinigungs-Geschäffte, es an solchen Schrifften, die in Beziehung auf dasselbe herauskommen werden, nicht ermangeln, vielmehr zu vermuthen stehet, daß deren Anzahl sich sehr häuffen wird; so habe ich mich entschlossen, eine Monathschrifft, unter dem Titel: **Beyträge zu den neuesten Religions-Vereinigungs-Schrifften**, dergestalten herauszugeben, daß jeden Monath, Ein Stück von acht gedruckten Bogen, geliefert werden soll. Man wird darinnen 1) alle diejenigen Schrifften, welche, von denen Herren Verfassern, die unbekannt bleiben wollen, eingesandt werden, so mittheilen, daß sie, nach der Ordnung, wie solche eintreffen, eingerückt werden. 2) Sollen darinnen alle diejenigen Schrifften, die Einfluß auf dieses Geschäffte haben, und etwa anderswo herauskommen möchten, kürzlich angeführet, und davon ein faßlicher Auszug geliefert werden. Daferne es sich zutragen sollte, daß Schrifften eingeschickt würden, durch deren Einrückung die bestimmte monathliche Bogenzahl überstiegen werden müßte, gleichwohl aber doch so merkwürdig wären, daß man sie geschwinde und im Ganzen hervortreten zu lassen, für nöthig erachtete; so soll alsdann ein Anhang, zu dem monathlichen Beytrage, geliefert werden, dessen Bogenanzahl aber, nach dem Verhältnisse der Schrifft, unbestimmt seyn. Für 12 Monaths-Stücke, die einen Jahrgang ausmachen, bezahlen die Herren Subscribenten nicht mehr, als 2 fl. 24 kr. auf Druck- und 3 fl. auf Schreibpapier: dahingegen jedes Stück, einzeln genommen, nicht anders als 18 kr. auf Druck- und 24 kr. auf Schreibpapier, verlassen wird. Da nun aber die Anhänge, welche, zu den monathlichen Stücken, etwa herauskommen dürften, in diesem Preyß nicht mitbegriffen sind; so werden

die-

dieselben den Herren Subscribenten dergestalten geliefert, daß sie, für jeden Bogen des Anhangs auf Druckpapier, 1½ Kreutzer, auf Schreibpapier aber 2 Kreutzer besonders bezahlen. Der Anfang der Herausgabe dieser Beyträge soll, im Januario des nächstkommenden 1782sten Jahres, gemacht werden. Es werden demnach alle diejenigen, so hierzu etwas beyzutragen belieben wollen, höflichstens ersucht, ihre Aufsätze an mich, jedoch Postfrey, einzusenden.

Die Briefe und Packete sowohl, als die Subscriptionsgelder, können adreßiret werden an den Verleger

Johannes Bayrhoffer,

in Franckfurt am Mayn.

Wem es aber, der Lage seines Orts zufolge, bequemer seyn sollte, der kann sich adreßiren an

Die Universitäts-Buchhandlung

in Marburg.

Zugleich offerire mich, zur Uebernahme ganzer in dieses Geschäfft einschlagender Werke, sie mögen in deutscher, lateinischer, oder französischer Sprache geschrieben seyn, und erbiete mich, einem jeden Herrn Verfasser, der sich, in dieser Angelegenheit, an mich zu adreßiren belieben wird, pro studio & labore, ein seinem Werke angemessenes Honorarium zu zahlen: wobey ich jedoch anzuzeigen nicht unterlassen kann, wie ich dergleichen Werke nur von grossen, berühmten, und allschon durch ihre bereits herausgegebenen Schrifften rühmlichst bekannt gewordenen Männern, mir erbitte; nicht aber von einem jeden, der, bey solcher Gelegenheit, nur etwas dahin schmieren zu können, sich berechtiget glauben möchte: da ich mir vielmehr alle seichte Schrifften, zur Uebernehmung in meinen Verlag, gänzlich verbitten will.

Franckfurt den 15. November 1781.

Auch sind, nebst mehrern, nachstehende Verlags-
Bücher zu haben:

Coing, J. F. die Lehre von der Gottheit Christi und der Heil. Dreyeinigkeit critisch betrachtet. 8. Marburg 1778. 45 kr.

Curtius, M. C. Geschichte und Staatistik der weltlichen Churfürstlichen und Altfürstlichen Häuser in Teutschland 8 Marburg 1780. 2 fl.

Einleitung und Entwurf zum Versuche einer zwischen den streitigen Theilen im Römischen Reiche vorzunehmenden Religions-Vereinigung, von verschiedenen Katholischen und Evangelischen Personen, welche sich zu dieser Absicht in eine Gesellschaft verabredet haben. 8 Franckfurt und Leipzig 1781. auf Druckpapier 1 fl. 12 kr. auf Schreibp. 1 fl. 30 kr.

Etwas über den Werth der Symbolen, zur Beförderung der Toleranz. 8. 777. 30 kr.

Fresenius, J C. L. Für Regenten und Staatsmänner, 8. 776. 30 kr.

— neue Theorie über die Bewegung des Aethers, zur Erklärung des Magnetismus und anderer Erscheinungen. 8 8 kr.

Geisleri, C H. Commentationes de jure fisci civitatum imperii. 4. Marburgi 1780. 12 kr.

— — Commentationes de Landsassiatu, Lib. I. 8. 1781. 45 kr.

Grundlage eines dauerhaften Friedens-Systems, mit historisch-politisch-juristischen Anmerkungen und Zusätzen über die neuesten Staats-Begebenheiten und Prätensionen. 8. Marburg 1780 1 fl. 15 kr.

Hoffmanns, J., Anleitung zur Naturlehre für Ungelehrte. 8. Franckfurt 1775. 24 kr.

Hombergk zu Vach, Æmil. Lud. Commentationes Iuris Hassiaci, speciatim de Successione Coniugum, Tutela materna et Vsufructu Coniugis superstitis in bonis praedefuncti, secundum iura specialia Provinciarum ad Hassiam pertinentium. Accedunt quaedam huc spectantia ex moribus Waldecensibus, Witgensteinensibus et Ritbergensibus. 1781. 4. 1 fl. 30 kr.

Robert, C. G. Caussam belli Israëlitici adversus Cananæos gesti e codice sacro declarat. 4. 1778. 30 kr.

Waldin, J. G. die Frankenberger Versteinerungen nebst ihrem Ursprunge. Mit Kupf. 4. 1778. 24 kr.

— erste Gründe der allgemeinen theoretischen Philosophie, oder Metaphysik. 8. Marburg 1781. 1 fl.

Zeitvertreib, nützlicher und angenehmer, für die Jugend, 3 Stücke mit Kupf. und Musik. 8. 1781. 1 fl. 12 kr.

Nachstehende Werke sind anjetzo unter der Presse:

Curtius, Michael Conrad, historische und politische Abhandlungen, deren Innhalt folgender ist:

1. Von der Wahl der teutschen Herzoge im mitleren Zeitalter durch ihre Landstände.
2. Von dem erdichteten Heßischen Könige Bato.
3. Von der Fürstlichen und Landgräflichen Würde der Heßischen Regenten vor den Zeiten der Kayser Adolph und Carl IV.
4. Von den Heßischen Ritterorden.
5. Von dem Brudertitul der Könige und Fürsten.
6. Von den Land Räthen.
7. Bruchstücke der Geschichte von Halicz.
8. Vom Rußischen Succeßions-Gesetz.
9. Beytrag zur Geschichte der Posten.
10. Von der Angelsächsischen Heptarchie.
11. Von dem Schaden der allgemeinen und uneingeschränkten Ausbreitung der Gelehrsamkeit.
12. Von der Erziehung des weiblichen Geschlechts.
13. Von der fälschlich gerühmten Treue und Redlichkeit der alten Teutschen.
14. Von dem Mecklenburgischen Sacramentstreit.

(Es wird an der Oster-Messe 1782. fertig.)

Gärtner, Bernhard August, Abhandlung und Erster Nachtrag wegen derer Schulden in alter Batzen Wehrung, nebst nunmehro beygefügten Vier weitern Nachträgen zu Anwendung theils einiger Landesverordnungen, theils der gemeinen Rechte auf besondere Fälle, samt verschiedenen dazu dienenden auch sonst gemeinnützigen Reductions-Tabellen und Absorptions-Rechnungen. 4.

(Es wird Endes Februarii 1782. fertig.)